高 等 院 校 物 流 专 业 系 列 教 材

配送中心运作管理

王 转 主编

清华大学出版社

北京

内 容 简 介

配送中心是基于物流合理化需要发展起来的现代物流设施,它很好地解决了用户的小批量多样化需求和企业大批量专业化生产的矛盾,成为现代化物流的标志。本书将系统介绍配送中心运作管理的基本概念、基本理论和方法,将生产运作管理理论引入配送中心,根据配送中心运作管理所需的知识、技术和能力需求,构建了包括配送中心的运作战略决策、布局规划、运行管理和系统评价等多维度的知识体系。

本书知识体系完整,内容深入浅出,逻辑性强,通俗易懂。每章均附有典型配送中心案例分析与解读,章末有小结和复习题,帮助读者加深理解。

本书可作为高等学校物流工程专业、物流管理专业、工业工程专业等本科生或研究生的教材或教学参考书,也可作为企业物流运营管理人员的工作指南或手册,还可作为企业培训高级物流管理和运作人员的培训教材。

图书在版编目(CIP)数据

配送中心运作管理/王转主编.—北京:清华大学出版社,2022.3

高等院校物流专业系列教材

ISBN 978-7-302-59209-9

Ⅰ.①配… Ⅱ.①王… Ⅲ.①物流配送中心—运营管理—高等学校—教材 Ⅳ.①F252.14

中国版本图书馆 CIP 数据核字(2021)第 187918 号

责任编辑:左卫霞
封面设计:常雪影
责任校对:刘 静
责任印制:曹婉颖

出版发行:清华大学出版社
  网 址:http://www.tup.com.cn,http://www.wqbook.com
  地 址:北京清华大学学研大厦 A 座 邮 编:100084
  社 总 机:010-62770175 邮 购:010-62786544
  投稿与读者服务:010-62776969,c-service@tup.tsinghua.edu.cn
  质量反馈:010-62772015,zhiliang@tup.tsinghua.edu.cn
  课件下载:http://www.tup.com.cn,010-83470410
印 装 者:三河市铭诚印务有限公司
经 销:全国新华书店
开 本:185mm×260mm 印 张:24 字 数:583 千字
版 次:2022 年 3 月第 1 版 印 次:2022 年 3 月第 1 次印刷
定 价:69.00 元

产品编号:091582-01

前 言

　　随着我国电子商务、工业 4.0 及个性化服务的发展,物流在社会经济中的地位和作用越来越重要。配送中心作为物流系统与供应链的核心环节,其作业效率、服务质量和运营成本一直是企业关注的重点。高效合理的配送中心可以帮助企业加快物资流动的速度,降低成本,保障生产顺利进行,并可以实现对资源的有效控制和管理。

　　在经济全球化与供应链一体化的背景下,许多企业都筹建了现代化的配送中心,通过配送中心的高效管理和运营,满足下游和用户的多样化需求,提高企业物流服务水平,增强市场竞争力。配送中心已经成为衔接供应链上下游需求,运用现代物流技术对物品进出、库存、分拣、包装、配送及其信息进行有效计划、执行和控制的物流系统。尤其是随着自动化、物联网、大数据、人工智能等技术与物流系统的深度融合,使配送中心更像一个现代化的工厂,其运作管理不再是传统的物流管理,而是融合了信息技术、自动化技术乃至智能化技术的现代物流系统。

　　这样规模化和复杂化的配送中心的运作管理给物流管理者提出了新的挑战。本书编者在学习总结大量国内外配送中心运作管理的书籍和文献的基础上,结合多年来从事配送中心规划与研究的实践经验,编写成本书,以期为我国配送中心的管理和高效运营提供技术和理论支持。本书的特色主要体现在以下几个方面。

　　(1) 将生产运作管理的知识体系引入配送中心,知识体系更加完善,覆盖了配送中心从战略决策、规划管理、运行管理乃至系统评价的各个层面。

　　(2) 注重运作管理中关键知识点和关键技术的归纳与提升,系统阐述了运作管理中的一些运筹、规划和优化问题、建模方法和求解思路,体现高等教育“两性一度”的教学要求。

　　(3) 与时俱进,本书引入了国内外配送中心运作管理的新研究成果,体现了现代物流运作管理的新技术、理论和实践。

　　(4) 每章导入典型案例分析,引导读者对典型环节和技术进行深入探讨与分析,提升配送中心运作管理的实战能力。

　　本书共分为 12 章,分属于配送中心的基本概念、运作战略决策、布局规划、运行管理和系统评价五个部分。第一部分为配送中心运作管理概论(第 1 章),介绍配送中心运作管理的基本知识;第二部分为配送中心的运作战略(第 2 章);第三部分以配送中心的布局规划为核心,包括配送中心需求分析(第 3 章)、配送中心工艺流程与设计纲领(第 4 章)及配送中心布局规划(第 5 章);第四部分以配送中心的运行作业为主线,包括配送中心收发货作业(第 6 章)、配送中心储位管理(第 7 章)、配送中心仓储作业管理(第 8 章)、配送中心分拣作业管理(第 9 章)、配送中心输配送管理(第 10 章)及配送中心信息系统(第 11 章);第五部分为配送中心系统评价(第 12 章),详细阐述了配送中心评价体系和综合评价方法。本书注重各章节之间的衔接,注重技术理论与实际案例的结合,在各章节嵌入了大量案例和实践分析。

　　本书在编写过程中参阅了较多中外文参考书和资料,主要参考资料目录已列在书后。在此对国内外有关作者表示衷心的感谢。

　　由于编者水平有限,再加上配送中心运作管理的理论、方法与实践仍在发展之中,有待不断地充实完善,书中不足之处在所难免,欢迎广大读者批评、指正。

编　者

2021 年 10 月

目 录

第 1 章

配送中心运作管理概论

1.1 配 送

1.1.1 配送的概念

"配送"一词是日本引进美国物流科学时,对英文原词 delivery(或 distribution)的意译,我国转学于日本,也直接用了"配送"这个词,形成了我国的一个新词——配送。

我国物流术语标准(GB/T 18354—2006)中,对配送的定义是:在经济合理区域范围内,根据客户要求,对货品进行分拣、加工、包装、分割、组配等作业,并按时送达指定地点的物流活动。另外一个被广泛认同的定义是:配送就是根据客户的要求,在物流节点内进行分拣、配货等工作,并将配好的货送交收货人的过程。

配送是从发送、送货等业务活动中发展而来的。原始的送货是作为一种促销手段出现的。随着商品经济的发展和客户多品种小批量需求的变化,原来那种有什么送什么和生产什么送什么的送货模式已不能满足市场的要求,从而出现了"配送"这种服务方式。

概括而言,以上关于配送的概念包括了如下信息。

(1) 配送是接近客户的资源配置的全过程。

(2) 配送实质是送货。配送是一种送货,但和一般送货又有区别:一般送货可以是一种偶然的行为,而配送却是一种相对固定的形态,甚至是一种有确定组织、确定渠道,有一套装备和管理力量、技术力量,有一套制度的体制形式。所以,配送是高水平的送货形式。

(3) 配送是一种"中转"形式。配送是从物流节点至客户的一种特殊送货形式。从送货功能看,其特殊性表现在以下几方面:从事送货的是专职流通企业,而不是生产企业;配送是"中转"型送货,而一般送货尤其从工厂至客户的送货往往是直达型;一般送货是生产什么送什么,有什么送什么,配送则是企业需要什么送什么。要做到需要什么送什么,就需要在一定中转环节进行筹集,故配送是以中转形式出现的。当然,广义上,许多人也将非中转型送货纳入配送范围,将配送外延从中转扩大到非中转,仅以"送"为标志来划分配送外延,也是有一定道理的。

(4) 配送是"配"和"送"的有机结合。配送与一般送货的重要区别在于,配送利用有效的分拣、配货等理货工作,使送货达到一定的规模,以便利用规模优势取得较低的送货成本。如果不进行分拣、配货,有一件运一件,需要一点送一点,这就会大大增加劳动力的消耗,使送货并不优于取货。所以,追求整个配送的优势,分拣、配货等项工作是必不可少的。

（5）配送以客户要求为出发点。在定义中强调"按客户的订货要求"，明确了客户的主导地位。配送是从客户利益出发，按客户要求进行的一种活动，因此，在观念上必须明确"客户第一""质量第一"，配送企业的地位是服务地位而不是主导地位，因此不能从本企业利益出发，而应从客户利益出发，在满足客户利益的基础上取得本企业的利益。更重要的是，不能利用配送来控制客户，不能将配送作为部门分割、行业分割、割据市场的手段。

在配送概念中，过分强调"客户要求"也是不妥的，客户要求受客户本身的局限，有时会损失自我或双方的利益。对配送者来讲，必须以"要求"为依据，但是不能盲目，应该追求合理性，进而指导客户，实现双方共同受益的商业目的。

1.1.2　配送分类

1. 按配送商品的特征不同分类

（1）单（少）品种大批量配送。工业企业需要量较大的商品，单独一个品种或几个品种就可达到较大输送量，可实行整车运输，这种商品往往不需要再与其他商品搭配，可由专业性很强的配送中心实行这种配送。由于配送量大，可使车辆满载并使用大吨位车辆。配送中心内部设置、组织、计划等工作也较简单，因此配送成本较低。如果从生产企业将这种商品直接运抵客户，同时又不致使客户库存效益下降时，采用直送方式往往有更好的效果。

（2）多品种、少批量配送。现代企业生产除需要少数几种主要物资外，从种类数来看，处于 B、C 类的物资品种数远高于 A 类主要物资，B、C 类物资的品种数多，但单品种需要量不大，若采取直送或大批量配送方式，由于一次进货批量大，必然造成客户库存增大等问题，类似情况也存在于向零售品商店补充一般生活消费品的配送，所以这些情况适合采用多品种、少批量配送方式。

多品种、少批量配送是按客户要求，将所需的各种货品（每种需要量不大）配备齐全，凑整装车后由配送节点送达客户。这种配送作业水平要求高，配送中心设备复杂，配货送货计划难度大，必须有高水平的组织工作来保证。这是一种高水平、高技术的配送方式。

多品种、少批量配送也正符合了现代"消费多样化""需求多样化"的新观念，所以，是许多发达国家推崇的方式。

多品种、少批量配送往往伴随多客户、多批次的特点，配送频率往往较高。

（3）配套成套配送。按企业生产需要，尤其是装配型企业的生产需要，将生产每一台设备所需全部零部件配齐，按生产节奏定时送达生产企业，生产企业随即可将此成套零部件送入生产线装配产品。这种配送方式，配送企业承担了生产企业大部分的供应工作，使生产企业专注于生产，与多品种、少批量配送效果相同。

2. 按经营形式不同分类

（1）销售配送。销售配送是指销售性企业作为销售战略一环所进行的促销型配送。这种配送的配送对象往往是不固定的，客户也往往是不固定的。配送对象和客户依据对市场的占有情况而定，配送的经营状况也取决于市场状况，配送随机性较强而计划性较差。各种类型的商店配送一般多属于销售配送。

用配送方式进行销售是扩大销售数量、提高市场占有率、获得销售收益的重要方式。由于是在送货服务前提下进行的活动，所以也受到客户的欢迎。

（2）供应配送。供应配送是指客户为了自己的供应需要所采取的配送形式，往往由客户或客户集团组建配送节点,集中组织大批量进货(取得批量优惠),然后向本企业配送或向本企业集团若干企业配送。这种以配送形式组织对本企业的供应在大型企业或企业集团或联合公司中采用较多,例如商业中广泛采用的连锁商店,就常常采用这种方式。

用配送方式进行供应,是保证供应水平、提高供应能力、降低供应成本的重要方式。

(3) 销售—供应一体化配送。销售企业对于基本固定的客户和基本确定的配送产品可以在自己销售的同时承担客户有计划的供应者的职能,既是销售者同时又是客户的供应代理人,起到客户供应代理人的作用。对某些客户来讲,这就可以取消自己的供应机构,而委托销售者代理。

这种配送对销售者来讲,能获得稳定的用户和销售渠道,既有利于本身的稳定持续发展,又有利于扩大销售数量。对客户来讲,能获得稳定的供应,可大大节约本身为组织供应所耗用的人力、物力、财力,销售者能有效控制进货渠道,这是任何企业供应机构难以做到的,因而对供应保证程度可大大提高。

销售—供应一体化的配送是配送经营中的重要形式,这种形式有利于形成稳定的供需关系,有利于采取先进的计划手段和技术手段,有利于保持流通渠道的畅通稳定,因而受到人们的注目。

(4) 代存代供配送。代存代供配送是用户将属于自己的货物委托配送企业代存、代供,有时还委托代订,然后组织对本身的配送。这种配送,在实施时不发生商品所有权的转移,配送企业只是客户物流或配送的委托代理人。商品所有权在配送前后都属于客户所有,所发生的仅是商品物理位置的转移。配送企业仅从代存、代送中获取收益,而不能获得商品销售的经营性收益。

(5) 共同配送。共同配送是指为提高物流效率对某一地区的用户进行配送时,由许多个配送企业联合在一起进行的配送。它是在配送中心的统一计划、统一调度下展开的。运作形式有两种:①由一个配送企业对多家用户进行配送。即由一个配送企业综合某一地区内多个用户的要求,统筹安排配送时间、次数、路线和货物数量,统一进行配送;②仅在送货环节上将多家用户待运送的货物混载于同一辆车上,然后按照用户的要求分别将货物运送到各个接货点,或运到多家用户联合设立的配送货物接收点上。这两种配送均有利于节省运力和提高运输车辆的货物满载率。

3. 按加工程度不同分类

(1) 加工配送。加工配送是指和流通加工相结合的配送。在配送节点中设置流通加工环节,或是流通加工中心与配送中心建在一起。当社会上现成的产品不能满足客户需要,流通加工中心与配送企业根据工艺要求使用经过某种初加工的产品,在加工后通过分拣、配货再送货到户。

流通加工与配送相结合,使流通加工更有针对性,减少了盲目性,配送企业不但可以依靠送货服务、销售经营取得收益,还可通过加工增值取得收益。

(2) 集疏配送。集疏配送是只改变产品数量组成形态而不改变产品本身物理、化学性态,与干线运输相配合的配送方式。如大批量进货但小批量、多批次发货或零星集货后以一定批量送货等。

综上所述,由于配送需求的多样化,配送种类千变万化。配送还有许多分类的方法,例如按配送主体所处的行业,可以分为制造业配送、商业配送、农业配送和第三方物流企业配送；按配送企业的专业化程度，可以分为综合配送和专业配送，例如，生鲜类产品配送、金属材料配送、玻璃配送、粮食配送等。

1.2　配送中心

1.2.1　配送中心的概念与功能

1. 配送中心的含义

配送中心就是从事货物配备（集货、加工、暂存、拣选、配货、分货）和组织对用户的送货，以高水平实现销售和供应服务的现代流通设施。

配送中心是基于物流合理化和发展市场两个需要而发展的，是以组织配送式销售和供应，执行实物配送为主要功能的流通型物流节点。它很好地解决了用户小批量多样化需求和厂商大批量专业化生产之间的矛盾，因此，逐渐成为现代化物流的标志。

2. 配送中心的功能

配送中心与传统的仓库、运输是不一样的，一般的仓库只重视商品的储存保管，一般传统的运输只是提供商品运输送货，而配送中心重视商品流通的全方位功能，同时具有商品储存保管、流通行销、分拣配送、流通加工及信息提供的功能，如图 1-1 所示。

图 1-1　配送中心的功能

（1）储存保管功能。商品的交易买卖达成之后，除采用直配直送的批发商外，均将商品经过实际入库、保管、流通加工包装而后出库，因此配送中心具有储存保管的功能。配送中心一般都有库存保管的储放区，因为任何的商品为防止缺货，或多或少都有一定的安全库存，视商品的特性及生产前置时间的不同，则安全库存的数量也不同。一般国内制造的商品库存较少，而国外制造的商品因船期的原因库存较多，一般为 2～3 个月；另外生鲜产品的保存期限较短，因此保管的库存量比较少；冷冻食品因其保存期限较长，因此保管的库存量比较多。

（2）流通行销功能。流通行销是配送中心的一个重要功能，尤其是现代化的工业时代，各项信息媒体的发达，再加上商品品质的稳定及信用，因此有许多的直销业者利用配送中心，通过有线电视或互联网等配合进行商品行销。这种商品行销方式可以大大降低购买成本，因此广受消费者喜爱。例如，在国外有许多物流公司的名称就是以行销公司命名。而批发商型的配送中心、制造商型的配送中心与进口商型的配送中心也都是拥有行销（商流）的功能。

（3）分拣配送功能。配送中心另一个重点就是分拣配送的功能，因为配送中心就是为满足多品种小批量的客户需求而发展起来的，因此配送中心必须根据客户的要求进行分拣配货作业，并以最快的速度送达客户手中或者是指定时间内配送到客户。配送中心的分拣配送效率是物流质量的集中体现，是配送中心最重要的功能。

（4）流通加工功能。配送中心的流通加工作业包含分类、计量、大包装拆箱改包装、产品组合包装、商标和标签粘贴作业等。这些作业是提升配送中心服务品质的重要手段。

（5）信息提供功能。配送中心除具有行销、配送、流通加工、储存保管等功能外，更能为配送中心本身及上下游企业提供各式各样的信息情报，以供配送中心运营管理政策制定、商品路线开发、商品销售推广政策制定的参考。例如哪一个客户订多少商品？哪一种商品比较畅销？从计算机的 EIQ 分析资料中非常清楚，甚至可以将这些宝贵资料提供给上游的制造商及下游的零售商当作经营管理的参考。

1.2.2　配送中心的分类

配送中心是一种新兴的经营管理形态，具有满足多量少样的市场需求及降低流通成本的作用。但是，由于建造企业的背景不同，其配送中心的功能、构成和运营方式就有很大区别。因此，在配送中心规划时应充分注意配送中心的类别及其特点。配送中心的具体分类方式如下。

1. 按配送中心的设立者分类

（1）制造商型配送中心。制造商型配送中心是以制造商为主体的配送中心。这种配送中心里的货品 100% 是由自己生产制造，用于降低流通费用、提高售后服务质量和及时地将预先配齐的成组元器件运送到规定的加工和装配工位。从货品制造到生产出来后条码和包装的配合等多方面都较易控制，所以按照现代化、自动化的配送中心设计比较容易，但不具备社会化的要求。

（2）批发商型配送中心。批发商型配送中心是由批发商或代理商所建立的，是以批发商为主体的配送中心。批发是货品从制造者到消费者手中的传统流通环节之一，一般是按部门或货品类别的不同，把每个制造厂的货品集中起来，然后以单一品种或搭配向消费地的零售商进行配送。这种配送中心的货品来自多个制造商，它所进行的一项重要的活动是对货品进行汇总搭配和再销售，而它的全部进货和出货都是社会配送的，社会化程度高。

（3）零售商型配送中心。零售商型配送中心是由零售商向上整合所成立的配送中心。它是以零售业为主体的配送中心。零售商发展到一定规模后，就可以考虑建立自己的配送中心，为专业货品零售店、超级市场、百货商店、建材商场、粮油食品商店、宾馆饭店等服务，其社会化程度介于前两者之间。

（4）专业物流配送中心。专业物流配送中心是以第三方物流企业（包括传统的仓储企业和运输企业）为主体的配送中心。这种配送中心有很强的运输配送能力，地理位置优越，可迅速将到达的货物配送给用户。它为制造商或供应商提供物流服务，而配送中心的货物仍属于制造商或供应商所有，配送中心只是提供仓储管理和运输配送服务。这种配送中心的现代化程度往往较高。

2. 按服务范围分类

（1）城市配送中心。城市配送中心是以城市范围为配送范围的配送中心，由于城市范围一般处于汽车运输的经济里程，这种配送中心可直接配送到最终用户，且采用汽车进行配送。所以，这种配送中心往往和零售经营相结合，由于运距短，反应能力强，因而从事多品种、少批量、多用户的配送较有优势。

（2）区域配送中心。区域配送中心具有较强的辐射能力和库存，可向全国乃至国际范围的用户进行配送。这种配送中心配送规模较大，配送批量也较大。而且往往是给下一级的城市进行配送，也配送给营业所、商店、批发商和企业用户。虽然也从事零星的配送，但不是主要形式。

3. 按配送中心的功能分类

（1）储存型配送中心。储存型配送中心有很强的储存功能。例如，美国赫马克配送中心的储存区可储存 16.3 万托盘。我国目前建设的配送中心，多为储存型配送中心，库存量较大。

（2）流通型配送中心。流通型配送中心包括通过型或转运型配送中心，基本上没有长期储存的功能，是仅以暂存或随进随出的方式进行配货和送货的配送中心。典型方式为大量货物整批进入，按一定批量零出。一般采用大型分货机，其进货时直接进入分货机传送带，分送到各用户货位或直接分送到配送汽车上。

（3）加工型配送中心。加工型配送中心是以流通加工为主要业务的配送中心，如食品加工配送中心、生产资料加工配送中心等。

4. 按配送货物的属性分类

根据配送货物的属性，可以分为食品配送中心、日用品配送中心、医药品配送中心、化妆品配送中心、家电品配送中心、电子（3C）产品配送中心、书籍产品配送中心、服饰产品配送中心、汽车零件配送中心和生鲜处理配送中心等。

由于所配送的产品不同，配送中心的规划方向就完全不同。例如生鲜处理配送中心主要处理的货品为蔬菜、水果与鱼肉等生鲜产品，属于低温型的配送中心。是由冷冻库、冷藏库、鱼虾包装处理场、肉品包装处理场、蔬菜包装处理场及进出货暂存区等组成。冷冻库为 $-25℃$，而冷藏库为 $0\sim5℃$。生鲜处理配送中心又称湿货配送中心；而书籍产品配送中心，由于书籍有新出版、再版及补书等特性，尤其是新出版的书籍或杂志，其中的 80% 不上架，直接理货配送到各书店去，剩下的 20% 左右库存在配送中心等待客户的再订货。另外，书籍或杂志的退货率非常高，一般有 3～4 成。因此，在规划书籍产品配送中心时，就不能像食品与日用品的配送中心那样。服饰产品配送中心，也有淡旺季及流行性等特性，而且较高级的服饰必须使用衣架悬挂储存与运送，其配送中心的规划也有其特殊性。

对不同种类与行业形态的配送中心，其作业内容、设备类型、运营范围可能完全不同，但是就系统规划分析的方法与步骤有其共通之处。配送中心的发展已逐渐由以仓库为主体的配送中心向信息化、自动化的整合型配送中心发展。

5. 按配送中心的自动化程度分类

根据配送中心作业的自动化程度、管理的信息化程度，配送中心可以分为人力化配送中心、计算机管理配送中心、自动化信息化配送中心、智能化配送中心，如图 1-2 所示。

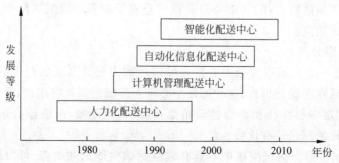

图 1-2　按配送中心的自动化程度、管理的信息化程度分类

综上所述,配送中心的分类如表 1-1 所示。

表 1-1　配送中心的分类

分类方法	配送中心类别	备　注
按配送中心的设立者分类	制造商型配送中心	manufacturer distribution center(M. D. C)
	批发商型配送中心	wholesale distribution center(W. D. C)
	零售商型配送中心	retailer distribution center(Re. D. C)
	专业物流配送中心	third party distribution center(T. D. C)
按配送范围分类	城市配送中心	city distribution center
	区域配送中心	regional distribution center(R. D. C)
按配送中心的功能分类	储存型配送中心	storage distribution center
	流通型配送中心	circulating distribution center (F. D. C)
	加工型配送中心	processing distribution center
按配送货物的属性分类	食品配送中心	
	日用品配送中心	
	医药品配送中心	
	化妆品配送中心	
	家电品配送中心	
	电子(3C)产品配送中心	
	书籍产品配送中心	
	服饰产品配送中心	
	汽车零件配送中心	
	生鲜处理配送中心	

1.2.3　配送中心的功能框架

配送中心的特性或规模不同,其作业项目和作业内容也不完全相同。配送中心作为物流网络的一个重要节点,起着实物流转和信息服务的功能,配送中心的作业包括管理作业和实体物流作业两个层次。配送中心的管理作业包括采购进货、仓储管理和分销配送三大核心业务,而配送中心的实体物流作业包括进货入库、仓库作业和配送出货。配送中心的功能框架如图 1-3 所示。

1.2.4　配送中心的作业流程

不同的配送中心其具体作业流程也不尽相同,但基本作业环节和基本作业流程是相似的。配送中心的基本作业流程如图 1-4 所示。由供应货车到达站台开始,经"进货"作业确认进货品后,便依次将货品"储存"入库。为确保在库货品受到良好的保护管理,需进行定期或不定期的"盘点"检查。当接到客户订单后,先将订单按其性质做"订单处理",然后即可按处理后的订单信息将客户订购货品从仓库中取出做"拣货"作业。拣货完成后,若发现拣货区所剩余的存量过低,则必须由储区来"补货",当然,若整个储区的存量也低于标准,便应向上游供应商采购进货。而从仓库拣出的货品经整理后即可准备"出货",等到一切出货作业完成后,便可将出货品装上配送车,将其"配送"到各个客户点交货。

配送中心的整个作业流程如下。

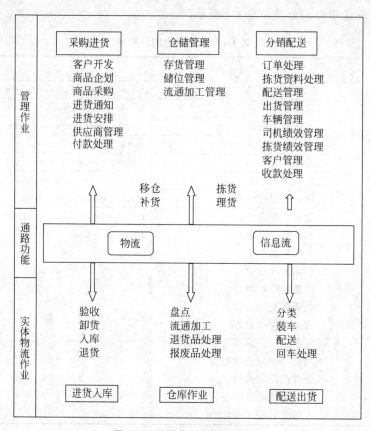

图 1-3　配送中心的功能框架

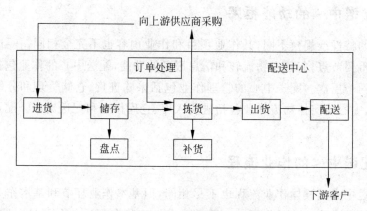

图 1-4　配送中心的基本作业流程

（1）进货。进货作业包括把货品做实体上的接收，从货车上将其货物卸下，并核对该货品的数量及状态（数量检查、品质检查、开箱等），然后记录必要信息或录入计算机。

（2）搬运。搬运是将不同形态的散装、包装或整体的原料、半成品或成品，在水平或垂直方向上加以提起、放下或移动，从而使货品能适时、适量移至适当的位置或场所存放。在配送中心的每个作业环节都包含着搬运作业。

（3）储存。储存作业的主要任务是把将来要使用或要出货的货品做保存，且经常要做库存品的核查控制，储存时要注意充分利用空间，做好储位管理和存货管理。

（4）盘点。货品因不断地进出库，在长期的累积下库存资料容易与实际数量产生不符，或有些产品因存放过久，致使品质功能受影响，难以满足客户的需求。为有效地控制货品数量和质量，需要定期或不定期地对储存货品进行盘点作业。

订单处理：由接到客户订货开始至准备着手拣货之间的作业阶段称为订单处理，包括有关客户、订单的资料确认，存货查询，单据处理和出货配发等。

（5）拣货。每张客户的订单中都至少包含一项以上的商品，如何将这些不同种类数量的商品由配送中心中取出集中在一起，就是所谓的拣货作业。拣货作业的目的也就在于正确且迅速地集合客户所订购的商品。

（6）补货。补货作业包括从保管区域将货品移到拣货区域，并做相应的信息处理。

（7）出货。将拣取分类完成的货品做好出货检查，装入合适的容器，做好标识，根据车辆趟次别或厂商别等指示将货品运至出货准备区，最后装车配送。

（8）配送。配送是指将拣选配好的货品，使用车辆从配送中心送至客户手中的活动。

典型配送中心的区域布置与作业活动如图 1-5 所示。

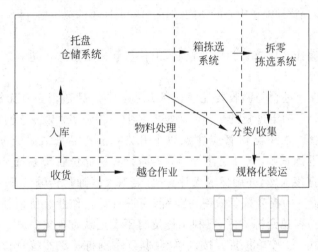

图 1-5 典型配送中心的区域布置与作业活动

1.3 配送中心的运作管理

配送中心运作管理的任务就是根据订单需求，在配送中心内从事货物配备（集货、加工、暂存、拣选、配货、分货）和组织对用户的送货，以高水平实现销售和供应服务。配送中心运作管理要解决的核心问题就是如何组织和配置物流资源，高效、低耗、准时地完成订单配送服务。配送中心的运作管理主要包括作业管理和质量管理两个方面。

1.3.1 配送中心作业管理

配送中心的作业主要包括配送作业、仓储作业以及信息作业三个部分。

1. 配送作业

配送中心的配送作业可分为排程与调度、配送与验收及回收品点交。

（1）排程与调度。排程是指配送车辆的行进路径，处理方式有两种：一是将需配送的下货点全部由计算机规划出最有效的路径;二是由计算机按配送区分类,再由人工按各配送区内的下货点加以排序。前者的缺点是实际运作上的限制条件太多,不宜完成;后者的缺点是不宜获得最佳路径。调度是指车辆的指派,由于配送点的属性不同或厂商的特殊需求,车辆的指派会因车体大小或人员而异。因此,车辆的调度者要兼顾配送成本和客户满意度。

(2)配送与验收。配送是指配送人员按车辆排程计划,依次将货品送达收货人的手中。传统货运大多是门到门交货,但配送中心的配送服务是将货物交到收货人的指定位置,可能是高楼层或地下室。至于配送过程,行车安全最为重要,除防止发生车祸之外,防窃也不可轻视。验收是指将配送货品点交给收货人后,收货人在单据上签明收货数量及姓名。此时,签收单成为有价凭证,因此,配送人员务必确认签收数量及人员是否正确,否则必须承担签收不完全的责任。

(3)回收品点交。配送时,若逢收货单位有拒收品、坏品、滞销品或下架品时,需在厂商允许的范围内,正确签收品名、规格及数量,并将回收品带回配送中心点交给仓管人员处理。

以上是配送中心配送作业的主要项目,除此之外,对提供零库存转运的物流服务,配送人员还具有从厂商的仓库提货到配送中心的功能,如此可降低回车的空车率,提升物流配送绩效。

2. 仓储作业

配送中心的仓储作业以拣货为作业核心,由拣货和出货引申出进货、补货及盘点等作业需求。

(1)进仓与验收。进仓与验收要注意以下几点:①货品是否完整无缺;②产品的有效期限是否符合标准;③确定进货的数量;④据实签收;⑤确实入账;⑥回报厂商。

(2)入库与保管。入库与保管应注意以下几点:①货品堆放是否安全,且不易倒塌。②储存的货位应接近拣货区,以方便补货。③若有计算机储位管理系统,则得按计算机指示入库或由仓管人员直接入库,并确保输入计算机[若有无线通信传输(RF)系统,效果更佳]。

(3)补货与拣货。为提升拣货效率,拣货前应进行补货作业。所谓补货,是指将货品由库存区(或称保管区)移位到拣货区,以利于拣货时不发生缺货现象。

拣货有两种方式:①按单拣货。按订单类别,逐一到拣货区按拣货位顺序拣取货品,又称一段式摘取拣货。②按批次拣货。将所有订单按品项汇总后,再按各订单,逐一分配给各个客户。这种方式又称二段式拣货:第一段是摘取式;第二段是播种式。

(4)退货处理。仓储作业中退货处理也占了相当的工作量,所谓退货,是指拒收品、坏品、滞销品、过期品和下架品。其处理程序是先分出良品及不良品,再将良品整理后重新送入拣货区,不良品则按厂商指示报废处理。

(5)盘点。盘点是确保货品的库存账与实物的统一,在会计上也有盘差的科目,但是配送中心需要承担盘亏的责任,由于物流的收入不足货物价值的8%,若要承担100%的风险,就要建立良好的盘点制度,以防仓储作业的疏失。盘点方法可采用定期盘点,如按日、按周、按月盘点;或采用循环盘点、分批分次盘点,以减少正常出货的干扰。

以上是仓储作业的工作要点,由于仓储作业的时间冗长,且搬运的工作量大,因此,有计划的工作时序规划是必要的。如上午从事出货、进货、补货、退货整理或盘点,下午则从事拣货、贴标及退货点收。

3. 信息作业

信息作业以账务处理及服务客户为核心,信息人员除心要细,对数字敏感外,情商、智商也要好。其工作内容如下。

(1) 接单与回单。一般配送中心接到厂商出货通知的方式有档案传输、传真、派员取单。其中档案传输是效率最高的方式,双方可以通过局域网或互联网直接传输文字档。配送中心接单之后,应注意以下事项:①确认资料的完整性。②特殊需求的注记。③正确地输入或转档进入物流信息系统内。配送完成的签收单,经核对无误后,信息组人员应列印出货明细表,随同签收单送回给厂商签收。厂商签收后,用于结账清款。

(2) 对账与清款。配送中心定期与厂商核对库存账,以确保账务的正确性及计费的正当性。对账的程序如下:①核对库存量;②核对进出货单据张数;③核对输入的数量是否有误。至于物流清款,可按厂商的会计制度不同,制定不同的结账日,以避免会计工作的集中性,从而使人力的运用更加有效。

(3) 客户服务。信息作业掌控物流流程的首、尾(即接单及回单)两大关卡,它也是质量管理重点,是最直接接触客户的窗口。因此,坚持客户服务至上的观念,配送中心才能立于不败之地。当然,客户关心的问题主要有以下几类:①货品准时无缺地送达收货人手中;②签收正确无误;③货品盘点正确;④货品先进先出,安全无损。

1.3.2 配送中心质量管理

配送中心的管理程序是规划—组织—领导—控制,质量管理的程序是客户需求—系统设计—作业控管—服务评核—分析改善五个步骤。

(1) 客户需求(need)。只有了解客户的真正需求,才能提供符合市场需要的物流系统。在物流系统规划时,应站在客户的立场设计经济实惠可行的物流系统,以保证所提供的服务能有效地满足客户需求。

(2) 系统设计(plan)。系统设计就是依据客户真正需求,设计其物流服务规范、物流服务提供规范和物流服务质量控制规范。

物流服务规范规定了物流服务的特性、内容、要求及验收的标准。

物流服务规范规定了提供物流服务的方法和手段。例如提供服务时所需设备的形式及数量,所需的人员数量及技能,所需依赖分包商提供的产品或服务,等等,如电子标签拣货。

质量控制规范应能有效地控制每一个物流服务过程质量,以确保物流服务始终满足有关规范要求和顾客需要,既可以此制定物流质量管理控制规范,也可纳入企业整体服务规范和管理规范之中。

(3) 作业控管(do)。实际物流服务提供过程是按书面化的工作说明书来执行,以确保品质的一致性及稳定性。其内容包括设备的采购、客户供应的货品、产品的识别及可追溯性、服务流程管制、异常服务的管制等,以确保品质是制造出来的,而非最终检验出来的,即"做您所写"。

(4) 服务评核(check)。物流服务提供后,需要进行内部员工及外部客户的满意度评估,以确保所提供的服务(do)与设计(plan)的一致性且符合客户的真正需求(need)。其内容包括内部考核、满意度调查等。

(5) 分析改善(action)。服务评估结果若有差异,客户无法满意,则需找出真正的原因并立即加以改善,才不至于造成客户流失。其管理内容是矫正及预防措施、管理阶层审查、管理系统持续改善、人员教育培训等。

1.4　我国仓储物流技术及发展趋势

1.4.1　我国仓储物流发展历程

经过改革开放以来的多年探索,我国产业结构格局日渐趋于规模化、专业化,同时计算机应用技术越来越成熟,我国物流业发展的总趋势是进入整合阶段。物流服务模式逐渐由被动式服务向主动式服务发展,配送供应、配送性销售和配送性售后服务遍地开花。仓储配送业得到了日新月异的发展。作为配送的主体设施——配送中心也得到了快速的发展。

1.　人工和机械化的仓储阶段

这个阶段物资的输送、仓储、管理、控制主要是依靠人工及辅助机械来实现。货品可以通过各种各样的传送带、工业输送车、机械手、吊车、堆垛机和升降机来移动和搬运,用货架托盘和移动货架存储物资,通过人工操作机械存取设备,用限位开关、螺旋机械制动和机械监视器等控制设备来运行。机械化满足了人们对速度、精度、高度、重量、重复存取和搬运等方面的要求,其实时性和直观性是明显优点。

2.　自动化仓储阶段

自动化技术对仓储技术的发展起着重要的促进作用。20世纪50年代末开始,人们相继研制和采用了自动引导小车(AGV)、自动货架、自动存取机器人、自动识别和自动分拣等系统。到20世纪70年代,旋转体式货架、移动式货架、巷道式堆垛机和其他搬运设备都加入自动控制行列,但只是各个设备的局部自动化并各自独立应用,被称为"自动化孤岛"。

随着计算机技术的发展,工作重点转向物资的控制和管理,要求实时、协调和一体化。计算机之间、数据采集点之间、机械设备的控制器之间以及它们与主计算机之间的通信可以及时地汇总信息,仓库计算机及时地记录订货和到货时间,显示库存量,计划人员可以方便地做出供货决策,管理人员随时掌握货源及需求。

20世纪70年代初期,我国开始研究采用巷道式堆垛机的立体仓库。1980年,由北京机械工业自动化研究所等单位研制建成的我国第一座自动化立体仓库在北京汽车制造厂投产。从此以后,立体仓库在我国得到了迅速的发展。据不完全统计,目前我国已建成的立体仓库有1 000座以上,这些自动化的仓库主要集中在烟草、医药保健品、食品、通信和信息、家具制造业、机械制造业等传统优势行业。

信息技术的应用已成为仓储技术的重要支柱。20世纪90年代末,自动化技术被越来越多地应用到生产和分配领域。"自动化孤岛"需要集成化,于是便形成了"集成系统"的概念。在集成化系统中,整个系统的有机协作,使总体效益和生产的应变能力大大超过各部分独立效益的总和。集成化仓库技术作为计算机集成系统中物资存储的中心受到人们的重视,在集成化系统里包括了人、设备和控制系统。

3.　智能化仓储阶段

21世纪以来,在自动化仓储的基础上继续研究,实现与其他信息决策系统的集成,朝着智能和模糊控制的方向发展,人工智能推动了仓储技术的发展,即智能化仓储。我国各行各业配送中心的建设如火如荼,从最早的医药、烟草、电子、汽车行业逐步扩展到快消、服装、图书、家居、零售及电商等各行业。许多大中型企业发现传统的物流系统及设施成为企业快速发展的瓶颈,进而开始了现代物流系统的整合和现代化配送中心的建设。配送中心的建设规模越来越大,物流系统越来越复杂,各种自动化物流技术在配送中心得到广泛应用。

目前我国立体仓库的总面积占仓库总面积的 40%;物流企业机械化、自动化、标准化、信息化水平显著提高;商品库存周转速度明显加快,流通环节物流费用占商品流通费用的比率显著下降,城乡高效配送网络全面完善。

1.4.2　我国配送中心的建设与发展

我国配送系统的发展始于 20 世纪 90 年代后期,随着我国连锁商业的发展,配送与配送中心成为提高连锁商业竞争力的关键,很多连锁零售企业开始配送中心的建设,实施统一采购和统一配送,以期降低流通业成本,提高市场竞争力。包括联华利华、西单商场、华联等很多商业企业开始了配送中心的建设或改造,进行了现代配送中心的运作和探索,为配送业的发展做了有益的探索。同时随着我国仓储自动化技术的发展,自动化仓库在汽车、家电、医药和烟草业得到广泛应用,随着企业经营规模的扩大和供应链管理思想的深化,单纯的仓储已不能满足企业产品销售和零部件供应物流的需求,仓储系统逐渐由单体仓库向配送中心发展,很多制造业率先进行配送中心的建设和探索,取得了很好的效果,带动了我国配送中心建设的热潮。比较有代表性的如海尔的产成品配送中心和零部件配送中心、一汽零部件配送中心、深圳烟草配送中心等。

进入 21 世纪,随着我国经济的发展,企业对物流系统越来越重视,为提高企业竞争力,很多企业开始进行物流规划和配送中心的建设,搭建现代化物流网络,实施一体化的物流管理,以期提高物流服务能力。配送中心在各行各业遍地开花。在医药分销领域,双鹤药业率先在北京双桥进行配送中心的规划建设,满足其产成品的储存、分拨并支持其医药品批发业务的物流需求。随后国药集团开始了全国物流网络的建设,陆续在全国建设了 30 多个现代化的医药配送中心,支持各省医药品的批发和零售业务;在烟草行业,各省市烟草集团分别开始进行物流系统的整合,构建现代化的配送中心,实施仓配一体化运作和管理;随后服装行业、家居行业、快消品行业也不甘落后,开始了现代物流系统的整合和配送中心的建设。尤其是随着我国电商行业的爆发式增长,电商物流和电商配送中心快速崛起,其配送规模越来越大、配送时效越来越快,成为现代化配送系统的典范。

随着医药、电子商务、新能源、冷链等行业市场的兴起和工业 4.0 理念的推行,我国仓配业获得了强大动力;大量社会资本和人才不断涌入,AI、5G 等技术推广应用,加速了配送中心自动化技术的更新迭代。配送中心开始向信息化、数字化、网络化、集成化、智能化、柔性化、敏捷化、可视化、节能化、绿色化方向发展。

近年来,由于土地的增值和劳动力成本上升,配送中心的自动化水平逐年提升,智能管理的应用越来越多。通过应用系统集成的方法,借助于叉车、托盘、货架、输送分拣系统设备、信息处理系统等技术装备,建成的大型现代化物流中心越来越多。随着电子商务物流快速发展,各类新型的货到人拣选技术、自动输送分拣技术、机器人分拣技术发展很快。

在城市配送装备领域,国家新车辆标准《汽车、挂车及汽车列车外廓尺寸、轴荷及质量限值》(GB 1589—2016)出台后,随着各大城市对城市物流用车技术规范和对进城车辆加强管理,城市配送车辆性能及排放标准要求越来越高,新能源配送车辆越来越多,适应城市配送的中小型专用配送车、即时配送电动摩托车和快递三轮车也越来越规范。此外,车辆的装车与卸车技术与装备得到快速发展,具有较大市场需求。建立在物联网基础上的城市最后1km的无人配送小车、智能的自提柜、社区智能配送塔、无人驾驶技术等新兴技术正处在研发和突破阶段,在全世界都得到重视。

在城市配送信息系统领域,智慧车联网系统、货物追踪追溯系统、配送终端的手持终端等订单自动处理和收货自动处理设备,越来越得到普及应用。

1.4.3　仓储物流发展趋势

随着工业 4.0 发展,产品定制与个性化服务已逐渐成为市场发展的重要趋势,这对现代物流系统提出了更高要求。仓储物流系统作为物流与供应链的核心环节,其作业效率、服务质量和运营成本一直是企业重点关注的指标。高效合理的仓储物流系统可以帮助企业加快物资流动的速度,降低成本,保障生产顺利进行,并可以实现对资源的有效控制和管理。现代"仓储"已经不是传统意义上的"仓库"和"仓库管理",而是在经济全球化与供应链一体化背景下的仓储,是以满足供应链上下游需求为目的,在特定的有形或无形场所,运用现代技术对货品进出、库存、分拣、包装、配送及其信息进行有效计划、执行和控制的物流活动。显然,仓储物流技术是企业建立先进合理仓储物流系统的关键。

仓储物流系统正在经历从机械化到自动化,乃至智能化的发展阶段,其发展趋势主要体现在以下六个方面。

(1) 从自动化到高柔性自动化。随着工业社会不断进步,仓储物流技术也逐渐由人工堆放平面库,到自动化刚性立体库,再到高柔性自动立体库发展。

在 1917 年首台叉车发明之前,仓储物流运作一直处于手工作业状态。叉车技术让仓储系统进入了机械化立体库时代,库房的空间利用率得到极大提升,同时保留了高柔性特点。

1962 年出现了世界首座基于堆垛机技术的自动化立体库,此后该技术进入长达半个多世纪的高速发展阶段。无人、高效和空间利用率高等优点,使自动化立体库逐步成为制造业和商业推崇的最佳仓储解决方案。而传统自动化立体库具有刚性高的短板,很难满足灵活多变的物流服务的需求,第三方物流服务公司一般不采用这项自动化仓储技术。

2003 年世界首台穿梭车技术的面世,让仓储物流技术真正进入高柔性自动化时代。穿梭车打破了一个巷道内只能有一台堆垛机作业的限制,实现了多台穿梭车分层作业的柔性解决方案。其中四向穿梭车技术成为主流。四向穿梭车系统集存储与拣选于一体,既适合低流量、高密度的存储型业务,也可用于高流量、高密度的动态拣选型作业,系统作业能力可以通过增减穿梭车和提升机及其他辅助设备的数量来进行线性调节。

(2) 高密度化。随着城市化进程不断深入,土地的稀缺性问题日益严重,作为工业、商业和社会不可或缺的仓储物流用地也日趋紧缺,高密度仓储物流技术成为发展趋势。一方面传统的货架越建越高,有的甚至超过 40m,以充分利用有限的仓库面积。这样的仓储系统一般利用超高堆垛机来完成出入库作业。另一方面是减少巷道的数量,实现货物在水平和垂直方向的高密度存放。如驶入式货架、重力式货架和穿梭板货架等都是密集储存的常见方式。近些年出现的 AutoStore 是一种新型高密度仓储技术,可以实现自动化存取和货到人拆零拣选解决方案,场地使用比较灵活。因为垂直码垛方式只能实现后进先出(LIFO)存储策略,必须依靠合适的存取策略和优化算法来减少机器人的倒货作业,提高出入库效率。

(3) 拣选作业的无纸化和自动化。拣选是仓储物流中劳动密集的作业环节,在一些电商物流中心,拣选作业甚至占仓库运营成本的 50%。为提高拣选效率、降低仓储物流总成本,近年来拣选方式和技术不断创新,拣选作业更加动态化,部分领域还实现了拣选的自动化。传统的人到货(PTG)拣选仍然是常见的拣选方式,尤其是在产品种类众多的电商物流中心,人到货拣选是客户订单履行的重要组成部分。为提高拣选效率、降低差错率,无纸化拣选已成为大趋势,常见方式包括掌上计算机(PDA)拣货、电子标签拣选和语音拣选等。随着四向穿梭车自动立体库的推广,货到人拣选系统的效率和灵活性大幅度提升,并往智能化方向发展。基于 kiva 机器人的货(架)到人的拣选系统成为近年来电商物流热点技术之一。

(4) 数字化和网络化。进入工业 4.0 时代,企业要实现数字化转型,应该从物流数字化入手。物流贯穿企业业务全流程,而作为物流核心环节的仓储物流系统,其数字化是企业数字化建设的重中之重。智能传感器技术、赛博物理系统(CPS)、窄带物联网(NB-IoT)和 5G 技术正不断应用到仓储物流数字化建设中。

(5) 透明化和可预测性。通过数字化和网络化建设,可以实现仓储物流的可视化管理,下一步是全流程的透明化和对未来业务的精准预测。所谓透明化,在于理解为什么系统中正在发生某些事情,进而建立系统的行为逻辑和规范,为系统的优化奠定基础。要实现透明化,必须首先捕获和分析系统实时数据,也就是建立系统的数字影像(digital shadow)。通过透明化可以实现流程的优化,提高物流的速度、效率和质量,降低物流成本。

(6) 智能化。仓储物流系统发展的下一个目标是智能化。即在数字化和透明化的基础上,模仿生物和人的智能赋予仓储物流系统感知、分析、学习和决策的能力;甚至利用“深度学习”技术,让系统具有思维、推理判断和自行解决复杂物流问题的能力。

1.5　案例分析：联华生鲜食品加工配送中心

连锁经营利润源的重点在于物流,物流系统好坏的评判标准主要有两点:物流服务水平和物流成本。联华生鲜食品加工配送中心在这两个方面都做得比较好。

联华生鲜食品加工配送中心是我国国内目前设备最先进、规模最大的生鲜食品加工配送中心,总投资 6 000 万元,建筑面积 35 000 m²,年生产能力 20 000t,其中肉制品 15 000t,生鲜蔬菜、调理半成品 3 000t,西式熟食制品 2 000t,产品结构分为十五大类约 1 200 种生鲜食品;在生产加工的同时,配送中心还从事水果、冷冻品及南北货的配送任务。

生鲜商品按其称重和包装属性可分为定量商品、称重商品和散装商品,按物流类型分为储存型、中转型、加工型和直送型;按储存运输属性分为常温品、低温品和冷冻品;按商品的用途可分为原料、辅料、半成品、产成品和通常商品。生鲜商品大部分需要冷藏,所以其物流流转周期必须很短,节约成本;生鲜商品保质期很短,客户对其色泽等要求很高,所以在物流过程中需要快速流转。归结起来就是“快”和“准确”。联华生鲜食品加工配送中心的具体做法如下。

1. 订单管理

门店的要货订单通过联华数据通信平台,实时传输到生鲜配送中心,在订单上指定各商品的数量和相应的到货日期。生鲜配送中心接收到门店的要货数据后,立即在系统中生成门店要货订单,按以下不同的商品物流类型进行不同的处理。

(1) 储存型的商品。系统计算当前的有效库存,比对门店的要货需求、日均配货量和相应的供应商送货周期自动生成各储存型商品的建议补货订单,采购人员根据此订单和实际情况做一些修改即可形成正式的供应商订单。

（2）中转型商品。这种商品没有库存，直进直出，系统根据门店的需求汇总按到货日期直接生成供应商的订单。

（3）直送型商品。根据到货日期，分配各门店直送经营的供应商，直接生成供应商直送订单，并通过电子数据交换（EDI）系统直接发送到供应商。

（4）加工型商品。系统按日期汇总门店要货，根据各产成品、半成品的物物清单（BOM表）计算货品耗用，比对当前有效的库存，系统生成加工原料的建议订单，生产计划员根据实际需求做调整，发送采购部生成供应商原料订单。各种不同的订单在生成完成或手工创建后，通过系统中的供应商服务系统自动发送给各供应商，时间间隔在 10min 内。

2. 物流计划

在得到门店的订单并汇总后，物流计划部根据第二天的收货、配送和生产任务制订物流计划。

（1）线路计划。根据各线路上门店的订货数量和品种，做线路的调整，保证运输效率。

（2）批次计划。根据总量和车辆人员情况设定加工和配送的批次，实现循环使用资源，提高效率；在批次计划中，将各线路分别分配到各批次中。

（3）生产计划。根据批次计划，制订生产计划，将量大的商品分批投料加工，设定各线路的加工顺序，保证配送运输协调运行。

（4）配货计划。根据批次计划，结合场地及物流设备的情况，做配货的安排。

3. 储存型物流运作

商品进货时先要接受订单的品种和数量的预检，预检通过方可验货。验货时需进行不同要求的品质检验，终端系统检验商品条形码和记录数量。在商品进货数量上，定量的商品的进货数量不允许大于订单的数量，不定量的商品提供一个超值范围。对需要按重量计量的进货，系统应和电子秤系统连接。

拣货采用播种方式，根据汇总单取货，汇总单标明从各个仓位取货的数量，取货数量为本批配货的总量，取货完成后，系统预扣库存，被取商品从仓库储区拉到待发区。在待发区配货分配人员根据各路线各门店配货数量对各门店进行播种配货，并检查总量是否正确，如不正确，则向上校核，如果商品的数量不足或其他原因造成门店的实配量小于应配量，配货人员通过手持终端调整实发数量，配货检验无误后使用手持终端确认配货数据。

在配货时，冷藏和常温商品被分置在不同的待发区。

4. 中转型物流运作

供应商送货同储存型物流，先预检，预检通过后方可进行验货配货；供应商把中转商品卸货到中转配货区，中转商品配货员使用中转配货系统按商品中转路线及门店的顺序分配商品，数量根据系统配货指令的指定执行，贴物流标签。将配完的商品采用播种的方式放到指定的路线位置上，配货完成后，统计单个商品的总数量，根据配货的总数量生成进货单。

中转商品以发定进，没有库存，多余部分由供应商带回，如果不足，在门店间进行调剂。

5. 加工型物流运作

生鲜加工按原料和成品的对应关系可分为：组合和分割两种类型，两种类型在 BOM 设置和原料计算及成本核算方面都存在很大的差异。在 BOM 中每个产品设定一个加工车间，只属于唯一的车间，在产品上区分最终产品、半成品和配送产品，商品的包装分为定量和不定量的加工，对称重的产品、半成品，需要设定加工产品的换算率（单位产品的标准重量），原料的类型区分为最终原料和中间原料,设定各原料相对于单位成品的耗用量。

生产计划任务中,需要对多级产品链计算嵌套的生产计划任务,并生成各种包装生产设备的加工指令。对生产管理,在计划完成后,系统按计划内容出标准领料清单,指导生产人员从仓库领取原料及生产时的投料。在生产计划中考虑产品链中前道工序与后道工序的衔接,并将各种加工指令、商品资料、门店资料、成分资料等下发到各生产自动化设备。

加工车间人员根据加工批次进行加工调度,协调不同量商品之间的加工关系,满足配送要求。

6. 配送运作

商品分拣完成后,都堆放在待发货区,按正常的配送计划,这些商品在晚上送到各门店,门店第二天早上将新鲜的商品上架。在装车时依计划按路线门店顺序进行,同时抽样检查准确性。在货物装车的同时,系统能够自动计算出包装物(笼车、周转箱)的各门店使用清单,装货人员也据此来核对差异。在发车之前,系统根据各车的配载情况出运输车辆随车商品清单、各门店的交接签收单和发货单。

商品到门店后,由于数量的高度准确性,在门店验货时只要清点总的包装数量,退回上次配送带来的包装物,完成交接手续即可,一般一个门店的配送商品交接只需要 5min。

本 章 小 结

配送是在经济合理区域范围内,根据客户要求,对货品进行分拣、加工、包装、分割、组配等作业,并按时送达指定地点的物流活动。配送包括所有的物流功能要素,是物流的一个缩影或在某个小的范围中物流全部活动的体现。

配送中心是配送业务的聚集地,主要为客户提供高水平的配送服务。配送中心的功能已从传统的保管功能扩展为集散、储存、分拣、流通加工和信息处理功能等;为适应客户需求的多样化,配送中心可按服务适应性、服务范围、经济功能、隶属关系、自动化程度等进行分类。

配送中心的管理主要包括质量管理和作业管理。配送中心质量管理的程序是客户需求—系统设计—作业控管—服务评核—分析改善五个步骤;作业管理主要包括配送作业、仓储作业和信息作业三个方面。

我国仓储配送技术经过半个世纪的发展,逐渐从人工和机械化物流向自动化物流、智能化方向发展,现代化配送中心集成了各种现代化物流自动化技术、信息技术和互联网技术,成为现代物流系统的中枢。

复 习 题

1. 什么是配送?配送的含义包括哪些方面?
2. 配送有哪几种分类方式?按配送商品的特征,如何对配送进行分类?
3. 配送的组织方式有哪几种?请说明每种配送方式如何组织实施。
4. 按自动化程度配送中心分为哪几类?
5. 配送中心有哪些主要类型?
6. 配送中心的基本功能环节有哪些?
7. 配送中心管理的主要内容有哪些?
8. 分析说明我国仓储物流发展趋势。

第 2 章

配送中心运作战略

在配送中心筹划准备阶段,需要对配送中心建设的背景和条件进行分析,明确配送中心建设的必要性和意义,并通过对物流需求的系统分析,确定配送中心的定位、物流策略和建设目标,为配送中心的正式立项奠定基础。这部分工作就是配送中心的战略规划。

2.1 企业物流系统战略

配送中心是企业物流系统的一个节点,配送中心的建设和运营必须满足企业物流战略的需要。因此首先必须明确企业的物流战略和发展目标。通常由企业高层管理者制订战略规划,指明企业发展的总方向,然后将战略规划转化成企业具体的行动计划。企业计划被分解成不同职能部门(如营销、生产和物流部门)的子计划。在这些子计划中,需要做出许多具体的决策。在物流方面,需要做出的决策包括仓库选址、确定库存政策、订货策略及运输方式选择等。

2.1.1 企业物流战略

1. 物流系统战略目标

一般企业物流系统包括以下三个战略目标。

(1) 降低成本。降低成本战略实施的目标是将与运输和存储相关的可变成本降到最低。通常要评价各备选的行动方案,例如,在不同的仓库地址中进行选择或在不同的运输方式中进行选择,以形成最佳战略。服务水平一般保持不变,与此同时,需要找出成本最低的方案。利润最大化是该战略的首要目标。

(2) 减少投资。减少投资战略实施的目标是使物流系统的投资最小化。该战略的根本出发点是投资回报最大化。例如,为避免进行仓储而直接将产品送达客户,放弃自有仓库选择公共仓库,选择适时供给的办法而不采用储备库存的办法,或者是利用第三方供应商提供物流服务。与需要高额投资的战略相比,这些战略可能导致可变成本增加。尽管如此,投资回报率仍可能得以提高。

(3) 改进服务。由于企业的营业收入取决于所提供的物流服务水平,尽管提高物流服务水平将大幅度提高成本,但收入的增长可能会超过成本的上涨。要使战略有效果,应制定与竞争对手截然不同的服务战略。

2. 物流战略主要涉及领域

物流战略规划主要解决四个方面的问题：客户服务目标、设施选址战略、库存战略和运输战略。除设定所需的客户服务目标以外（客户服务目标取决于其他三方面的战略设计），物流规划可以用物流决策三角形表示，如图 2-1 所示。这些领域是互相联系的，应该作为整体进行规划，虽然如此，分别进行规划的例子也并不少见。每一领域都会对系统设计有重要影响。

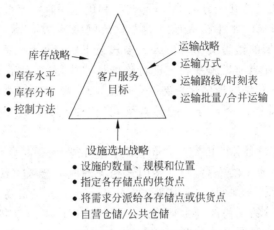

图 2-1　物流决策三角形

（1）客户服务目标。企业提供的客户服务水平比任何其他因素对系统设计的影响都要大。服务水平较低，可以在较少的存储地点集中存货，利用较廉价的运输方式。服务水平高则恰恰相反。但当服务水平接近上限时，物流成本的上升比服务水平上升更快。因此，物流系统战略规划的首要任务是确定适当的客户服务水平。

（2）设施选址战略。存储点及供货点的地理分布构成了物流规划的基本框架。其内容主要包括：确定设施的数量、地理位置、规模，并分配各设施所服务的市场范围，这样就确定了产品到市场之间的线路。好的设施选址应考虑所有产品的移动过程及相关成本，包括从工厂、供货商或港口经中途存储点，然后到达客户所在地的产品移动过程及成本。通过不同的渠道来满足客户需求，如直接由工厂供货、供货商或港口供货，或经选定的存储点供货等，则会影响总的分拨成本。

寻求成本最低的需求分配方案或利润最高的需求分配方案是选址战略的核心所在。

（3）库存战略。库存战略是指管理库存的方式。将库存分配（推动）到储存点与通过补货自发拉动库存，代表着两种战略。其他方面的决策内容还包括产品系列中的不同品种分别选在工厂、地区性仓库或基层仓库存放，以及运用各种方法来管理永久性存货的库存水平。由于企业采用的具体政策将影响设施选址决策，所以必须在物流系统战略规划中予以考虑。

（4）运输战略。运输战略包括运输方式、运输批量和运输时间及路线的选择。这些决策受仓库与客户以及仓库与工厂之间距离的影响，反过来又会影响仓库选址决策。库存水平也会影响运输批量以及运输决策。

客户服务目标、设施选址战略、库存战略和运输战略是规划的主要内容，因为这些决策都会影响企业的盈利能力、现金流和投资回报率。其中每个决策都与其他决策互相联系，规划时必须对彼此之间存在的悖反关系予以考虑。

2.1.2　物流系统战略影响因素

当建立一个新企业或企业开发一个新的产品时,需要确定企业物流战略和物流网络的规划。然而,大多数情况下,企业物流系统已经存在,经常需要做的工作是不断改善和优化现有网络。影响物流系统战略的要素包括五个方面,即需求、客户服务、产品特征、物流成本和定价策略。一般可通过这几个方面的分析,改善和优化现有物流系统。

(1) 需求。不仅需求的水平极大地影响着物流网络的结构,需求的地理分布也一样。通常,企业在某一个区域的销售会比其他区域增长或下降得更快。虽然从整个系统的总需求水平来看,可能只要在当前设施基础上进行略微扩建或压缩,然而,需求模式的巨大波动则可能要求在需求增长较快的地区建造新的仓库或工厂,而在市场增长缓慢或萎缩的地区,则可能要关闭设施。每年几个百分点的异常增长,往往就足以说明需要对网络重新进行规划。

(2) 客户服务。客户服务的内容很广,包括库存可得率、送货速度、订单履行的速度和准确性。随着客户服务水平的提高,与这些因素相关的成本会以更快的速率增长。因此分拨成本受客户服务水平的影响很大,尤其是当客户服务水平已经很高时。

由于竞争的压力、政策的修改或主观确定的服务目标已不同于制定物流系统战略最初所依据的目标等原因,物流服务水平发生了改变,这时企业通常就需要重新制定物流系统战略。但是,如果服务水平本身很低,变化的幅度也很小,也不一定需要重新规划物流系统战略。

(3) 产品特征。影响物流系统战略最重要的产品特征就是产品本身的属性,如重量、体积、价值、易腐性、易燃性和可替代性。这些属性的不同组合会对仓储、库存、运输、货品搬运和订单处理提出一定的要求。

(4) 物流成本。企业实物供给、实物分拨过程中产生的成本往往决定着物流系统重新规划的频率。如果其他因素都相同,那么生产高价值产品(如机床或飞机)的企业由于物流成本只占总成本的很小比重,企业很可能并不关心物流系统战略是否优化。然而,如果生产带包装的工业化产品和食品等,其物流成本占比很高的企业,物流系统战略将是其关注的重点。由于物流成本很高,通过重构物流系统,会使物流成本大幅度下降。

(5) 定价策略。商品采购或销售的定价政策发生变化,也会影响物流系统战略,这主要是因为定价政策决定了买方/卖方是否承担某些物流活动的责任。供应商定价由出厂价格(不含运输成本)改为运到价格(含运输成本),一般意味着采购企业无须负责提供或安排内向物流。同样,定价策略也影响着商品所有权的转移和分拨渠道内运输责任的划分。

不论价格机制如何影响定价,成本都是可以通过物流渠道进行转移的,然而,还是有一些企业会根据它们直接负担的成本进行物流系统规划。如果按照企业的定价政策,由客户支付商品运费,那么只要没有来自客户的压力增加网点,企业在制定战略时就不会设置较多的网点。由于运输成本在物流总成本中举足轻重,定价策略的改变一般会导致物流系统战略的重构。

当上述某一个或几个方面发生变化时,企业就应该考虑重新规划物流系统战略。

2.1.3　几种典型物流战略

许多指导物流规划的原则和概念来源于物流活动,尤其是运输活动的独特属性,其他一些则是一般经济和市场现象的产物。所有原则都可以帮助我们理解什么是物流系统战略。下面将介绍其中一些战略原则和概念。

1. 总成本概念

物流系统本身的范畴和物流系统设计的核心都是关于效益悖反的分析,并由此引出总成本的概念。成本悖反就是指各种物流活动成本的变化常常表现出互相冲突的特征。解决冲突的办法是,平衡各项活动以使其达到整体最优。在图 2-2 所示的例子中,在选择运输服务的过程中,运输服务的直接成本与由承运人的不同运输服务水平对物流渠道中库存水平的影响而带来的间接成本之间就互相冲突。最优的经济方案就是运输服务曲线与库存成本曲线的交点,即图 2-2 中虚线所指的点。

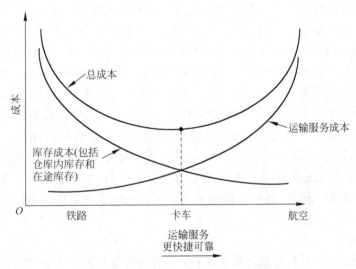

图 2-2　运输成本和库存成本之间的冲突

费率最低或速度最快的运输服务并不一定是最佳选择。因此,物流管理的基本问题就是成本冲突的管理问题。只要在各项物流活动之间存在成本冲突,就需要进行协调管理。企业分销网络就包含了大量与物流相关的潜在成本冲突问题。

总成本的概念可用于解决企业内部问题,特别是物流问题。然而,有时分拨渠道内一个企业的决策会影响其他企业的物流成本。例如,买方的库存政策不仅会影响发货人的库存成本,还会影响承运人的经营成本。在这种情况下,就有必要将系统的范围扩大到企业以外,甚至可以包括几个企业。这时总成本方程就被拓展到整个供应链,管理决策的范围也延伸到供应链物流系统的决策。

实质上,总成本或总系统的概念并没有明晰的界限。虽然有人会说,某种程度上,整个经济中的所有活动都与企业的物流问题有一定的经济关联,但要想对与任意一项决策有关的所有不同的成本悖反关系都进行评估是徒劳无益的。而管理人员就有责任判断哪些因素是相关的,应该纳入分析之中,并由此确定总成本分析是仅仅包括我们所界定的物流职能内部的因素,还是扩展到企业控制的其他因素,甚至扩展到企业不能直接控制的一些外部因素。

2. 多样化分拨

不要对所有产品提供同样水平的客户服务,这是物流规划的一条基本原则。一般企业分拨多种产品,要面对各种产品不同的客户服务要求。不同的产品特征、不同销售水平,也就意味着企业要在同一产品系列内采用多种分拨战略。管理者正是利用这一原则,对产品进行粗略分类,例如按销量分为高、中、低三组,并分别确定不同的库存水平。这一原则偶尔也应用于库存地点的选择。如果企业的每一个库存地点都存放所有品种的产品,或许可以简化管理,但这一战略忽略了不同产品及成本的内在差异,将导致过高的分拨成本。

改善战略首先要区分那些经仓库运送的产品和从工厂、供货商或其他供货来源直接运到客户手中的产品。由于运输费率的结构对整车运输有利,所以首先应按运输批量区分产品。订购大量产品的客户可以直接供货,其他的则由仓库供货。

对那些由仓库供货的产品,应按存储地点进行分组,即销售快的产品应放在位于物流渠道最前沿的基层仓库中。销量中等的产品应存放在数量较少的地区性仓库中。销售慢的产品则放在工厂等中心存储点。结果每个存储点都包含不同的产品组合。

例如,某小型专业化工企业生产多种金属防腐涂料。所有的产品都在同一地点生产。一项关于分拨网络的研究建议该公司采用与以往不同的分拨模式,即所有构成整车批量的产品直接从工厂运到客户所在地。所有的大订单(占企业销量的前10%)也由工厂直接向客户供货。其他运输批量小的产品,则从工厂或两个具有战略性选址的仓库运出。这一多样化分拨战略为企业节约了20%的分拨成本,同时保持了现有的物流服务水平。

多样化分拨不仅可适用于批量不同的情况,还可用于其他情况,如正常的客户订单和延期交货订单可以采用不同的分拨渠道。正常的分拨渠道是由仓库供货、履行订单。出现缺货时,就启用备用的分拨系统,由第二个存储点供货,使用更快捷的运输方式克服运送距离延长带来的不利影响。同样,还有其他很多例子可以说明多个分拨渠道比单一渠道情况下的总分拨成本更低。

3. 混合战略

混合战略概念与多样化分拨战略相类似:混合分拨战略的成本会比纯粹的或单一战略的成本更低。虽然单一战略可以获得规模经济效益,简化管理,但如果不同品种产品的体积、重量、订单的规模、销量和客户服务要求差异巨大时,就会出现不经济。混合战略使企业针对不同产品分别确立最优战略,这样往往比在所有产品组之间取平均成本值后制定的单一的、全球性战略成本要低。

例如,某药品和杂货零售商因一项零售店并购计划导致销售额急剧上升,需要扩大分拨系统以满足需要。一种设计是利用6个仓库供应全美约1000家分店。公司的战略是全部使用自有仓库和车辆为各分店提供高水平的服务。扩建计划需要新建700万美元的仓库,用来缓解超载荷运转的仓库供给能力不足的问题,该仓库主要供应匹兹堡附近的市场,通过利用最先进的搬运、存储设备和流程降低成本。此时,公司进行了一项网络优化研究。结果表明,虽然匹兹堡仓库的设施运营成本很高,但新建仓库节约的成本不足以补偿700万美元的投资。有人建议采用混合战略(图2-3)。除使用自有仓库之外,还可部分地利用公共(租借)仓库,这样做的总成本比全部使用自有仓库的总成本要低。于是,企业将部分体积大的产品转移至附近的公共仓库,然后安装新设备,腾出足够的自有空间以满足可预见的需求。新设备成本为20万美元,利用两个仓库供给商店每年约带来额外的运输费用10万美元。这样,企业就成功地避免了实行单一或纯粹分拨战略而可能导致的700万美元的巨额投资。

4. 推迟战略

推迟的原则可以概括如下:分拨过程中运输的时间和最终产品的加工时间应推迟到收

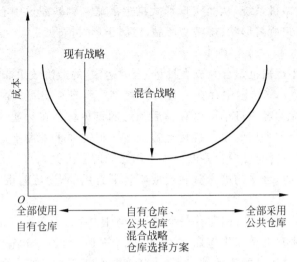

图 2-3　单一仓储战略和混合仓储战略的总成本曲线

到客户订单之后。这一思想避免了企业根据预测在需求没有实际产生的时候运输产品（时间推迟）以及根据对最终产品形式的预测生产不同形式的产品（形式推迟）。

　　推迟通常分为两种类型，即形式推迟和时间推迟。其中形式推迟包括贴标签、包装、组装和生产的推迟（表 2-1）。当企业生产具有表 2-1 所示的属性时，应采用推迟战略获得效益。

表 2-1　各种推迟战略及适用的企业类型

推迟种类	具体内容	适用的企业
形式推迟	贴标签	以不同品牌销售同一产品的企业
		产品单位价值高的企业
		产品价值波动大的企业
	包装	以几种规格的包装销售同一产品的企业
		产品单位价值高的企业
		产品销量波动大的企业
	组装	销售不同样式产品的企业
		所销售的产品若在组装前运输，体积将大大减少的企业
		产品单位价值高的企业
		产品销量波动大的企业
	生产	所销售产品的大部分原材料随处可得的企业
		产品单位价值高的企业
		产品销量波动大的企业
时间推迟		产品单位价值高的企业
		有众多分发仓库的企业
		产品销量波动大的企业

　　例如，杰西潘尼（JC. Penny）公司定期在邮购商品目录零售中使用时间推迟战略，从相对较少的几个仓库发出所订购的产品。

　　戴尔公司是一家生产个人计算机的企业，它接受邮寄的订单，并按照顾客从现有选项中挑选出的方案来配置微机系统,从而实现形式推迟战略。钢铁配送中心将标准形状和规格的钢铁制品切割成客户所需形状、规格的产品,也属于形式推迟。

5. 合并战略

战略规划中,将小运输批量合并成大批量(合并运输)的经济效果非常明显,其产生的原因是现行的运输成本-费率结构中存在大量规模经济。管理人员可以利用这个概念来改进战略。例如,到达仓库的客户订单可以和稍后到达的订单合并在一起。这样做可以使平均运输批量增大,进而降低平均的单位货物运输成本。但需要平衡由于运送时间延长而可能造成的客户服务水平下降与订单合并的成本节约之间的利害关系。

通常当运量较小时,合并的概念对制定战略是最有用的,即运输批量越小,合并的收益就越大。

例如,某汽车制造公司在济南建有一个零部件配送中心,为当地汽车总装线实施准时制(JIT)配送。零部件来自上千家供应商,分布在全国各地。为减少运输成本,公司在主要供货商所在地建立了合并运输的集运站,通知供货商将公司采购的零部件运往集运站。当货物累积到一整车时,企业自己的卡车就会将商品由集运站运到配送中心。这样做避免了以小批量长距离将货物运到主仓库产生的昂贵的单位运费。

6. 标准化

物流渠道提供多样化的服务也是有代价的。产品品种的增加会提高库存,减小运输批量。即使总需求不变,在原有产品系列中增加一个与现有某品种类似的新品种也会使综合产品的总库存水平增加40%,甚至更多。战略制定的核心问题就是如何为市场提供多样化的产品以满足客户需求,同时,又不使物流成本显著增加。标准化和推迟概念的综合运用常常可以有效解决这一问题。

生产中的标准化可以通过可替换的零配件、模块化的产品和给同样产品贴加不同品牌的标签而实现。这样可以有效地控制供应渠道中必须处理的零部件、供给品和原材料的种类。通过推迟也可以控制分拨渠道中产品多样化的弊端。例如,汽车制造商可以通过在销售地增加种类或使各选项具有可替换性以及为同样的基本元件创立多个品牌,从而创造出无数种类的产品,同时不增加库存。服装制造商不会去存储众多客户需要的确切号码的服装,而是通过改动标准尺寸的产品来满足消费者要求。

2.2 配送中心物流策略

配送中心的物流策略与一般企业的分销与生产策略相类似,分销提供了物流的外在环境需求,生产提供内部环境的需求,物流管理一方面需直接面对下游客户的挑战,另一方面则需兼顾生产(或上游供应源)的状况。而配送中心要在市场中取胜,也必须确定合理的物流策略。

2.2.1 物流通路策略

在对配送中心需求进行分析时,首先需要对配送中心的物流通路进行分析,明确配送中心在产销物流通路结构中的位置,分析上游供应源及下游配送点的特征。一般需进行以下几个方面的分析。

（1）客户对象是属于企业体系内的单位还是其他企业。

（2）客户偏向于制造业、中间批发商、经销商还是末端的零售业。

（3）配送客户之间属于独立经营的企业还是具有连锁性质。

（4）上、下游企业属于开放性的还是封闭性的。

（5）是否随时会有新客户产生。

上述类型均将影响配送中心在通路中的作用与经营特性，也间接限制了配送中心区位的选择和内部规划。

一般配送中心的类型与上、下游点数的分布有一定的关系，如图 2-4 所示。制造企业的发货中心的服务对象就是企业本身，属于最单纯的配送中心，但随着厂内生产线数增加或外委作业的增加，其上、下游点数的分布也增加；委托配送型的配送中心，上、下游点数分布具有开放特性，随时可能增加或减少，而点数也多；快递货物处理中心，上、下游点数与分布可能均以个人为单位，上、下游点数分布最为分散。但是由于企业特性与规模的差异，故一般不易明确区分，必须进行仔细分析，并根据企业的组织策略与目标，来确定配送中心在通路结构中的功能定位。

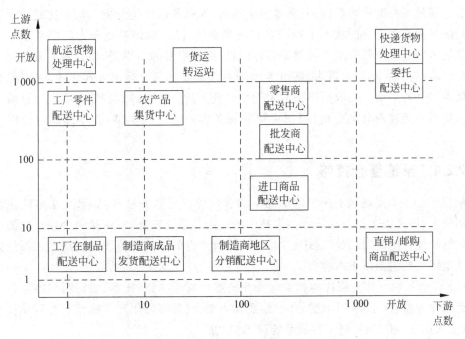

图 2-4　配送中心类型与上、下游点数分布关系

2.2.2　位置网络策略

位置网络策略就是确定配送中心的网点数量及布局。

就地理区位而言，在整个供应链物流通路的运作过程中，接近末端消费者的通路一般较多且分散，储运配送成本相对也较高，因此一般配送中心若以末端消费通路为主，则应设在接近消费者的地区为宜；相反地，若以上游原料或半成品的供应为主，则以接近生产厂为宜。若以末端消费通路为主，由于距离与配送量分散，将使物流管理协调困难度增加，反应速率降低，因此当各区运营量足够大时，可考虑分区设立配送中心以提高储运效率，但是，若据点太过分散使各区均无足够的运营规模,则效率又将递减。

在评估整个配送网络成本时,对各种成本与效益组合的方案中,配送网络的分布与据点配置之间必须取得平衡,并确定主要的区位与范围,以发挥最大的效益。

2.2.3　客户服务水平

一般客户较为关心的物流服务项目主要以服务内容、时效、品质、成本、弹性、付款方式等项目为主,包括接单后的处理时间、及时送货能力、可接受送货的频率、送货内容的正确性、是否可配合上架作业、客户抱怨的响应、商品信息的提供等。

以接单后的处理时间为例,如90%的订单必须在一天完成出货或所有订单需在5天完成出货、重要客户的紧急订单必须在12h内完成等目标。据一家企业对客户满意程度的调查,其部分地区客户一般在下单1～3天内可收到货品,而另外部分地区客户则较固定为下单4天内可收到货品,经调查客户满意程度后,以后者较高,因为稳定的订货前置期给了客户事前规划的机会,比时间虽短但不一定可靠要好。因此掌握客户实际需求来提高该项服务水平,要比盲目改善效率更有意义。

若要满足所有客户的需求,其成本势必很高,即服务水平是与成本成正比的。而物流策略的最终目标是在合理的成本下提高客户的满意度,以达到最具竞争力的服务水平。因此在制定配送中心客户服务水平的策略目标时,应把握主要的客户群,以其物流服务需求水平为目标。若满足中、小量的需求,则可考虑折中方案或以部分外包方式作业,以取得物流成本与服务水平的平衡。而取得平衡的关键则是客户及产品资料的有效分类。通过对客户贡献度及产品贡献度的分类分析,找出主要的服务客户与产品类型,并据此制定相应的服务水平。

2.2.4　系统整合策略

配送中心主要实现从上游供应源到下游客户的流通服务过程,如果只是单纯作为储运连接的角色,则失去了整合功能。信息技术的应用与系统整合,应该是一个现代化的配送中心的关键功能。因此,设置配送中心时,需对系统整合的层次及范围界定清楚。系统整合的层次及范围主要包括以下内容。

(1) 作业层次。作业层次包括储运作业的整合与标准化(托盘、储运箱与容器共同化)、配送运输作业整合(车辆共同化)、作业信息输入整合(条形码化)、采购作业与订单信息传递[如电子数据交换(EDI)、电子订货系统(EOS)]等。

(2) 作业管理层次。作业管理层次包括库存管理、存货管理[物资需求计划(MRP)、ABC分级]、分销信息反馈(POS)与分析、出货订单排程、拣货工作指派等作业的规划管理。

(3) 决策支持层次。决策支持层次包括配派车系统、配送区域规划、物流成本分析与计费定价策略等。

(4) 经营管理层次。经营管理层次包括策略联盟、联合采购、共同配送等企业间的资源整合,可按产业垂直整合、水平整合或异业间的整合方向进行。目前流通行业通路整合的策略模式如图2-5所示。

一个配送中心除内部管理系统的整合功能外,如能向整合客户及供货商的系统发展,并配合业务范围的整合,加强客户化及垂直化的服务功能(如部分代工、打印条形码、分装、容

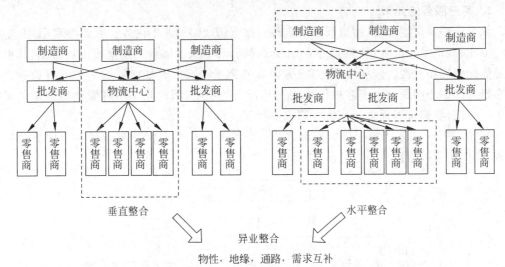

图 2-5　流通行业通路整合的策略模式

器流通回收、联合促销、信息共享与销售信息实时反馈等),将可大大提高配送中心的物流服务附加价值,从而提高企业的竞争优势。而在企业整合与策略联盟过程中,如能有效降低作业成本,提高企业间互惠互利的基础,也能增加配送中心运转规模与经济效益,这也是在建设配送中心前必须把握的原则。

2.3　物流服务水平决策

　　服务或客户服务的含义很广,包括从产品的可得率到售后服务等众多因素。企业销售收入和系统运营的相关成本决定了企业能够实现的利润。而运营成本主要取决于客户服务水平,即合理决策向客户提供的服务水平是达到企业利润目标的关键。从物流角度来看,客户服务是一切物流活动或供应链流程的产物。因而,物流系统的设计首先应该确定企业能够提供的客户服务水平。

　　本节将探讨物流服务对整个企业物流系统的意义,指出服务的重要因素,提出确定销售和服务水平之间关系的方法,以及如何利用该方法达到最佳服务水平。

2.3.1　物流服务的定义

　　物流服务是企业所提供的总体服务中的一部分。因此,我们首先将从企业的角度来讨论服务,然后筛选出那些属于物流活动的因素。

1. 客户服务的几种定义

　　由于物流服务是企业客户服务的一部分,因此,首先来讨论客户服务。拉里莎·凯尔(Larissa S. Kyj)和迈罗斯劳·凯尔(Myroslaw J. Kyj)认为,客户服务在得到有效利用时,是能够对创造需求、保持客户忠诚产生重大影响的首要变量。赫斯凯特(Heskett)将多数企业的物流服务简单地表述为使(客户)得到所订购产品的速度和可靠程度。另一位物流服务专家认为,物流服务是特指销售满足客户的一系列活动,通常始于订单录入,止于产品送达客户。有时,还会以设备服务、保修或其他技术支持的形式继续下去。

2. 客户服务的要素

从企业整体角度来看,物流服务一直被当作营销战略的基本内容。人们常常用 4P 组合〔即 product(产品)、price(价格)、promotion(促销)和 place(地点)〕来描述市场营销,其中地点最能代表实物分拨。多年来,客户服务由哪些因素构成及其如何影响买方的行为一直是许多研究的中心问题。由于客户很难判断其行为的动机,因此几乎不可能确切地定义客户服务。然而,我们可以通过一些客户调查得到某些启示。

例如,图 2-6 所示为根据供应商和客户之间交易发生的时间所确定的客户服务的构成因素,这些构成因素被分为交易前、交易中和交易后三类。

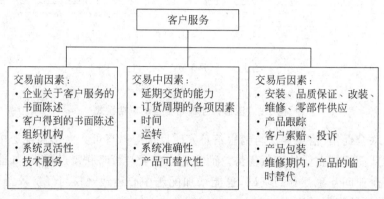

图 2-6　客户服务的构成因素

交易前因素是为好的客户服务营造氛围,主要包括:向客户提供关于客户服务的书面陈述,诸如订货后何时送到、退货和延期交货的处理程序、运输方法等,以使客户了解可期望得到什么样的服务;制订应急服务计划以应付工人罢工或自然灾害影响正常服务的情况;创建实施客户服务政策的组织机构。此外,为客户提供技术培训和技术手册也能改善买方和供应商之间的关系。

交易中因素是直接导致产品送达客户手中的因素。例如,设定库存水平、选择运输方式、建立订单处理程序等。这些因素进而又会影响送货时间、订单履行的准确性、收到货物的状态、存货可得率。

交易后因素代表一整套服务,这些服务可用于:产品使用时的服务支持,保护客户利益不受缺陷产品损害,提供包装(可返还的瓶子、托盘等)返还服务,处理索赔、投诉和退货。这些活动发生在产品售出之后,但是必须在交易前和交易阶段就做好计划。

由于客户会对所有活动的组合做出反应,因此,企业客户服务就是所有这些因素的总和。

3. 要素重要性分析

夏康联合会(Shycon Associates)调查了美国许多行业的采购和分拨部门经理,请他们给供应商排名。图 2-7 列出了被调查者认为较差的几种服务。在所提到的服务缺陷之中,作为物流客户服务变量之一的交付延误占了约一半,产品质量缺陷约占 1/3。

最后,杰克逊(Jackson)、基思(Keith)和伯迪克(Burdick)的调查显示,客户服务各因素的重要性因所要采购产品的类型不同而异。他们就 6 个实物分拨服务因素的重要性调查了 25 家企业的 254 个采购人员。调查结果如表 2-2 所示。值得注意的是提前期和交货时间的

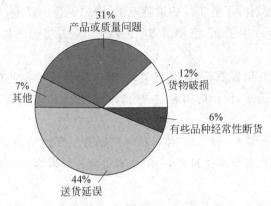

图 2-7 针对客户服务投诉的常见内容

稳定性的相对重要性。

表 2-2 按产品种类对 6 个实物分拨服务因素的重要性进行排序

重 要 性	产品种类				
	主要资产品	次要资产品	原材料	零部件	补给品
现货供应能力	2	1	3	3	1
提前期	3	3	2	2	3
交货时间的稳定性	1	2	1	1	2
订单处理信息	4	5	5	5	5
保护性包装	6	6	6	6	6
运输合作	5	4	4	4	4

（1）主要资产品。主要资产品是指使用寿命超过一年的产品，不会成为企业最终产品的组成部分，成本超过每单位 1 万美元。

（2）次要资产品。次要资产品是指使用寿命超过一年的产品，不会成为企业最终产品的一部分，价值在 1 000 万～10 000 万美元。

（3）原材料。原材料会成为最终产品的一部分，但在此之前需进一步加工。

（4）零部件。零部件是最终产品的一部分，无须做进一步加工。

（5）补给品。补给品不会成为最终产品的组成部分，但用于支持生产活动。

4. 物流服务的重要性

尽管许多企业都将客户服务交给营销或销售部门负责，但应该注意到，客户服务中有关的物流因素很重要，且客户常常将这些因素置于产品价格、产品质量及其他与营销、财务和生产有关的因素之前，这说明物流客户服务是影响销售企业盈利能力的重要问题。

（1）服务对销售的影响。长久以来，物流管理人员一直认为销售量在一定程度上受所提供的物流服务水平的影响。事实上，物流服务是整个客户服务的一部分，很难确切衡量销售与物流服务之间的关系，而且买主自己也很难确切说明他们对服务的要求和对所提供服务的一贯反应。因此，物流管理人员通常会事先确定客户服务的标准，然后围绕服务标准设计物流系统。

如果物流系统能提供满足客户需要的服务，就可以直接增加销售收入，提高市场份额，最终增加利润，使企业得到发展。

例如,某制造商重新划分了各工厂的供货范围,增加了仓库设施,物流成本增加了 20 万美元,而生产成本减少了 140 万美元,年销售收入从 4 500 万美元增加到 5 000 万美元,净利润增加了 50 万美元。

某大型零售连锁企业销售额超过 10 亿美元,其 5 个分拨中心的存储设施合并后,估计可节约销售成本 900 万美元(包括内向运输费用),节约物流成本 400 万美元,零售收入增加 1 亿美元,净利润增加 1 000 万美元。

(2) 服务对客户购买的影响。另一种考察客户服务重要性的方法是看与客户购买相关的成本。物流服务对留住客户至关重要,必须认真处理;如果客户对供应商保持忠诚,服务质量应保持一致。

因为企业 65% 的业务来自现有客户,所以留住现有客户至关重要。开发新客户比留住现有客户的成本平均高约 6 倍。因此,从财务角度上看,投资于客户服务活动比投资于促销和其他发展客户的活动回报率更高。

美国电话电报公司(AT&T)的主席兼总裁肯定相信这一点,因为当谈到通信业价格战时,他说:"我们的重点是回报客户,在现有客户中间树立忠诚度,而不是花大笔钱收买叛变者。"

2.3.2 订货周期

1. 订货周期的构成要素

订货(或服务)周期是物流系统能控制的客户服务的首要因素。订货周期可以定义为从客户提出订货、购买或服务要求到收到所订购产品或服务所经过的时间。

订货周期包括在客户收到订购货物需经过的时期内发生的所有相关活动。图 2-8 举例说明了典型订货周期的组成部分。一个订货周期所包含的时间因素有订单传输时间(order transmittal time)、订单处理时间(order-processing time)、订单配货时间(order assembly time)、存货可得率(stock availability)、生产时间(production time)和送货时间。这些因素直接或间接地受订单传输方式的设计和选择、库存政策、订单处理程序、运输方式和计划方法的影响。

订单传输时间依传递订单的方式不同可能由若干时间因素构成。对配备了销售人员电子通信系统的企业而言,订单传输时间包括销售人员和销售机构在传送之前持有订单的时间和订单在传输渠道内停留的时间。如果由客户填制订单,然后进行电子传输,则总传输时间实际上就是打电话、发传真或使用类似通信方式所需的时间。有时,客户填写订单所用的时间或销售人员拜访客户的时间间隔也可能构成订货周期的重要组成因素。

订货周期的另一个重要组成部分是订单处理和配货的时间。订单处理包括填制运输单证,更新库存记录,信用结算,核对订单,向客户和企业内有关方就订单处理情况互通信息,将订单信息通报销售、生产、财务部门等各项活动。配货时间包括收到订单并通知仓储和运输部门有关订单信息后,配齐货物准备发运所需的时间,包括从仓库中拣货、将货物运到仓库的发运点、必要的包装或简单的加工过程、与运往同一方向的货物进行拼装等活动。

一定程度上,订单处理与配货是同时进行的,所以把这两项活动都完成所费的总时间并不是两项活动分别需要的时间之和。因为首先要进行核对和文件初级处理工作,所以订单处理比配货稍稍提前,而运输单证填制和库存数据更新则可以与配货同时进行。

存货可得率对订货周期影响巨大,因为它常常迫使产品流和信息流脱离现有的渠道。正常的渠道可能是通过仓库供给客户,如图 2-8 所示。如果仓库没有现货,就要使用第二条分拨渠道或备用分拨渠道。例如,缺货品种的延期交货订单要传给工厂,用工厂的库存来履行订单。如果工厂没有存货,就要填制生产订单,进行生产,然后由工厂直接送货到客户手中。也可以用其他的备用系统,从第二家仓库转运延期交付的货物或仍由原来的仓库持有延期交货订单。

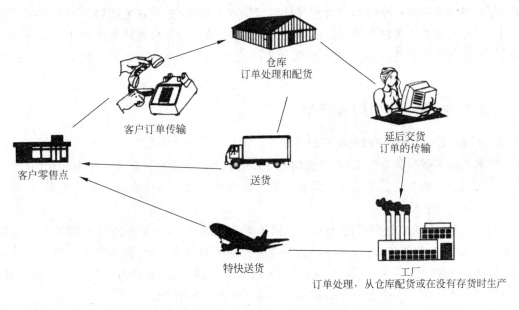

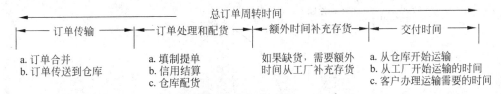

图 2-8   客户订货周期的组成部分

订货周期中最后一个由物流管理人员直接控制的重要因素就是送货时间,即从存储地到客户所在地运输产品所需要的时间。其中也可能包含在起点装货和在终点卸货的时间。

2. 订货周期的影响因素

一般情况下,我们都假设订货周期各因素在运作中不受条件限制。但有时客户服务政策会改变这种正常的订货周期模式。其中某些政策与订单处理先后次序、订货条件的标准和订货限制条件有关。

(1) 订单处理先后次序。个别客户的订货周期可能与企业的标准订货周期相去甚远,这与企业处理订单时的先后次序,或企业是否规定有先后次序都有关系。如果出现订单积压,就有必要将客户区别开来。

（2）订货条件的标准。如果所订购货物送达客户时破损或无法使用,那么就会大大影响正常的订货周期。大多数企业都不想承担为消除货物破损或发货不准确的可能性而支付的高额成本,客户也不愿因此承担高价格。因此,不论平均订货周期会增加多少,也要制定包装设计、退货程序、更换发错货物或破损货物及监督订购货物质量的标准。

（3）订货限制条件。在有些情况下,物流管理人员可能会发现制定一些限制条件很有好处,例如规定最小订货批量、要求客户根据预先规定的时间表订购货物、要求客户按照事先确定的规范填制订单表格。这样有助于在产品分拨中实现一些重要的成本节约。例如,最小订货量和准确的运输时间安排常常导致运输成本更低、送货速度更快。对有些客户而言,一方面,这种做法可能会使有效的订货周期拉长。另一方面,这种做法却使企业可以对销量小的市场提供服务,如果没有这些限制条件,这些市场就不太可能得到高频率或可靠的服务。

2.3.3　销售—物流服务模型

1. 销售额—物流客户服务水平的关系

明确了物流服务的重要性,如果能精确地知道销售随已知物流服务水平而变化的程度,物流决策就会得到改进。下面用数学方式表述销售额—物流客户服务水平的关系,并考察这种关系的一般性质。

根据现有的研究结果和理论,可以得出销售额—物流客户服务水平的关系(图2-9)。这种关系说明,企业改善服务质量,并超过竞争者所提供的服务水平时,销售额将如何变化。由图2-9可知,曲线有三个明显不同的阶段：入门阶段、边际收入递减阶段和收入下降阶段。每一阶段都表明服务水平的等量提高带来的销售收入并不相等。

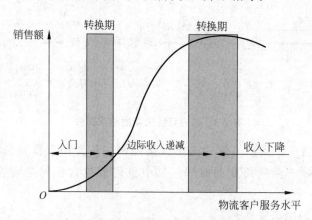

图2-9　销售额—物流客户服务水平的关系

如果买方和卖方之间没有客户服务,或服务水平极低,双方就不会成交或成交量很少。很明显,如果供应商不提供物流服务,买方也没有为自己提供服务,就不可能跨越他们之间的时空间隔,也就不会产生交换或销售活动。随着服务水平逐步提高,接近竞争者提供的服务水平,可能产生的销售收益很少。假如企业产品的价格和质量与竞争者相当,那么,在企业服务水平达到竞争者的水平之前,业务是开展不起来的。该点就是入门的服务水平。当企业服务水平达到入门点后,针对市场竞争进一步改善服务,就可以有力地刺激销售,通过提供差异化的服务,从竞争者那里争夺市场。随着服务水平进一步提高,销售额继续增长,但增长速度放慢。从入门点到销售额下降点之间的区间被称作边际收入递减阶段。多数企业的物流系统是在这一区间运作的。

为什么销售额会随着服务的改善而提高呢?据观察,买方对供应商提供的服务非常敏感。假设产品质量和购买价格不受服务水平提高的影响,服务改进通常意味着买方库存成本的下降。这样,就促使买方转向提供最好服务的供应商。

在实证研究中也可以观察到曲线的这种递减变化。其原因在于,一方面在服务水平较高的时候,买方从提高服务水平中能够获得的收益不像服务水平较低的时候那么多;另一方面采购政策要求企业从不只一处来源进货。服务对买方成本的影响也会随着服务水平的提高而减弱。因此,客户对产品的购买也会表现出同样的变化模式。同时,企业通常的采购政策是保持多个进货来源,也使买方对供应商销售额的影响受到了限制。如果采购政策是多个买主分散采购,那么就会产生如图2-9所示的递减效果。

最后,服务的改进应该适度,否则也会导致销售的减少。尽管提高库存可得率、缩短订货周期和优惠的交付条件对销售不会有负面影响,但某些服务内容,如销售人员拜访客户以了解库存水平、带回订单的频率、订单处理信息或频率可能对某些买方来讲太多了,买主就会不再惠顾。但是,这些结果只在极端情况下才会出现,太多看起来很好的事情会使客户感到厌烦。

2. 模型化方法

某种产品的销售—服务关系可能偏离图2-9中的理论关系。在具体案例中,可以运用许多方法找出实际的关系模型。其中的四种方法分别是两点法、事前—事后实验法、游戏法和买方调查法。

1) 两点法

两点法的过程包括:找到销售—服务关系曲线边际收入递减部分上的两点,绘出经过这两点的一条直线。随后,用这条直线作为曲线关系可接受的近似值(图2-10)。当寻找多个数据点准确描述曲线的成本过高,或不太现实时,可以采用两点法。两点法通常不可能非常准确地描述函数关系。

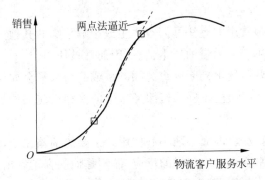

图 2-10 用两点法描述销售—服务的近似关系

两点法首先要针对特定产品设定一个高水平的物流服务,并观测所达到的销售量。随后,将服务降到一个低水平,再次考察销售情况。尽管这一方法看起来很容易施行,但某些方法论方面的问题可能会限制其用途。首先,大幅度降低所销售产品的服务水平来收集销售反应信息可能不切实际;其次,服务水平变化所持续的时间、客户获知服务水平变化的程度、其他活动(如促销、价格变化和产品质量的变化)影响销售的程度都可能使销售结果出现波动,因而该结果将变得毫无意义。这些局限性说明:要获得合理的结果,就必须慎重选择两点法所适用的环境。

2)事前—事后实验法

只要知道销售对特定服务变化的反应就足以衡量其对成本的影响。在服务水平变化很大的范围内绘制销售—服务曲线既没有必要,也不切实际。因此,要判断销售的反应,只要改变服务水平,并且观测销售的变化,或者,如果以前的服务水平发生过变化,只要根据历史记录考察同样的影响就可以了。同时,服务水平的变化需要足够大,这样销售的真实变化就不会被正常的销售波动或测量的误差所掩盖。

这种事前—事后实验法存在与两点法同样的方法论问题。但这些实验操作起来可能会容易一些,因为当前的服务水平可以作为"事前"数据点,那么只要找到所需的"事后"数据点就可以了。

3)游戏法

在衡量服务变化对销售的影响过程中,一个更为重要的问题是要对环境进行控制,将物流服务以外的其他因素所导致的影响排除在外。其中一种方法是,在实验室做模拟实验,或设定游戏环境,决策者在所限定的环境下进行决策。游戏环境试图复制需求不确定、竞争、物流战略及其他与特定条件相关的因素。游戏以产生与产品成本相匹配的销售额为目标,决定物流活动的水平(由此决定服务水平)。考察不同时期的不同游戏,就可以得到许多数据以确定销售—服务曲线。企业可以专门为此开发一些游戏,也可以利用现有的供教学使用的一般性物流游戏。

游戏环境中的人为因素经常导致人们对其结果与某企业或某产品的相关性产生疑问。然而,一旦游戏预测的价值经检验后得到肯定,游戏法可以控制问题中的因素和环境而不必打乱正在进行的实际工作的优势就体现了出来。而且游戏过程可以根据需要继续下去,直到得到所需的信息,并且可以重复游戏以进一步验证。

4)买方调查法

搜集客户服务信息最常用的方法是调查买主或影响采购的其他人。邮寄问卷和上门访问的方法能以较低的成本获得大量的样本信息,因而常被使用。

调查中可以设计一些问题来判断客户惠顾频率或购买水平会如何随着所提供的服务水平而变化。多个买主对所提出的不同物流服务水平的多种反应就能够为绘制销售—服务曲线提供基本数据。

同样,调查法也会有偏差,因而必须小心使用。主要的偏差在于,实际上,调查询问的是买主打算对物流服务水平变化做出怎样的反应,而不是他们真正做出怎样的反应。此外,问题的设计也要十分慎重,这样才不会误导被调查者,或曲解他们的回答,同时还知道买主认为重要的服务内容。

2.3.4　成本—物流服务模型

1. 成本与物流服务的关系

由于物流服务水平决定了物流活动水平,因此每一客户服务水平都有相应的成本水平。事实上,根据特定的物流活动组合,对应每一服务水平都有许多不同的物流系统成本方案。一旦了解了销售—成本之间的大致关系,就有可能将成本与服务对应起来,如图 2-11 所示。

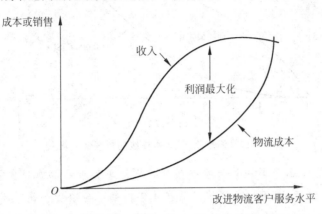

图 2-11　不同物流服务水平下,成本—收入悖反关系

随着物流服务水平的提高,企业可以达到更高的客户服务水平,成本则会加速增长。在大多数经济活动中,只要活动水平超出其效益最大化的点,人们就能观察到这种一般现象。销售—服务关系中的边际收入递减和成本—服务曲线的递增将导致利润曲线形成如图 2-11 所示的形状。

不同服务水平下收入与成本之差就决定了利润曲线。因为利润曲线上有一个利润最大化点,所以规划物流系统就是要寻找这一理想的服务水平。该点一般在服务水平最低和最高的两个极端点之间。

2. 确定最优服务水平

一旦已知各服务水平下的收入和物流成本,就可以确定使企业利润最大化的服务水平,用数学方法来找到这个最大利润点。下面来看一看其中的原理及实践中应用该理论的例子。

假设企业目标是利润最大化,即与物流有关的收入与物流成本之差最大化。在数学上,最大利润在收入变化量与成本变化量相等的点上(也即边际收入等于边际成本之时)实现。举例来说明,设已知销售(收入)—服务曲线为 $R = 0.5\sqrt{SL}$,式中,SL 为服务水平,表示订货周期时间为 5 天的订单所占的比重。曲线的形状如图 2-12 所示。相应的成本曲线为 $C = 0.000\,55SL^2$。最大化利润(收入−成本)的表达式为

$$P = 0.5\sqrt{SL} - 0.000\,55SL^2 \tag{2-1}$$

式中,P 为利润。

用微积分,可求出方程(2-1)的利润最大化点。这样,在利润最大化条件下,服务水平的表达式为

$$SL^* = \left(\frac{0.5}{4 \times 0.000\,55} \right)^{\frac{2}{3}} = 37.2$$

因此，$SL^* = 37.2$，也就是约 37% 的订单应该有 5 天的订货周期，如图 2-12 所示。

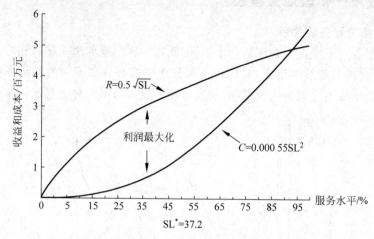

图 2-12　假想收入、成本曲线的利润最大化点

【例 2-1】　博登食品公司在其仓库中存有柠檬汁系列产品。博登食品公司曾经在仓库中存放相当多的这种产品，可以保证该产品在 4 年内都不会缺货。此时，该产品的服务水平超过 99%。虽然这是公司销量很高的产品，但问题在于是否有必要将库存水平定得那么高？如何将上述原理用于设定食品生产商仓库的库存服务水平。

根据公司内部的一般经验，服务水平每变化 1%，毛收入就变化 0.1%。仓库每周向零售店补货，所以客户服务水平可以定义为补货提前期内仓库有存货的概率。

销售毛利是每箱 0.55 元，每年经仓库销售的量是 59 904 箱。每箱标准成本是 5.38 元，年库存持有成本估计为 25%。补货提前期是 1 周，平均每周销量为 1 152 箱，标准差为 350 箱。

当收入变化量等于成本变化量，即 $\Delta R = \Delta C$ 时，可以得到最优服务水平。由于在所有服务水平下，销售反应系数是一个常数，所以收入变化量为

$$\Delta R = 销售毛利 \times 销售反应系数 \times 年销量$$
$$= 0.55 \times 0.001 \times 59\,904 = 32.95（元）$$

表示服务水平每变化 1%，年收入变化 32.95 元。

各个服务水平下需要保持不同的安全库存量会引起成本变化，安全库存是为防止需求和补货提前期的变化而持有的额外库存。已知安全库存的变化是

$$\Delta C = 年库存持有成本 \times 标准产品成本 \times \Delta z \times 订单周期内需求的标差$$

式中，z 为现货供应概率的正态分布曲线系数（称为正态偏差）。

对每个 Δz 年成本的变化为

$$\Delta C = 0.25 \times 5.38 \times 350 \times \Delta z$$
$$= 470.25 \Delta z$$

不同 Δz 值的安全库存成本的变化如表 2-3 所示。

表 2-3 不同 Δz 值的安全库存成本的变化

服务水平的变化 SL/%	z 的变化 Δz	安全库存成本的变化/(元/年)
87～86	1.125－1.08＝0.045	21.18
88～87	1.17－1.125＝0.045	21.18
89～88	1.23－1.17＝0.05	23.54
90～89	1.28－1.23＝0.05	23.54
91～90	1.34－1.28＝0.06	28.25
92～91	1.41－1.34＝0.07	32.95
93～92	1.48－1.41＝0.07	32.95
94～93	1.55－1.48＝0.07	32.95
95～94	1.65－1.55＝0.10	47.08
96～95	1.75－1.65＝0.10	47.08
97～96	1.88－1.75＝0.13	61.20
98～97	2.05－1.88＝0.17	80.03
99～98	2.33－2.05＝0.28	131.81

注：z 值可以从标准正态分布表中得到。

将 ΔR 和 ΔC 的值描在图 2-13 中可得出最优服务水平（SL^*）为 93%，即 ΔR 和 ΔC 曲线的交点。

图 2-13 中只选择了一种产品，但该方法同样适用于仓库中所有其他产品。

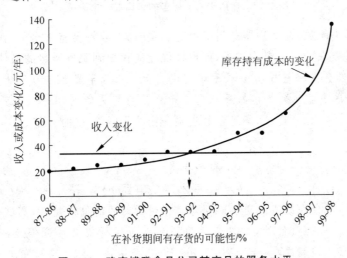

图 2-13 确定博登食品公司某产品的服务水平

博登食品公司以多个仓库内存储的数千种产品为大样本进行了类似分析，预计可以节约库存成本数百万元。因为现有的库存服务水平超过了最优水平，所以高库存水平带来的成本无法由增加的利润弥补。

2.3.5 物流服务—损失函数

就像可以根据产品与说明书的一致性来判断产品质量一样，也可以用供应链流程满足目标送货日期、现货供应比率、订单履行的准确率或其他服务参数来评价物流服务。产品质量与客户服务非常类似，因此过去 10～15 年来，多数对产品质量的说法都适用于物流服务。

其中,田口玄一(Genichi Taguchi)的损失函数对提高客户服务水平的流程管理就非常有价值。田口玄一认为,只要质量目标没有切实达到,产品和服务质量不一致就会产生费用、浪费、声誉损失、机会丧失。传统上人们认为,只要质量的波动始终在可接受的上下限范围之内,就是令人满意的,就不会有惩罚成本(图 2-14)。而根据田口玄一的说法,随着服务(质量)偏离目标值,损失会递增,递增的速度可用以下公式表示。

$$L = k(y - m)^2 \tag{2-2}$$

式中,L 为单位损失(惩罚成本);y 为质量变量的值;m 为质量变量 y 的目标值;k 为常数,取决于质量变量在财务上的重要性。

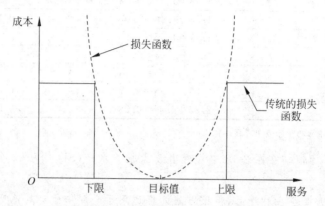

图 2-14　适用于物流服务的田口玄一损失函数

如果已知损失函数,在客户服务目标没有满足时,函数就会有一个值。将调整流程以满足不同服务质量要求的成本考虑进来,就可以优化流程得到服务质量的最佳波动范围。

【例 2-2】　某包裹递送服务公司承诺在取货后第二天早晨 10:00 送货。送货时间超过承诺时间 2h,客户就难以接受。如果没有按承诺的目标送货时间送货,公司就会给予客户一定赔偿,罚款是 10 元。这样,就可以解出损失函数式(2-2)中的 k 值。

$$L = k(y - m)^2$$
$$10.00 = A(2 - 0)^2$$
$$k = 10 \div 2^2 = 2.5(\text{元/h})$$

由上式可见,所允许的实际送货时间与目标送货时间的偏差越大,那么每次送货的流程控制成本就越低。该公司估计,如果实际值不允许与目标值有丝毫偏差,控制成本就会很高,但从目标值点的控制成本 $= a - b(y - m)$ 开始,控制成本会随实际值与目标值的偏差呈线性下降,可得出的成本函数是 $PC = 20 - 5(y - m)$。

由于总成本为流程成本与惩罚成本之和,可得出边际损失等于边际流程成本的 y 点,则

$$y = \frac{-B}{2k} = \frac{-(-5)}{2 \times 2.5} = 1(\text{h})$$

因此,该公司应该使其服务流程的实际送货时间不偏离目标送货时间 1h 以上。

2.3.6　服务作为一个约束条件

当无法求出销售—服务的关系时,物流系统常常将客户服务作为一个约束条件。在这种情况下,要预先选定一个客户服务水平,然后设计物流系统,以最低的成本满足这一服务

水平。服务水平常常根据诸如竞争对手的服务水平、销售人员的建议和习惯做法等因素进行选择。但我们无法保证，按照这种方法设定的服务水平所设计的物流系统能最好地平衡收入与物流成本之间的矛盾。

当服务作为约束条件时，可以进行敏感性分析以得到最佳系统设计。这里的敏感性分析主要包括改变构成服务内容的各因素，然后找到新的成本最小化的系统设计。若多次重复做这种分析，就可以得到一系列不同服务水平下的系统成本，如表 2-4 所示。虽然不知道如何进行物流系统设计以及由此决定的服务水平如何影响销售，但却有可能估算物流服务水平的价值。将客户服务水平由 85% 提高到 90%，每年的物流成本就会从 700 万元增加到 900 万元，那么，客户服务水平提高这 5% 的估算价值就是增加的 200 万元。

表 2-4　作为不同客户服务水平的函数的物流系统设计成本

备选方案	物流系统设计	每年物流成本/元	客户服务水平/%
1	邮寄订单，水运，低库存水平	5 000 000	80
2	邮寄订单，铁路运输，低库存水平	7 000 000	85
3	电话订货，卡车运输，低库存水平	9 000 000	90
4	电话订货，铁路运输，高库存水平	12 000 000	93
5	电话订货，卡车运输，低库存水平	15 000 000	95
6	电话订货，卡车运输，高库存水平	16 000 000	96

注：物流系统设计是达到所承诺的客户服务水平的成本最小化的设计方案；客户服务水平是一日内收到货物的客户百分比。

因此，改进服务所带来的销售增长就应该超过所增加的物流成本。客户服务水平最终要由管理部门做出决定，但不同服务水平下的成本信息将有助于进行这一决策。

2.4　配送中心定位与规划目标

在进行配送中心规划时，必须明确规划的目标。不同的目标和物流策略下，配送中心的规划侧重点将完全不同，由此得到的配送中心规划方案也将存在很大差异，很多时候很难做到设计的配送中心的各个方面都达到最优。因此，在成本范围内，必须注重实现最主要的规划目标，由此设计最理想的配送中心设计方案。

2.4.1　配送中心定位

在进行配送中心规划时，首先应根据配送中心的物流策略确定配送中心的定位。配送中心的定位一般需明确配送中心的总体定位、功能定位、储存品种以及配送服务范围和客户群等。

1. 配送中心的总体定位

配送中心的总体定位就是确定配送中心在物流系统或供应链中的总定位和作用。例如配送中心在物流网络中的位置，是中央配送中心还是区域配送中心；是储存为主的配送中心还是分拨为主的配送中心；是产成品配送中心还是原辅料、在制品配送中心；是企业配送中心还是公用配送中心等。配送中心的总体定位明确了，可以帮助我们了解配送中心的性质、功能以及其在物流系统中的地位和作用。

在配送中心战略规划时,一般应从以下几个方面进行分析,明确配送中心的总体定位。

(1)属性。即明确配送中心所属企业的性质是制造业、批发业、零售业还是第三方物流企业;不同类型的企业,其配送中心的建设思路和目标会有很大差异。

(2)储存商品类别或行业。明确配送中心所储存货品所属行业,例如医药、电子配送中心、图书配送中心、服装配送中心、烟草配送中心、日用品配送中心、农产品配送中心、冷链配送中心等。

(3)支持业态。明确配送中心前端支持的经营业态。不管是自营配送中心还是第三方的配送中心,都应分析配送中心支持的企业的经营业态。例如服装配送中心支持批发、零售、电商、团购、定制等;汽车行业配送中心支持零部件供应、在制品生产、成品车销售、汽车零备件售后服务等。

(4)物流网络中定位。分析配送中心在供应链物流网络中的位置,明确配送中心属于中央配送中心、区域配送中心还是配送转运站。

2. 功能定位

配送中心的功能定位是明确配送中心的功能,由此确定配送中心在正常运营之后的各项工作展开模式,以及未来发展的规划设计方案。不同功能定位的配送中心,根据自身的定位不同,是流通型、加工型还是储存型,均具有各自特色鲜明的规划设计战略定位。

以某服装公司位于厦门的配送中心为例,其定位是支持总部集中储存分拨以及福建省分公司面向福建省内终端门店和经销商的配送,经营类别包括服装、配饰、生活用品、其他商品、电商商品和分公司商品等,各类产品的功能定位和服务项目如表 2-5 所示。

表 2-5 某服装公司的配送中心的功能定位和服务项目

经营类别	储存方式	代理商订单	DC 补货单	终端订单
服装	大区储量●	直拨●	●	●
配饰	集中储存●	—	●	●
生活用品	集中储存●	—	●	●
其他商品	集中储存●	—	●	●
电商商品	集中储存●	—	—	●
分公司商品	●	—	—	●

注:●代表有该功能。

3. 储存品种

货品种类千差万别,不同类别的货品,其配送中心的规划思路和要点就不同。一般高价值、时效强的货品,其配送中心较为复杂,需要一些先进设备和信息系统的支持。如电子元器件、汽车零配件、药品、图书音像制品、品牌日用消费品等,单位重量与体积的价值较高,物流服务的附加值也相应较高。配送中心的建设规格和投资一般较高。

配送中心内储存货品的类别、品规的属性和品规数量会对配送中心储区的工艺规模和储存空间大小有很大的影响。因此在配送中心战略规划阶段,必须明确配送中心经营的货品种类和范围,分析每种货品的储存和管理特点,为后续设计奠定基础。

某医药配送中心储存的主要药品包括该医药经销企业所经营的所有药品,主要类别如表 2-6 所示。

表 2-6 某医药配送中心储存的主要药品

储存类别	产品定位
常规药品	常规西药(消化系统、呼吸系统、泌尿系统、血液系统、维生素及矿物质、神经系统及脑血管、激素类、抗肿瘤、抗风湿等)、中成药(感冒消炎、风湿、中枢心血管、肠胃等)
特殊品	医疗器械、日化保健品、二类精神、一类精神、中药材及中药饮片、毒麻药品、易串味药品

4. 配送服务范围和客户群

配送中心的配送服务范围是指配送中心配送服务所覆盖的区域范围,配送服务范围是某一城市还是某一地区或全国,对配送中心的规划影响很大。一般要根据配送中心的定位和经营品种来进行综合分析。

例如,某服饰上海物流中心的服务内容包括新品配送、退货品处理和配发服务,其配送服务范围如表 2-7 所示。

表 2-7 某服饰上海物流中心的配送服务范围

品牌类别	服务内容	配送服务范围	退货服务范围
大品牌	主配品	江苏、浙江、安徽、江西、上海	江苏、浙江、安徽、江西、上海
	新店、补货品	全国	
小品牌	主配品	全国	全国
	新店、补货品	全国	全国

对配送中心客户群来说,这里指配送中心的下游配送对象的类别和数量。同一个行业、同一类别的货品,其客户群的特征不同,对配送中心的规划也会产生很大影响。例如,某医药配送中心的主要服务对象包括三类,分别为商业客户、医疗机构和连锁药店。各类客户范围和数量如表 2-8 所示。

表 2-8 某医药配送中心下游配送客户

客户类别	范围	数量
商业客户	省内及周边各大医药公司	74
医疗机构	省内大中型医院、医疗机构、诊所、卫生院	474
连锁药店	企业自有连锁药店	38

2.4.2 规划目标

在完成筹划设计系统的基础资料搜集及初步分析后,则需逐步确认配送中心系统规划的目标与方针,在后续的规划分析过程中,均应以此目标为根据,决定配送中心的功能配置与基本限制条件。一般决策者对主要策略目标的制定,通常带有政策性与时效性的考虑,甚至由经营者主观决定,必要时需要由配送中心规划设计者与企业主要经营管理阶层共同讨论后决定。

一般情况下,企业设立配送中心常见的计划执行目标如下。

(1)降低物流成本。

(2)降低库存水准。

（3）提高顾客服务水准。

（4）缩短物流作业周期。

（5）整合上下游通路环境。

（6）支持零售通路据点。

（7）降低物流作业错误率。

（8）提升物流服务竞争力。

（9）集中分散的处理量以产生规模经济效果。

（10）迅速掌握行销分配信息。

当然，以上规划目标只是定性目标，在实际规划时，尽量将目标量化，以支持配送中心进行更科学合理的设计。

一般规划目标的确定分为三个阶段（图 2-15）：第一阶段由企业经营管理者完成企业中长期的经营策略及发展目标；第二阶段是以为达成企业整体经营策略及发展目标所展开的具体化执行方针及手段，并视企业的产业特性、市场竞争情况而定，一般不作定量化的描述；第三阶段则是以达到计划目标而设定的实际可执行的数量化目标为主，一般为可具体评估的指标。

我们应以第三阶段具体化的执行目标及方针，作为后续系统规划及布局的参考依据。

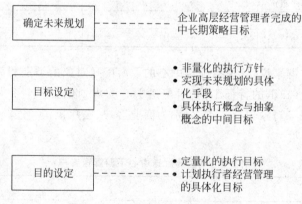

图 2-15　物流中心目标规划的阶段

2.4.3　规划限制因素

在确定配送中心的执行目标、基本定位与策略功能后，还需考虑在实际规划时的限制因素，因为有许多因素均将影响系统规划运作的方向，包括：

（1）预定时间进程；

（2）预期可使用的人力资源；

（3）预期使用年限；

（4）计划预算资金限制及来源；

（5）预定的设置地点及土地取得的可行性；

（6）预期投资效益的水平。

在配送中心的规划分析过程中，相关的考虑因素及决策条件均应以本节所提出的物流策略、规划目标和限制因素为依据，它决定了配送中心预期的功能与规划方向。

2.5　配送中心选址

配送中心选址是以提高物流系统的经济效益和社会效益为目标,根据供货状况、需求分布、运输条件、自然环境等因素,用系统工程的方法,对配送中心的地理位置进行决策的过程。配送中心选址合理与否会直接影响配送系统的服务水平、作业效率和经济效益。

2.5.1　选址层次

物流中心区域位置的选择将对配送中心的运作效率、成本及未来仓储规模的扩充与发展都有很大的影响。因此企业在确定物流中心选址方案时,必须进行深入考察和广泛论证。配送中心选址层次和范围包括以下三个方面。

(1) 选择合适的地理区域。对各地理区域进行审慎评估,选择一个适当范围作为可选的区域,如华南、华北、华东大区或北京、上海、广州等具体城市,此时还须配合物流中心货品特性、服务范围及企业的营销政策而定。

(2) 选择特定的区域形态。在各区域内确定选址的区域特点,如市区、郊区、工业区或开发区等。如果是生产企业物流中心,以接近上游生产厂或进口港为宜;如果以民生消费为主的物流中心,则宜接近城市生活圈。在区域形态选择时,基本上应以进货与出货产品类型及交通运输的复杂度,来选择接近上游点或下游客户。

(3) 确定地块位置。在特定的区域内确定物流中心的地点。

根据可选区域内地块大小、地形地貌、外联道路、建设条件等选择合适的地块。

在配送中心选址过程中,应围绕以上三个层面,详细分析相关因素,审慎确定选址方案。

2.5.2　选址因素

影响物流配送中心选址的因素繁多,下面是评价物流配送中心选址合理与否必须重点考虑的因素。

1. 客户分布

配送中心是为客户服务的,首先要考虑客户分布。对商业配送中心,其客户主要是超市和零售店,分布在城市内人口较密集的地区,为提高服务水平,同时也考虑其他条件的影响,故配送中心通常设置在城市边缘地区。

准确掌握配送中心现有服务对象的分布情况及未来一段时间内的发展变化情况,因为顾客分布状况的改变、配送商品数量的改变及顾客对配送服务要求的改变都会对配送中心的经营和管理产生影响。

2. 供应商分布

配送中心靠近供应商,对货源供给的可靠性高,库存可以减少,但供应商一般离需求地比较远,而且分布也比较分散,配送中心靠近供应商,对降低运输成本是有利的,因为进货的批量大。

3. 交通运输条件

交通运输条件是影响配送成本和物流效率的重要因素,特别是大宗物资的配送。因此,配送中心地址选择应尽量靠近交通运输枢纽,如高速公路、铁路货运站、港口、空港等,以保证配送服务的及时性、准确性。物流运输费用包括自货源地运至物流设施所在地及之后运至市场的费用；除支付给承运人的费用外，还包括在运输中为货物支付的其他费用。为减少运费支出，力求有不同运输方式之间的相互竞争。因此，拥有多种运输条件可以降低配送中心的运费支出。

4. 土地条件

土地与地形的限制，对土地的使用，必须符合相关法规及城市规划的限制，尽量选在物流园区或经济开发区。建设用地的形状、长宽、面积与未来扩充的可能性，也与规划内容有密切的关系。因此在选择地址时，需要参考配送中心的规划设计方案，在无法完全满足时，必要时也可修改规划方案。

另外，还要考虑土地大小与地价，在考虑现有地价及未来增值状况下，配合未来可能扩充的需求程度，决定最合适的面积大小。是利用现有的土地，还是重新征地？是否符合政府规划等，在建设配送中心时都要进行综合考虑。

5. 人力资源因素

配送中心需要不同层次的人员，一般属于劳动密集型作业形态，用人较多，其工资待遇应与当地工作水平相适应，配送中心选址应考虑员工来源和成本。因此，地区劳动力余缺程度、工资水准高低、职业技能强弱等状况，都是配送中心选址时应予以考虑的。因为这些情况关系到招工的难易、工薪开支的大小、技术培训的规模及劳资间的关系。因此，在其他因素相似的条件下，劳动力资源情况如何，也就成为配送中心选址时必须慎重考虑的问题了。

6. 自然与设施条件

配送中心需要存放货物，自然环境中的湿度、盐分、降雨量、台风、地震、河川等都会产生风险，也会增大物流成本。

配送中心周围的服务设施也是考虑的因素之一，如外部信息网络技术条件，水电及通信等辅助设施，北方地区的供暖及保温设施等。

7. 城市规划或优惠政策

配送中心规划属于地区或城市规划的一部分，必须符合城市规划的要求，包括布局、用地及与其他行业规划的协调。掌握政府对配送中心建设的法律法规要求，哪些地区不允许建设配送中心、哪些地区政府有优惠政策等。

有的地区为吸引物流企业落户，提供了许多优惠条件，诸如建筑材料与物流设备免征进口税等，但是开业几年以后的税赋是很重要的，必须有长远的考虑，而且还要了解能够从政府部门得到什么样的服务。有的地区对那些能够提供就业机会的物流企业甚至还给予补助，例如提供免税仓库和办公用房等。

2.5.3 选址程序

配送中心选址是非常重要的工作，应按科学的方法和程序有序进行。一般配送中心选址规划程序如图 2-16 所示。

（1）选址规划约束条件分析。进行选址规划时，首先要明确建立配送中心的必要性、目的和意义。然后根据物流系统的现状进行分析，制订物流系统的基本计划，确定需要了解的基本条件，以便大大缩小选址的范围。

（2）搜集整理资料。选址的方法一般是通过成本计算，也就是将运输费用、配送费用及

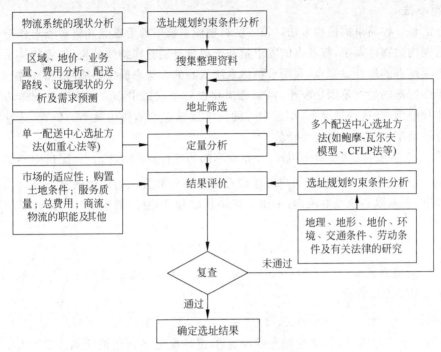

图 2-16　配送中心选址规划程序

物流设施等费用模型化,根据约束条件及目标函数建立数学公式,从中寻求费用最小的方案。但是,采用这样的选址方法,寻求最优的选址解时,必须对业务量和生产成本进行正确的分析和判断。

（3）地址筛选。在对所取得的上述资料进行充分的整理和分析、考虑各种因素的影响并对需求进行预测后,就可以初步确定选址范围,即确定初始候选地点。

（4）定量分析。针对不同情况运用运筹学的原理,选用不同的模型进行计算,得出结果。如对单一配送中心进行选址,可以采用重心法等;如果对多个物流配送中心进行选址,可采用鲍摩-瓦尔夫模型、CFLP 法等。

（5）结果评价。结合市场适应性、购置土地条件、服务质量等,对计算所得结果进行评价,看其是否具有现实意义及可行性。

（6）复查。分析其他影响因素对计算结果的影响程度,分别赋予它们一定的权重,采用加权法对计算结果进行复查。如果复查通过,则原计算结果即为最终结果;如果复查发现原计算结果不适用,则返回地址筛选阶段,重新分析,直到得到最终结果为止。

（7）确定选址结果。在用加权法复查通过后,则计算所得的结果即可作为最终的选址结果。但是所得解不一定为最优解,可能只是符合条件的满意解。

2.5.4　选址方法

配送中心选址的方法直接关系着一个配送中心从规划到建设再到运营的成功与否,对配送中心的选址起着至关重要的作用。近年来,选址理论迅速发展,各种各样的选址方法越来越多,对不同方案的可行性分析提供了强有力的工具。目前物流中心选址的方法大致有以下几种。

1. 重心法

重心法是一种简单的模拟方法。该方法将物流系统中的需求点和资源点看作分布在某一平面范围内的物体系统,将各点的需求量和资源量分别看作物体的重量,将物体系统的重心作为物流网点的最佳设置点,利用求物体系统重心的方法来确定物流网点的位置。

如果要配送的货物范围比较小,可以考虑建设一个配送中心。一般来讲配送货物的目的地都非常明确,在这种情况下,配送中心的位置应选在运输费用最小的位置,选址的因素主要考虑运费率和该点的货物吞吐量。

如图 2-17 所示,假设有 n 个用户,分布在不同的坐标点 (X_i, Y_i) 上,配送中心的坐标为 $(\overline{X}, \overline{Y})$,那么从配送中心到多个用户的运输费用总额计算方法为用运输量乘以到该点的货物运输费率,再乘以到该点的距离,求出上述乘积之和(即总运输成本),选择计算结果最小的位置点。

$$\min TC = \sum V_i R_i d_i \tag{2-3}$$

式中,TC 为运输总成本;V_i 为到 i 点的运输量;R_i 为到 i 点的运输费率;d_i 为从位置待定的配送中心到 i 点的距离。

$$d_i = K\sqrt{(X_i - \overline{X})^2 + (Y_i - \overline{Y})^2} \tag{2-4}$$

式中,K 为一个度量因子,将坐标轴上的坐标单位转换为各通用的距离度量单位,如 km;$\overline{X}, \overline{Y}$ 为位置待定的配送中心的坐标;X_i, Y_i 为需配送货物地点的坐标。

分别求 TC 对 X 和 Y 的偏导,设其等于零,解两个方程,可以得到配送中心位置的坐标值。其精确中心的坐标值为

$$\overline{X} = \frac{\sum\limits_i (V_i R_i X_i / d_i)}{\sum\limits_i (V_i R_i / d_i)} \qquad \overline{Y} = \frac{\sum\limits_i (V_i R_i Y_i / d_i)}{\sum\limits_i (V_i R_i / d_i)} \tag{2-5}$$

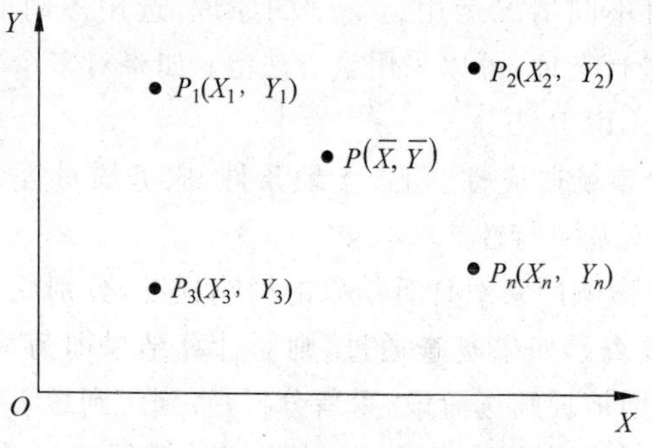

图 2-17　单一配送中心与多个用户分布

应用迭代法求解过程包括以下七个步骤。

(1) 确定各需求地点的坐标 X, Y,同时确定各点货物需求量和运输费率。

(2) 不考虑距离因素 d_i,用重心公式估计初始选址点:

$$\overline{X} = \frac{\sum\limits_i (V_i R_i X_i)}{\sum\limits_i (V_i R_i)}$$

$$\overline{Y} = \frac{\sum_i (V_i R_i Y_i)}{\sum_i (V_i R_i)} \tag{2-6}$$

（3）根据式（2-6），用步骤（2）得到的 $\overline{X}$，$\overline{Y}$ 计算 d_i（这里先不用度量因子 K）。

（4）将 d_i 代入式（2-5），解出修正的 $\overline{X}$，$\overline{Y}$ 的坐标值。

（5）根据修正的 $\overline{X}$，$\overline{Y}$ 再重新计算 d_i 的值。

（6）重复步骤（4）和（5）直至 $\overline{X}$，$\overline{Y}$ 的值在连续迭代过程中都不再发生变化，或变化很小，继续计算没有意义。

（7）根据式（2-3）计算最低的选址总成本。

由上述可知，应用迭代法的关键是给出配送中心的初始地点 (x,y)。通常的做法是将配送需求点之间的重心点作为初始地点，故这种方法常叫重心法，也可采用任选一地点的方法。还可以根据各配送需求点的位置和商品需要量的分布情况选取初始地点。初始地点的选取方法可以不同。

求解配送中心最佳地址的模型有离散型和连续型两种。重心法模型是连续型模型，相对于离散型模型来说，其配送中心地点的选择是不加特定限制的，有自由选择的长处。但是，重心法模型的自由度过多也是一个缺点。因为由迭代法计算求得的最佳地址，实际上往往很难找到，有的地点很可能在河流湖泊上或街道中间等。此外，迭代计算非常烦琐，这也是连续型模型的缺点之一。重心法将运输费用作为唯一的影响因素，忽略其他重要因素，并且将运输路线简化为直线，与实际情况差距较大。

2. 数学规划方法

数学规划方法包括线性规划、非线性规划、整数规划、混合整数规划和动态规划、网络规划算法等。

在近年的研究中，规划论中常常引入不确定性的概念，由此进一步产生了模糊规划、随机规划、模糊随机规划、随机模糊规划等。不确定性规划主要是在规划中的 **C**（价值向量）、**A**（资源消耗向量）、**B**（资源约束向量）和决策变量中引入不确定性，从而使不确定规划更加贴近于实际情况，因此，数学规划方法在实际中得到广泛的应用。目前，进一步的研究趋势是各种规划方法和启发式算法的结合，对配送中心的选址进行一个综合的规划与计算。

3. 多准则决策方法

对物流配送中心的选址，常以运输成本和配送中心建设、运作成本的总成本最小化，满足顾客需求和社会、环境要求等为准则进行决策。

多准则决策的方法包括多指标决策方法与多属性决策方法两种，比较常用的有层次分析法（AHP）、模糊综合评判、数据包络分析（DEA）、TOPSIS 法、优序法等。

多准则决策提供了一套良好的决策方法体系，对配送中心的选址，不管在实务界还是理论方面，均有广泛的研究与应用。但是，多准则决策方法基本上都是基于线性的决策思想，在当今复杂多变的环境下，线性的决策思想逐渐地暴露出其固有的局限性，非线性的决策方法是今后进一步研究的重点和趋势。

4. 启发式方法

启发式方法是针对模型的求解而言的，寻求解决问题的一种方法和策略，是建立在经验和判断的基础上,体现人的主观能动作用和创造力,是一种逼近的方法。目前,比较常用的启发式方法有遗传算法、模拟退火算法等。

遗传算法的基本思想是使用模拟生物和人类进化的方法求解复杂的优化问题,因而也称模拟进化优化算法。遗传算法主要有三个算子:选择、交叉、变异。通过这三个算子,问题得到了逐步地优化,最终达到满意的优化解。

模拟退火算法的基本思想是由一个初始的解出发,不断重复产生迭代解,逐步判定、舍弃,最终取得满意解的过程。模拟退火算法不但可以往好的方向发展,也可以往差的方向发展,从而使算法跳出局部最优解,达到全局最优解。

启发式方法的基本思想是进行反复判断,实践修正,直到满意为止。这种方法的优点是模型简单,需要进行方案的组合个数少,因而,容易寻求最佳的答案;但其也具有一定的局限性,这种方法得出的答案很难保证是最优的,一般情况下只能得到满意的近似解。

5. 仿真方法

仿真是利用计算机来运行仿真模型,模拟时间系统的运行状态及其随时间变化的过程,并通过对仿真运行过程的观察和统计,得到被仿真系统的仿真输出参数和基本特征,以此来估计和推断实际系统的真实参数和真实性能。

国内外已有不少文献将仿真方法运用于物流配送中心选址或是一般的设施选址的研究,研究结果相对解析方法更接近于实际的情况。

物流配送中心的选址决策对整个物流系统运作有着重要的影响。因此,只有正确地选择地址,才能最大限度地发挥出配送中心的效用,满足消费者的需求,实现最大经济效益和社会效益。本书对现行的配送中心选址方法作了简要的概述,分析了各自的优缺点,但是由于选址问题本身具有的动态性、复杂性、不确定性等特性,故企业物流配送中心选址应根据企业具体情况因地制宜地选择合适的选址方法,以期达到企业成本的最小化、利益的最大化的目的。

6. 因素评分法

因素评分法是一种常用的选址方法,它以简单易懂的模式全面考虑各种影响因素,将各种不同因素综合起来,在允许的范围内给出一个分值。然后根据各影响因素的重要性将每一地点各因素的得分相加,求出总分后加以比较,得分最多的地点最优。使用这种方法选址的前提条件是有相应的候选地点。

使用因素评分法选址的步骤如下。

(1)给出备选地点。

(2)列出影响选址的各个因素。

(3)根据各影响因素的重要性列出其权重。

(4)给出各因素的分值范围。

(5)由专家对各备选地点就各个因素评分。

(6)将每一地点各因素的得分加权求和,求出总分后加以比较,得分最多的地点中选。

以上步骤中,对各个因素权重值的设定是比较重要的,它对整个因素评分法体系影响重大,也对将来配送中心的运营有着重要的指导意义。

例如,某配送中心选址过程中的评分情况如表2-9所示。

表 2-9　某配送中心选址过程中的评分情况

选址因素	权重	候选地点		
		A	B	C
交通条件	0.25	70	100	80
土地状况	0.10	80	70	100
停车场可获得性	0.20	70	60	60
公众态度	0.25	90	80	90
扩展潜力	0.20	90	80	80
得分	1.00	80	80	80.5

因为候选地点 A、B、C 加权后总得分分别为 80 分、80 分和 80.5 分,根据因素评分法,应该选择地点 C。

2.6　案例分析:淞森配送中心定位与战略规划

广西淞森物流配送中心是一家主营汽车零配件配送业务的专业物流企业,其地处广西的工业重镇和桂中的著名商埠——柳州市,地居西南、华南和中南经济区的结合部,具有明显的经济地理区位优势。独特地理区位优势决定了柳州市与外部经济联系密切,其具有特色和区位竞争优势的原材料、产成品、信息、资金、人员等经济发展要素的流动规模较大,流动方向呈现为对自治区内和经济区域间的双向性。淞森物流配送中心为扩大自己的业务范围,增加盈利项目,计划进一步扩张配送业务,在进行企业配送中心系统规划战略布局的时候,其主要按照如下的步骤进行规划设计。

2.6.1　配送中心总体定位

汽车配件物流系统是一种复杂的综合系统,在进行战略规划时,首先要准确定位系统发展的方向。物流系统定位的准确性非常重要,关系到物流系统规划建设的方向,进而影响物流系统运行效果和物流经营者投资的成败。在物流系统规划时,要在充分分析系统需求和建设、运行条件的基础上,经科学论证,慎重定位物流系统。

影响物流系统规划设计的因素较多,主要可归纳为三个方面,即物流服务对象、适配目标商品和辐射范围,物流系统规划定位就是要对上述三个方面进行定位。

(1)服务对象定位。广西淞森物流体系的服务对象主要分为两个方面:其一,作为上海西门子汽车零部件的代理公司为上汽通用五菱汽车股份有限公司提供物流服务,上海西门子公司是上汽通用五菱的零部件供应商,属于供应物流;其二,为西门子公司的客户服务,主要涉及西门子公司在全球亚太地区的销售网络的销售物流。

(2)适配目标商品定位。在服务对象确定后,需根据服务对象的需求和本身能力及业务熟悉过程,确定目标适配商品范围,包括商品的大类、中类和小类。按时间可分为近期和远期商品范围,广西淞森的近期商品适配产品为上汽通用五菱提供的西门子产品及广西淞森的电动燃油泵、节流阀体等。远期适配产品为西门子公司在亚太地区销售网络的所有汽配产品。

(3)辐射范围定位。物流系统辐射范围主要是根据广西淞森物流的近期和远期发展需要确定。根据目标对象(本身和配送客户)的位置和交通情况(道路和交通通畅程度),以配送时间为主要指标确定辐射范围。初步确定广西柳州上汽通用五菱作为广西淞森为西门子公司进行亚太地区销售物流的试点配送基地,根据上汽通用五菱对配件供给的每隔两小时一次送货拉动的要求,目前一般要求配件储存量年吞吐量为 55 万套,日存储量峰值为 2 万套。

2.6.2　配送中心发展的目标体系

广西淞森物流中心发展的目标体系主要有企业法规指标、经济环境指标、文化环境指标、技术指标、效益指标,如图 2-18 所示。

图 2-18　广西淞森物流中心发展目标体系

(1)企业法规指标。企业法规对于规范企业行为有着直接的强制作用,科学健全的法规体系不仅是企业自我约束的有力措施,也是企业走向成熟的重要标志。企业法规的作用主要表现在维护企业正常运行秩序、维护各部门关系、维护企业长远发展目标这三个方面。广西淞森物流中心企业法规主要包括采购流程、销售物流流程、供应物流流程、管理流程、管理制度等。

(2)经济环境指标。经济环境是指企业生产经营状况造成的影响。物流运作情况对企业经营状况起着基础性的保障作用,可以说企业的经济环境在很大程度上取决于物流系统运行是否高效率。

经济环境指标的确定是个长期动态的过程,企业经济环境除受物流系统的影响外,还受国家、地区或行业经济运行状况的影响。该项指标包括绝对指标和相对指标。绝对指标包括企业生产总量、营业额、利润、各种支出等通过直接统计得到的数据。相对指标包括各种同比增量、单位商品生产时间及消耗等通过计算得到的数据。

(3)文化环境指标。文化环境是对市场、产品和服务产生重大影响的实质性因素,如广西淞森物流中心的员工数量及分布、年龄构成、性别构成、教育程度、传统习惯、审美观点等,都会对企业的发展战略造成较大的影响。对企业物流发展的文化环境,其指标主要有两个认知度:一是员工对自己及其岗位在企业物流系统中所处位置重要性的认知度;二是员工面向流程管理和操作观念的认知度。

(4)技术指标。技术的发展直接影响着广西淞森物流中心企业的服务。以电子信息技术、网络技术为核心的新技术革命发展迅速,已经在实践中显示出极大的社会效益和经济效益。技术指标集中体现在三个方面:全球定位系统(GPS)的普及程度,电子数据交换(EDI)系统的利用率,智能交通系统(ITS)的利用率。

(5)效益指标。效益指标主要指企业经营业绩、物流系统自身创造的可量化价值、物流合理化导致的消耗节约数据统计和计算等。

2.6.3 配送中心整体战略

根据广西淞森物流中心的定位,其战略思想是:依托上海西门子公司在全球亚太地区范围内的销售市场网络和与国内其他大型汽车整车企业建立的合作关系,按照通过资源整合快速起步、稳健发展的原则,以汽车配件物流配送为主营业务,与柳州市其他规模相当、业务层次相当的汽车配件物流中心(如桂中海讯)建立合作关系,采取互补措施,发挥各自物流业务所长,互相配合,利润共享,立足西南地区、辐射全国、面向整个亚太地区,使广西淞森物流发展成为在西南地区处于主导地位,并在全国具有一定影响力和竞争力的汽车配件专业物流公司。

具体实施战略:2008 年,规划设计西门子公司销售客户之一——上汽通用五菱物流配送体系,在和桂中海讯实现共同配送的合作前提下,完善物流中心的组织机构,理顺业务管理流程,完成柳州物流配送基地和物流信息平台的规划、设计和建设,形成广西淞森初级产品的专业物流公司。

2010 年,随着物流网络的健全和物流基础设施的不断完善,以及对物流业务的不断熟悉和对市场的把握不断增强,在巩固物流市场和保证西南地区物流需求的基础上,发展物流中心信息系统的建设,建立物流信息交换平台,利用现代化的网络技术,运用电子商务的手段,建立大型商业网站,通过建立会员制等方式逐步与各地专业物流服务商展开合作,广泛建立西门子公司在亚太地区的销售网络的配送服务体系,拓展业务领域,将物流中心的触角迅速伸向全球亚太地区,达到领域和空间扩展的结果。

2015 年,随着业务的不断拓展,逐步在全国范围内的物流供应链中占据有利地位,形成立足西南地区、辐射全国,在西南地区处于主导地位并在全国具有一定影响力和竞争力的汽车配件专业物流公司。

2.6.4 配送中心选址

物流中心选址要受到多种因素的影响。这些因素可划分为成本因素和非成本因素。成本因素是指与成本直接有关的、可以用货币单位度量的因素。常见的成本因素有运输成本、动力和能源成本、劳工成本、建筑和土地成本,以及利率、税率、保险、各类相关服务的可获得性等。非成本因素主要指与成本无直接关系,但能对成本和企业未来发展产生影响的因素。常见的非成本因素有社区环境、气候和地理条件、政治稳定性、当地文化习俗、当地政府的政策法规、扩展机会、当地竞争者等。

建立物流中心,周边环境应该具备的基本条件如下。

(1) 客户分布适宜,预测未来有足够的作业和较大的发展余地。

(2) 邻近交通运输据点,如港口、码头、铁路货运站、公路货运站等。

(3) 能够在足够的时间内送达客户,并且具备发送频率、订发货期、从客户到物流中心的距离等服务均理想的条件。

(4) 获取新的用地,在地价允许范围内的占地布局状况。

(5) 依据法规,满足建立物流中心区域内的环境条件。

(6) 尽可能靠近企业总部和营业、管理等职能部门和机房,具备管理和信息处理的条件。

（7）确保处在公共交通方便的地理位置。

（8）必须具备冷冻、保暖、防公害、危险品处理的特殊设施。

为在上海通用五菱汽车股份有限公司附近 2.5km 范围内建仓库，以满足上海通用五菱汽车股份有限公司的拉动需求，经过大量调查发现，柳州市破产企业电务器材厂场区内无论从租金和占地面积以及地理位置方面和适合以后发展需求各个条件考虑，都是合适的选择（电务器材厂租建仓库月租金 7 元/m²，年增 0.5～1 元，一次交三年租金。暂时租赁面积为 1 440m²。还有 8 000m² 的闲置厂地可供选择）。

2.6.5　结论

我们通过分析汽车配件生产和流通企业物流的发展，发现目前现代汽配企业物流已进入供应链物流战略阶段。第三方专业物流服务商将成为汽车整车制造商实现现代物流供应链战略的重要力量。汽车整车制造商企业在为第三方物流服务商的发展提供广阔发展空间的同时，也对其提出了更高的要求。

从广西淞森企业物流发展阶段、发展趋势、发展环境和现状四个方面分析了广西淞森物流发展的基础条件，分析了汽车配件物流的发展现状和市场前景，指出汽车配件物流发展的主要模式，分析了汽车配件物流的发展存在的内外制约因素，为实施汽车配件物流的发展战略做了必要的理论准备。初步分析了各主要功能的体系结构，为广西淞森物流的规划设计和运作奠定了基础。在分析物流企业组织模式规划实际的主要内容和原则的基础上，根据广西淞森物流的物流业务模式和总体功能体系，提出了组织模式规划设计的初步构想，使广西淞森物流的发展有了组织保证。

本 章 小 结

企业物流系统战略问题主要包括四个方面的问题：客户服务目标、设施选址战略、库存战略和运输战略，这些领域是互相联系的，应该作为整体进行规划。物流系统战略的三个目标包括降低成本、减少投资和改进服务。物流系统战略要素包括需求、客户服务、产品特征、物流成本和定价策略等。应该基于成本最低、服务水平最高的原则制定企业物流战略。

配送中心的战略规划是根据企业物流战略制订的配送中心的发展目标和长远规划。配送中心的战略规划需要在配送中心筹划准备阶段完成。战略规划应明确配送中心物流策略、配送中心定位、配送中心的规划目标与限制条件及配送中心的选址等。

物流服务是企业所提供的总体服务中的一部分，订货（或服务）周期是物流系统能控制的客户服务的首要因素。订货周期是由订单传输时间、订单处理时间、配货时间、存货可得率、生产时间和送货时间所决定的。应该系统研究销售额、成本与服务水平的关系，科学确定服务水平。

配送中心的物流策略是配送中心规划的基础工作，包括通路策略、位置网络策略、客户服务水平及系统整合策略；配送中心定位包括总体定位、储存品种、功能定位、服务地域范围。

配送中心的选址包括地理区域、区域形态和地块位置三个层次。配送中心的选址应综合考虑客户分布、供应商分布、交通运输条件、地块条件和周边环境等因素，采用科学的选址方法和程序确定。

复 习 题

1. 什么是企业物流系统战略？企业物流战略目标是什么？

2. 企业物流系统战略的影响因素有哪些？

3. 举例说明 3 种典型企业物流战略。

4. 订货周期的构成要素和影响因素有哪些？

5. 简要说明销售-物流服务的关系模型及模型化的方法。

6. 简要说明成本与物流服务的关系。

7. 确定最优服务水平的原理是什么？这个原理如何运用于食品生产商仓库的库存服务水平确定？

8. 配送中心战略规划包括哪些内容？

9. 配送中心物流策略有哪些？并分析其对配送中心规划的影响。

10. 配送中心客户服务水平项目有哪些？举例说明服务水平对配送中心规划的影响。

11. 配送中心的系统整合策略有哪些？举例说明其对配送中心规划的影响和作用。

12. 配送中心定位包括哪些方面？结合实例说明如何确定配送中心的定位。

13. 配送中心的选址因素有哪些？

14. 配送中心的选址有哪些常用方法？分析其各自的利弊和适用条件。

第 3 章

配送中心需求分析

3.1　需求分析概述

3.1.1　需求分析资料

配送中心规划开始时,首先需要进行基础资料的搜集与需求调查。搜集的方法包括现场访谈记录及企业数据资料的搜集,对规划需求的基本资料,也可设计需求分析表格,要求使用单位填写完成。至于表格中企业未能翔实填写的重要资料,则需要规划人员通过访谈与实地勘察测量等方法自行完成。规划资料分为两大类,包括现行作业资料及未来规划需求资料,如表 3-1 所示。

表 3-1　配送中心系统规划的基础资料

现行作业资料	未来规划需求资料
基本运营资料	
商品资料	运营策略与中长期发展计划
订单资料	商品未来需求预测资料
货品特性资料	品项数量的变动趋势
销售资料	可能的预定厂址与面积
作业流程	作业实施限制与范围
业务流程与使用单据	附属功能的需求
厂房设施资料	预算范围与经营模式
人力与作业工时资料	时程限制
货品搬运资料	预期工作时数与人力
供货商资料	未来扩充的需求
配送网点与分布	

1. 现行作业资料

(1) 基本运营资料:包括配送中心经营的业务形态、营运的商业范围、定期的营业额、工作人员数、固有的配送车辆数、上下游供应商和客户数目等。

(2) 商品资料:包括商品形态、分类、品项数、供应来源、保管形态(自有/他人)等。

(3) 订单资料:包括订购商品种类、数量、单位、订货日期、交货日期、订货企业等资料,最好能包含一个完整年度的订单资料,以及历年订单按月或年分类的统计资料。

（4）货品特性资料：包括物态、气味、温湿度需求、腐蚀变质特性、装填性质等包装特性资料，货品重量、体积、尺寸等包装规格资料，商品储存特性、有效期限等资料。包装规格还需区分单品、内包装、外包装单位等的包装规格。另外配合通路要求，有时也需配合进行收缩包装，以及其他非标准的包装形式。

（5）销售资料：可按地区、商品、通路、客户及时间等分别统计其销售额资料，并需将产品单位换算为相同计算单位（如体积、重量等）。

（6）作业流程：包括一般物流作业（进货、储存、拣货、补货、流通加工、出货、输配送等）、退货作业、盘点作业、仓储配合作业（移仓调拨、容器回收流通、废弃物回收处理）等作业流程现况。

（7）业务流程与使用单据：包括接单、订单处理、采购、拣货、出货、配派车等作业及相关单据流程，以及其他进销存库存管理、应收与应付账款系统等作业。

（8）厂房设施资料：包括厂房仓库使用来源、厂房大小与布置形式、地理环境与交通状况、使用设备主要规格、产能与数量等资料。

（9）人力与作业工时资料：包括人力组织架构、各作业区使用人数、工作时数、作业时间与时序分布。

（10）货品搬运资料：包括进、出货及在库的搬运单位，车辆进、出货频率与数量，进、出货车辆类型与时段等。

（11）供货商资料：包括供货商类型、供货商规模及特性、供货家数及分布、送货时段、接货地需求等。

（12）配送网点与分布：包括配送通路类型、配送网点的规模、特性及分布、卸货地状况、交通状况、收货时段、特殊配送需求等。

2. 未来规划需求资料

运营策略与中长期发展计划：需配合企业使用者的背景、企业文化、未来发展策略、外部环境变化及政府政策等必要因素。

（1）商品未来需求预测资料：依目前成长率及未来发展策略预估未来成长趋势。

（2）品项数量的变动趋势：分析企业使用者在商品种类、产品规划上可能的变化及策略目标。

（3）可能的预定厂址与面积：分析是否可利用现有场地、有无可行的预选地，或是另行寻找合适区域及地点。

（4）作业实施限制与范围：分析配送中心经营及服务范围，是包含企业所有营业项目范围，还是仅针对部分商品或区域实施，是否有新事业项目或单位的加入。

（5）附属功能的需求：分析是否需包含生产、简易加工、包装、储位出租或考虑福利、休闲等附属功能，以及是否需配合商流与通路拓展等目标。

（6）预算范围与经营模式：需预估可行的预算额度及可能的资金来源，必要时还需考虑独资、合资、部分出租或与其他经营者合作的可能性，另外也考虑策略联盟组合或共同配送等经营模式。

（7）时程限制：需预估计划执行时间、配送中心开工时间，分年、分阶段实施的可行性。

（8）预期工作时数与人力：预期未来工作时数、作业班次及人力组成，包括正式、临时及外包等不同性质的人力编制。

（9）未来扩充的需求：需了解企业扩充弹性的需求及未来运营策略可能的变化。

3.1.2 规划设计要素

配送中心的规划和优化是一项系统工程，其综合考虑各种规划要素及影响。配送中心的规划要素包括 E、I、Q、R、S、T、C 七个要素，它分别代表的意义如下。

E——Entry：配送的对象或客户。

I——Item：配送商品的种类。

Q——Quantity：配送商品的出货量或库存量。

R——Route：配送的通路。

S——Service：物流的服务品质。

T——Time：物流的交货时间。

C——Cost：配送商品的价值或建造的预算。

1. 配送的对象

由于配送中心的种类很多，因此配送客户的对象也是五花八门。

例如，某些制造企业的配送中心，它的配送对象有经销商、批发店、百货公司、超市、便利商店及平价商店等几种。其中经销商（营业所）、批发店等的订货量较大，它的出货形态可能大部分是整托盘出货（P→P），小部分整箱出货；其次是超市的订货量，它的出货形态可能 30% 是属于整箱出货（P→C），70% 是属于拆箱出货（C→B）。这类配送中心有可能同时出现整托盘、整箱及拆箱拣货的情形，这种情形由于客户层次不同，订单量大小差异性大，订货方式也是非常复杂的，同时有业务员抄单、电话订货、传真订货及计算机连线等方式（EOS、POS），是配送中心中比较复杂的一种，难度也比较高。

如果是零售商型的配送中心，它的配送对象可能是批发店（百货公司）、超市及便利商店等几种，如表 3-2 所示。批发店的出货形态主要为包括整托盘及整箱出货模式；超市订单的出货会包括整盘、整箱及拆零三种拣货模式；而社区便利店的出货模式主要是拆零和整箱出货模式。这种情况由于客户层次整齐与订单量大小差异性小，订货大部分采用计算机连线方式（EOS、POS），是一种比较简单的配送中心，难度比较低。

表 3-2　零售商型配送中心　　　　　　　　　　　　　　　单位：%

储运模式	批发店	超　　市	便利商店
P→P	40	10	
P→C	60	60	30
C→B		30	70

2. 配送商品的种类

配送中心所处理的商品品项数差异性非常大，多则上万种以上，如书籍、医药及汽车零件等配送中心；小则数百种甚至数十种，如制造商型的配送中心。由于品项数的不同，则其复杂性与困难性也有所不同。例如所处理的商品品项数为 1 万品规的配送中心与处理商品品项数 1 000 品规的配送中心是完全不同的，其商品储存的储位安排也完全不同。

另外在配送中心所处理的商品种类不同，其特性也完全不同。例如，目前比较常见的配送商品有食品、日用品、药品、家电、3C 产品、服饰、录音带、化妆品、汽车零件及书籍等。它们分别有其商品的特性,配送中心的厂房硬件及物流设备的选择也完全不同。例如,食品及日用品的进出货量较大,而 3C 产品的商品尺寸大小差异性非常大,家电产品的尺寸较大。

服饰产品具有以下物流特性:大部分是 80% 直接送货到商店,而 20% 左右才存于配送中心,等待理货及配送。另外服饰中较高档的必须使用悬吊的搬运设备及仓储设备。

书籍物流具有以下特性:库存的书籍种类很多,而畅销品与不畅销品的物流量差异性非常大,另外退货率高达 30%～40%。新出版的书籍、杂志,其中 80% 是直接送货到书店,而 20% 则存于配送中心等待补书等。

3. 配送商品的出货量或库存量

配送中心中商品的出货量也是变幻莫测的,例如货款结算的问题、年节的高峰问题,以及由于忽然流行某种商品而造成出货量的波动等。以货款结算的问题来说,一般而言,如果每月的 20 日是货款结算的截止日期,也就是 20 日以前订货的算作这个月的货款,而 20 日以后订货的则算作下个月的货款。因此 15～20 日的订货量就会明显降低,而 20～25 日的订货量就会明显增加。

因此配送中心的库存量到底要以高峰量来考虑,还是以低谷量来考虑,抑或是以平均量来考虑,这些都是配送中心规划时要重点研究的课题。若以高峰量来考虑,则低谷时的空间太浪费;若以低谷量来考虑,则高峰时的商品不够卖。另外,作业人力的安排也不一样。若以高峰量来考虑,则低谷时的人力太浪费;若以低谷量来考虑,则高峰时的人力不足。因此如何确定平衡点显得非常重要,既不会缺货,也不会浪费空间,既不会人力不足,也不会人力过剩,必须有一套有效的控制办法。例如,利用外面的协作仓库及临时作业人员的方式,同时也必须事先分析了解客户的订货习惯而对症下药。

另外,对配送中心的库存量而言,进口商型的配送中心因进口船期的原因,必须拥有较长的库存量(一般有 2 个月以上)。对通过型的配送中心,则完全不需要考虑库存量,但必须考虑分货的空间及效率。一般配送中心库存量为 7～10 日。

4. 配送的通路

物流配送的通路对配送中心的规划有很大影响,因此在规划配送中心之前,必须了解物流配送的通路是属于哪一种,然后再进行规划,才不会造成失败的案例。目前配送的几种常见物流配送的通路模式如下。

(1) 工厂→营业所(经销商)→零售商→消费者。

(2) 工厂→配送中心→营业所(经销商)→零售商→消费者。

(3) 工厂→配送中心→零售店→消费者。

(4) 工厂→配送中心→消费者。

5. 物流的服务品质

配送中心与传统分销模式最大的不同就是服务品质,改变了过去买商品必须自己亲自去取的观念,且订购商品必须三五天以后才会送达的习惯。但物流服务品质的高低恰恰与物流成本成正比,也就是物流服务品质越高,其成本也就越高,但是站在客户的立场上,希望以最经济的成本得到最佳的服务,所以原则上物流的服务水平,应该是合理的物流成本之下的服务品质,也就是物流成本不会比竞争对手高,而物流的服务水平比竞争对手高一点即可。

目前物流的服务的内容包括订货交货时间,商品缺货率,流通加工的服务,商品店头陈列服务,紧急配送、夜间配送及假日配送,汽车驾驶员服务态度,信息提供的服务,顾问咨询服务等。

（1）订货交货时间。这是衡量物流服务水平最重要的指标。

（2）商品缺货率。商品缺货率也是物流服务品质之一,由于商品缺货往往造成零售经营者很大的困扰及损失,因此商品的缺货率越低,则代表其服务品质越好。

（3）流通加工服务。流通加工也称物流加工,它主要是针对零售商的需求所做的进一步服务,流通加工的内容包括贴价格标签、贴进口商品的中文说明、贴进口商品税单、年节的礼盒包装、批发店的最低购买量的热收缩包装、商品品质检查等多种服务。因此在配送中心集中作业可以提高作业效率及降低成本。

（4）商品店头陈列服务。有的配送中心也有提供商品店头陈列的服务,但是这种服务仅限于小超市及平价商店,一般零售商大部分由自己陈列上架。

（5）紧急配送、夜间配送及假日配送。目前配送中心的服务越来越多元化,为提供更完善的服务品质,除全年无休息(365日)提供服务外,甚至提供紧急配送、夜间配送及指定时间配送等项目,提供客户满意的服务。

（6）汽车驾驶员服务态度。在物流服务品质中,汽车驾驶员的服务态度也是重点项目之一,因为过去货运汽车驾驶员的形象,给人的感觉是粗鲁摔货、嚼口香糖、不穿上衣及礼貌不佳等印象;而现在的物流汽车驾驶员的服务态度已经有非常大的进步,诸如彬彬有礼、穿制服、不摔货等,甚至会主动与客户打交道强化客户关系,逐渐塑造业务驾驶员的形象。

（7）提供信息服务。在配送中心还有另外一种服务,就是信息提供服务,它可以给零售商提供各种资料,物流经营者也可以给制造商提供商品的销售情报,以供制造商生产及经营策略的参考。

（8）顾问咨询服务。物流经营者还可以向零售业及制造业提供物流方面的建议,尤其是较小的零售业及制造业本身的经营管理能力不强,因此日本零食批发商为给超市及便利店提供进一步的服务,在公司内部成立了一个模拟的商店,然后把技术提供给零售业以增进客户关系。另外,国内物流者也把物流运输的技术提供给客户(进口商或制造商),双方降低成本,增进彼此的关系。

6. 物流的交货时间

在物流服务品质中,物流的交货时间非常重要,因为交货时间太长或不准时都会严重影响零售商的业务,因此交货时间的长短与准时与否成为物流经营者重要的评估项目。

所谓物流的交货时间,是指从客户下订单开始,到订单处理、库存检查、理货、流通加工、装车、卡车配送最后到达客户手上的这一段时间;物流的交货时间按厂商的服务水平不同,可分为4h、12h、24h、2天、3天、1星期送达等几种。目前国内一般承诺自订货后24～48h可以送达。一般物流的交货时间越短,其成本会越高,因此最好的服务水平为12～24h,稍微比竞争对手好一点,但成本却不会增加。

除物流的交货时间外,还有物流的送货频度,也就是同一客户多长时间送一次货。目前根据各厂商商品特性的不同可分为一天两次、一天一次、两天一次、三天一次、四天一次等几种。其中最常见的是一天一次和两天一次的配送频度。

当全部都是一天一次或两天一次的配送频度,但订货的数量又不多时,对物流经营者而言成本太高,因此目前的做法是通过对客户分类来决定配送的频度,例如:A级客户的订货量较大,可每天配送;B级客户的订货量中等,可两天配送一次;而C级客户的订货量较少,则三天配送一次或四天配送一次。原则上应如此规划,当然也有例外,当客户的配送量达到经济配送量时,可以弹性调整,以达到客户满意的要求。

7. 配送商品的价值或建造的预算

新配送中心的建设除考虑以上基本要素外,还应该注意研究配送商品的价值和建造预算。因为如果没有足够的建造费用,那些理想的计划是无法实现的。

另外与物流成本息息相关的是配送商品的价值,因为在物流的成本计算方法中,往往会计算它所占商品的比例,因此如果商品的单价高,则其百分比相对会比较低,客户一般能够负担;如果商品的单价低,则其百分比相对会比较高,则客户会感觉负担重。

目前物流费用的计算方式有两种:一种是以商品营业额的百分比计费(包括仓储、理货、流通加工及配送费用),是以进货的价格计算的;由于商品种类的不同,比例也不同。表3-3为某商业配送中心各种商品的物流收费比例。另外一种是以仓储费、理货费、装卸费(装柜或拆柜)、流通加工费及配送费等分别计费的;这些费用与厂商的业务量、处理量、配送中心的设备与地点及作业的标准有关。例如,流通加工的贴价格标签作业,有的必须拆箱之后才能作业,有的直接就可以作业,这样的报价也不同。另外,有的箱子是收缩包装,有的是封胶带的纸箱,其作业难度也完全不同。

表3-3　某商业配送中心各种商品的物流收费比例

商 品 名 称	收费百分比/%	商 品 名 称	收费百分比/%
医药	1~2	食品(平均)	5
化妆品	1.5~2.5	方便面	8
烟酒	1.5~2.5	矿泉水	8
电子(3C)产品	1.5~2.5	罐头食品	5
服饰	3~6	日用品	6~8
书籍、杂志	5		

下面是以目前的物流处理的商品价值按由高到低的顺序进行的排列:①医药品;②化妆品;③电子计算机产品;④汽车零件;⑤录音带、录像带;⑥高级服饰;⑦小家电产品;⑧出版物;⑨食品;⑩日用品。

表3-4所示的两个实例说明了商品单价高低对物流收入的影响。

表3-4　物流成本比较

实例一	配送车	A车(3.5t)	B车(3.5t)
	产品价值	20万元/车	20万元/车
	配送店数量	20家店	10家店
	配送时间	8h	4h
实例二	配送车	A车(3.5t)	B车(3.5t)
	产品	化妆品(药品)	饮料
	产品价值	5 000元/箱	200元/箱
	物流费用	1%(50元)	5%(10元)

在实例一中,同样的两辆 3.5t 卡车,其配送的商品价值一样,但是所配送客户数量不同时,其配送时间及效率不一样,因此物流费的收入也不一样。

实例二表明,同样 3.5t 的两辆卡车,其中一辆的配送商品是单价高的药品或化妆品,另外一辆配送的是单价低的食品或日用品,假设药品或化妆品每箱价值为 5 000 元,物流费以 1％计费,则每箱可收 50 元;假设食品或日用品每箱价值为 200 元,而物流费以 5％计费,则每箱可收 10 元。如果每车配送货量相同,配送药品和化妆品的车辆的物流收入将是配送日用品车辆收入的 5 倍。

由此可见,在规划配送中心时,必须特别注意商品的价值是与物流成本有关的,也会发现单价高的商品才可能被导入自动化的配送中心。例如化妆品、医药及烟酒比较适合。

3.1.3 需求分析内容

通过对基础资料的整理和分析,可以明确配送中心的物流需求特征,为配送中心规划提供设计依据。需求分析方法包括定性和定量两种方法。

1. 定性分析

定性分析主要是对供应链结构、物流通路、运作模式、作业流程和业务流程等进行分析,主要包括货品储存特性分析、储运单元分析、库存分析、出库订单分析等。定性分析内容与范围如表 3-5 所示。

表 3-5 定性分析内容与范围

分析范围	分析内容	备注
企业概况分析	企业背景资料、规模、组织结构	企业背景掌握
供应链结构分析	供应链结构、特点	
物流通路分析	物流通路结构、策略模式	
作业时序分析	工作制度、作业时序	
作业流程分析	入接货、上架、补货、分拣出货、打包、发货等作业流程	
业务流程分析	收货、检验、上架、补货、分拣、打包、发货、盘点流程	
销售业态分析	批发、零售	
上游供应商分析	数量、分布地区、供应量	入库数据为依据
下游客户分析	数量、分布地区、配送量	出库数据为依据
物流运作模式分析	物流通路、入仓模式、发货模式	
货品储存特性分析	货品分类、储存温度、储存条件、保管要求	货品主数据

表 3-5 中所述货品储存特性分析,就是分析货品的储存温度、储存条件、保管要求,为配送中心的分区储存提供基础。例如,医药配送中心按储存条件一般分为冷藏品、阴凉品和常温药品,按储存要求分为医疗器械、耗材、一般药品、贵重药品、毒麻品、二类精神药品等。这些不同属性的药品在配送中心内需要储存在不同的储区内。

配送中心规划的定性分析对规划过程中无法用数据直接量化的内容进行分析,掌握其特性和模式要点,以便在具体的规划设计中进行要素设定。

2. 定量分析

定量分析包括包装与储运单元分析、库存分析、出库分析、入库分析、退货分析等。通过对出入库物流和库存的定量分析,可以明确配送中心的能力需求和设计指标,是配送中心需求分析的重要工作。定量分析内容与范围如表 3-6 所示。

表 3-6　定量分析内容与范围

分 析 范 围	分 析 内 容	备　　注
包装与储运单元分析	包装尺寸、重量、包装数分析 托盘尺寸、单重、堆码方式与堆码数分析	货品包装数据
库存分析	库存结构、库存周期、库存变动趋势分析	库存数据
出库分析	出库总量、订单特征值与变动趋势分析	出库单
入库分析	入库总量、订单特征值与变动趋势分析	入库单
退货分析	退货总量、订单特征值与变动趋势分析	退货单

1) 包装与储运单元分析

(1) 包装尺寸分析:对产品外包装尺寸的分析,包括外包装的长、宽、高尺寸的分析。产品的平均包装尺寸是货格和周转箱尺寸设计的依据。

(2) 托盘尺寸分析:对托盘平面尺寸进行的分析,该尺寸获取需要选择表面利用率最高的托盘尺寸。在进行托盘堆码高度分析时,也要在合理范围内选择利用率最高的堆码高度。要在最大限度上满足平均适用托盘尺寸和堆码高度,以便数据的分析能够产生最大的利用价值。

(3) 包装数与堆码数分析:以出库数据、库存数据为依据,分别计算出库、库存平均包装数。在之前选定的托盘尺寸与高度的情况下计算平均堆码数,作为储存区设计的基础参考资料。

(4) 产品货值分析:以产品的销售额与出库数据为依据,对产品的单箱货值进行估算。

2) 库存分析

库存分析包括库存月变动趋势、库存结构及库存周期的分析。

(1) 库存月变动趋势分析:对每月库存量、库存品规等进行统计,并计算其最大值、最小值、平均值与波动系数等,分析其库存变动特征。

(2) 库存结构分析:按储存条件或产品类别分别统计货品的库存量、库存品规、SKU等。根据获得的数据对每个产品的库存情况进行系统性的了解。

(3) 库存周期测算:库存周期可由全年出库总量除以月平均库存量计算得到。

3) 出库分析

出库分析包括出库变动趋势分析、出库总量分析、出库单特征值分析、整箱拆零分析、客户别订单分析、退货分析等。

(1) 出库变动趋势分析:以货品出库数据为依据,对每月的出库量、出库单、出库行数、出库品规、SKU 等进行统计,并计算出库量的最大值、最小值、平均值与波动系数等分析货品出库变动特征。

(2) 出库总量与特征值分析:对出库总量、出库单数、出库行数、出库品规、SKU 等进行统计,并计算其 EQ、EN、IQ、IK、EIQ 值,将所得到的 EIQ 分析数据资料加以图表化,以便在配送中心系统规划的过程中加以利用。

（3）整箱与拆零分析：分别统计整箱（走分类机）与拆零量（走打包台）、单数、行数、品规、SKU等，并分析计算整箱特征值与拆零特征值。

（4）客户别订单分析：按客户别分别统计量与特征值。

4）入库分析

货品的入库分析项目包括入库变动趋势分析、入库总量与入库单特征值分析及货品的返厂比例分析等。下面将对这些项目分别进行详细的说明。

（1）入库月变动趋势分析：以货品的入库数据为依据，对每月的入库量、入库单、入库行数、入库品规、SKU等进行统计，以此计算入库量的最大值、最小值、平均值与波动系数等分析货品入库变动特征。根据此结果可以对储区布置策略和配送中心的系统规划战略提供参考。

（2）入库总量与入库单特征值分析：对配送中心的货品入库总量、入库单数、入库行数、入库品规、SKU等进行统计，并计算其 EQ、EN、IQ、IK、EIQ 值，将所得到的 EIQ 分析数据资料加以图表化，以便在配送中心系统规划的过程中加以利用。

（3）货品的返厂比例分析：分析货品的返厂量，返厂与入库的比例，为规划预留返厂退货处理区面积提供依据。

5）退货分析

退货分析是分析退货变动趋势、退货总量及特征值、退货结构等。

一般规划分析者最容易犯的错误通常在于无法确定分析的目的，仅将搜集获得的资料做一番整理及统计计算，而最后只得到一堆无用的数据与报表，却无法与规划设计的需求相结合。因此在资料分析过程中，建立合理的分析步骤并有效地掌握分析数据是规划成功的关键。

3.2　EIQ 分析方法

3.2.1　EIQ 分析原理

EIQ 分析就是利用"E""I""Q"这三个物流关键要素，来研究配送中心的需求特性，为配送中心提供规划依据。在配送中心的规划中，EIQ 分析是非常有效的分析工具。下面介绍订单 EIQ 分析的方法和步骤。

1. EIQ 分析含义

EIQ 资料来源于每天的客户订单，这些资料通常存在于配送中心信息系统里，这些资料格式不容易直接了解，因此为便于分析，经常需将此资料转为如图 3-1 所示的形式。这在资料量不多的情况下可以这样处理，一旦资料量较多时就显得不实际，因为很难用一张纸容纳所有的资料，此时就需借助计算机进行分析。

根据图 3-1 的资料，即可展开 EQ、EN、IQ、IK 四个分析类别的研究，EIQ 分析项目及含义如表 3-7 所示。

		订单品项						订单订货数量	订单订货品项
		I1	I2	I3	I4	I5	I6	EQ	EN
客户订单	E1	3	5	0	1	2	3	14	5
	E2	2	0	4	6	7	0	19	4
	E3	4	0	0	0	0	8	12	2
	E4	2	8	0	3	5	2	20	5
品项总数量	IQ	11	13	4	10	14	13	GEQ GIQ 65	GEN 16
品项订购次数	IK	4	2	1	3	3	3		GIK 16

图 3-1　EIQ 表格

表 3-7　EIQ 分析项目及含义

资　料	分析类别	意　义
EQ	EQ 分析	每张订单的订货数量
EN	EN 分析	每张订单的品项数
IQ	IQ 分析	每个品项的受订数量
IK	IK 分析	每个品项的受订次数

在数据分析过程中,要注意数量单位的一致性,必须将所有订单品项的出货数量转换成相同的计算单位,否则分析将失去意义,如体积、重量、箱、件数或金额等单位。金额的单位与价值功能分析有关,常用在按货值进行分区管理的场合,体积与重量等单位则与物流作业有直接密切的关系,也将影响整个系统的规划,但是在数据分析过程中,需再将商品物性数据加入,才可进行单位转换。

2. EIQ 分析统计方法

EIQ 分析是一种量化的分析法,各种统计方法如表 3-8 所示,通过这些统计分析可以了解物流系统的各种物流特性。

表 3-8　EIQ 分析统计方法

序　号	分析内容	说　明
1	算术平均	取一个平均值
2	最大、最小值	取上、下限
3	总数	取总数

续表

序　号	分析内容	说　明
4	全距	最大与最小的差距
5	分布分析	数量分布及累计量分布
6	次数分布	各组资料出现次数统计
7	ABC 分析	将数值按大小排列,并累计其百分比

3. EIQ 分析步骤

EIQ 分析步骤包括数据的搜集和取样、数据分析图表制作、图表的解读及用于规划与改善四个阶段,如图 3-2 所示。

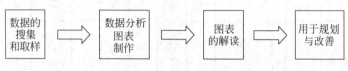

图 3-2　EIQ 分析步骤

3.2.2　订单数据取样

要了解配送中心实际运作的物流特性,单从一天的数据分析无法有效判断并得出结论,但是若分析一年以上的数据,往往因数据量庞大,使分析过程费时费力。因此可就单日的订单先进行初步分析,找出可能的作业周期及波动幅度,若各周期内出货量大致相似,则可缩小数据范围,以一较小周期内的数据进行分析,若各周期内趋势相近,但是作业量仍有很大的差异,应对数据做适当分组,再从各群组中找出代表性的数据进行分析。一般常见的分布趋势如一周内出货量集中在周五、周六;一个月内集中于月初或月尾;一年中集中于某一季出货量最大等。实际分析过程中,如能找出可能的作业周期,则使分析步骤较易进行,如将分析数据缩至某一月份、一年中每月月初第一周或一年中每周的周末等范围。

但是,一般配送中心一天的订单可能有上万单,订货品项数据可能上千笔,要集中处理这样多的数据不是一件容易的事,因此需要数据的取样分类。若 EIQ 数据量过大不易处理时,通常可根据配送中心的作业周期性,先取一个周期内的数据加以分析(若配送中心作业量有周期性的波动),或取一个星期的数据进行分析。若有必要,再进行更详细的数据分析。

同时也可按商品特性或客户特性将订单数据分成数个群组,针对不同的群组分别进行 EIQ 分析;或是以某群组为代表,进行分析后,再将结果乘以倍数,以求得全体数据。或是采取抽样方式,分析后再将结果乘以倍数,以得到全体数据。不管采用何种分类和抽样方式进行数据取样,都必须注意所取样的数据是否能反映、代表全体的状态。

3.2.3　EIQ 分析项目

订单资料分析,主要是以订单的"E""I""Q"这三个物流关键要素,来研究配送中心的需求特性,为配送中心提供规划依据。日本铃木震先生积极倡导以订单品项数量分析方法来进行配送中心的系统规划,即从客户订单的品项、数量与订购次数等出发,进行出货特性的分析。

订单 EIQ 分析可从多个方面展开,根据分析的目的决定分析的项目和内容。支持配送中心规划的订单 EIQ 分析项目如图 3-3 所示。

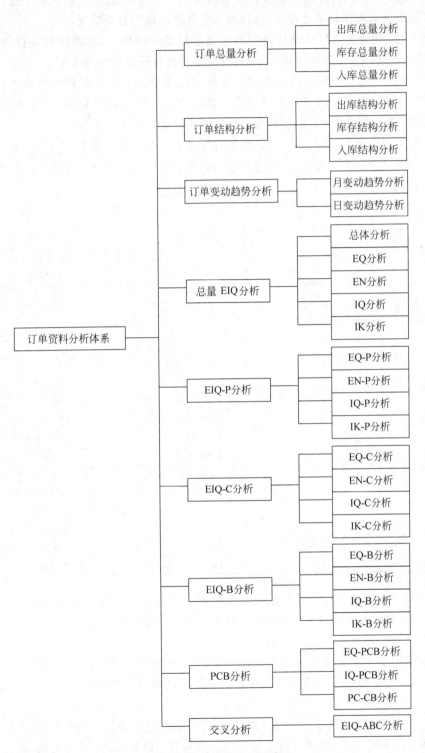

图 3-3　订单资料分析项目

（1）订单总量分析。订单总量分析是对订单的出库总量进行数据获取分析，并对相关货品的库存总量及入库总量进行分析，得到关于货品流量的分析情况。

（2）订单结构分析。订单结构分析是对货品的出库结构、入库结构和库存结构进行分析，得到货品的储存结构和变动情况，为订单变动趋势分析做资料参考。

（3）订单变动趋势分析。订单变动趋势分析是评价配送中心配送能力的规划目标，需利用过去的经验值来预估未来趋势的变化。因此在配送中心的规划时，首先须针对历史销售资料或出货资料进行分析，以了解出货量的变化特征与规律。

（4）总量 EIQ 分析。总量 EIQ 分析是对配送中心总体订单数据进行的分析，包括总体分析、EQ 分析、EN 分析、IQ 分析、IK 分析等，具体分析内容如表 3-9 所示。

表 3-9　EIQ 分析内容

分析项目	说　明	分 析 内 容	分 析 结 果
总体分析	总体 EIQ 数据分析	EIQ 资料	原始 EIQ 数据表
		排序后的 EIQ 资料	排序 EIQ 数据表
		EIQ 立体图	EIQ 分布三维图
EQ 分析	订单出货数量的分析	EQ 分析	EQ 分布图
		EQ 频次分析	EQ 频次图、频度图
		EQ 的 ABC 分析	ABC 分类图表
		EQ 特征参数分析	特征参数表
EN 分析	订单出货品项数的分析	EN 分析	EN 分布图
		EN 频次分析	EN 频次图、频度图
		EN 的 ABC 分析	ABC 分类图表
		EN 特征参数分析	特征参数表
IQ 分析	品项出货总数量的分析	IQ 分析	IQ 分布图
		IQ 频次分析	IQ 频次图、频度图
		IQ 的 ABC 分析	ABC 分类图表
		IQ 特征参数分析	特征参数表
IK 分析	品项受订次数的分析	IK 分析	IK 分布图
		IK 频次分析	IK 频次图、频度图
		IK 的 ABC 分析	ABC 分类图表
		IK 特征参数分析	特征参数表

（5）EIQ-P 分析。EIQ-P 分析是将订单数据中的订货数量换算为托盘数，并将剩余的订货数量去除而做成以托盘为单位的订单数据，并进行 EIQ 分析，包括 EQ-P 分析、EN-P 分析、IQ-P 分析、IK-P 分析等。

（6）EIQ-C 分析。EIQ-C 分析是将订单数据中除去换算为托盘的订货数量换算为料箱数，并将剩余的订货数量去除而做成以料箱为单位的订单数据，并进行 EIQ 分析，包括 EQ-C 分析、EN-C 分析、IQ-C 分析、IK-C 分析等。

（7）EIQ-B 分析。EIQ-B 分析是将订单数据中除去换算为托盘和料箱的订货数量的订单数据，并进行 EIQ 分析，包括 EQ-B 分析、EN-B 分析、IQ-B 分析、IK-B 分析等。

（8）PCB 分析。PCB 分析包括 EQ-PCB 分析、IQ-PCB 分析和 PC-CB 分析等，PCB 分析及主要分析内容如表 3-10～表 3-13 所示。

表 3-10　PCB 分析项目

分析项目	说　明	分析内容	备　注
EQ-PCB 分析	订单别 PCB 出货数量的分析	EQ-PCB 分析	表 3-11
IQ-PCB 分析	品项别 PCB 出货数量的分析	IQ-PCB 分析	表 3-12
PC-CB 分析	PCB 出货数量的分析	区域订货量分析	表 3-13

表 3-11　EQ-PCB 分析

No.	E	P 托盘	C→P 托盘	B→C 箱	EQ 箱	P 托盘	C 箱	B 单件
1	E33	51	0.67	0	620	51	8	0
2	E32	43	0.33	0	520	43	4	0
3	E40	7	3.17	0	122	7	38	0
4	E36	4	3.25	0	87	4	39	0
5	E4	6	0.92	0	83	6	11	0
6	E39	6	0.00	0	72	6	0	0
7	E26	2	2.92	0	59	2	35	0
8	E19	4	0.67	0	56	4	8	0
9	E2	3	1.33	0	52	3	16	0
10	E35	2	0.92	0	35	2	11	0
…	…	…	…	…	…	…	…	…

表 3-12　IQ-PCB 分析

No.	I	P 托盘	C→P 托盘	B→C 箱	IQ 箱	P 托盘	C 箱	B 单件
1	22	85	0.25	0	1 023	85	3	0
2	21	13	0.33	0	160	13	4	0
3	24	7	3.58	0	127	7	43	0
4	51	6	0.67	0	80	6	8	0
5	19	6	0.50	0	78	6	6	0
6	56	3	0.92	0	47	3	11	0
7	53	1	2.50	0	42	1	30	0
8	15	0	3.17	0	38	0	38	0
9	31	1	1.92	0	35	1	23	0
10	35	1	1.83	0	34	1	22	0
…	…	…	…	…	…	…	…	…

表 3-13　PC-CB 分析

No.	I	P 托盘	C→P 托盘	B→C 箱	IQ 箱	P 托盘	C 箱	B 单件
1	22	85	1.00	0	1023	85	3	0
2	21	13	1.00	0	160	13	4	0
3	24	7	4.00	0	127	7	43	0
4	51	6	1.00	0	80	6	8	0
5	19	6	1.00	0	78	6	6	0

续表

No.	I	P	C→P	B→C	IQ	P	C	B
		托盘	托盘	箱	箱	托盘	箱	单件
6	56	3	1.00	0	47	3	11	0
7	53	1	3.00	0	42	1	30	0
8	15	0	4.00	0	38	0	38	0
9	31	1	2.00	0	35	1	23	0
10	35	1	2.00	0	34	1	22	0
...	...	...	...	...	...	...	...	...

（9）交叉分析。对所有的出货品项,统计其整箱出货量和拆零出货量,并按货物的整箱出货量和拆零出货量分别做 ABC 分类。整箱 ABC 分类和拆零 ABC 分类后再做交叉分析,得到 15 个货物类别。D_1 为只有整箱没有拆零的品项,D_2 为只有拆零没有整箱的品项。用 1~15 来代表交叉分析后得到的货物类别,如表 3-14 所示。

表 3-14　IQ-C 和 IQ-B 交叉分析分类

IQ-C 分类　＼　IQ-B 分类	A_1	B_1	C_1	D_1
A_2	1	2	5	13
B_2	3	4	7	14
C_2	6	8	9	15
D_2	10	11	12	

3.2.4　EIQ 分析与判读

过去(历史)的需求特性由订单的 EIQ 分析可得出,规划年物流总量可根据对未来的预测得到,但其物流特性是不变的。因此,可以根据分析得到的订单特性和物流总量进行配送中心的规划。

订单分析结果的应用是需要综合分析和比较的,看得越多,所得到的也就越多,越能反映实际状况,越能帮助作出决策。下面列举一些基本的应用方法以供参考。

1. E、I、Q 数据分析

（1）E、I、Q 位数。E、I、Q 是配送中心的关键要素,因此这三个数值即使只有一位数的差别,整个系统的运作可能就不同。如一天 100 张订单的配送中心和一天 1 000 张订单的配送中心,所需的作业场地、作业人员数可能就不同。因此在分析之前,需先认清配送中心的整体业务量、业务繁杂程度,E、I、Q 的数量规模。

（2）E、I、Q 大小关系。若 I 较小,Q 较大时,可能是少样多量的出货形式。反之,则为多样少量的出货模式。这里的 I、Q 大小认定可能不是很容易,如 I 怎样才算大、才算多样?可能就需参考上面提到的位数大小,以及与整个库存的总品项相比较;至于 Q,可能考虑其位数大小及单位,若出货单位为托盘,其出货量必然不小。观察 E、I、Q 三个资料大小的关系,可得知物流系统的大概状况。

2. EQ 分析

我们可以从下述几个角度进行 EQ 分析。

（1）ABC 分析。ABC 分析最主要的目的在于面对众多的处理对象时给予分类管理，或是在资源有限时给予重点管理，以达到事半功倍的效果。

EQ 的 ABC 分析的目的在于对众多的客户作分类、重点管理，也就是观察多少百分比的订单数，占多少百分比的出货量，是否出货量集中在某些客户？

EQ 的 ABC 分析，一般是观察是否 20％ 的订单件数占了 80％ 的出货量，但通常也有 10％、20％、30％、40％、50％ 的订单数占 80％ 的出货量。若 EQ 的分析结果显示 10％～20％ 的订单数占 80％ 的出货量，则表示出货量集中在某些客户，此时可调整客户的管理策略，加强这 20％ 客户的管理，或是考虑将其订单另外处理，看是否能提升作业效率，以求在有限资源之下达到事半功倍的效果。

（2）最大订货量 EQ(max) 分析。若 EQ(max) 为托盘数的话，可看出其出货量相当多，若其订货品项数（EN）仅为几项，则其为少样多量订单。

（3）最小订货量 EQ(min) 分析。若 EQ＝1 的比例不低，可考虑将这些订单另外处理，看是否能提高作业效率，尤其是采用批次拣货时。

（4）EQ 度数分布。了解客户订货量的集中情况。

（5）EQ、IQ、EIQ 综合考虑。因 EQ 是累积整张订单的出货量，并无法看出各订货品项与出货量的关系，此时就需合并 IQ、EIQ 资料一起分析。

3. EN 分析

可以从下述几个角度进行 EN 分析。

（1）GEN 分析。GEN 为所有订单订货品项数的累加值，若采用订单别的拣货作业方法，则 GEN 可表示为总拣取次数。可用以分析拣货时间、拣货人力需求或作为生产力指标。不过需考虑每一品项的拣取量，若一次可拣取完毕，则 GEN 为总拣货次数，否则需将其乘以必要的倍数才是实际的拣取次数。

（2）EN 度数分析。EN 度数分析里，EN＝1 的订单百分比很重要。若 EN＝1 的比例不低，对这些 EN＝1 的订单，可考虑将其与其他订单分开处理（尤其是采用批量拣货作业方式时）。

4. IQ 分析

（1）ABC 分析（出货种类与出货量的关系）。IQ 的 ABC 分析目的在于对众多的商品做分类、重点管理，也就是观察多少百分比的出货商品，占多少百分比的出货量，是否出货量集中在某些商品。

IQ 的 ABC 分析，一般是观察是否 20％ 的出货品项占了 80％ 的出货量，但通常也有 10％、20％、30％、40％、50％ 的出货品项占 80％ 的出货量。若 IQ 的分析结果显示 10％～20％ 的出货品项占 80％ 的出货量，则表示出货量集中在某些商品，此时可调整商品管理策略，加强这 10％～20％ 商品的管理。

① IQ 曲线与自动化设备选用。要管理众多的库存品项，是一件令人困扰的事，若欲采用自动化设备来辅助，则要对所有的商品给予自动化，是相当耗费成本的。此时若从 IQ 曲线来分析，将 A 类商品先予以自动化，即可达到约 80％ 的出货量自动化，也就是以 20％ 的自动化成本，可达到 80％ 的自动化效益。

② IQ 曲线与物流设备。设备是否适用于各种储存和拣货方式，拣货单位和量是一个重要的因素。例如属于少品种多量的啤酒业，其保管方式常采用平置堆码方式或是把货品堆

码于托盘上,再保管于托盘式货架、立体自动仓库。若出库量少,则以箱为出库单位,其保管方式是将货品置于箱用自动仓库、箱用流动货架。若出货种类多、出货量更少,则采用回转货架、单品货架等。

(2)最大订货量 IQ(max)分析。若 IQ(max)为托盘数的话,可看出其出货量相当多;若其订货次数(IK)仅为几次,则其订单的订货量为大量订货。

(3)最小订货量 IQ(min)分析。注意其最小订货量之值及所占比例。

5. IK 分析

可以从下述几个角度进行 IK 分析。

(1)GIK 分析。总受订次数也就是总订单行数,因此 GIK=GEN,总受订次数越大,订单行数越大,说明拣货工作量越大。

(2)IK 度数分析。IK 度数分析里,IK=1 占全体多少百分比很重要。若 IK=1 的比例很高,表示出货频率低的 C 类商品很多。

6. PCB 分析

PCB 分析是将各订单的订货数量以托盘(P)、箱(C)、单件(B)等单位加以换算分析。分析每张订单多少盘、多少箱、多少单件,全部订货量里有多少的 P、C、B,各品项出货量的 P、C、B 及所有出货品项的 P、C、B 数,以了解客户的订货规模、货品的出货规模。

(1)EIQ-P。将 EIQ 表中 Q 的箱数换算为托盘数,并将剩余的箱数去除而做成以托盘为单位的 EIQ 表,从此表可以看出各订单以托盘出货的出货量及以托盘出货的出货品项数,以及全部订单以托盘出货的出货量及以托盘出货的出货品项数。此表除可以看出客户的订货规模外,还可作为以托盘为单位的拣货方法、拣货设备、拣货储区规划。

(2)EIQ-C。将 EIQ 表中的箱单位换算为托盘数后,将剩余的箱数做成 EIQ 表。从此表可以看出以箱为单位的出货情形,以及作为以箱为单位的拣货方法、拣货设备、拣货储区规划。

(3)EQ-PCB。从 EIQ 表中,换算出每张订单直接以托盘为出货单位的托盘数以及从托盘上以箱拣取而混合成托盘的托盘数。

(4)IQ-PCB。从 EIQ 表中,换算出每一出货品项以托盘为单位的出货托盘数以及从托盘上以箱拣取所需的托盘数。

(5)PC-CB 分析。以箱拣取所需的托盘数,以及以单件拣取所需箱数。

3.3　订单分析与应用

配送中心的操作是由订单驱动的,订单的特征决定了配送中心的物流特征及作业特点,因此订单分析是配送中心规划资料分析的核心。基于配送中心系统规划的订单分析一般包括以下几个方面。

(1)订单总量与特征值分析。

(2)订单变动趋势分析。

(3)订单结构分析。

(4)订单的 PCB 分析。

下面分别介绍订单分析的内容和方法。

3.3.1　订单总量与特征值分析

1. 出库订单总量

订单总量分析即分析单位时间内订单总量。订单总量指标包括订单数、订单行数、订货量和活动品规（SKU）等，通过这些参数的统计，可以全面了解订单的物流特性。

SKU（stock keeping unit）原意为库存量单位，即库存进出计量的基本单元，可以是件、盒、托盘等单位，SKU 现在已经被引申为为产品统一编号的简称，每种产品均对应唯一的 SKU 号。也可以理解为单品，对一种商品而言，当其品牌、型号、配置、等级、花色、包装容量、单位、生产日期、保质期、用途、价格、产地等属性与其他商品存在不同时，可称为一个单品，即一个 SKU。

一般可基于企业一年或一个月的出库订单进行统计，还可以结合产品品牌、类别等进行分析。基于不同产品品牌的出库件数、出库订单数、订单行数及活动 SKU 数统计如表 3-15 所示。这里的活动 SKU 是指在出库订单中所包含的货品计量单位。

表 3-15　品牌别订单总量

品牌别	出库件数	订单数	订单行数	活动 SKU 数
SP	4 310 871	47 955	2 101 979	11 872
CA	1 170 862	6 603	505 681	7 514
LH	418 967	1 430	174 766	4 568
SM	312 408	560	66 639	1 022
合计	6 213 108	56 548	2 849 065	24 976

根据表 3-15 统计值，配送中心出库件数为 621 万件，订单数为 5.65 万，活动 SKU 数为 2.5 万个，由此可以得到订单总规模和不同品牌的订单结构。

2. 订单特征值分析

订单特征值包括 EQ、EN、IQ 和 IK 的均值和方差，通过均值，可以了解订单的基本特征，通过方差，可以得知订单的离散程度。当然还可以通过回归或拟合分析得到其分布函数和特征值。

EQ、EN、IQ 和 IK 的均值可表示为 $\overline{EQ}$、$\overline{EN}$、$\overline{IQ}$、$\overline{IK}$，另外还可得到每行订货量均值（即 $\overline{EIQ}$）。订单特征值的计算公式如下。

$$\overline{EQ} = \frac{总订货量}{订单数}$$

$$\overline{EN} = \frac{累计订单行数}{订单数}$$

$$\overline{IQ} = \frac{总订货量}{活动品规}$$

$$\overline{IK} = \frac{累计订单行数}{活动品规（SKU）}$$

$$\overline{EIQ} = \frac{总订货量}{累计订单行数}$$

根据订单总量统计指标，可以得到发货订单的特征值。计算得到不同品牌产品的订单特征,从而了解不同属性产品订单的特点。某配送中心全年发货订单的特征值计算如表 3-16 所示。

表 3-16　发货订单特征值

订单类别	$\overline{EQ}$	$\overline{EN}$	$\overline{IQ}$	$\overline{IK}$	$\overline{EIQ}$
SP	89.9	43.8	363.1	177.1	2.1
CA	177.3	76.6	155.8	67.3	2.3
LH	293.0	122.2	91.7	38.3	2.4
SM	557.9	119.0	305.7	65.2	4.7
合计	109.9	50.4	248.8	114	2.2

由表 3-16 计算结果可知,所有订单平均每单订货量为 109.9 件,平均订购品规(行数)为 50.4 个,平均每个 SKU 的订货量为 248.8 件,平均每个 SKU 全年受订次数 114 次,平均每行订 2.2 件。据此即可了解订单的基本特征。

必要时也可统计订单的分布或方差,据此信息可以支持配送中心的仿真应用。

3.3.2　订单变动趋势分析

所有基于历史数据的分析,均是利用过去的经验值来推测未来趋势的变化。因此在配送中心规划过程中,首先需对历史销售或出货数据进行分析,以了解订单变动趋势。如能找出各种可能的变动趋势或周期性变化,则有利于后续数据的分析。

变动趋势分析包括年变动趋势分析、月变动趋势分析、日变动趋势分析或实时变动趋势分析。一般变动趋势分析的时间单位需根据订单数据搜集的范围而定,如要预测未来成长的趋势,通常以年为单位;如要了解季节变动的趋势,通常以月为单位;而要分析月或周内的倾向或变动趋势,则需将选取的期间展开至旬、周或日别等时间单位。如果在分析时间有限的情形下,则找出特定的月、周或日平均及最大、最小量的订单数据来分析,也是切实可行的方法。

下面以月变动趋势分析为例说明其分析方法。

月变动趋势分析一般要搜集一年的订单数据,分别统计各月的出库量、订单数、订单行数、活动 SKU 数,基于这些统计参数得到其月变动趋势。某配送中心的月订单变动参数如表 3-17 所示,变动趋势如图 3-4 所示。

表 3-17　某配送中心的月订单变动参数

月　　份	出库量/件	订单数	订单行数	活动 SKU 数
2018 年 7 月	777 578	5 133	365 386	12 078
2018 年 8 月	1 367 461	13 561	659 908	11 049
2018 年 9 月	1 394 151	10 947	608 794	9 156
2018 年 10 月	1 192 813	7 986	584 397	8 534
2018 年 11 月	1 087 506	7 778	535 444	8 739
2018 年 12 月	275 904	2 909	127 995	5 713
2019 年 1 月	365 298	3 494	201 264	7 256
2019 年 2 月	1 213 710	9 627	692 154	11 513
2019 年 3 月	391 351	2 177	202 831	5 677

续表

月　　份	出库量/件	订单数	订单行数	活动 SKU 数
2019 年 4 月	1 534 774	7 817	872 967	9 986
2019 年 5 月	2 039 733	12 581	888 846	16 449
2019 年 6 月	1 272 383	7 386	488 829	14 142
总计	12 912 662	91 396	6 228 815	42 917
平均值	1 076 055	7 616	519 068	10 024
最大值	2 039 733	13 561	888 846	16 449
最小值	275 904	2 177	127 995	5 677
波动系数	1.90	1.78	1.71	1.64

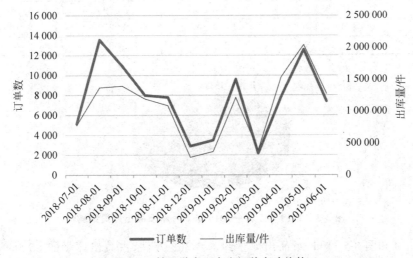

图 3-4　某配送中心出库订单变动趋势

由表 3-17 和图 3-4 可知,配送中心的出库量、订单行数、活动 SKU 数的高峰月为 2019 年 5 月,订单数高峰月为 2018 年 8 月;出库量、订单数、订单行数和活动 SKU 数的月波动系数分别为 1.9、1.78、1.71 和 1.64。

波动系数的计算公式为

$$波动系数 = \frac{最大月数量}{月均值} \times 100\%$$

波动系数越大,表明各月物流处理量差异越大,波峰与波谷相差越大。

采用同样的方法可以做日变动趋势分析,了解配送中心每天订单的变动趋势、平均每天订单量、高峰日的订单量及日波动系数,根据日变动情况可以进行配送中心的运作规划。

3.3.3　订单结构分析

订单结构分析就是根据订单或货品的属性,分析不同属性的订单或货品的订量比例。一般可按订单属性(如期货订单和现货订单、铺货订单和补货订单等)来分析,也可以按订购货品的属性(如不同品牌、不同类别的货品)来分析。

以服装配送中心为例,订单属性可分为期货订单和补货订单,订购货品属性可以分为新品、过季品;表 3-18 为基于类别货品的订单结构。表 3-19 为基于新旧品的订单结构。图 3-5

为新旧品出库量结构。

表 3-18　基于货品类别的订单结构

类　别	出库量	出库单数	出库行数	活动 SKU 数	活动品项数	累计品项数
服装	2 712 362	818	130 779	11 370	2 584	27 330
鞋	2 543 034	1 104	101 717	8 024	1 480	19 694
配件	2 542 868	375	32 944	1 321	1 321	32 943

表 3-19　基于新旧品的订单结构

属　　性	大品牌	小品牌	合　　计	新旧品占比/%
新品	12 129 112	1 498 016	13 627 128	85.03
旧品	1 995 654	404 221	2 399 875	14.97
合计	14 124 766	1 902 237	16 027 003	100.00
占比/%	88.13	11.87	100.00	

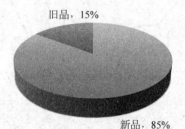

图 3-5　2018 年 7 月—2019 年 6 月新旧品出库量结构

由表 3-19 和图 3-5 可知,新品出库量约为 1 362 万件,占总出库量的 85.03%,整体而言,大品牌的发货量占 88.13%,在出库数据中,新品和大品牌是主要的部分。

在配送中心规划的过程中,新旧品的出库量比例对配送中心规划的能力影响是十分重要的。在前期的规划资料分析时,进行新旧品出库量的分析对比,有助于最终设计规划出最合适的配送中心。但是,前期的资料分析只是对已有信息的整理,可能会存在一定的信息延后性和信息不准确的问题,因此在实际规划设计时,要充分考虑未来发展的趋势,进行有效的预测。

3.3.4　订单 PCB 分析

订单 PCB 分析就是针对不同出货单位所进行的 EIQ 分析。因为在配送中心内,不同的出货单位一般是在不同的储区完成的,要了解每个储区的分拣出库作业量,就需要分析每种出货单位的订单属性。

订单 PCB 分析一般要先将订单分为整盘出库单、整箱出库单和拆零出库单,然后分别进行 EIQ 分析,统计其特征值。订单 PCB 分析项目可分为 P-EIQ 分析、C-EIQ 分析和 B-EIQ 分析。其分析内容也包括订单总量与特征值分析、分布分析、频次分析和 ABC 分类等。

例如,某医药配送中心的出货单位包括整箱和拆零两种模式。根据出库订单和储存货品的包装数和储运单元的堆码数,可以将出库订单拆分成整箱和拆零出库单。

首先,可以进行整箱和拆零出库结构的分析,得到整箱拆零出库指标,如表 3-20 所示。

而常规药品的整箱拆零出库量如图 3-6 所示。

表 3-20　常规药品整箱拆零出库分析

项　目	出库量（B）	出库品规（SKU）	出库量（折合箱）	出库单数	出库行数
整箱出库	3 547 298	2 305	26 257	1 384	6 899
拆零出库	550 562	2 715	2 184	1 680	8 804
整体	4 097 860	3 866	28 441	2 157	15 338

图 3-6　整箱拆零出库量（B）比例

通过表 3-20 和图 3-6 可知，整箱出库占整体出库量的 87%，而拆零出库量只占 13%，整箱和拆零货品的占比可以作为配送中心规划时的储区设置的参考信息。

其次，针对整箱出库单，可进行 EIQ-C 分析，某医药配送中心的常规药品整箱出库特征值如表 3-21 所示，其拆零出库特征值如表 3-22 所示。

表 3-21　常规药品整箱出库特征值

分　类	EQ	EN	IQ	IK	EIQ
单位	箱/单	SKU/单	箱/(SKU·月)	次数/(SKU·月)	箱/(单·SKU)
平均值	18.97	4.98	1 538.96	2.99	3.81

表 3-22　常规药品拆零出库特征值

分　类	EQ	EN	IQ	IK	EIQ
单位	B/单	SKU/单	B/(SKU·月)	次数/(SKU·月)	B/(单·SKU)
平均值	327.72	5.24	202.79	3.24	62.54

由表 3-21 和表 3-22 可以得到整箱和拆零出库的特征值，这些特征值可帮助我们了解整箱分拣区和拆零分拣区的拣货单特征，结合各储区的拣货量即可确定每个储区分拣作业工作量。

3.3.5　订单分析应用

1. 订单 EIQ 分析应用

订单 EIQ 分析的结果可以支持配送中心所有规划与运作管理问题，包括储区的设置、储位分配、拣货方式的选择、订单处理策略、仓储系统及拣货系统的选择与优化等各个方面。EIQ 基本分析的主要应用范围如图 3-7 所示。

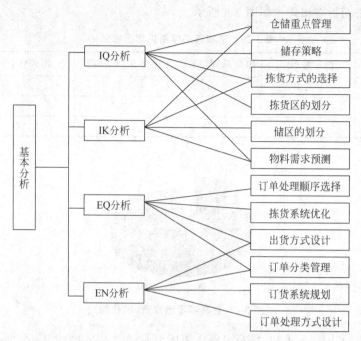

图 3-7　EIQ 基本分析的主要应用范围

　　EIQ 分析可以帮助了解产品别出货量的分布情形,并从中找出某一特定百分比以内的主要订单或产品,以作进一步的分析与重点管理。

　　品项数量(IQ)分析,主要用于了解各类产品出货量的分布状况,分析产品的重要程度与运量规模,可用于货品需求预测、库存重点管理、储存策略的选择、拣货方式的选择、仓储系统的规划、储区划分等方面。

　　品项受订次数(IK)分析,主要用于分析产品别出货次数的分布,这对了解产品别的出货频率有很大的帮助,主要功能可配合 IQ 分析决定仓储与拣货系统的选择。另外,当储存、拣货方式确定后,有关储区的划分及储位配置,均可利用 IK 分析的结果作为规划参考的依据,基本上仍以 ABC 分析为主,并从而决定储位配置的原则。

　　EQ 分析主要是了解单张订单订货量的分布情况,可用于决定订单处理的原则、拣货系统的优化,并将影响出货方式及出货区的规划。

　　订单品项数(EN)分析主要了解订单别订货品项数的分布,对订单处理的原则及订货系统的规划有很大的影响,并将影响出货方式及出货区的规划。

2. 订单总体分析应用

　　EIQ 总体分析主要包括订单变动趋势 TQ 分析、客户 CQ 分析、供应商 SQ 分析和区域出货量 RQ 分析。延伸分析的主要应用范围如图 3-8 所示。

　　通过 EIQ 总体分析,可以对货品进行需求预测、库存控制等。通过客户订货量 CQ 的分析还可以进行客户绩效评价及为客户关系管理提供辅助决策。通过供应商供货量的 SQ 分析,可以实现供应商绩效评价,进而影响供应商关系管理。对区域订货量 RQ 的分析,可以实现区域需求的预测,也可以进行分销网点的选择,以及配送线路的规划等。

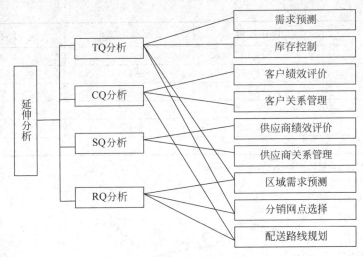

图 3-8　EIQ 延伸分析的应用范围

3.4　库存分析与应用

订单分析主要了解分拣出货特征,而库存分析则是为了解库存量和库存结构。订单分析的思路和方法可以用于库存分析中。库存分析主要包括库存变动趋势分析、库存结构分析和库存周期分析。通过对库存现状的分析,可以了解配送中心的储存规模、储量变动和储存结构,可以为配送中心的储区规划、储存定位与储位指派奠定基础,并可支持仓储空间的规划。

库存分析的基础数据是月末库存数据。库存月变动趋势分析就是分析每月库存的变动规律或趋势,一般取一年的月末库存数据,按月统计其特征值,并用表格和图形分析其变动趋势。主要分析项目包括库存量、库存品规、SKU 等;可以按货品属性分别进行变动趋势分析,以全面掌握库存的变动情况。同理,根据每日结存库存,也可进行日变动趋势的分析。

下面以某医药配送中心的订单数据为例,根据 2020 年各月月末的库存数据,分析统计其库存数量、库存品项和库存 SKU 等数据,得到其月库存变动趋势如表 3-23 和图 3-9 所示。

表 3-23　医药配送中心月库存变动趋势

时间	库存数量	库存品项	库存 SKU
1 月	3 315 129	2 726	4 907
2 月	2 632 185	2 701	4 862
3 月	2 616 197	2 752	4 954
4 月	2 795 112	2 779	5 002
5 月	2 736 303	2 653	4 775
6 月	2 311 287	2 639	4 750
7 月	2 478 764	2 608	4 694
8 月	2 219 821	2 525	4 545
9 月	2 917 326	2 540	4 572
10 月	2 795 113	2 487	4 477

续表

时间	库存数量	库存品项	库存 SKU
11 月	2 354 497	2 457	4 423
12 月	2 631 895	2 411	4 340
平均值	2 650 302	2 607	4 692
最大值	3 315 129	2 779	5 002
最小值	2 219 821	2 411	4 340
波动系数	1.25	1.07	1.07

注：该医药配送中心货品的平均批次为 2 批号/品规。

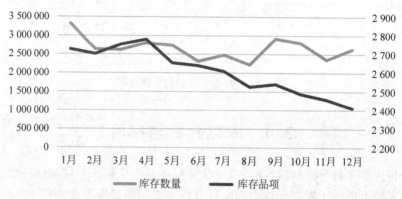

图 3-9　库存品项与库存数量变动趋势

由表 3-23 和图 3-9 可知，该医药配送中心的货品库存量均值为 265 万，1 月是库存数量峰值，8 月库存最低，波动系数为 1.25，库存数量波动不是很大。平均库存品项为 2 607 个，4 月最大，12 月最小，波动系数为 1.07，说明库存品规波动较小。

根据库存数量和库存品项变动趋势的分析结果，可以对配送中心的货品流动趋势有整体把握，并且能够指导未来的规划安排。

3.4.1　库存结构分析

所谓库存结构分析，就是按照库存货品的某种属性，分析不同货品的库存数量、库存品项或库存 SKU 的比例。库存货品的属性很多，不同的配送中心有不同的属性，如货品的品牌、种类、储存条件、新旧品等。一般可选取有代表性的月末库存作为分析对象，按照不同的商品属性，分析各类商品的库存数量、库存品项和库存 SKU 等。表 3-24 为某医药配送中心 9 月各剂型商品的库存结构。

表 3-24　某医药配送中心 9 月各剂型商品的库存数量、库存品项和库存 SKU

序号	药品剂型	库存数量	库存品项	库存 SKU	库存量占比/%	库存品项占比/%
1	胶囊	449 785	310	700	15.4	12.2
2	颗粒	114 143	116	262	3.9	4.6
3	片剂	672 781	525	1 185	23.1	20.7
4	丸剂	129 008	65	147	4.4	2.6
5	水	123 952	104	235	4.2	4.1

序号	药品剂型	库存数量	库存品项	库存 SKU	库存量占比/%	库存品项占比/%
6	针剂	890 018	498	1 124	30.5	19.6
7	常规药品（以上合计）	2 379 687	1 618	3 653	81.5	63.8
8	日化用品、保健品	1 680	4	4	0.1	0.2
9	医疗器械	3 313	6	93	0.1	0.2
10	易串味药	345 080	214	433	11.8	8.4
11	中药饮片	14 340	532	455	0.5	20.9
12	冷藏品	81 861	116	248	2.8	4.6
13	毒麻、一类精神药品	6 986	27	42	0.2	1.1
14	二类精神药品	84 378	23	56	2.9	0.9
	总计	2 917 325	2 540	4 984	100.0*	100.0*

*：因四舍五入，总计略有误差，下同。

根据上述对库存数量、库存品项和库存 SKU 进行的结构分析，可以了解各类货品的库存数量和库存品规的占比，这些结果可为医药配送中心的储区设置、储存策略、仓储空间规划和配送中心的整体规划提供设计依据。

3.4.2 库存周期测算

库存周期和库存周转次数是描述配送中心货品流动频率的重要指标。根据全年总出库量和平均库存量，即可计算得出库存周期和库存周转次数。

$$库存周转次数\ N = \frac{总出库量}{平均库存量} \qquad 库存周期\ T = \frac{365}{库存周转次数\ N}$$

例如，某医药配送中心全年出库数量为 4 558 万件，年平均库存量为 265 万件，则可得库存周转次数为 4 558÷265＝17.2（次），每年按 365 天计算，库存周期为 365÷17.2＝21.2（天）。

一般配送中心库存周期越长，年周转次数越少，货品周转越慢。库存周期反映了一个企业原材料或产成品的流转速率，是企业物流效率的重要指标，也是配送中心进行储区设置和空间规划的基础。

3.4.3 库存分析应用

库存分析可支持配送中心储区空间规划。一般储量决定着储存区空间大小，储存品规决定着拣选区空间大小。库存分析结果对规划的指导作用包括以下几个方面。

（1）库存变动趋势分析的应用。配送中心在进行空间规划时，一定要考虑库存变动趋势和波动系数。当波动系数不大时（如小于 0.5），一般要按库存最大值作为空间规划目标，保证在高峰时库存的需要；当波动系数很大时，则需要综合考虑，例如可取平均库存的 1.5 倍作为规划值，而高峰时段库存可采用外包等方式解决。

在运作管理过程中，库存变动趋势分析可以帮助我们了解库存波动情况，根据库存波动情况及时调整储区大小和储存方式,并根据高低峰需求做好人员和设备规划。

(2) 库存结构分析的应用。在配送中心内,不同属性的货品通常是分区储存的,因此各种货品的库存量占比就决定了各储区的储存规模和空间大小;各种货品的品规就决定了各分拣区的拣选点数量,进而决定了各分拣区的规模和面积。因此库存结构分析是进行配送中心储区设置与空间规划的重要依据。

(3) 库存周期的应用。当配送中心的物流量确定后,其库存周期就决定了储量的大小。因此储存周期是决定储存规模的重要参数。准确预测储存周期,才能确定更准确的空间需求。

3.5　案例分析:某服装配送中心订单分析

该案例为我国一家高端男装生产企业,为满足日益增长的销售需求,决定建设现代化的配送中心。该企业是集品牌开发、设计、运营于一体的中国高端商务男装的领导企业及品牌运营商,旗下拥有 DK 和 CA 两大品牌。本节订单分析是基于其 2020 年订单数据进行的系列分析。

3.5.1　出库总量与结构分析

根据该企业 2020 年出库数据,按规划类别统计出库量、订单数、订单行数、活动款色等,各产品类别全年出库量如表 3-25、图 3-10 和图 3-11 所示。

表 3-25　各产品类别全年出库量

规划类别	出库件数	出库箱数	出库盘数	订单数	订单行数	活动款色	活动SKU数	出库件数占比/%	活动SKU数占比/%
恒温恒湿	17 453	1 745	873	1 930	11 157	311	949	1.5	2.7
挂存类	50 124	3 314	1 486	3 769	27 825	748	2 986	4.2	8.5
叠存类	1 057 663	26 797	2 692	14 199	509 887	8 289	28 026	88.1	80.2
精品	74 863	2 495	125	2 315	28 238	1 738	2 977	6.2	8.5
产品合计	1 200 103	34 351	5 176	15 497	577 107	11 086	34 938	100.0	100.0
其他服装	10 879	—	—	1 064	2 775	428	531		
货品	1 201 103	—	—	2 751	9 741	509	524		
次品	3 378	—	—	10	726	137	518		
总计	2 415 463	—	—	19 075	590 349	12 160	36 511		

注:其他服装包括版衣和工服。

由表 3-25、图 3-10、图 3-11 可知,2020 年该企业产品出库件数为 2 415 463 件,其中服装类产品 1 200 103 件,出库箱数为 34 351 箱,折合盘数 5 176 盘,活动 SKU 数为 34 938 个,叠存类服装出库件数及活动 SKU 数最大,分别为 1 057 663 件和 28 026 个,占比分别为 88% 和 80%。

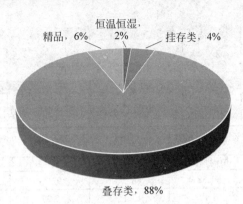

图 3-10　服装产品别全年出库件数占比

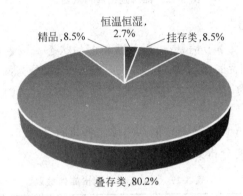

图 3-11　服装产品别全年出库 SKU 占比

3.5.2　服装产品出库结构

该企业产品分为 DK 和 CA 两大品牌,按上市时间分为新品和过季品(旧品),为了解产品的出库结构,下面分别对订单按品牌、新旧品进行出库结构分析。

1. 品牌别出库结构

对 DK 和 CA 两个品牌各规划类别的出库件数进行统计分析如表 3-26 和图 3-12 所示。

表 3-26　服装品牌别出库件数

规划类别	DK	CA	合计	DK 占比/%	CA 占比/%
恒温恒湿	15 983	1 470	17 453	91.58	8.42
挂存类	43 384	6 740	50 124	86.55	13.45
叠存类	980 801	76 862	1 057 663	92.73	7.27
精品	69 261	5 602	74 863	92.52	7.48
总计	1 109 429	90 674	1 200 103	92.44	7.56

由表 3-26 和图 3-12 可知,DK 品牌服装出库件数为 1 109 429 件,DK 品牌出库件数占比达 92.44%,其各产品大类的出库件数均占绝对优势。

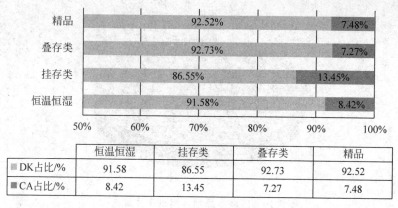

	恒温恒湿	挂存类	叠存类	精品
DK占比/%	91.58	86.55	92.73	92.52
CA占比/%	8.42	13.45	7.27	7.48

图 3-12　品牌别出库件数对比

2. 新旧品别出库结构

根据原始数据中年份及季节信息,可以判断新旧品状态。该企业新旧品划分原则如下:2019 年以前的产品均为旧品;对 2019 年及 2020 年的产品,分为两个大季,其中,2019 年秋冬产品自 2020 年 3 月起为旧品,2020 年春夏季产品自 2020 年 8 月起为旧品,秋冬产品均为新品。

下面分别对 DK 及 CA 两个品牌新旧品出库结构进行分析。

DK 新旧品别出库结构分析如表 3-27 和图 3-13 所示。

表 3-27　DK 新旧品别出库件数

规划类别	新品	旧品	合计	新品占比/%	旧品占比/%
恒温恒湿	9 149	6 834	15 983	57.24	42.76
挂存类	25 260	18 124	43 384	58.22	41.78
叠存类	669 178	311 623	980 801	68.23	31.77
精品	52 126	17 135	69 261	75.26	24.74
总计	755 713	353 716	1 109 429	68.12	31.88

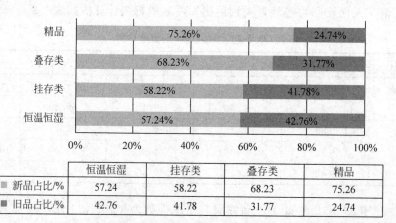

	恒温恒湿	挂存类	叠存类	精品
新品占比/%	57.24	58.22	68.23	75.26
旧品占比/%	42.76	41.78	31.77	24.74

图 3-13　DK 新旧品别出库件数占比

由表 3-27 和图 3-13 可知,在 DK 出库订单中,新品比例达 68.12%,各类产品的新品出库件数均较旧品大,其中,精品的新品所占比例最高(为 75.26%),恒温恒湿挂存类新品所占比例最低(为 57.24%)。

CA 新旧品出库结构分析如表 3-28 和图 3-14 所示。

表 3-28　CA 新旧品别出库件数

规划类别	新　品	旧　品	合　计	新品占比/%	旧品占比/%
恒温恒湿	722	748	1 470	49.12	50.88
挂存类	2 531	4 209	6 740	37.55	62.45
叠存类	41 611	35 251	76 862	54.14	45.86
精品	2 630	2 972	5 602	46.95	53.05
总计	47 494	43 180	90 674	52.38	47.62

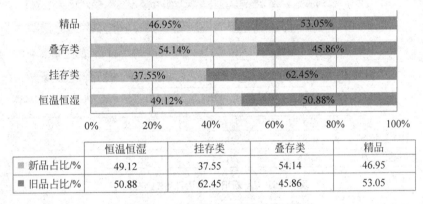

	恒温恒湿	挂存类	叠存类	精品
新品占比/%	49.12	37.55	54.14	46.95
旧品占比/%	50.88	62.45	45.86	53.05

图 3-14　CA 新旧品别出库件数占比

由表 3-28 和图 3-14 可知,在 CA 出库订单中,新品比例达 52.38%,其中,叠存类新品出库比例最大(为 54.14%),挂存类新品出库比例最小(为 37.55%)。

3. 新旧品活动款色和活动 SKU 分析

CA 品牌产品新旧品活动款色和活动 SKU 分析如表 3-29、图 3-15 和图 3-16 所示。

表 3-29　CA 新旧品别活动款色和活动 SKU

规划类别	新　品		旧　品		活动款色占比/%		活动 SKU 占比/%	
	活动款色	出库 SKU	活动款色	出库 SKU	新品	旧品	新品	旧品
恒温恒温	28	111	52	175	35.00	65.00	38.81	61.19
挂存类	55	227	117	579	31.98	68.02	28.16	71.84
叠存类	435	2 307	653	3 252	39.98	60.02	41.50	58.50
精品	57	82	399	509	12.50	87.50	13.87	86.13
总计	575	2 727	1 221	4 515	32.02	67.98	37.66	62.34

由表 3-29、图 3-15 及图 3-16 可知,CA 出库订单中,各类产品的旧品款色及 SKU 均大于新品,叠存类新品款色及 SKU 占比最大,分别为 39.98% 及 41.50%,精品的新品款色及 SKU 占比最小,分别为 12.50% 及 13.87%。

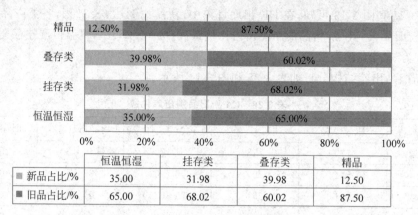

	恒温恒湿	挂存类	叠存类	精品
▣ 新品占比/%	35.00	31.98	39.98	12.50
▣ 旧品占比/%	65.00	68.02	60.02	87.50

图 3-15　CA 新旧品别活动款色占比

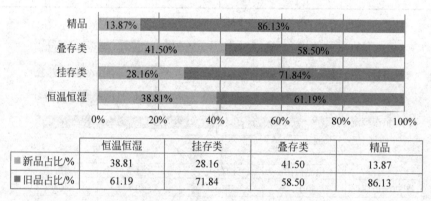

	恒温恒湿	挂存类	叠存类	精品
▣ 新品占比/%	38.81	28.16	41.50	13.87
▣ 旧品占比/%	61.19	71.84	58.50	86.13

图 3-16　CA 新旧品别活动 SKU 占比

3.5.3　出库变动趋势分析

基于 2020 年出库订单数据,分析该企业服装各月出库变动趋势。分析结果如表 3-30、图 3-17 所示。

表 3-30　该企业服装出库月变动趋势

月　份	出库件数	出库箱数	出库盘数	订单数	活动款色	活动SKU 数	包装数	堆码数
2020 年 1 月	133 005	3 912	544	1 268	3 173	10 289	34.0	7.2
2020 年 2 月	94 289	2 572	400	969	2 562	8 700	36.7	6.4
2020 年 3 月	175 138	4 204	527	1 806	3 452	11 658	41.7	8.0
2020 年 4 月	92 871	2 255	265	1 659	3 054	9 639	41.2	8.5
2020 年 5 月	51 758	1 233	134	1 382	2 044	6 231	42.0	9.2
2020 年 6 月	30 455	759	90	854	1 894	5 605	40.1	8.5
2020 年 7 月	47 502	1 386	209	652	2 308	7 793	34.3	6.6
2020 年 8 月	204 670	6 021	928	1 556	4 041	13 583	34.0	6.5
2020 年 9 月	183 324	5 905	1 057	2 101	4 208	13 620	31.0	5.6
2020 年 10 月	111 227	3 688	634	1 445	3 240	10 386	30.2	5.8

续表

月　份	出库件数	出库箱数	出库盘数	订单数	活动款色	活动SKU数	包装数	堆码数
2020 年 11 月	36 841	1 194	193	859	2 213	7 308	30.9	6.2
2020 年 12 月	39 023	1 221	196	946	2 204	7 717	32.0	6.2
总计	1 200 103	34 350	5 177	15 497	11 086	34 938	34.9	6.6
平均值	100 009	2 863	431	1 291	2 866	9 377	34.9	6.6
最大值	204 670	6 021	1 057	2 101	4 208	13 620	42.0	9.2
最小值	30 455	759	90	652	1 894	5 605	30.2	5.6
波动系数	2.05	2.10	2.45	1.63	1.47	1.45	1.20	1.39

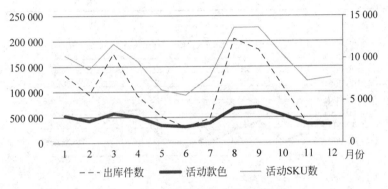

图 3-17　该企业服装月出库变动趋势

由表 3-30 和图 3-17 可以看出,该企业服装的出库量最大月为 8 月,出库件数 204 670 件,出库箱数 6 021 箱,故选择 8 月作为出库特征分析的月份。活动 SKU 数最大月为 9 月,为 13 620 个。

进一步对各月新旧品出库件数及活动 SKU 数进行统计分析,结果如表 3-31、图 3-18 和图 3-19 所示。

表 3-31　新旧品月出库变动趋势

月　份	出库件数		活动 SKU 数	
	新品	旧品	新品	旧品
2020 年 1 月	101 428	31 577	5 303	4 986
2020 年 2 月	72 424	21 865	4 532	4 168
2020 年 3 月	126 986	48 152	4 272	7 386
2020 年 4 月	55 034	37 837	3 453	6 186
2020 年 5 月	32 145	19 613	2 683	3 548
2020 年 6 月	12 077	18 378	1 664	3 941
2020 年 7 月	25 427	22 075	2 533	5 260
2020 年 8 月	137 132	67 538	3 670	9 913
2020 年 9 月	122 017	61 307	4 432	9 188
2020 年 10 月	82 063	29 164	4 111	6 275

续表

月　份	出　库　件　数		活动 SKU 数	
	新品	旧品	新品	旧品
2020 年 11 月	21 377	15 464	2 148	5 160
2020 年 12 月	15 097	23 926	2 196	5 521
总计	803 207	396 896	17 121	23 447
平均值	66 934	33 075	3 416	5 961
最大值	137 132	67 538	5 303	9 913
最小值	12 077	15 464	1 664	3 548
波动系数	2.05	2.04	1.55	1.66

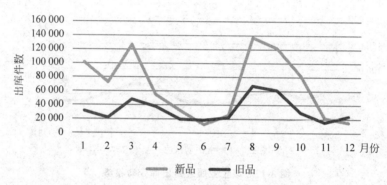

图 3-18　新旧品出库件数月变动趋势

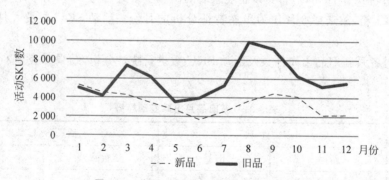

图 3-19　新旧品活动 SKU 数月变动趋势

由表 3-31、图 3-18 和图 3-19 可知,新品出库量最大月为 8 月,出库件数为 137 132 件,活动 SKU 数最大月为 1 月,为 5 303 个;旧品出库量和活动 SKU 数最大月均为 8 月,分别为 67 538 件及 9 913 个。

3.5.4　出库单特征值分析

1. 客户别订单特征值

在各客户别全年产品出库总量的基础上对订单特征进行分析,得到订单特征值,如表 3-32 所示。

表 3-32　客户别订单特征值

出库仓	客户类别	EQ/件	EQ/箱	EN	IQ/款	IQ/SKU	IK/款	IK/SKU	EIQ/件
核心仓	DK 分仓	332.8	9.6	82.5	84.5	21.5	20.9	5.3	4.0
	DK 直营	54.2	1.6	33.6	60.1	18.6	37.3	11.5	1.6
	CA 直营	40.6	1.3	27.1	61.2	14.9	40.7	9.9	1.5
	小计	73.0	2.1	36.1	86.3	26.3	42.7	13.0	2.0
非核心仓	CA 加盟	85.2	2.4	44.9	6.9	2.2	3.6	1.2	1.9
	DK 加盟	107.8	3.0	41.0	86.8	25.0	33.1	9.5	2.6
	DK 直营	57.3	1.6	38.3	24.7	6.9	16.6	4.6	1.5
	小计	88.3	2.5	40.0	63.8	18.8	28.9	8.5	2.2
总　　计		77.4	2.2	37.2	108.3	34.3	52.1	16.5	2.1

分析各个客户别的订单,发现在核心仓出库订单中 DK 分仓订单量最大,为 333 件/单,其次是 DK 直营店订单,EQ 值为 54 件/单。非核心仓出库订单中 DK 加盟商订单量最大,为 108 件/单;核心仓出库 IQ 值最大的是分仓补货单,为 22 件/SKU,非核心仓出库 IQ 值最大的是 DK 加盟商订单,为 25 件/SKU。

2. 新旧品别订单特征值

分别对 DK 和 CA 两个品牌的出库订单进行分析,得到新品和旧品的出库量、订单数、订单行数、活动款色和活动 SKU 数,由新旧品出库特征总量分析得到新旧品出库特征值。

DK 新旧品别出库订单总量和特征值分析如表 3-33 和表 3-34 所示。

表 3-33　DK 新旧品别出库总量

新旧品别	出库件数	出库箱数	订单数	订单行数	活动款色	活动 SKU 数
新品	755 713	21 421	8 331	312 049	4 811	14 394
旧品	353 716	10 132	6 958	205 079	5 952	18 932
总计	1 109 429	31 553	13 301	517 128	9 647	28 998

表 3-34　DK 新旧品别出库特征值

新旧品别	EQ/件	EQ/箱	EN	IQ/款	IQ/SKU	IK/款	IK/SKU	EIQ/件
新品	90.7	2.6	37.5	157.1	52.5	64.9	21.7	2.4
旧品	50.8	1.5	29.5	59.4	18.7	34.5	10.8	1.7
总计	83.4	2.4	38.9	115.0	38.3	53.6	17.8	2.1

由表 3-34 可知,DK 产品平均每个订单出库量为 83 件,平均每个 SKU 出库 39 件。按 EQ 值和 IQ(SKU)值统计,新品特征值分别为 91 件/单和 53 件/SKU,大于旧品的 51 件/单及 19 件/SKU。

CA 新旧品别出库订单总量与特征值分析如表 3-35 和 3-36 所示。

表 3-35　CA 新旧品别出库总量

新旧品别	出库件数	出库箱数	订单数	订单行数	活动款色	活动 SKU 数
新品	47 494	1 415	1 847	33 392	575	2 727

续表

新旧品别	出库件数	出库箱数	订单数	订单行数	活动款色	活动 SKU 数
旧品	43 180	1 383	1 373	26 587	1 221	4 515
总计	90 674	2 798	2 196	59 979	1 440	5 940

表 3-36　CA 新旧品别出库特征值

新旧品别	EQ/件	EQ/箱	EN	IQ/款	IQ/SKU	IK/款	IK/SKU	EIQ/件
新品	25.7	0.8	18.1	82.6	17.4	58.1	12.2	1.4
旧品	31.4	1.0	19.4	35.4	9.6	21.8	5.9	1.6
总计	41.3	1.3	27.3	63.0	15.3	41.7	10.1	1.5

从表 3-36 可看出,CA 新旧品出库量相近,对于新品来说,EQ 值为 26 件/单,小于旧品的 EQ 值(31 件/单),每个 SKU 的订货量 IQ 为 17 件/SKU,大于旧品的 IQ 值 10 件/SKU。

本 章 小 结

需求分析是配送中心规划与运作管理的首要工作,应围绕配送中心的规划要素 E、I、Q、R、S、T、C 等进行资料的调研和分析。基础资料主要包括现行作业资料和未来规划需求资料,一般通过调研、访谈和从企业管理系统中导出等方式获得。规划资料分析包括定性分析和定量分析。定性分析主要是对供应链结构、物流通路、运作模式、作业流程和业务流程等进行分析;定量分析包括包装与储运单元分析、库存分析、出库分析、入库分析、退货分析等。

EIQ 分析是规划资料分析的理论基础,主要包括 EQ、EN、IQ、IK 分析,主要分析内容包括总量与特征值、分布分析、ABC 分类等;EIQ 分析可以支持配送中心所有规划与运作管理问题。

订单分析是需求分析的核心工作,主要分析项目包括订单总量与特征值分析、订单变动趋势分析、订单结构分析和订单 PCB 分析等,通过订单分析可以了解订单的分拣和储存特性,支持仓储系统和分拣系统的规划和改善。

库存分析主要包括库存变动趋势分析、库存结构分析和库存周期分析。通过对库存的分析,可以对配送中心的储区规划、储存定位与分配奠定基础,并可支持仓储空间的规划。

复 习 题

1. 配送中心的设计要素包括哪些?

2. 配送中心规划资料包括哪些?

3. 配送中心需求分析的内容包括哪些?

4. EIQ 分析的含义? 主要 EIQ 分析项目及含义是什么?

5. 什么叫 EIQ-PCB 分析? 分析说明订单 PCB 分析的方法及用途。

6. 订单分析一般包括哪几个分析项目? 并分别说明其分析的目的。

7. 什么是订单变动趋势分析? 说明其在配送中心规划中的作用。

8. 库存数据分析项目有哪些? 说明库存分析对配送中心规划和运营的指导作用。

第 4 章

配送中心工艺流程与设计纲领

在对配送中心进行需求分析的基础上,需要做好配送中心的工艺流程与设计纲领的规划,也称配送中心的能力规划。本章将详细阐述配送中心工艺流程与设计纲领的规划设计方法和步骤。

4.1 配送中心工艺流程与设计纲领概述

配送中心工艺流程与设计纲领是指配送中心的规划建设的纲领性文件,包括配送中心的总体规模和能力、配送中心的功能区设置与定位、配送中心的工艺流程及配送中心各储区的流向流量等。

4.1.1 配送中心工艺流程

配送中心储区是指一个可以进行储存(暂存)、分拣、分类或处理(检查、打包)等的区域,可以是接发货区、理货区、储存区、分拣区、打包区等,是作业区域的统称。

工艺流程是描述货品在物流中心内从接货、储存、补货、分拣、分类到打包发货的方法与过程。由于配送系统的复杂性,配送中心一般是由多个储区构成的,每个储区有着不同的储存货品的定位和不同的储运模式。工艺流程就是将货品在配送中心各功能区域间的流转关系和储运模式用流程图表现出来。例如,图 4-1 就是某配送中心的工艺流程。

配送中心的工艺流程一般应明确描述以下信息。

(1)配送中心的功能分区,每个功能区具有特定的功能定位。

(2)配送中心各功能区的物流关系,就是不同货品在功能区间的流转关系。

(3)应表明每个功能区的储运模式,即储存单位和分拣出货单位。一般用 P、C、B 分别代表托盘单元、箱单元和单品。如果某个功能区的储存单位为 P,出货单位为 C,则该区的储运模式为 P→C。

4.1.2 配送中心设计指标

配送中心设计指标也就是配送中心的设计能力指标,包括动态指标和静态指标两大类。静态指标包括配送中心的储量、货品品规等项目,静态规模确定了储存空间大小;动态指标包括出库量、出库次数、入库量、入库次数、日订单处理量等,动态指标决定了配送中心的订单处理能力和发货能力。

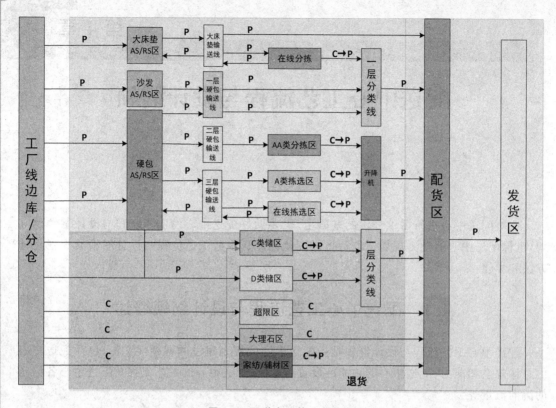

图 4-1　配送中心的工艺流程

配送中心能力指标包括总体能力指标和储区能力设计指标。总体能力指标是描述配送中心总体规模参数的指标,储区能力设计指标是描述每个储区规模和能力的指标。配送中心能力指标体系如图 4-2 所示。配送中心能力指标体系构成了配送中心系统规划的设计纲领。

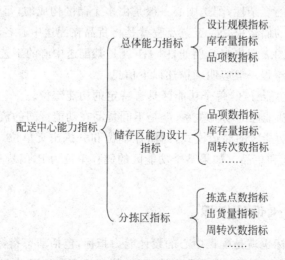

图 4-2　配送中心能力指标体系

1. 总体能力指标体系

配送中心总体能力指标是描述配送中心总体规模和能力需求的一系列指标,主要包括出货量、库存量、库存品种、订单、整箱出货与拆零出货等指标,这些指标是进行配送中心系统规划的基本依据。配送中心总体能力指标体系可用矩阵 U 表示,如式(4-1)所示,各指标的含义如表 4-1 所示。

$$U = \{Q, ZQ, ZI, SKU, ZO, ZL, QP, NP, QC, NC, QB, NB\} \tag{4-1}$$

表 4-1 配送中心总体能力指标含义

序号	指 标	符号	含 义	单 位
1	出货量	Q	总出货量	P(盘)/C(箱)/B(件)
2	库存量	ZQ	总储存量	P(盘)/C(箱)/B(件)
3	库存品种	ZI	设计品项数	品项
		SKU	考虑批次的品项数	品项
4	订单	ZO	订单数量	单/日
		ZL	订单行	行/日
5	整盘出货	QP	整盘出货量	P/日
		NP	整盘出库次数	次/日
6	整盘出货	QC	整箱出货量	C/日
		NC	整箱点击次数	次/日
7	拆零出货	QB	拆零出货量	B/日
		NB	拆零点击次数	次/日

2. 储区能力设计指标体系

根据储运模式不同,配送中心的典型储区可以分为主(整盘)储存区(CP)、箱储存区(CC)、箱分拣区(JC)和拆零分拣区(JB),如表 4-2 所示。

表 4-2 配送中心的典型储区及储运模式

储区代号	储区名称	储存单位	出货单位	功能定位
CP	主储存区	P	P	储存、整盘出货、整盘补货
CC	箱储存区	C	C	储存、整箱出货、整箱补货
JC	箱分拣区	P	C	暂存、整箱出货、整箱补货
JB	拆零分拣区	C	B	暂存、拆零出货

注:P—托盘;C—箱;B—件(单个包装)。

配送中心各典型储区的能力指标体系可表示为式(4-2),式中各指标的含义如表 4-3 所示。

$$U_{\mathrm{F}} = \begin{Bmatrix} U_{\mathrm{CP}} \\ U_{\mathrm{CC}} \\ U_{\mathrm{JC}} \\ U_{\mathrm{JB}} \end{Bmatrix} = \begin{Bmatrix} Q_{\mathrm{CP}}, DQ_{\mathrm{CP}}, RQ_{\mathrm{CP}}, S_{\mathrm{CP}}, I_{\mathrm{CP}}, SKU_{\mathrm{CP}}, KL_{\mathrm{CP}} \\ Q_{\mathrm{CC}}, DQ_{\mathrm{CC}}, RQ_{\mathrm{CC}}, S_{\mathrm{CC}}, I_{\mathrm{CC}}, SKU_{\mathrm{CC}}, KL_{\mathrm{CC}} \\ Q_{\mathrm{JC}}, DQ_{\mathrm{JC}}, RQ_{\mathrm{JC}}, S_{\mathrm{JC}}, I_{\mathrm{JC}}, SKU_{\mathrm{JC}}, KL_{\mathrm{JC}} \\ Q_{\mathrm{JB}}, DQ_{\mathrm{JB}}, RQ_{\mathrm{JB}}, S_{\mathrm{JB}}, I_{\mathrm{JB}}, SKU_{\mathrm{JB}}, KL_{\mathrm{JB}} \end{Bmatrix} \tag{4-2}$$

表 4-3　配送中心典型储区的能力设计指标

储区	指标	指标符号	指标含义	单位	储区	指标	指标符号	指标含义	单位
CP 区	出货量	Q_{CP}	总出货量	P(盘)	JC 区	出货量	Q_{JC}	总出货量	C(箱)
		DQ_{CP}	直接出货量	P(盘)			DQ_{JC}	直接出货量	C(箱)
		RQ_{CP}	补货量	P(盘)			RQ_{JC}	补货量	C(箱)
	储存量	S_{CP}	总储存量	P(盘)		储存量	S_{JC}	总储存量	C(箱)
	设计品项	I_{CP}	品项数			设计品项	I_{JC}	品项数	
		SKU_{CP}	考虑批次的品项数				SKU_{JC}	拣选点	SKU
	出库次数	KL_{CP}	出库次数			拣选次数	KL_{JC}	拣选次数	次/日
CC 区	出货量	Q_{CC}	总出货量	C(箱)	JB 区	出货量	Q_{JB}	总出货量	B(件)
		DQ_{CC}	直接出货量				DQ_{JB}	直接出货量	B(件)
		RQ_{CC}	补货量			储存量	S_{JB}	总储存量	B(件)
	储存量	S_{CC}	总储存量	C(箱)		设计品项	I_{JB}	品项数	品项
	设计品项	I_{CC}	品项数	品项			SKU_{JB}	拣选点	SKU
		SKU_{CC}	考虑批次的品项数	SKU					
	拣选次数	KL_{CC}	拣选次数	次/日		拣选次数	KL_{JB}	拣选次数	次/日

4.1.3　规划设计步骤

配送中心工艺与设计纲领是配送中心系统规划的核心,也是决定配送中心方案优劣的关键。其规划设计过程包括配送中心需求分析、配送中心总能力规划、储区设置与工艺流程设计、储区能力计算 4 个步骤,如图 4-3 所示。

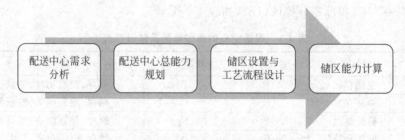

图 4-3　配送中心工艺与设计纲领规划步骤

配送中心需求分析即对配送中心的所有规划相关资料进行系统分析,包括定性分析和定量分析,参见第 3 章的分析方法。通过需求分析得到配送设计指标。

配送中心的总能力根据 EIQ 分析、基础运营资料分析和预期建设目标确定。

储区设置与工艺流程设计,首先根据储存货品或商品的储存特征和物流属性进行储区的设置,明确每个储区的功能定位,在此基础上分析确定各类货品在功能区间的流转路线,得到配送中心的工艺流程。

各储区能力指标计算,就是根据货品分类与储区定位,基于各类货品的 EIQ 分析,得到各储区的设计指标。

配送中心能力设计指标的计算原理如图 4-4 所示。

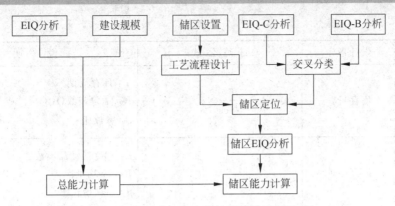

图 4-4　配送中心能力设计指标的计算原理

一般来说,配送中心的能力规划可以分为以下步骤。

(1) 基本规划资料的分析。

(2) 配送中心总能力规划。

(3) 储区工艺流程设计。

(4) 储区能力计算。

4.2　配送中心总能力规划

配送中心总能力的规划应根据配送中心的规划目标,结合配送中心订单和库存特征参数来确定。一般有两种方法:一是等比放大计算法;二是模拟订单法。前者是基于目前的处理能力,按规划年设计目标放大若干倍后进行计算;后者是根据企业未来经营业态和经营规模构建规划年的模拟订单,基于模拟订单,进行总能力的计算。

4.2.1　等比放大计算法

订单的等比放大计算法是进行配送中心总能力规划的一种常用方法,是以当前物流能力指标为基础,考虑配送中心达产年的规划目标和企业当前运营规模的放大倍数,来确定配送中心的总能力。这种计算方法适用于企业未来产品结构及经营模式不变的情况,即未来订单结构不发生变化或变化很小可以忽略时,可以采用这种规划方法。

配送中心总能力指标的计算依据为订单的 EIQ 分析和订单变动趋势分析。通过 EIQ 分析可以得到配送中心当前的物流量、订单量和出货形态分布;通过订单变动趋势分析可以得到配送中心的需求增长趋势,从而对未来需求做出预测。根据配送中心的 EIQ 分析和未来需求增长率的预测,即可确定配送中心的总体设计规模和能力要求。

基于 EIQ 分析的配送中心总体设计规模和能力指标的计算公式如表 4-4 所示。

表 4-4　基于 EIQ 分析的配送中心总体设计规模和能力指标的计算公式

序　号	设计指标	计算公式	说　明
1	出货量	$Q = \gamma \times \sum_{j=1}^{n} \sum_{i=1}^{m} Q_{ij}$	Q_{ij}:第 i 张订单第 j 个品项的订货量 γ:设计放大系数

续表

序 号	设计指标	计 算 公 式	说 明
2	库存量	$$ZQ=\dfrac{Q\times T}{360\times K_{CB}}\times\alpha$$	T：库存周期 K_{CB}：包装数（B/C） α：宽放比
3	库存品种	$ZI=\beta\times n$ $SKU=IN\times ZI$	n：EIQ 活动品项数 IN：平均批次 β：品项增长率
4	订单	$$ZO=\dfrac{\gamma\times m}{360}$$ $$ZL=\gamma\times\dfrac{\displaystyle\sum_{i=1}^{m}\sum_{j=1}^{n}N_{ij}}{360}$$	m：EIQ 订单数 N_{ij}：第 i 张订单第 j 个品项的订货次数
5	整盘出货	$$QP=\gamma\times\dfrac{\displaystyle\sum_{j=1}^{n}\sum_{i=1}^{m}QP_{ij}}{360}$$ $$NP=\gamma\times\dfrac{\displaystyle\sum_{i=1}^{m}\sum_{j=1}^{n}NP_{ij}}{360}$$	QP_{ij}：第 i 张订单第 j 个品项的整盘订货量（P） NP_{ij}：第 i 张订单第 j 个品项的整盘订货次数
6	整箱出货	$$QC=\gamma\times\dfrac{\displaystyle\sum_{j=1}^{n}\sum_{i=1}^{m}QC_{ij}}{360}$$ $$NC=\gamma\times\dfrac{\displaystyle\sum_{i=1}^{m}\sum_{j=1}^{n}NC_{ij}}{360}$$	QC_{ij}：第 i 张订单第 j 个品项的整箱订货量（C） NC_{ij}：第 i 张订单第 j 个品项的整箱订货次数
7	拆零出货	$$QB=\gamma\times\dfrac{\displaystyle\sum_{j=1}^{n}\sum_{i=1}^{m}QB_{ij}}{360}$$ $$NB=\gamma\times\dfrac{\displaystyle\sum_{i=1}^{m}\sum_{j=1}^{n}NB_{ij}}{360}$$	QB_{ij}：第 i 张订单第 j 个品项的拆零订货量（B） NB_{ij}：第 i 张订单第 j 个品项的拆零订货次数

 配送中心的总体设计规模与能力规划是进行配送中心系统规划的总体设计纲领，一般需要根据配送中心的建设目标或销售系统的未来需求来确定。其主要指标包括配送中心的年总出货量、平均库存量、总储存品项数、总处理订单、整箱出货数量和拆零出货量等。配送中心的总体规模与能力规划指标及计算依据如表 4-5 所示。

表 4-5　配送中心总体设计规模与能力指标及计算依据

序　号	指　标	符号	含　义	单　位	计算依据
1	出货量	Q	总出货量	P(盘)/C(箱)/B(件)	EIQ 分析
2	库存量	ZQ	总储存量	P(盘)/C(箱)/B(件)	变动趋势分析
3	设计品种	ZI	设计品项数	品项	EIQ 分析
		SKU	考虑批次的品项数	品项	货品分析
4	订单指标	ZO	订单数量	单/日	EIQ 分析
		ZL	订单行	行/日	EIQ 分析
5	整盘出货指标	QP	整盘出货量	P/日	EIQ-P 分析
		NP	整盘出库次数	次/日	EIQ-P 分析
6	整箱出货指标	QC	整箱出货量	C/日	EIQ-C 分析
		NC	整箱点击次数	次/日	EIQ-C 分析
7	拆零出货指标	QB	拆零出货量	B/日	EIQ-B 分析
		NB	拆零点击次数	次/日	EIQ-B 分析

4.2.2　模拟订单法

模拟订单法就是构建符合规划年的模拟订单,根据模拟订单直接进行分析计算。一般根据企业未来规划的产品结构和经营业态结构,以当前各类产品和经营业态的订单样本为基础,构建规划年的模拟订单。根据模拟订单进行总量分析,确定配送中心的设计能力。

由于配送中心规划是基于规划年的物流需求进行的,规划年的物流需求只能通过估计和预测得到,因此需要采用预测技术。在前期的资料准备阶段,调研者就必须在充分调查研究的基础上,尽可能地搜集更多的原始资料,利用科学的方法和手段,对配送中心所服务的客户结构和未来业务量进行预测。预测的任务就是要寻求客户业务量发生变化的规律,判断其发展趋势及评估其能达到的程度。

下面以未来客户结构的变化为例,介绍模拟订单的生成方法。

首先对已经掌握的原始订单进行客户类别分析,根据客户企业的行业性质及客户企业的经营性质将所有客户分成几类。行业性质参考国家统计局的相关数据或有关部门的数据,制定出符合配送中心服务客户的发展变化规律。根据企业规划的配送中心规划年的预测周期,利用现有订单生成规划年的模拟订单。根据预测式(4-4)得出规划年的模拟订单量。

$$M = \sum_{i=1}^{n} \left[M_i \times \prod_{j=1}^{L} (1 + a_{ij}) \right] \tag{4-4}$$

式中,M 为规划年的模拟订单量;i 为客户的类别;j 为从当前年到规划年的时间跨度;M_i 为第 i 类客户当前年的实际订单数;a_{ij} 为第 i 个客户在第 j 个时间跨度的预测变化率。

在得到规划年虚拟订单后,配送中心的能力指标可直接进行统计分析。

4.3　储区设置与工艺流程

4.3.1　储区设置

配送中心储区是指一个可以进行储存(暂存)、分拣、分类或处理(检查、打包)等功能的区域的统称,可以是接发货区、理货区、储存区、分拣区、打包区等。

配送中心的储区配置包括三个层面:基于储存条件的储区设置、基于储运模式的储区设置和基于出货频率的储区设置。

1. 基于储存条件的储区设置

配送中心货品的储存条件包括温湿度、价值、尺寸/重量等,分别从储存货物所要求的环境、储存货物本身的价值、储存货物本身的尺寸/重量特征三个方面进行储区设置。基于储存条件的储区设置方法如图4-5所示。

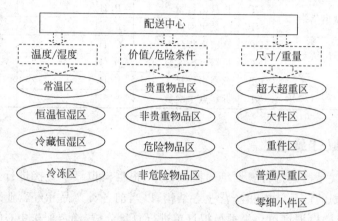

图 4-5　基于储存条件的储区设置方法

2. 基于储运模式的储区设置

在配送中心的储运过程中,货品的大小和形状是各式各样的,往往利用各种集装单元把需要储运的货品装成一个单元,便于搬运。配送中心内的集装单元常见的有托盘、货箱、料箱及容器等。

一般配送中心的出库包含整盘、整箱与零散出货。为更好地规划仓储区与拣货区,必须将订单资料按出货单位类型加以分割,以准确计算各区实际的需求。配送中心常见的储运模式主要包括 P→P、C→C、P→C、C→B 和 B→B 五种单储运模式和 P→(P、C)、C→(C、B) 和 P→(P、C、B) 三种复合储运模式,储运模式的选择取决于配送中心订单的订货单位和订货量,根据配送中心的储运模式和货品出货频率可以进行储区配置。

3. 基于出货频率的储区设置

这种储区设置思路是根据各种货品的拣选频率,并结合拣选策略和储位指派原则进行储区划分,如图4-6所示。

在这种储区配置方法中,储区划分主要依据的是货品的出货频率,需要分别计算各货品的出货及分拣频率,根据频率的大小进行分类,按类别设置储区。

综上所述,配送中心的储区配置方法可分为按储存条件分区、按储运模式分区、按出库频率分区三个层次,从而形成层次化的储区配置方法,如图4-7所示。

某医药配送中心根据货品和订单特点设置了五个主储区,各储区的储运模式和功能定位如表4-6所示。

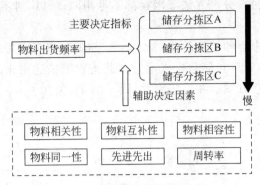

图 4-6　储位定位分析原则

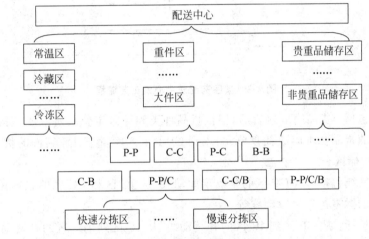

图 4-7　层次化储区配置方法

表 4-6　主要储区设置及功能定位

储区代号	分　区	储存单位	出货单位	功能定位
CP	主储区	P	P、C	储存、补货
CC	箱储存分拣区	C	C	储存、出货、补货
JC	整箱快速分拣区	P	C	暂存、出货、补货
JB_1	快速拆零分拣区	C	B	暂存、出货
JB_2	一般拆零分拣区	C	B	暂存、出货

CP 是主要储存区,主要功能为大批量储存和为 JC 区补货。

CC 是以箱为储存单位的次储存区,主要功能为多品种小批量药品的储存、直接出货或为 JB_2 区补货。

JC 为整箱快速分拣,主要功能为大批量药品的整箱分拣出货或为 JB_2 区补货。

JB_1 是快速拆零分拣区,主要功能是快速流转品的拆零出货。

JB_2 是一般拆零分拣区,主要功能是慢速流转品的拆零出货。

4.3.2　工艺流程设计

配送中心的工艺流程是描述货品在配送中心各储区间的流转关系的。由于不同的配送中心的储区设置、设备配置、分拣方法等因素都不尽相同,所以,对不同的配送中心,其工艺流程一般是不同的。

以上节某医药配送中心的储区设置(表4-6)为基础,可以考虑货品在储区间的物流路线和物流单位,并将其流转关系和储运模式通过工艺流程图描述出来。图4-8为某医药配送中心设计的一种工艺流程方案。在工艺流程(图4-8)中,包含了入库动线、分拣出库动线和补货动线3类动线。

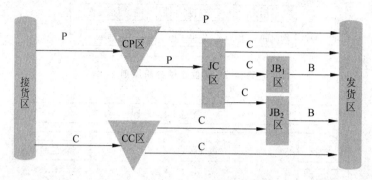

图4-8　某医药配送中心的工艺流程

入库动线包括:货品完成接货后,根据货品种类和储区定位决定入库储区,其中入库量大且快速流转的货品被堆码成托盘单元,入到CP区;入库量小且流转慢的货品以原包装箱为单位入到CC储区。

分拣出库动线包括:从CP区的整盘出库动线,从JC区和CC区的整箱拣选出库动线,从JB_1、JB_2区的拆零拣选出库动线等。

补货动线包括:从CP区到JC区的补货动线、从JC区到JB_1区的补货动线及从CC区到JB_2区的补货动线。

配送中心的工艺流程清楚描述了配送中心的储区设置、储区间的物流关系、货品在储区间的搬运路线及搬运单位,也是配送中心内物流设施与物流关系的逻辑模型,也是配送中心布置规划的基础。

4.4　配送中心储区能力

配送中心纲领设计就是基于配送中心的工艺方案,明确配送中心各个储区的储量及各个储区间的流入流出量,也就是确定每个储区的储存指标和流量指标。将每个储区的储存指标和流量指标作为储区的设计能力指标。储区能力规划步骤包括货品分类、各储区的货品定位及各个储区的能力计算,最终形成配送中心的设计纲领。

4.4.1　货品分类

为确定每个储区的能力指标,首先必须对货品进行分类,将不同类别的货品放在特定的储区或分拣区。

货品如何分类取决于订单出货特征,如果订单都是整箱出货或都是拆零出货,货品分类一般是基于IQ或IK进行ABC分类,不同的货品可放在不同的储区和分拣区,各储区根据本储区储存货品的出货量或补货量计算流量指标,根据各类货品的储存周期得到各储区的储量和储存品规。

货品分类方法很多,主要根据订单的出货单位、出货结构、储区设置及定位等进行综合考虑,目的是保证储存和分拣作业的高效,满足配送中心工艺和自动化生产的要求。分拣出库全部为整盘出库、整箱或拆零出库的配送中心,货品可根据 IQ-P、IQ-C 或 IQ-B 进行 ABC分类,并绑定相应储区,根据每个储区储存货品的 EIQ 分析可以确定每个储区的分拣出库物流指标,根据每个储区的储存时间可以确定每个储区的储量和储存空间需求。

当出货订单有多重出货单位(如整箱和拆零出货都存在)时,必须对货品进行各种交叉分类,一般根据 IQ-C 和 IQ-B 进行交叉分类,得到各类货品更精细的属性特征。下面以某医药配送中心为例,说明其货品分类和储区定位方法。

某医药配送中心货品的交叉分类方法如表 4-7 所示。根据基础资料分析,对 IQ-C 和IQ-B 的 A、B、C 分类进行交叉分析,对货品进行分类。

表 4-7　货品交叉分类表

IQ-B 分类 IQ-C 分类	A_1	B_1	C_1	D_1
A_2	1	2	5	13
B_2	3	4	7	14
C_2	6	8	9	15
D_2	10	11	12	

表 4-7 中,A_1、B_1、C_1 为对所有拆零品出货(IQ-B)分析所做的 ABC 分类,D_1 为仅有拆零出货无整箱出货的药品;A_2、B_2、C_2 为对整箱出货(IQ-C)分析的 ABC 分类,D_2 为仅有整箱出货无拆零出货的药品。通过交叉分析,得到 15 种货品,针对 15 类货品分别统计其订单总量。

4.4.2　各储区货品定位

储区定位就是把分类后的货品定位到各个储区和分拣区,然后可以统计分析各储区和分拣区的能力指标。

(1) 储区的定位。两个主储区包括 CP 和 CC 区,其储放货品定位如表 4-8 所示。其中深色为 CP,包括 1、2、5、13、3、6、10 小类;浅色为 CC 区,包括 4、7、14、15 小类;白色为 JB_2区,包括 8、9、11、12 小类。

表 4-8　储区的货品定位

IQ-B 分类 IQ-C 分类	A_1	B_1	C_1	D_1
A_2	1(CP)	2(CP)	5(CP)	13(CP)
B_2	3(CP)	4(CC)	7(CC)	14(CC)
C_2	6(CP)	8(JB_2)	9(JB_2)	15(CC)
D_2	10(CP)	11(JB_2)	12(JB_2)	

(2) 整箱分拣区的定位。整箱分拣区(JC、CC)的货品定位如表 4-9 所示。其中深色为JC 区,包括 1、2、5、13、3、6、10 小类;浅色为 CC 区,包括 4、7、14、15 小类。

表 4-9　整箱分拣区的货品定位

IQ-C 分类　＼　IQ-B 分类	A_1	B_1	C_1	D_1
A_2	1(JC)	2(JC)	5(JC)	13(JC)
B_2	3(JC)	4(CC)	7(CC)	14(CC)
C_2	6(JC)	8	9	15(CC)
D_2	10(JC)	11	12	

（3）拆零分拣区的定位。拆零分拣区（JB_1，JB_2）的货品定位如表 4-10 所示。其中深色为 JB_1 区，包括 1、3、6、10 小类；浅色为 JB_2 区，包括 2、4、8、11、5、7、9、12 小类。

表 4-10　拆零分拣区的货品定位

IQ-C 分类　＼　IQ-B 分类	A_1	B_1	C_1	D_1
A_2	1(JB_1)	2(JB_2)	5(JB_2)	13
B_2	3(JB_1)	4(JB_2)	7(JB_2)	14
C_2	6(JB_1)	8(JB_2)	9(JB_2)	15
D_2	10(JB_1)	11(JB_2)	12(JB_2)	

4.4.3　储区能力计算

储区能力的计算需要根据储区货品的定位、工艺流程及各储区储存货品的 EIQ 分析特征值确定。配送中心各典型储区包括整盘储存区（CP）、箱储存区（CC）、箱分拣区（JC）和拆零分拣区（JB），各典型储区的能力设计指标计算方法如表 4-11 所示。表 4-11 中的设计指标含义参见表 4-3。

表 4-11　配送中心典型储区能力设计指标计算方法

储　区	设计指标	计　算　公　式	说　　明
CP 区	出货量	$Q_{CP} = \gamma \times \dfrac{\sum\limits_{i=1}^{m}\sum\limits_{j \in I_{CP}} Q_{ij}}{360 \times K_{PC} \times K_{CB}}$　　$DQ_{CP} = \gamma \times \dfrac{\sum\limits_{i=1}^{m}\sum\limits_{j \in I_{CP}} QP_{ij}}{360}$　　$RQ_{CP} = \gamma \times \dfrac{\sum\limits_{i=1}^{m}\sum\limits_{j \in I_{CP}} \left(\dfrac{QC_{ij}}{K_{PC}} + \dfrac{QB_{ij}}{K_{PC}K_{CB}}\right)}{360}$	Q_{ij}、K_{CB}、γ 同表 4-4；I_{CP}：CP 储区定位货品品项集且有 $Q_{CP} = DQ_{CP} + RQ_{CP}$
	储存量	$S_{CP} = \dfrac{Q_{CP}}{N_{CP}}$	N_{CP}：库存周转次数，次/年
	设计品项	$I_{CP} = n_{CP} \times \beta$　　$SKU_{CP} = I_{CP} \times IN_{CP}$	n_{CP}：CP 储区储存的品项数 β：品项增长率 IN_{CP}：CP 储区货品平均批次
	出库次数	$KL_{CP} = \gamma \times INT\left(\dfrac{Q_{CP} + \delta_{CP} - 1}{\delta_{CP}}\right)$	δ_{CP}：每次出库盘数，盘/次

续表

储　区	设计指标	计　算　公　式	说　　明
CC 区	出货量	$Q_{CC}=\gamma\times\dfrac{\sum\limits_{i=1}^{m}\sum\limits_{j\in I_{CC}}Q_{ij}}{360\times K_{CB}}$ $DQ_{CC}=\gamma\times\dfrac{\sum\limits_{i=1}^{m}\sum\limits_{j\in I_{CC}}QC_{ij}}{360}$ $RQ_{CC}=\gamma\times\dfrac{\sum\limits_{i=1}^{m}\sum\limits_{j\in I_{CC}}QB_{ij}}{360\times K_{CB}}$	I_{CC}：CC 储区定位货品品项集 Q_{ij}、K_{CB}、γ 同表 4-4 $Q_{CC}=DQ_{CC}+RQ_{CC}$
	储存量	$S_{CC}=\dfrac{Q_{CC}}{N_{CC}}$	N_{CC}：库存周转次数，次/年
	设计品项	$I_{CC}=n_{CC}\times\beta$ $SKU_{CC}=I_{CC}\times IN_{CC}$	n_{CC}：CC 储区储存的品项数 β：品项增长率 IN_{CC}：CC 储区货品平均批次
	拣选次数	$JL_{CC}=\gamma\times INT\left[\dfrac{\sum\limits_{i=1}^{m}\sum\limits_{j\in I_{CC}}(Q_{CC}+\delta_{CC}-1)}{\delta_{CC}}\right]$	δ_{CC}：每次出库箱数，箱/次
JC 区	出货量	$Q_{JC}=\gamma\times\dfrac{\sum\limits_{i=1}^{m}\sum\limits_{j\in I_{JC}}\left(QC_{ij}+\dfrac{QB_{ij}}{K_{CB}}\right)}{360}$ $DQ_{JC}=\gamma\times\dfrac{\sum\limits_{i=1}^{m}\sum\limits_{j\in I_{CC}}QC_{ij}}{360}$ $RQ_{JC}=\gamma\times\dfrac{\sum\limits_{i=1}^{m}\sum\limits_{j\in I_{JC}}QB_{ij}}{360\times K_{CB}}$	I_{JC}：JC 储区定位货品品项集 QC_{ij}、QB_{ij}、K_{CB}、γ 同表 4-4 且有 $Q_{JC}=DQ_{JC}+RQ_{JC}$
	储存量	$S_{JC}=SKU_{JC}\times PI_{JC}$	PI_{JC}：每品项储存量，盘/品项
	拣选点数	$I_{JC}=n_{JC}\times\beta$ $SKU_{JC}=I_{JC}\times IN_{JC}$	n_{JC}：JC 储区储存品项数 IN_{JC}：JC 储区货品平均批次
	拣选次数	$JL_{JC}=\gamma\times\dfrac{\sum\limits_{i=1}^{m}\sum\limits_{j\in I_{JC}}NC_{ij}}{360}$	NC_{ij}、γ 同表 4-4
JB 区	出货量	$Q_{JB}=\gamma\times\dfrac{\sum\limits_{i=1}^{m}\sum\limits_{j\in I_{JB_1}}QB_{ij}}{360}$ $DQ_{JB}=Q_{JB}$ $RQ_{JB}=0$	I_{JB}：JB 储区定位货品品项集 QB_{ij}、γ 同表 4-4
	库存量	$S_{JB}=SKU_{JB}\times PI_{JB}$	PI_{JB}：每品项储存量，箱/品项

续表

储　区	设计指标	计算公式	说　明
JB区	拣选点数	$I_{JB} = n_{JB} \times \beta$ $SKU_{JB} = I_{JB} \times IN_{JB}$	I_{JB}：JB储区储存品项数 IN_{JB}：JB储区货品平均批次
	拣选次数	$$JL_{JB} = \gamma \times \frac{\sum\limits_{i=1}^{m} \sum\limits_{j \in I_{JB_1}} NB_{ij}}{360}$$	I_{JB}：JB储区储存品项数 NB_{ij}、γ 同表 4-4

4.4.4　设计纲领

　　配送中心纲领设计就是基于配送中心的工艺方案,明确配送中心储存货品的物流量与储存规模。将配送中心各储区的能力指标标在工艺流程上,成为配送中心的设计纲领。设计纲领也就是配送中心的流向流量图。

　　某电商配送中心的流向流量图如图 4-9 所示。

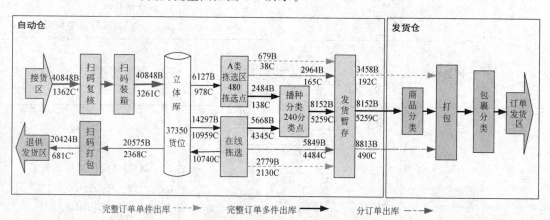

图 4-9　某电商配送中心的流向流量图

4.5　案例分析:国药集团某配送中心能力规划方案

4.5.1　项目背景

　　(1)企业背景。某医药分销公司主要经营国产、进口中西药品,医疗器械和化学试剂三大类商品,与全国各省、市、自治区、直辖市数千家医药工商企业和数百家医疗单位有着广泛的业务联系,购销网络遍布全国并覆盖当地全部医疗单位。

　　近年来,随着经营体制转换、不断完善市场营销网络和管理体系,公司充分发挥集约化、大规模经营的优势,每年以 20% 的发展速度递增。为满足迅速发展的业务需求,该公司在2020 年年底进行了业务整合及流程再造,取消原有二级公司,分设采购中心、销售中心、财务中心、物流中心 4 个业务中心。因此需要重新建设现代化的配送中心,实现物流一体化运营与管理。

　　(2)配送中心定位。配送中心服务对象包括商业单位、医疗单位(医院、医务室、门诊部等)、连锁药店(自营连锁店)、社会药店(社会医药零售网点)等。

配送中心储存包括各种药品,按储存条件可以分为常温药品、阴凉药品、冷藏/冷冻药品、毒麻和一类精神药品、二类精神药品、易串味药品等。

4.5.2　配送中心规划目标

根据公司业务发展需求,规划建设集进、储、配、送于一体的多功能、高效益的符合 GSP 标准的经济实用的配送中心,满足年进出货金额 100 亿元的要求,并充分满足将来第三方物流服务的需求,实现最佳的社会效益和经济效益。具体规划目标如下。

(1) 建设规模满足出货金额 100 亿元的需要。

(2) 满足第三方物流业务的需要。

(3) 作业能力满足 5 年内业务量增长的需要以及订单量的变化、满足配送时限的要求。

(4) 充分利用现有地块面积,在满足绿化和消防要求的前提下,尽量提高土地的建筑密度。

(5) 适宜的技术先进性与适当的投资额。

(6) 配送中心管理信息系统满足内部作业无纸化要求。

(7) 配送中心管理信息系统应与国药控股广州公司 ERP 系统实现无缝对接。

4.5.3　总体设计能力

根据该公司近几年销量预测将来 5 年内的业务量,考虑第三方物流服务需要,确定配送中心的总体设计规模,如表 4-12 所示。

表 4-12　总体设计规模

时间/年	出货金额/万元	折合件数/件	折合箱数	折合盘数
2021	217 394.8	90 165 242	601 102	30 055
2022	248 398	103 574 233	690 495	34 525
2023	404 058.3	168 938 753	1 126 258	56 313
2024	475 125	194 503 145	1 296 688	64 834
2025	552 480	224 180 650	1 494 538	74 727
2026	637 164.2	258 692 913	1 724 619	86 231

根据配送中心的总体设计规模(表 4-12)和 EIQ 分析的特征值确定配送中心的总体设计参数,如表 4-13 所示。

表 4-13　总体设计参数

设计水平	单　　位	数　　值	备　　注
SKU	种	13 361	
订单数	单/天	1 096	
订单行数	行/天	3 512	
总件数	件/天	718 591	
总箱数	箱/天	4 791	

续表

设计水平	单　位	数　值	备　注
整箱出货量	箱/天	2 952	1 062 764/360
拆零出货量	件/天	70 105	25 237 671/360

根据 EIQ-C 和 EIQ-B 的分析要求,确定整箱与拆零量需求,如表 4-14 所示。

表 4-14　整箱与拆零量需求

项　目	整　箱	拆　零
出货量(箱/天)	2 952	467
出货量(件/天)	442 818	70 105
订单数(单/天)	300	931
点击次数(次/天)	590	2 534

注:点击次数=每天出货量/EQ 平均值×EN 平均值。

4.5.4　主要储区设置

根据医药配送中心的特点设置主要储区,各储区的储运模式和功能定位如表 4-15 所示。

表 4-15　主要储区设置及功能定位

储区代号	分　区	储存单位	出货单位	功　能　定　位
CP	主储区	P	P、C	储存、补货
CC	箱储存分拣区	C	C	储存、出货、补货
JC	整箱快速分拣区	P	C	暂存、出货、补货
JB$_1$	快速拆零分拣区	C	B	暂存、出货
JB$_2$	一般拆零分拣区	C	B	暂存、出货

CP 是主要储存区,主要功能为大批量储存和为 JC 区补货。

CC 是以箱为储存单位的次储存区,主要功能为多品种小批量药品的储存、直接出货或为 JB$_2$ 区补货。

JC 为整箱快速分拣区,主要功能为大批量药品的整箱分拣出货或为 JB$_2$ 区补货。

JB$_1$ 是快速拆零分拣区,主要功能是快速流转品的拆零出货。

JB$_2$ 是一般拆零分拣区,主要功能是慢速流转品的拆零出货。

4.5.5　工艺流程与物流量

1. 主工艺流程

根据配送中心的储区设置及基本流程,确定配送中心的主工艺流程如图 4-10 所示。

2. 主要流向与物流量

根据储区货品定位,可得到各储区储存货品的种类,通过对各储区货品 EIQ 数据的分析和计算,可得到各储区的流入和流出量,配送中心的流向流量图如图 4-11 所示,各储区的物流量如表 4-16～表 4-20 所示。

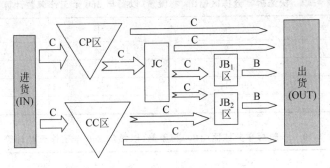

图 4-10　主工艺流程

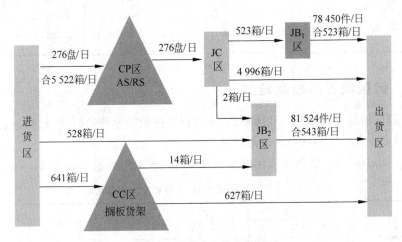

图 4-11　配送中心流向流量图

表 4-16　AS/RS 区（CP）物流量（以每年 260 个工作天数计算）

项　目	2021 年	2026 年	JC 补货	备　注
出货量/（箱/年）	501 512	1 435 591	1 435 591	为 JC 补货
日出货量/（箱/日）	1 929	5 522	5 522	
日出货量/（盘/日）	96	276	276	

表 4-17　箱储存分拣区（CC）物流量（以每年 260 个工作天数计算）

项　目	2021 年	2026 年	直接出货	为 JB$_2$ 补货
出货量/（箱/年）	65 612	166 570	162 995	3 576
日出货量/（箱/日）	252	641	627	14

表 4-18　整箱快速分拣区（JC）物流量（以每年 260 个工作天数计算）

项　目	2021 年	2026 年	直接出货	为 JB$_1$ 补货	为 JB$_2$ 补货
出货量/（箱/年）	449 384	1 435 591	1 298 970	136 067	549
日出货量/（箱/日）	1 730	5 522	4 996	523	2
拣选次数	346	1104	999	105	0.4

表 4-19　快速拆零分拣区（JB₁）物流量（以每年 260 个工作天数计算）

项　目	2021 年	2026 年	备　注
出货量/（箱/年）	51 916	136 067	直接出货
日出货量/（箱/日）	200	523	
日出货量/（件/日）	29 951	78 450	
拣选次数	1 083	2 836	

表 4-20　一般拆零分拣区（JB₂）物流量（以每年 260 个工作天数计算）

项　目	2021 年	2026 年	备　注
出货量/（箱/年）	58 401	141 309	直接出货
日出货量/（箱/日）	225	543	
日出货量/（件/日）	33 693	81 524	
拣选次数	1 218	2 947	

4.5.6　储区设计规模及能力

根据各储区的储存货品和流向流量图,考虑可能达到的库存周转率,可得到各区的储存品项、物流量和库存量等储区设计能力指标。

CP、CC、JC、JB₁、JB₂ 区的设计规模及能力指标如表 4-21～表 4-25 所示。

表 4-21　CP 区储存品项、物流量和库存量等指标

项　目	2021 年			2026 年			备　注
	零售	批发	医疗	零售	批发	医疗	
品项数		698			768		10%
考虑批次的品项数		1 396			1 536		2 批次/品项
年物流量/盘	1 070	17 301	6 705	3 959	57 093	10 727	比例系数:零售 3.7、批发 3.3、医疗 1.6
库存量/盘		1 741			4 985		库存周转率 14.4
库容量/货位		1 916			5 483		宽放比 1.1

表 4-22　CC 区储存品项、物流量和库存量等指标

项　目	2021 年			2026 年			备　注
	零售	批发	医疗	零售	批发	医疗	
品项数		325			358		10%
考虑批次的品项数		650			716		2 批次/品项
年物流量/箱	2 945	32 592	30 075	10 897	107 554	48 120	比例系数:零售 3.7、批发 3.3、医疗 1.6
库存量/箱		4 556			11 567		库存周转率 14.4
库容量/货位		1 196			3 036		4 箱/货位、宽放比 1.05

表 4-23　JC 区储存品项、物流量和库存量等指标

项　目	2021 年			2026 年			备　注
	零售	批发	医疗	零售	批发	医疗	
品项数		698			768		10%
考虑批次的品项数		698			768		1 批次/品项

续表

项　目	2021 年			2026 年			备　注
	零售	批发	医疗	零售	批发	医疗	
年物流量/箱	21 398	346 021	134 093	79 173	1 141 869	214 549	比例系数：零售 3.7、批发 3.3、医疗 1.6
拣选点	698			768			
库存量/盘	1 396			1 536			2 盘/品项
库容量/货位	1 536			1 690			宽放比 1.1

表 4-24　JB₁ 区储存品项、物流量和库存量等指标

项　目	2021 年			2026 年			备　注
	零售	批发	医疗	零售	批发	医疗	
品项数	645			710			10%
考虑批次的品项数	645			710			1 批次/品项
年物流量/箱	13 354	14 681	23 881	49 410	48 448	38 209	比例系数：零售 3.7、批发 3.3、医疗 1.6
拣选点	645			710			
库存量/箱	2 580			2 840			4 箱/货位
库容量/货位	774			852			宽放比 1.2

表 4-25　JB₂ 区储存品项、物流量和库存量等指标

项　目	2021 年			2026 年			备　注
	零售	批发	医疗	零售	批发	医疗	
品项数	5 253			5 778			10%
考虑批次的品项数	10 506			11 557			2 批次/品项
年物流量/箱	8 130	18 115	32 156	30 079	59 781	51 449	比例系数：零售 3.7、批发 3.3、医疗 1.6
拣选点	10 506			11 557			
库存量/箱	21 012			23 114			2 箱/货位
库容量/货位	12 607			13 868			

本 章 小 结

　　配送中心工艺流程与设计纲领是指配送中心的规划建设的纲领性文件。包括配送中心的总体规模和能力、配送中心的功能区设置与定位、配送中心的工艺流程及配送中心各储区间的流向流量等。

　　工艺流程就是将货品在配送中心各功能区域间的流转关系和储运模式用流程图表现出来。配送中心的能力指标体系包括总体能力指标和储区能力设计指标。总体能力指标是描述配送中心总体规模参数的指标，储区能力设计指标是描述每个储区规模和能力的指标。配送中心的工艺流程和设计指标构成了配送中心系统规划的设计纲领。

　　配送中心的能力规划方法包括等比放大计算法和模拟订单法，等比放大计算法是按目前经营规模和能力放大后计算得到，适用于企业产品结构和业态结构不变的场合；模拟订单法是用基于目前各类典型客户订单，按未来业态结构和放大系数，组合成未来模拟订单，根据该模拟订单计算总规模和能力的方法，后者适用于企业经营业态或通路结构有较大变

化的场合。

  配送中心储区可根据储存条件、储运模式和出货频率等进行设置,每个储区应合理确定其储运模式、储存货品定位和储存方式,并用工艺流程表示各储区间的货品流转关系。

  储区能力规划就是根据每个储区的定位和储存货品订单特征,确定每个储区的储量和流入流出量。储区能力规划的步骤包括货品分类、各储区的货品定位及各个储区的能力计算。配送中心纲领设计就是基于配送中心的工艺方案,明确配送中心各个储区储存货品储量和流入流出量,最终形成配送中心的设计纲领。

复 习 题

1. 配送中心能力规划包括哪些内容?并说明其在配送中心系统规划中的作用。
2. 配送中心的设计能力指标体系有哪几部分?储区和分拣区的能力指标各有哪些?
3. 简述配送中心工艺流程与设计纲领规划步骤。
4. 配送中心总能力规划常用的两种方法是什么?试分析其异同。
5. 配送中心储区设置的方法有哪些?分析医药配送中心如何设置储区。
6. 简述配送中心储区能力计算方法和步骤。分析货品分类和定位的重要性。

第 5 章

配送中心布局规划

根据配送中心工艺流程与设计纲领,结合配送中心地块与建设条件可以进行配送中心的布置规划。布置规划工作是配送中心规划设计实施阶段的重要内容,完善的配送中心布置规划对整个配送中心的运营具有十分重要的意义。

5.1 配送中心布置规划方法

5.1.1 区域布置层次

配送中心的区域布置一般分为三个规划层次。

1. 物流功能区的布置

以物流作业为主,仅考虑物流相关功能区的配置形式,由于配送中心内的基本作业形态大部分为流程式作业,不同订单具有相同的作业程序,因此适合以生产线式的布置方法进行配置规划。若是订单种类、货品特性或拣取方法有很大的差别,则可以考虑将物流功能区分为若干个储区,分区处理订单,再由集货作业进行合并,从而可高效率地处理不同性质的物流作业,这个概念类似于传统制造工厂中群组布置的概念。

2. 辅助功能区的布置

除物流作业外,配送中心中仍包含其他管理辅助功能区,各区域与物流作业区之间并无直接流程性的关系,因此适合以关系型的布置模式作为厂房区域布置的规划方法。此时的配置模式有两种参考的程序。

(1)可视物流作业区为一个整体性的活动区域,并与其他各活动区进行相关配置规划的程序,分析各区域间的活动关系,以决定各区域之间相邻与否的程度。

(2)将物流功能区内各单一功能区分别独立出来,转化其间的货品流程为活动关系的形式,并与厂房内各区域综合分析其活动相关性,来决定各区域的配置。

原则上采用第一种方法较为简便,以减少相关分析阶段各区域间的复杂程度;但是对配置方位与长宽比例的限制则会增加,因此配合规划者的经验判断,仍需做适当的人工调整,或以人工排列方式得到一个初步的布置方案。

3. 场区布置

厂房建筑内的相关区域布置完成后,仍需就场区范围内的相关区域,如场区通道、停车场、对外出入大门及联外道路形式等因素,规划整个配送中心场区的布置。此外,场区布置时,尤需注意未来可能的扩充方向及经营规模变动等因素,以保留适当的变动弹性。

以上所述三个阶段的布置过程,如果在实际道路形式、大门位置等条件已有初步方案或已确定的情形下,也可由后向前进行规划,先规划场区的布置形式,再进行厂房内物流及外围辅助区域的规划,可减少不必要的修正调整作业,以配合实际的地理区位限制因素。

5.1.2　区域布置方法

配送中心区域配置的逻辑包括下列两种形式。

（1）内围式程序。先决定厂房（或场区）面积的大小与长宽比例,然后在此范围内配置各相关功能区。

（2）外张式程序。先配置各功能区的相邻关系,完成可行的面积组合形式,再框出外部厂房（或场区）的面积范围,并进行各区域面积的局部调整,以完成各区域面积的配置。

根据布置原理不同,配送中心区域布置方法可分为流程性布置法和相关性布置法两种。

流程性布置法是根据物流移动路线作为布置的主要依据,适用于物流功能区的布置。相关性布置法是根据各区域的活动相关表进行区域布置,一般用于整个场区或辅助性区域的布置。

（1）流程性布置法。以物流功能区的布置为主,因其多半具有流程性的作业关系,在以模板进行布置时需考虑区域间物流动线的形式,作为布置过程的参考。

（2）相关性布置法。以整个厂房功能区或场区布置时为主,经由活动相关性分析所得出各区域间的活动流量,可以在两区域之间用线条表示出来,此即活动关系配置图。为减少流量大的区域间活动经过太长的距离,应该将此两区域尽量接近。

在规划区域布置时应按各功能区性质决定其布置方法。区域布置可以采用模板布置法,也可采用计算机辅助布置。

5.1.3　布置规划程序

系统布置设计（SLP）是一种采用严密的系统分析手段及规范的系统设计步骤的系统布置设计方法,该方法具有很强的实践性,最早应用于工厂的平面布置规划,同样也可应用于配送中心的系统布置中。配送中心系统布置的一般程序如图 5-1 所示。

（1）规划资料分析。对配送中心规划资料进行系统分析,围绕 E（订单或客户）、I（货品种类）、Q（物流量）、R（物流通路）、S（服务品质）、T（交付时间）、C（货值或建设成本）等几个方面进行深入分析,抽象得出物流需求特点和设计规模。

（2）流程分析与储区设置。经过对基本资料分析之后,根据物流特点设置功能区,并确定每种货品的作业流程。一般来说,仓库内的主要物流活动流程包括入库、拣选、仓储、加工、发送等,辅助物流流程包括换货作业流程、办公业务流程、计算机作业流程、劳务性活动流程等。在此过程中,要避免其中不合理和不必要的作业,以提高整个仓库的作业效率。

（3）物流相关性分析。通过对仓库内物流量及货品搬运路线的分析,尽量减少功能区之间的搬运量及搬运距离,以提高效率、降低成本。分析功能区之间的物流强度及物流相关性,便于进行作业单位的相关性分析。

（4）功能区间相互关系的分析。不能仅仅依靠功能区间的物流相关性来确定功能区间的相互关系。在仓库功能区布局中,功能区间的非物流关系同样重要。两者应相互结合,来确定功能区间相互关系的密切程度。

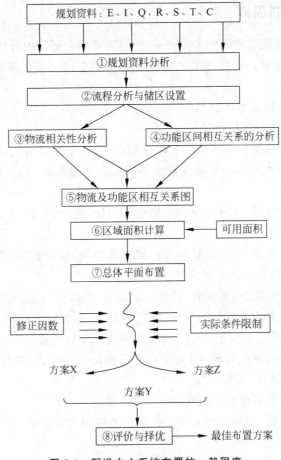

图 5-1 配送中心系统布置的一般程序

（5）物流及功能区相互关系图。在第 4 步的基础上用图例、符号、数字、颜色等来表示功能区间相互关系。此时暂不考虑功能区的实际位置及实际面积。

（6）各储区或作业区所需面积的计算。根据各区域功能、储量和作业量测算各功能区所需要的面积，包括储存、作业和通道的面积等。

（7）总体平面布置方案的确定。根据实际的约束条件（如成本、安全等）及修正条件（功能区面积、储存周期、搬运方式等）确定初步的布置方案。

（8）方案的评价与择优。根据得到的几个方案，依据选定的指标进行评价与对比，选出最优的布置方案。仓库功能区运用系统布置设计方法进行布局时，应确定仓库的进货及出货的位置，以及仓库内的主要物流路线、仓库内的配置形式。优先配置储存区的位置，再配置其他功能区的位置。在评价选优过程中，要考虑储存的效率、空间的利用率、管理的方便性等问题。

5.2　配送中心场区规划

配送中心的场区规划是对配送中心的整体结构进行的能力规划，包括场区的出入口朝向、场区内建筑及辅助设施的规划，是配送中心布置规划过程中的重要环节。

5.2.1　场区规划原则

场区规划应注重功能结构的整体性和系统性,需要结合配送中心所在区域、地块形状和外联道路等进行统筹规划。一旦确定一般很少再变动。以下是配送中心场区规划的一般原则。

(1) 符合该市城市用地整体规划的要求,适应物流中心货物运输要求及未来业务发展规划的要求,以求得平衡与可持续发展。

(2) 平面布置应严格遵守本区域的总体规划布局,在项目红线征地边界内,结合规划道路,充分利用土地资源,同时协调好本工程总体布局与市政基础设施、地区规划布局之间的关系。

(3) 合理组织场内交通,保证区域内车辆运输快捷、安全、高效,与已运行邮件快件处理中心不冲突。

(4) 平面布置按功能合理分区,符合分区域隔离要求,便于储存、监管、查验;符合分期建设、留有余地、可扩展性、滚动开发的要求。

(5) 主要仓库设计结构新颖、美观,符合工艺流畅、装卸快、运输安全的要求。

(6) 遵循国家有关对环境保护的规范、规定和要求,最大限度地减少对周围环境的影响和污染,区域内环境设计满足吸尘、防尘、降噪和美化环境的要求。

(7) 为使物流中心高效地运转,物流中心的车辆运行方向、装卸作业方向必须单一,运距最短,而且装卸环节最少,人车分离。

(8) 物流中心的空间利用最大原则。

(9) 用系统化的思想,把整个物流中心的各功能块视为系统的一个组成部分,把各作业环节视为供应链的内容之一。

(10) 中心建设高效率和低成本的原则,为储存规模的进一步扩大留有余地,并为自动分拣系统的实现留有余地。

5.2.2　朝向与出入口

场区出入口是配送中心与社会道路的连接点,一般由场区大门和警卫室构成。出入口布置是否合理直接影响整个场区内部物流线路的长短、厂内物流量的大小。因此出入口的布置成为整个项目初步设计和施工图设计阶段必须考虑的问题。

场区物流动线与大门布置应结合场区地形和外联道路来规划。常见的各种场区出入口设置和物流动线参考如表 5-1 所示。

表 5-1　常见的各种场区出入口设置和物流动线参考

序号	出入口位置与联外道路形式	出入口位置配合联外道路的物流动线形式		
1	出入口共用同一个出入门			

续表

序号	出入口位置与联外道路形式	出入口位置配合联外道路的物流动线形式		
2	出入口相邻且位于场区的同侧	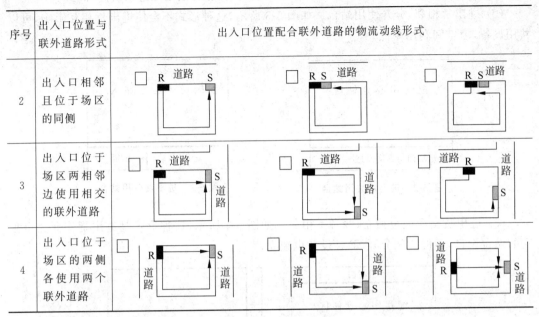		
3	出入口位于场区两相邻边使用相交的联外道路			
4	出入口位于场区的两侧各使用两个联外道路			

注：R—场区入口位置；S—场区出口大门位置；→—场区物流动线方向。

（1）出入口共用同一个出入门。适用于场区仅单侧有联外道路且出入道路不宽。警卫室可设置于大门一侧并进行出入车辆管制。

（2）出入口相邻且位于场区的同侧。适用于场区仅单侧有联外道路。若出入道路较宽。可将出入动线分开。警卫室可设置于出入口中间，分别进行出入车辆管制。

（3）出入口位于场区的不同侧。适用于场区两侧均有联外道路。可分别设置出入口与警卫室，或严格限制一边进厂、一边出厂的出入管制。通常用于进出货时段重叠且进出车辆很频繁的情况。

出入口的布置直接决定了场区交通量的发生点、吸引点及主要货物的流向，合理地组织厂内货流与人流，需要对出入口的设置位置进行深入研究。这对企业的运营生产、提高道路的利用率、物流运输的高效性及消灭安全事故、方便职工正常通行具有很重要的作用。

5.3 配送中心总体布置

配送中心内部布置规划主要包括对物流作业区、辅助作业区及通道等进行规划设计。本节通过对配送中心出入口及物流模式、配送中心内部规划原理、储区间的相关性及储区的布置方法等进行说明。

5.3.1 站台布置与物流模式

1. 出入库站台布置

进行配送中心内出入库站台的规划，需要综合考虑场区大小、形状和作业空间等，并有利于仓储物流配送作业的正常进行。进出库站台布置形式主要有以下几种。

（1）进出货共用站台。如图 5-2 所示，进出货共用站台可以有效提高空间和设备的使用率,但管理较困难,容易出现"进"与"出"相互影响的情况,特别是在进出货高峰时间。

(2)进出货相邻,分开使用站台。如图 5-3 所示,这种形式不会使进出货相互影响,可以共用设备,但空间利用率低。

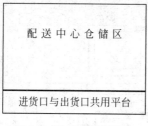

图 5-2　进出货共用站台

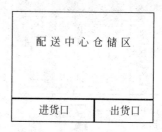

图 5-3　进出货分用站台

(3)进出货站台完全独立,两者不相邻。如图 5-4 所示,这种形式是进出货作业完全独立的站台设计,不但空间分开,而且设备也独立。

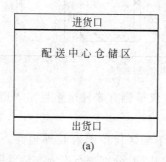

(a)

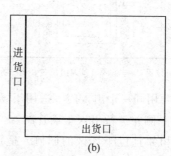

(b)

图 5-4　进出货独立站台

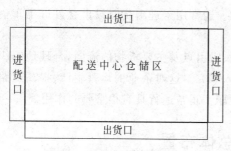

图 5-5　多个进出货独立站台

(4)多个进出货站台。如图 5-5 所示,这种形式是有多个进出货口,进出货频繁,且空间足够。

2. 物流模式

配送中心的物流模式就是配送中心总的物流动线。物流模式与出入库站台口的设置有密切关系,常见的配送中心物流动线主要有 U 形、直线式和 L 形,库内区域间的联系可衍生出多种动线模式,配送中心功能区间的物流模式如表 5-2 所示。

表 5-2　配送中心功能区间的物流模式

项　　目	功能区间的物流动线形式	项　　目	功能区间的物流动线形式
直线式		双直线式	

续表

项　目	功能区间的物流动线形式	项　目	功能区间的物流动线形式
锯齿形(或 S 形)		分流式	
U 形		集中式	

　　(1) 直线式。适用于出入口在厂房两侧,作业流程简单、规模较小的物流作业,无论订单大小与拣货品项多少,均需通过厂房全程。

　　(2) 双直线式。适用于出入口在厂房两侧,作业流程相似但是有两种不同进出货形态或作业需求的物流作业(如整箱区与零星区、A 客户与 B 客户等)。

　　(3) 锯齿形(或 S 形)。通常适用于多排并列的货架区内。

　　(4) 分流式。因批量拣取而做分流的作业。

　　(5) U 形。适用于出入口在厂房同侧,可依进出货频率大小安排接近进出口端的储区,缩短拣货搬运路线。

　　(6) 集中式。因储区特性将订单分割在不同区域拣取后做集货的作业。

5.3.2　储区空间规划

　　作业空间的需求规划在整个配送中心的规划设计中具有重要影响,是运营成本与空间投资效益的关键。如何在有效率的使用下使物流作业空间发挥最大效益,应是着重的要点。空间需求规划需针对作业流量、作业活动特性、设备形式、建筑物特性、成本与效率等因素加以分析,以决定适合的作业空间大小及长、宽、高度比例。由于相关物流仓储设备具有整数单位的特性,在面积估算时,通常需做部分调整,可能增加设备数量或修改设备的规格。在区域布置规划阶段,相关的设计参数均为参考值,需在详细布置时以明确的设备规格尺寸资料来修正面积需求及配置方案。配送中心设备规划选用汇总如表 5-3 所示。

　　在物流设备与外围设施规划选用完成后,就已决定各项设备的基本形式与数量,由此可完成各作业区域的设备需求表,并提出区域内相关设施的概略配置图。各配合区活动关系分析完成后,可进一步估计各区域的需求面积(若厂房面积已固定,则为分配可用面积)。部门区域性质不同,其空间计算的标准也不同,应合理设置安全系数,以求得较合理的部门面积分配,配送中心作业区域面积分析如表 5-4 所示。

表 5-3　配送中心设备规划选用汇总

作业区域					区域功能					
项　次	设备项目	设备功能	数量	单位	设备尺寸/mm			承重/kg	电力需求/kVA	空压需求/(Nm³/h)	其他配合需求
					长	宽	高				
合　计											
长宽比例限制		最小/(长∶宽)			最大/(长∶宽)						
配合注意事项		□有无空调需求　　　□有无高度限制 □有无地基特别需求　□是否需预留内部通道 □是否需预留外部通道　□是否需预留作业空间 □是否需预留扩充空间 □其他配合事项:									
设备概略配置											

注: Nm³/h 为空压机排气量单位,指标准状态下的体积流量,一般是现场测量 m³/h,并且通过现场测量压力和温度,进行温压补偿计算,转换成 Nm³/h;kVA 是变压器中的容量单位(千伏安)。

表 5-4　配送中心作业区域面积分析　　　　　　　　　单位: m²

作业区域	基本预估面积	作业活动空间面积	内部通道预留面积	外部通道预留面积	扩充空间预留面积	宽放比	面积合计

储区空间规划,除预估各储区设备需要的基本使用面积外,还需估计操作、活动、货品暂存等作业空间需求、预留通道占用比例、估计面积的安全系数等,其比例的制定可视作业形态、对象体积、厂房建筑本体的占用面积等因素加以考虑。单一区域面积估计完成后,另需依照设备型号决定该面积的长宽比例,以避免面积大小符合但是长宽比不合适,使该面积的使用成为不可行。最后加总各区域的需求面积后,仍需考虑厂区扩充及其他弹性运用的需求面积。至于整体面积的最终需求,仍需配合长宽比例的调整后进行估算,其分析程序如图 5-6 所示。

5.3.3　功能区布置

配送中心一般分为多个功能区,每个功能区是指一个可以独立进行储存或分拣作业的区域,储运模式是指该储区的进货储存单位和分拣出货单位的类型。由于配送系统的复杂性,配送中心一般是由多个功能区构成的,每个功能区具有不同的储运模式或储存不同的货品,因此,各功能区的物流设备也是不同的,需要根据每个功能区的储运方式和拣选频率进行物流设备的选择。

1. 区域布置步骤

下面以流程配置法为例说明区域布置的步骤。

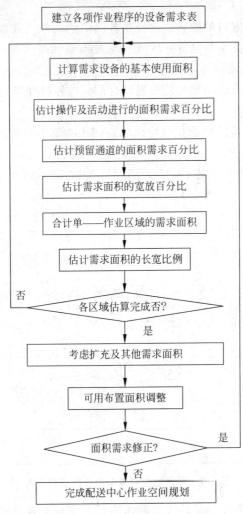

图 5-6　储区空间规划程序

（1）确定配送中心的联外道路形式。确定配送中心联外道路、进出口方位及厂区配置形式（参见 5.2.2 小节）。

（2）确定配送中心厂房空间范围、大小及长宽比例。

（3）确定配送中心内由进货到出货的主要行进路线形式。决定其物流动线形式，如 U 形、双排形等。

（4）按作业流程顺序配置各区域位置。物流作业区由进货作业开始进行布置，再按货品流程前后相关顺序安排其相关位置。其中，作业区域内，如有面积较大且长宽比例不易变动的储区，应先置入布置建筑平面内，如自动仓库、分类输送机等作业区；其次，插入面积较小且长宽比例较易调整的储区，如理货区、暂存区等。

（5）确定管理办公区与物流仓储区之间的关系。一般配送中心管理办公区均采取集中式布置，并与物流仓储区相隔，但仍应考虑配置关系与空间利用的可能方案。由于目前一般配送中心仓储区较多采用立体化设备，其高度需求与办公区不同，故办公区布置需进一步考虑空间效率化的运用，如采用多楼层办公室规划、单独利用某一楼层、利用进出货区上层的空间等方式。

（6）确定管理活动区域内的配置。选择与各部门活动相关性最高的部门区域并先行置入规划范围内；再按活动关系与已置入区域关系最重要者按序置入布置范围内；最后逐步调整各办公及管理活动区域。

（7）进行各作业流程与活动相关的布置组合。探讨各种可能的区域布置组合。

2. 功能区域布置实例

功能区域布置就是把各区域面积按比例填入新建物流中心规划图中。图 5-7 所示为可用地和有效使用面积规划图例。由图 5-7 可知，可用地面 $G = 5\,400\text{m}^2$，考虑周边车辆通道最小需要 25m、各种车位等因素之后，有效使用总面积为 $A = 30 \times 70 = 2\,100(\text{m}^2)$。

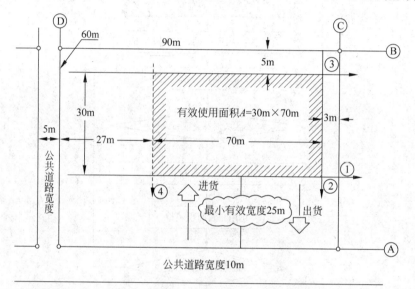

图 5-7　可用地和有效使用面积规划图例

（1）填入进货和发货大厅。货品进出路线按 U 形平面布置把进货大厅和发货大厅填入有效使用面积 A 中，图 5-8 所示为 U 形平面布置。

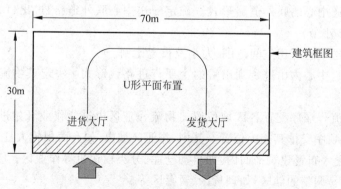

图 5-8　U 形平面布置

（2）依照 U 形动线，把面积大且长宽比不变的自动仓库、分类输送机等区域填入建筑框图，如图 5-9 所示。

（3）依照动线，把面积大且长宽比可变的活动区域（托盘货架、发货存储区、箱式流动货架等)填入图中,如图 5-10 所示。

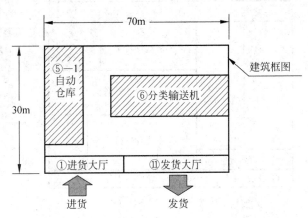

图 5-9　布置大面积区域(自动仓库、分类输送机)

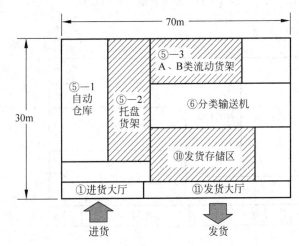

图 5-10　布置活动区(托盘货架等)

(4) 小面积活动区的布置(进货暂存区、流通加工区、C 群箱货架等),如图 5-11 所示。

(5) 间接区布置。在布置间接区时要检查动线,观察货品和人的移动是否相互干扰,如图 5-12 所示。间接区大小依人数和要求内容不同区别较大。

如各储区布置的面积无法完全置入厂房总面积内,则必须修改部分区域的面积或长宽比例,或总面积的大小及长宽比例。如修改的幅度超过设备规划的底限,则必须进行设备规划的变更,再重新进入作业空间规划程序及面积的配置。

各区域位置经配置及部分调整后即可确定,并绘制区块布置图,布置图内容仅说明各区域的界限并标示尺寸,详细设备的位置则未表示,需待详细布置时再予以确认。

以人工模板进行的布置程序,其过程烦琐而不易进行,通常是需要经过反复比对得到最终方案,因此可以考虑将此程序计算机化,将面积模板以图形形式表示,由人工在屏幕上安排相关位置,而计算机可自动计算其活动关系的流量与距离的乘积,供布置过程参考。

3. 区域详细布置

根据上节区域布置方案,对每个区域内的设备布置进行详细设计,即可得到配送中心的

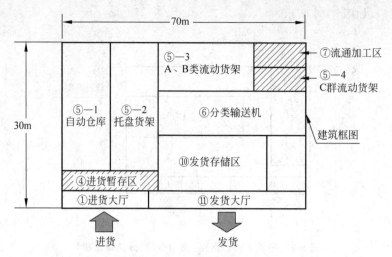

图 5-11　小面积活动区的布置

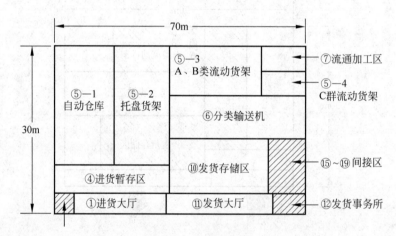

图 5-12　间接区布置

总平面布置方案。图 5-13 所示为配送中心的总平面布置方案。

5.3.4　动线分析

所谓动线,就是商品、资材(货品箱、托盘、料箱等)、废弃物和人员的移动路线。配送中心布置时,要求全体动线完整和合理,在整个物流配送中心范围内,人、物、资材等不能发生阻断、迂回、绕远和相互干扰等现象。根据这一要求,在物流配送中心设备平面布置的基础上分析物流动线。

活动流程的物流动线分析程序如图 5-14 所示,说明如下。

(1)根据厂房装卸货的出入形式、厂房内物流动线形式及各区域的相对位置,规划厂房内的主要通道。

(2)进行主要物流设备方向与面积的布置,布置过程需考虑作业空间及区域内通道等因素。

(3)分析各区域间物流动线的形式,并制作物流动线图,逐一探讨其物流动线的合理性

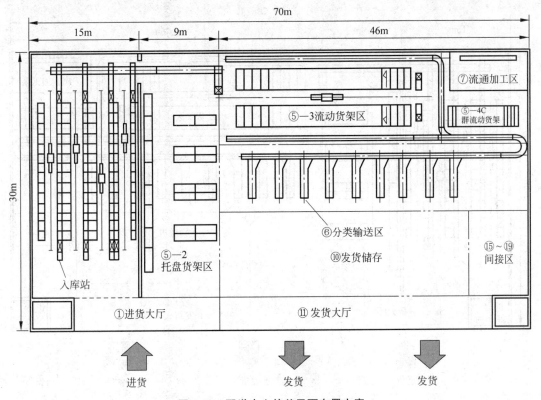

图 5-13　配送中心的总平面布置方案

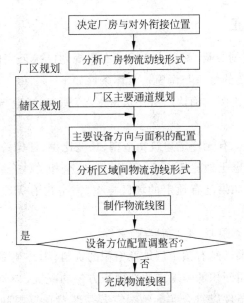

图 5-14　活动流程的物流动线分析程序

及流畅性。若其流线分析并不顺畅,则可以调整该区域设备方位的布置,经反复调整后完成物流线图。

图 5-15 所示为前述的配送中心案例的动线分析。

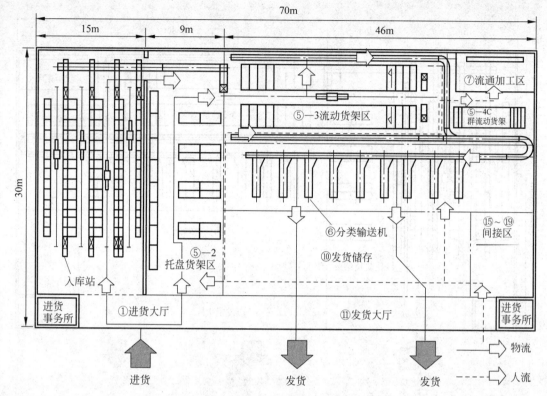

图 5-15　配送中心动线分析

5.3.5　调整与修正

经过前述各阶段的规划分析,配送中心区域布置规划已接近完成,但是仍有一些限制条件必须加以考虑,以做必要的修正与调整。具体条件如下。

(1) 厂房与土地面积比例。确认厂房建筑密度、容积率、绿地与环境保护空间的比例及限制等因素是否符合。

(2) 厂房建筑的特性。有无特定建筑物造型、长宽比例、柱位跨距、梁高等限制或需求。

(3) 法规限制。需考虑土地建筑法规、环保卫生安全相关法令、劳动基准法等因素。

(4) 交通出入限制。如果已有预定的场区方案,需考虑有无交通出入口及所在地形区位的特殊限制等因素。

(5) 其他。如经费预算限制、策略配合因素等。

就厂房面积而言,如果已经有预定厂址及面积的资料,则必须配合实际的面积大小与出入口位置等限制,调整使用面积的需求或改变面积方位的配置,必要时修改物流或外围设施的规划,或变更基本规划条件以符合实际情况。若受经费预算限制或其他策略配合因素等影响,也需视需要修改的程度,进行作业空间、物流设备或外围设施规划内容的修改,以期初步区域规划结果成为实际可行的方案。

在系统规划设计阶段,通常需针对不同的物流设备选择,制作比较方案,因此对各项比较方案而言,均需进一步规划至区域布置规划完成为止。在反复的过程中,部分选择方案可能陆续产生许多平行的子方案,造成方案过多与评估作业的加大,使规划作业难以进行。通常需在必要的阶段,由筹建委员会召开会议做出初步方案决议,并筛除不可行的方案,以便后续评估作业顺利进行。作业区域及支持性活动区域的内容可能相同,通常可省去部分重复规划。

当各项方案完成后,各区域实际配置的面积与基本需求可能略有差异,可制作各方案面积配置比较表,以利方案评估比较,并进入方案详细设计的阶段。厂房布置方案的调整程序如图 5-16 所示,其汇总比较表如表 5-5 所示。

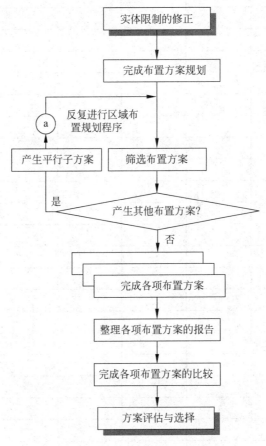

图 5-16　厂房布置方案的调整程序

表 5-5　配送中心布置方案汇总比较表

项次	作业区域	A 方案布置		B 方案布置		C 方案布置	
		基本需求面积	规划布置面积	基本需求面积	规划布置面积	基本需求面积	规划布置面积
1	装卸货平台						
2	进货暂存区						
3	理货区						
4	库存区						

续表

项次	作 业 区 域	A 方案布置		B 方案布置		C 方案布置	
		基本需求面积	规划布置面积	基本需求面积	规划布置面积	基本需求面积	规划布置面积
5	拣货区						
6	补货区						
7	散装拣货区						
8	分类区						
9	集货区						
10	出货暂存区						
11	退货处理区						
12	退货品暂存区						
13	托盘暂存区						
14	容器储存区						
15	厂区大门						
16	警卫室						
17	一般停车场						
18	运输车辆停车场						
19	环境美化区域						
20	大厅						
21	电梯间						
22	楼梯间						
23	主管办公室						
24	一般办公室						
25	会议讨论室						
26	训练教室						
27	计算机室						
28	工具室						
29	搬运设备停放区						
30	机房						
31	盥洗室						
32	休息室						
33	接待室						
34	司机休息室						
35	餐厅						
	合　　计						

5.4　案例分析：厦门厦工集团物流配送中心布置方案

厦工集团岛内企业易地搬迁，建设灌南厦工机械工业园，届时可实现年销售收入45.3亿元。物流配送系统建设是厦工机械工业园项目的重要组成部分。

项目任务：对工业园生产物流配送系统进行整体规划和分步实施。重点是规划、组建为园区内主产企业提供原辅材料、零配件等配送服务的（第三方）配送中心。

1. 项目目标

以本次搬迁为契机，重新整合企业现有的生产物流配送系统，建立开放型物流配送中心，优化内部物流，减少原材料和在制品库存，提高物流的服务水平和降低物流总成本，以具有竞争力的成本为园区内企业和其他潜在的客户提供优质高效的物流配送服务。整体项目的目标方针为整合物流资源，吸引外部投资，建立信息平台，保障物流配送。

在厦工集团总体发展战略的指导下，将物流能力定位为企业核心能力，整合集团内部物流资源，建设现代一体化物流管理体系，以最低物流总成本向客户提供最大附加价值的服务，并以此工业园区物流中心为契机，引入现代园区物流枢纽的新理念，并在此基础上，构建产业化的第三方物流服务平台。

2. 物流中心的服务功能

配送中心的服务功能如表5-6所示，为满足规划的配送中心能实现该项目的预设目标，必须具体到实际可操作的各项工作业务。

表5-6　物流中心的服务功能

功　能	服　务　模　块
货品统一收货	入出库装卸作业、入库货品检验、货品入库重新包装
存储功能	各种原材料；标准件；备品配件；标准刀具工具；配套件劳保用品；各种油料及化工产品
拣选功能	正常拣选出货作业、紧急拣货作业、依据客户要求，对出货散件货品重新包装
厂内穿梭运输	中心仓库—生产工场；钢材库—生产工场；生产工场—生产工厂
增值服务	部件预装配、部件清洗、零部件控制、线棒体加工、零部件加贴条码
信息处理	货品品项分析报告、库存分析报告、需求预测报告
结算	物流费用的结算及替货主向收货人结算货款等
物流管理输出	供应链优化、物流网络设计、物流咨询、物流培训

项目规划的指导思想：物流配送系统应该具备完全支持园区内企业制造需求的能力；在满足各企业JIT生产模式的前提下，考虑物流服务水平与总体运行成本之间的平衡；物流中心应具有足够的灵活性和可扩展性；支持未来厦工第三方物流业务服务的拓展。

3. 动线设置

厦工工业园的总体物流动线如图5-17所示。

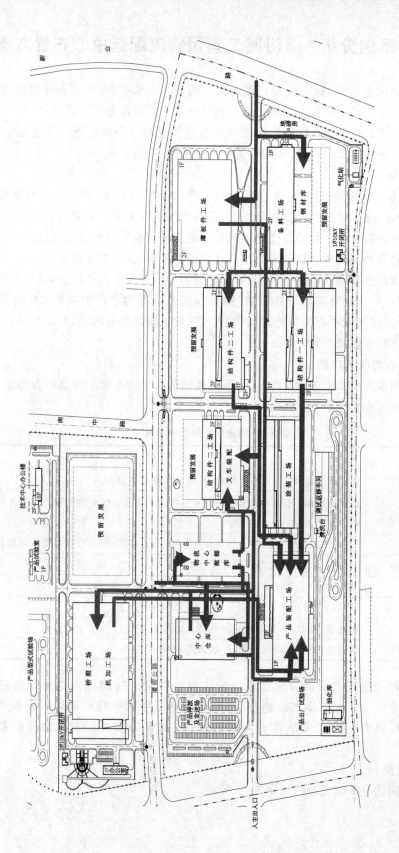

图 5-17 厦工工业园的总体物体流动线

4．规划设计

物流配送中心库区的总体布置如表 5-7 所示。

表 5-7　物流配送中心库区的总体布置

库区名称			存放货品名称
中心仓库	原材料库		板材、棒材、型材等
	露天存放区		大型外构件、自制结构件、铸件及锻件毛坯，如前后驱动桥总成、平衡重、前车架、后车架、铲斗、动臂、转向桥体、柴油机等
	敞棚区		按产品要求不能存放在露天的大型结构件、机加工件，如车轮总成、水箱、驾驶室、轮胎、货叉、门架等
	室内库区	室内平置区	油缸、拉杆、座椅、前后玻璃、齿轮泵、转向机总成、蓄电池等
		托盘货架存储区	部分轴承、冷却器、仪表总成、工作灯、压力表、双音喇叭、方向盘等
		搁板式货架存储区	不能存放在上述两个室内区域的货品将存储于搁板式货架存储区
油料及化学品库			汽油、柴油、润滑油、油漆及稀释剂等（包括售后服务部门油料）

在进行库区布置之后，需要对货品的存储进行规划设计，物流配送中心货品 PCB 分析如表 5-8 所示。

表 5-8　物流配送中心货品 PCB 分析

入库单元	存储单元	出货单元	拣货单元	类　别
小包装盒/袋	小包装盒存储于周转箱	散件/盒	件/箱	螺母、弹簧、垫片等标准件
中包装箱	中包装箱存储于托盘	件/箱	件/箱	车灯、仪表总成、空滤器总成等外购件轴承、工作灯、风机等外购件
工位器具	工位器具	件	无	油缸等
无包装不规则小件	仓库笼/搁板	件	件	油管、部分机架及操控件等大部分外协件
大件	大件	件	无	发动机、配重、车架、门架等动臂、摇臂、覆盖件、车架等

接下来进行布储能力的规划，表 5-9 和表 5-10 所示为当前存储能力。

表 5-9　厦工集团当前存储能力

部　门	存储形式	存储单元规格/mm	搁板数量/bay	平置面积	备　注
售后配件	搁板货架	1 800×800×4	2 500	—	零配件
	托盘（平置）	1 200×1 000	—	370pal	五类油品
	室内平置	—	—	164pal	—
	室外敞棚	—	—	40pal+50sqm	—
备品备件	搁板货架	1 800×600×6	60	—	机床设备配件等
	挂架	200×550×2 000	7	—	丝杆等
刀具计量	搁板货架	3 000×500	21	—	—
	搁板台	13 000×500×3	1	—	—

续表

部　　门	存储形式	存储单元规格/mm	搁板数量/bay	平置面积	备　　注
生产库	搁板货架	1 800×800×4	16	—	—
	等量仓库笼	1 000×800		30unit	销轴等
	室内平置	—	—	60sqm	油缸等
	室外平置	—	—	2 400sqm	

注：pal 代表单个托盘平置面积；sqm 代表平方米。

表 5-10　厦门叉车仓库当前存储能力

区　　域	存储形式	存储单元规格/mm	搁板数量/bay	平置面积	备　　注
1F	搁板货架	2 000×800×4	12	—	油缸等
	大件平置	—	—	120sqm	
2F	搁板货架	2 000×800×5	172		外购外协
3F	搁板货架	2 000×800×6	288		外协
	仓库笼	1 000×8 000	—	4unit	
4F	搁板货架	2 000×800×4	248		半成品
	等量仓库笼	1 000×800		12unit	半轴等
5F	搁板货架	1 800×800×4	128		配件、后勤
敞棚库	大件平置	—	—	520sqm	门架等
露天库	大件平置	—	—	550sqm	配置、发动机

注：bay 代表列；unit 代表货物单元。

　　根据当前的存储能力,按照设计目标,设置一定的扩展系数,进行存储能力的定向性扩展规划设计,具体如表 5-11 和表 5-12 所示。

表 5-11　当前存储器械与未来设计规模

序　　号	产品类别	当前能力	未来规模
1	轮式装载机	7 000 台	8 000 台
2	液压挖掘机	—	2 000 台
3	承载能力 3.0t 以下叉车	800 台	2 400 台
4	承载能力 3.0t 以上叉车	200 台	600 台
5	驱动桥及变速箱	7 000 套	10 000 套

表 5-12　存储能力扩展设计

厦工股份	需求系数	峰值系数	扩展系数
生产部件存储区域	1.22	1.2	1.46
辅助货品存储区域	1.00	1.00	1.00
售后配件存储区	1.35	1.25	1.69
刀具量具库存储区	1.05	1.00	1.05
厦门叉车	需求系数	峰值系数	扩展系数
生产部件存储区域	2.12	1.15	2.44
配件后勤货品存储	1.05	1.10	1.16

说明如下。

（1）厦工股份未来生产规模与当前相比，增长幅度在 50% 以内，当前平均库存周转天数为 38 天，未来预测为 30 天。

（2）厦门叉车未来的生产能力将比当前提高 2 倍，未来需求能力计算中采用行业内普遍采用的 SQRT-2 的估算方法。

由此，得到未来配送中心的存储能力，如表 5-13 所示。

表 5-13　未来存储能力设定

存储形式	规格/mm	厦工股份		厦门叉车	银华/齿轮	合　计
		生产/配件	供应库			
搁板货架	1 800×800×4	756bay	30bay	1 903bay	269bay	2 958bay
托盘	1 200×1 000	—	1 104pal		110pal	1 214pal
仓库笼	1 000×800	43pal	48pal	39pal	26pal	156pal
室内平置区	—	1 706sqm		292sqm	400sqm	2 398sqm
敞棚库	—	3 500sqm		1 268sqm	954sqm	5 722sqm

进行完存储能力的规划，就需要对配送中心的区域分布设置规划，这里按照流程设计的步骤进行区域划分，具体如图 5-18 所示。

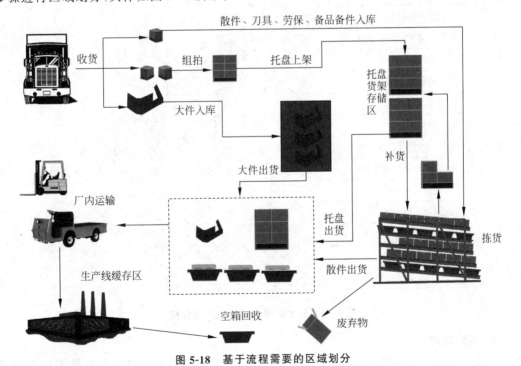

图 5-18　基于流程需要的区域划分

各个区域的面积大小如表 5-14 所示。

表 5-14　配送中心各区域面积需求

区　　域	面积/m²	区　　域	面积/m²
进货出货卸载作业区 A	1 200	进货出货卸载作业区 B	432
进货暂存及检验区 A	600	进货暂存及检验区 B	500

续表

区　域	面积/m²	区　域	面积/m²
托盘货架上架暂存区	100	托盘货架存储及拣选区	1 250
散件入库整理作业区	15	散件补货暂存区	20
阁楼散件存储及拣选区	2 700	室内大件平置存储区	2 560
仓库笼车存储拣选区	290	增值服务作业区	145
空托盘及容器存储区	60	废弃物暂存区	55
散件出货复核区	65	出货集货区	220
紧急出货自提暂存区	10	退货及不合格品暂存区	30
悬臂货架存储区	10	叉车停放及充电区	120
现场办公室	20	通道及其他区域	3 200

各个区域之间的相关度分析如图 5-19 所示。

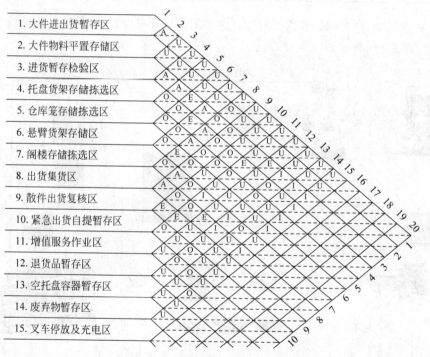

图 5-19　各个区域之间的相关度分析

5. 平面规划

经过上述的各项具体的分析设计,接下来就可以对该项目的配送中心整体平面布局进行设计规划,具体设计结果如图 5-20 和图 5-21 所示。

得到最终的配送中心各区域布置规划结果,是实现项目目标的最重要步骤,后续的信息系统的开发设计也是根据配送中心的物流动线及区域布置规划进行设计的,整体的完成还需要软件系统的规划完善和工作人员的布置等。

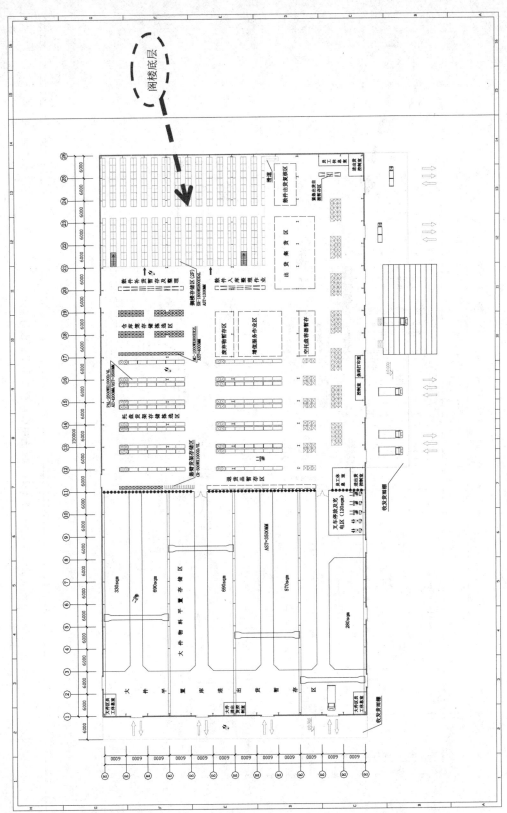

图 5-20　配送中心阁楼底层平面设计

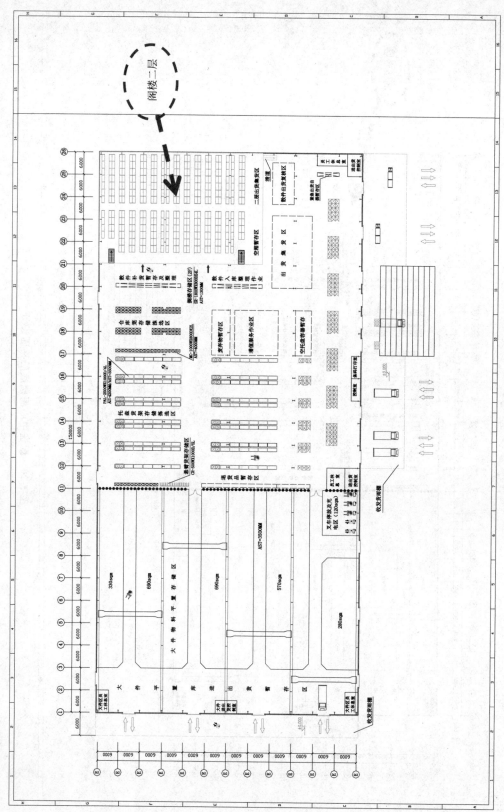

图 5-21 配送中心阁楼二层平面设计

本 章 小 结

配送中心的布置规划分为物流功能区的布置、辅助功能区的规划和场区规划三个层面。

配送中心的场区规划包括场区的朝向、出入口及场区设施的规划；场区规划应注重功能结构的整体性和系统性，需要结合配送中心所在区域、地块形状和外联道路等进行统筹规划。场区出入口是配送中心与社会道路的连接点，一般由场区大门和警卫室构成。场区设施主要包括配送中心仓库、停车场、道路、消防和配电设施等。

配送中心内部布置规划包括仓库的出入口与物流模式、储区空间规划、区域布置、动线分析及调整修正等环节。

复 习 题

1. 配送中心区域布置程序是什么？与工厂布置的区别与联系是什么？
2. 配送中心布置两种常用的方法是什么？其布置思路有什么不同？
3. 配送中心场区布置的原则有哪些？
4. 配送中心站台布置形式有哪些，试分析其利弊。
5. 配送中心物流模式有哪些？各有什么优缺点。
6. 结合实例说明基于流程法的配送中心区域布置的步骤。

第6章

配送中心收发货作业

6.1 收发货概述

6.1.1 收发货模式

收发货是配送中心最基本的活动。如果没有合理的收货,那么要想合理地执行入库、存储、拣选和装运操作就会变得非常困难甚至不可能。如果接收了损坏的、错误的货物,那么以后出库发货的时候也就很容易出错。

几种典型的国际先进的收发货模式分别为直接发货、越库作业、直接入库到拣选区、直接入库到储存区和传统收发货等模式。各种收发货作业模式如图6-1所示。

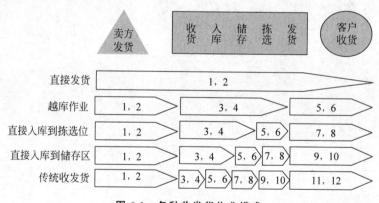

图 6-1　各种收发货作业模式

由图6-1可知,采用直接发货模式,只需要从卖方装车到买方卸货2次搬运作业即可,而越库作业需要6次搬运作业,直接入库到拣选位模式需要8次搬运作业,传统收发货模式需要12次以上搬运作业。由此可见,作业模式从上到下其作业环节逐渐增加,作业成本逐渐增大,但可以提供更精细化的订单处理需求和服务。对大客户及大批量订单比较适宜采用直接发货和越库作业模式,而对一般多品种小批量订单则适合采用入库配送模式,能更好地满足终端配送的需求。

因此,可根据具体情况选择和配置收发货模式。收发货模式的合理选择可以简化物流操作步骤,提高作业效率。

1. 直接发货（direct shipping）

对某些货品而言，最好的收货方式就是压根不收货。在直接发货模式下，供应商可直接将货物发送给客户，可完全省略仓储这个环节。因为这些商品从来没有到过配送中心，所以人们也就不需要执行卸货、入库前暂存、入库、将货品补充到拣选区、拣选、包装、检验、出库前暂存与装货作业等一系列工作。因而，通常的劳力消耗、时间与设备消耗都节省了，而所有在仓库里经常会犯的错误也就被根除了。

以下货物有可能被直接发货：大的散装商品、定做的商品和某些配送量至少有一整车的商品组合。例如，露营用品及运动服装销售商可将其在产品目录上征订的所有独木舟与大型帐篷直接发送给客户，而不从其配送中心发送出去。饮食行业更经常采用直接发货方式。越来越多的食品及其他消费产品的制造商直接从自己的工厂将商品发送给客户或零售商店。

2. 越库作业（cross-docking）

当不能将货品进行直接发货发送时，次优选择就是对其进行越库处理。越库作业特点如下。

（1）供应商预先确定将货品交付仓库的时间及装载量。

（2）入库的货品立即按照出库订单进行分类。

（3）出库的订单货物立即运往发货平台。

（4）收货及检验活动被省略。

（5）产品储存活动也被省略。

通过这种方式，某些传统的仓储活动都被去除了，其中包括收货检验、收货暂存、入库、储存、向拣选区补货、拣选及订单整合等工序。

要实施大批量越库作业，必须满足特定的集装化要求，还必须进行充分的信息沟通。首先，每个集装单元和每件产品都必须配有条形码或标签，以便被自动识别出来。其次，供应商必须将装货时间预先通知配送中心，以便货物被自动分配到卸货地点。再次，越库处理的入库托盘或容器应该只包含一个品项，或根据目的地的情况进行预先装配，从而将分类的需求降到最小。

除了正常的订单流动，欠货补足订单、特殊订单及转运订单通常也适合做越库处理，因为这些订单一般要求紧急处理。为将这些入库商品交付给最终客户，要把它们进行预包装并贴上标签，并不需要为满足某个客户的要求而将这些订单上的商品与其他商品组合在一起。

（1）安利公司的越库处理作业（图6-2）。安利是一家个人消费用品制造商与直销商，其产品主要包括各种肥皂、清洗用品及化妆品。在其位于密歇根州亚达城的配送中心，从供应商那里接收的货物是预先确定了时间的，而即将到来的所有托盘集装箱都带有条形码。当一个起重卡车操作员将某个拖车上的货物卸下时，托盘上的条形码信息就被扫描下来，这样仓库管理系统就可以确定托盘的位置。然后仓库管理系统会指示操作员将入库托盘移入事先被安排好的仓库位置。最优选择就是将该托盘进行越库处理。实际上，如果某个正在进行装货作业的订单里包括该货物（而且系统显示在库的同样商品没有过期的危险），那么仓库管理系统就指示操作员将该托盘直接搬运到发货平台越库。次优的选择就是直接入库，将货物直接入到主要的拣选区。最后的选择才是将托盘存放到仓库的储备存储区。即便在这种情况下,该配送中心也不执行暂存作业,因为在现实情况中,货物被存放的位置都已经事先安排好了(某些仓库在设计的时候,为鼓励不执行这一工序,有意地不配备收货暂存的空间)。

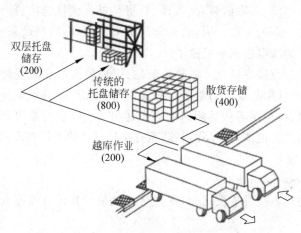

图6-2   收货流程概念规划

(2) K-Mart 的越库作业。在 K-Mart 公司的珠宝配送中心,供应商被要求在每个纸箱上印上条形码。在收货平台,这些将要入库的纸箱可以被恰当地进行储位指派。工人们把货物放置在伸缩式传送带上,伸缩式传送带再将货物送到分类传送带上。传送带上的条形码扫描仪读取纸箱上的条形码信息,系统便可判断出纸箱的输送位置。同时仓库管理系统可指示操作员将货物做越库处理或是进行传统的存储、拣选、包装与装运作业。

在越库作业过程中,该配送中心在每六个传送装置旁边为 K-Mart 的每一个商店设有一个装载位置。每当一件入库货箱接近某个传送带操作员所在的位置时,显示器和灯号系统就指示操作员在位于面前的圆盘传送器那里将货箱里面的商品分发给各个商店,货箱里面的商品就这样被配送。当完成一个商店订单时,指示灯就会显示相应的订单已完成。操作员从传送装置后面推动货物,推到另一传送带交付装运。配送中心超过 5 000 多种商品都是以这种方式进行越库处理的。

(3) 饮食行业的越仓作业。直接发货与越库作业都是非常有效的方法,整个饮食行业都在设法最大限度地利用这些模式。例如,在高效客户反应 ECR(efficient consumer response)的物流模式中,直接发货与越库作业就是食品杂货店行业物资配送的基础。位于密歇根州大急流市的一家总资产达到 20 亿美元的食品商总部就是一个典型的例子(图6-3)。在那里,A 类货品通常以整车的数量从食品工厂直接运到零售商店。B 类货品则被准确地按时间计划运往中心配送站,做日常的越库处理,再被混合装运(冷冻、冷藏及常温)送往各零售商店。而 C 类货品被储存在邻近的配送中心,这些配送中心是专门为流通速度较慢的货品提供密集存储与成批拣选服务的。

6.1.2   入库模式

入库是拣选的反向操作,许多用来简化拣选工序的原则同样也适用于入库流程。常用的入库方式包括直接入库、定向入库、成批及按序入库和交错存取及连续搬运入库等。

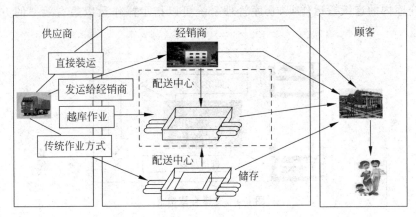

图 6-3　某食品行业的供应链

1．直接入库

直接入库就是直接将货物入库到主要储存位置。当货品不能被执行越库作业时，首先要考虑能否省略收货暂存过程将货品直接移到主要拣选区（即从装卸平台向主要拣选区补充货品），这样可以最大限度地减少倒搬次数。如果产品不允许直接补货到拣选区，则应将货品直接入库到存储区。

在直接入库操作系统中，由于收货暂存及检验活动被省略掉了，所以执行这些操作所需的时间、空间及人力也被节省了下来。同时服务于卸货及产品入库的运载工具可以为直接入库操作提供便利。例如，可以在平衡式叉车上装配磅秤、体积测量仪及联机式射频终端，从而简化卸货与入库操作。

世界上最先进的物流操作系统的特点就是可以直接地、自动地将货物入库到仓库的存储区。直接入库操作的货品搬运设备包括滚轮式托盘搬运车、伸缩式传送带等。

2．定向入库

如果对操作员放任不管的话，大部分入库操作员都会自然而然地将货品放置在最易于放置的位置、最靠近门口的位置或是最靠近休息室的位置，不能使存储密度与作业效率最大化。仓储管理系统应该指示操作员将每个托盘或货箱放置在哪个储区和储位，从而最大限度地利用空间、保证产品作业空间，提高作业效率。

3．成批及按序入库

成批及按序入库就是为更有效地入库作业，将入库的货品进行分类拣选，然后再入库的方法。就如同分区拣选（zone picking）与有序定位（location sequencing）是提高拣选效率的有效策略一样，也可以通过仓库分区与储区定位策略来对入库的货品进行分类，提高入库作业效率。

很多大型配送中心，由于储存空间非常大，为将入库货品按储区定位原则快速入库，有时会在入库收货区设置自动分类输送系统，将入库货品输送到指定的储区或储位。

4．交错存取及连续搬运入库

为进一步简化入库与出库流程，可以将入库作业与出库作业结合在一起，以减少叉车的空跑次数和距离（图 6-4）。该技术特别适合于托盘储存与出库作业。能够同时执行卸货、入库、取货及装货功能的平衡式叉车是完成这种双重指令的有效工具。应该把交错存取的实践扩展为仓库内的连续搬运作业,仓库管理系统可以指示操作员以最有效率的方式不停地完成任务。

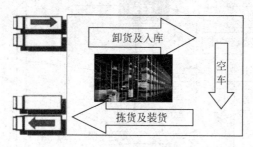

图 6-4　交错存取概念

6.1.3　发货合理化

许多科学先进的收货原则也可以应用于发货作业,如直接发货、预先出货通知准备(预收货)及在货架上暂存。此外,发货合理化还有一些其他途径和原则,主要包括货物容器优化、重量检查、自动直接发货、发货平台管理等几个方面。

1. 货物容器优化

发货容器的设计和选择对整个供应链都有影响,是提高物流效率中最容易被忽略的环节之一。公司很少意识到效率的低下、成本的增加与型号不合适、标签不合适、不耐用、配置不协调的货物容器有着密切的关系。如果把供应链当作一座大厦的话,那么各种各样的货物容器(如纸箱、拣货箱、托盘、拖车、20 英尺①和 40 英尺的远洋货物容器、轨道车和航空货物容器)就是构建这座大厦的基石。因此货物容器优化对发货配送合理化具有重要意义。应该选择能够减少成本及能有效利用空间的搬运装置。

(1) 货物容器应当能够保护、稳定和明确区分它所装载的货物。

(2) 货物容器应当可以方便地堆码和嵌套(图 6-5)。在不装货物的时候可以被折叠起来,而且要易于操作,能够与其他货物容器自然配套,便于跟踪。

图 6-5　容器设计标准化

(3) 应当使用可重复利用或可回收的货物容器,以减少物流活动对环境的影响(图 6-6)。使用可重复利用或可回收的货物容器,有助于减少在任何物流系统中存在的浪费。可重复利用和可回收的货物容器有以下几种:塑料拣货箱、塑料托盘、纸箱、可折叠笼车及多用途波纹货物容器等。

---

①　1 英尺＝0.304 8m。

(a) 塑料拣货箱

(b) 塑料托盘

(c) 纸箱

(d) 可折叠笼车

图 6-6 可重复利用和可回收容器

（4）在货物容器的设计中，应该最大限度地降低整个容器化运输中的成本（货物容器本身的成本、包装成本、搬运成本、空间占用成本、货物容器维修保养的成本、造成货物损坏和可能的安全损失所引起的成本等）。

（5）容器装箱和空隙填充。在设计货物容器装箱方案时，应当最大限度地利用每一个容器的体积和载重容量，同时平衡好容器内的货物配置，以利于装卸。先进的仓库管理系统会提出相应的建议，并以图例标出最优的货物容器装箱或装载方案。应当使用环保型的填舱材料进行空隙填充，避免搬运过程中货物损坏现象的发生。

2. 重量检查

为制订和执行装运计划，仓库应当为出库的货物容器进行称重和体积测量。重量检查应当在产品装运之前进行（图 6-7），以便找出拣选或包装错误。

(a)   (b)

图 6-7 出库货品重量检查

3. 自动直接发货

自动直接发货就是取消发货暂存的过程，将货物直接输送到出库拖车。

与收货中的情况一样，发货作业中占用空间最大、劳动强度最大的是暂存活动。为便于将托盘直接输送到拖车上去，可以将托盘叉车和平衡式叉车用作拣选和装货的工具，从而省去暂存作业。更进一步,还可以使用托盘输送装置。这种输送装置连接有专门设计的、可以将托盘自动输送到出库拖车上的拖车底座,还配有自动叉车或自动牵引车,从而可以实现托盘自动装车(图6-8)。利用可伸缩的输送装置,操作员可以方便地完成散装货物的直接自动搬运。

4. 发货平台管理

发货平台管理应实现自动化、最优化,并以最简洁的方法给现场的驾驶员指明路线。

现在有许多系统被用来改善对装运作业、收货平台及拖车驾驶员的管理。应当把入库的拖车分派到最接近入库区域矩心的平台位置(图6-9)。而出库的拖车则应当被分派到最接近于将被装运货物的平台位置。

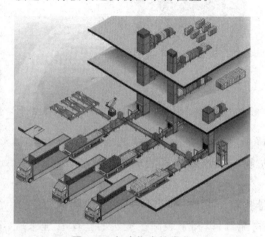

图6-8　自动化直接发货

图6-9　发货平台的分配

6.2　入库作业

6.2.1　入库作业流程

配送中心的入库作业包括接收入库信息、接货入库、仓库验货、入库上架四个步骤。

(1) 接收入库信息。当货主需要将进购的商品存放入仓库时,首先需要创建入库任务。创建的任务内容包括需要入库的商品明细、数量及预计入库时间。任务创建成功后,提交给仓库,等待仓库安排入库。

(2) 接货入库。仓库在接收到入库任务后,按照以下流程运作:仓库制订入库任务计划并将运输任务通知相应驾驶员;驾驶员到指定地点装车,并在规定时间内将商品运输到仓库;到达仓库后,驾驶员需将送货单交给仓库收货员,收货员将送货单与收货单进行核对以确认收货任务正确,然后检查车辆是否符合要求、检查商品外包装有无破损、型号是否与装箱清单一致,防止不合格商品进入仓库;确认无误后开始卸货、收货,PDA扫描到货通知单单号,进入收货任务;PDA通常有普通收货和容器收货两种收货方式,普通收货直接扫描商品条码输入商品数量完成收货,容器收货需扫描容器编码和商品条码,将容器和商品关联,将商品集中到容器中完成收货。

(3) 仓库验货。卸货前只对商品外包装进行检查,包装有破损、污损的需开箱验收,包装完好的按有关法规进行抽检。收货员依据到货通知单清点货品数量,并将点收实际件数标注清楚,同时核实商品质量问题(破损、受潮、短装),通过验收的商品被码放暂存区等待上架。验货结束后,收货员将入库通知单反馈给货主和驾驶员。

(4) 入库上架。入库的最后一个环节是上架。仓库工作人员提前给拟入库的商品分配库位,然后再由上架员将商品上架到指定库位。完成上架后,商品的入库流程完成。

综上所述,接货入库作业包括货品实体的接收,从货车上将货物卸下,核对该货品的数量及状态(数量检查、品质检查、开箱等),然后将必要信息进行记录,最后将货品装入到合适的货位上等。一般入库主要作业流程如图 6-10 所示。

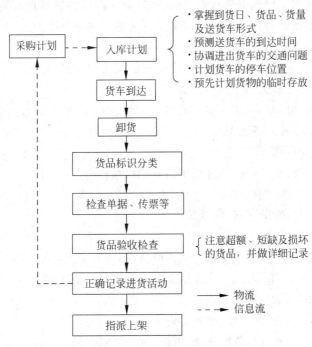

图 6-10　一般入库主要作业流程

6.2.2　入库计划

进货计划是根据预计的到货情况所做的收货计划。各公司利用因特网、电子数据交换系统及传真,预先获知入库物资信息,利用这些信息可以预先安排收货活动。

(1) 入库作业计划的内容。入库作业计划是存货人发货和仓库部门进行入库前准备的依据。入库作业计划主要包括了解货物入库的时间、数量、包装形式、规格,计划货物所需占用仓容的大小,预测车辆到达时间及送货车型,计划车辆停靠位置,计划货物临时停放地点,确定入库作业相关部门等内容。可以看出仓储作业计划是将信息进行分解,把相关信息下达到各部门,再由各部门做好入库的具体准备工作。

(2) 入库作业计划制订的依据。入库申请是生成入库作业计划的基础和依据,是存货人向配送中心发出的仓储服务需求的通知。配送中心接到入库申请后,对此项业务进行评估,并结合企业自身的业务状况做出反应。或拒绝该项业务,并做出合理解释,以求客户的谅解;或接受此项业务,制订入库作业计划,并分别传递给存货人和仓储部门,做好各项准备工作。

　　入库通知单是存货人给仓库的一个客户委托,是存货人向配送站提出入库申请的书面形式。一般在货物送达配送中心前下达给仓储部门,起到预报入库信息的作用。仓库主管通过分析入库通知单,了解入库商品名称、规格、单位、数量等相关信息,并将客户入库时所提出的具体要求纳入入库作业计划编制的要点。

6.2.3　货品编号与标识

　　由于进货作业是配送中心作业的第一阶段,因而如何让后续作业能够迅速正确地进行,并使货品品质及作业水准也能得到有效保证,在进货阶段就将货品做好清楚的编号,是不可省略的一项手续。下面针对货品编号的含义及方法进行详细介绍。

　　1. 货品编号的含义

　　所谓编号,是将货品按其分类内容,有次序地加以编排,用简明的文字、符号或数字代替货品的名称、类别及其他有关信息的一种方式。

　　货品经过有秩序的编号后,能大幅提高作业或管理效率,货品编号的作用如下。

　　(1) 增加货品资料的正确性。

　　(2) 审核管制更加容易。

　　(3) 提高货品活动的工作效率,且便于信息的联系传递。

　　(4) 可以利用计算机处理分析。

　　(5) 可以节省人力、减少开支、降低成本。

　　(6) 便于收货及发货。

　　(7) 因记录正确,可迅速按次序储存或拣取货品,一目了然,减少弊端。

　　(8) 削减存货:一旦有了统一编号,可以防止重复订购相同的货物,且仓储及盘点作业将更易于进行,对控制存货有很大帮助。

　　(9) 可考虑选择作业的优先性,如先进先出。

　　(10) 利用编号代码来表示各种货品,可防止公司机密外泄。

　　2. 货品编号的方法

　　货品编号大致可分为下列六种方法。

　　(1) 流水号编号法。这种方法是将货品由 1 开始按数字顺序一直往下编,是最简单的编号法,常用于账号或发票编号,属于延展式的方法。但必须配合编号索引,否则无法直接理解编号意义。

　　例如:编号　货品名称

　　　　　　1　　洗发精

　　　　　　2　　肥皂

　　　　　　3　　牙膏

　　　　　　4　　洗面乳

　　(2) 数字分段法。把数字分段,让每一段数字代表共同特性的一类货品。

　　例如:编号　货品名称　　　说明

　　　　　　1　　4 块装肥皂

　　　　　　2　　6 块装肥皂

3	12块装肥皂	编号 1～5 预留给肥皂编号用
4	……	
5	……	
6	黑人牙膏	
7	白人牙膏	
8	……	编号 6～10 预留给牙膏编号用
9	……	
10	……	

(3) 分组编号法。按货品的特性分成多个数字组,每一数字组代表此项货品的一种特性,例如第一数字组代表货品的类别,第二数字组代表货品的形状,第三数字组代表货品的供应商,第四数字组代表货品的尺寸。至于每一个数字组的位数,则视实际需要而定。

例如:编号 07-5-006-110

意义　07　　　表示饮料

　　　5　　　表示圆筒

　　　006　　表示统一公司

　　　110　　表示 $4'\times9'\times15'$

(4) 实际意义编号法。按货品的名称、重量、尺寸乃至于分区、储位、保存期限或其他特性的实际情况来进行编号。这种方法的特点在于由编号能很快了解货品的内容及相关信息。

例如:编号 FO4915 B1

意义　FO　　　表示 Food,食品类

　　　4915　　表示 $4'\times9'\times15'$,尺寸大小

　　　B　　　表示 B 区,即货品所在储区

　　　1　　　表示第一排货架

(5) 后数位编号法。运用编号末尾的数字,来对同类货品做进一步的细分,也就是从数字的层级关系来看货品的归属类别。

例如:编号　　　货品类别

　　　260　　　服饰

　　　270　　　女装

　　　271　　　上衣

　　　271.1　　衬衫

　　　271.11　红色

(6) 暗示编号法。用数字与文字的组合来编号,编号本身虽不是直接指明货品的实际情况,但却能暗示货品的内容,这种方法的优点是容易记忆,但又不易让外人了解。

例如:编号 BY005 WB01

意义　BY　　　表示脚踏车(bicycle)

　　　005　　　表示大小型号(5 号)

　　　W　　　表示白色(white)

B   表示小孩型(boy's)
10   表示供应商号码

综上所述,货品编号大致有下列两种形式。

① 延展式。并不限制货品分类的级数或文数字的多少,可视实际需要不断延长,较具弹性。但排列上难求齐整规律是其美中不足的地方。

② 非延展式。对货品分类的级数及采用的文数字均有一定限制,不能任意伸展,因而虽能维持整齐划一的形式,但缺乏弹性,难以适应实际增减的需要。

为识别货品而使用的编号标识可置于容器、零件、产品或储位上,让作业员很容易地获得信息。一般来说,容器及储位的编号标识是以特定使用为目的,能被永久地保留,而零件或产品上的标识则弹性地增加对象号码,甚或包括制造日期、使用期限等,以方便出货的选择,如先进先出等。

3. 进货标识应用

进货商品按计算机指示打印托盘标签(图 6-11)及箱子标签。

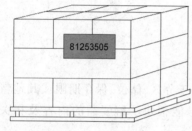

图 6-11 托盘标签

(1) 托盘标签的主要内容。包括 Pallet ID 托盘识别码、托盘堆码数、储存的地址(包括拣取的地址及保留的地址)及制造商的码号等。

例如:编号 81253505A

意义 8   表示 1988 年
125   表示从 1 月 1 日起的累积日数
3505   表示当日的进货托盘的系列号码
A   表示保管的指定区域

(2) 箱子标签的主要内容。包括拣取地址、商品编码、商品名称、商店编码、送货日期、销售价格、分类用条码(采用订单拣取者不必印刷此项)等。

6.2.4 货品分类

若徒有货品编号而不事先将异类货品加以区分,作业员仍需费心做目标找寻的工作,因而要让货品有条理地保管,且在作业过程中能很快被找到,进货时的分类工作是必要的。

1. 分类的作用

分类是将多种不同货物按其性质或其他条件分别逐次区分,归于不同的类别,可使后续作业效率提升,以达到事半功倍之效。分类的作用如下。

(1) 可作货品控制合理化的基础。

(2) 清楚分层归类,可提高管理效率。

(3) 能减少作业的走行移动距离,并使存取人员更容易记忆货品位置,是增进作业效率的关键。

(4) 便于收发保管。

(5) 方便货品的分配与调拨。

(6) 便于配送中心货品的联合与委托采购。

(7) 便于记账及统计分析。

(8) 便于审计、会计及税收工作的进行。

（9）可作为货品编号的依据。

2．货品分类方式

货品分类的方式主要可遵循下列六项特征。

（1）为适应货品储存保管需要，可按照货品特性分类。

（2）为配合货品使用，可按照货品使用目的、方法及程序分类，如将流通加工者划分为一类，直接原料划分为一类，间接原料划分为一类。

（3）为适应货品采购的便利，可按照交易行业分类。

（4）为方便货品账务处理，按照会计科目分类，如价值很高的货品划分为一大类，价值低廉的货品划分为一大类。

（5）按货品状态分类，如货物的内容、形状、尺寸、颜色、重量等。

（6）按订单属性分类，如货品送往的目的地或客户类别等。

一般来说，捆包出货前的分类以（6）为最多，而进货的分类则不一定，视公司的情况、性质、需求来选择。

3．进货分类的应用

进货分类流程如图 6-12 所示。

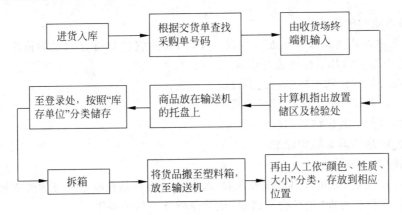

图 6-12　进货分类流程实例

此进货分类系统先就库存单位做第一次商品分类，而后再就品项颜色、性质或大小分类。

德国 DEXTRA 公司即以不同颜色的卡片代表不同的下游公司，卡片上再分别写上进货日期。以此做法，很容易对后续作业（储存、拣取、分类、出货等）实行管理。此外，也有使用不同颜色的卡片来管理进货日期，以防货品超过安全期限。

自动分类实例：对较多品项的分类储存，可分为两阶段、上下两层输送机共同进行（图 6-13）。其步骤如下。

（1）由条码读取机 1 读取箱子上所印刷的物流用条码，先按品项做第一次分类，决定归属上层或下层的储存输送线。

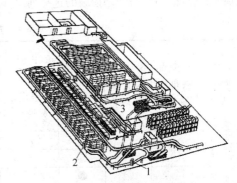

图 6-13　输送带上下段分类

1～3—条码读取机

（2）条码读取机 2、3 再度读取条码，将箱子按照各个不同的品项，分门别类到各个储存线上。

（3）在每条储存线上，箱子积存满一个托盘的堆码数量后，一长串货物一下释放出来。

（4）箱子送入码盘机之时，如果伸出挡板，则箱子成为横向；如果挡板没有伸出，则箱子保持原来的朝向通过，如此可以调整箱子所朝的方向。

（5）箱子组合达到一层托盘的分量时，则被送入码盘机的中心部，利用推杆，使其排列整齐。

（6）箱子在托盘上一层层地堆码，直到预先设定的层数后完成码盘。例如每层 8 箱，堆码 6 层。

（7）操作员以叉车运送至储存场所。

该系统不仅可有效利用三维空间（上、下输送线）进行分类储存，且能在 1min 内自动堆码一个托盘 48 个箱子，比人工每人每分钟只堆码 10 个箱子，效率提升约 5 倍。

6.2.5 货品验收检查

货品的验收工作，实际上包括"品质的检验"和"数量的点收"双重任务。验收工作的进行，有两种不同的情形：第一种情形是先行点收数量，再通知负责检验单位办理检验工作；第二种情形是先由检验部门检验品质，认为完全合格后，再通知仓储部门，办理收货手续，填写收货单。

1. 货品验收的标准

货品要能达到公司满意才能进行验收入库，因而验收就要符合预定的标准。基本上验收货品时，可根据下列几项标准进行检验。

（1）采购合约或订购单所规定的条件。

（2）以比价或议价时的合格样品为依据。

（3）采购合约中的规格或图解。

（4）各种产品的国家品质标准。

2. 货品验收的方法

验收标准确定后，即可针对标准着手验收，大致可将货品验收方法分为两方面来进行。

（1）在品质检验方面，包括物理试验、化学分析及外形检查等。

（2）数量的点收方面，除核对货品号码外，还可依据采购合约规定的单位，用度量衡工具，逐一衡量其长短、大小和轻重。

一旦验收不合格，则有可能采取退货、维修或寻求折让的动作，表 6-1 为货品验收处理程序，将验收的可能情况与处理措施的选择列出，以供作业者在验收时了解情况及作决策的参考。

表 6-1 货品验收处理程序

进货验收的情况		a. 货品数量正确吗？	b. 品质检验合格吗？	c. 能够维修吗？	d. 供应商愿意付维修费吗？	e. 配送中心急需这批货吗？	决策的类别	f. 退回这批货品	g. 使用这些货品但寻求新供应商	h. 维修缺点并使用之	i. 从别处紧急寻求供应商
问题形态	1	○	○			○				√	
	2	○	○	○	○	●				√	
	3	○	○	●		○		√			√
	4	○	○	●		●		√			

续表

进货验收的情况		a. 货品数量正确吗？	b. 品质检验合格吗？	c. 能够维修吗？	d. 供应商愿意付维修费吗？	e. 配送中心急需这批货吗？	决策的类别	f. 退回这批货品	g. 使用这些货品但寻求新供应商	h. 维修缺点并使用之	i. 从别处紧急寻求供应商
问题形态	5	○	○	○		○				√	
	6	○	○	○		●		√			
	7	○	●			○					√
	8	○	●			○		√			
	9	●	○	○		○				√	
	10	●	○	○		●		√			
	11	●	○	●	○				√		
	12	●	○	●		●		√			
	13	●	●			○				√	
	14	●	●			●		√			

注：○—是；●—否；√—采取此项行动。

3. 进货检验流程形式

以下提出两种方便的"直线通过"处理的进货验收系统设计，其设备及信息处理作业员的位置安排是遵循一直线前进来运作的。图 6-14 的进货检验流程分析如下。

（1）由进货车卸下的进货托盘被放置于连接站台与检查工作站间的累积式暂存输送机（accumulation conveyor）。在此，搬运作业者可先将明显损坏的货品拣出。

（2）当进货托盘到达工作站时，作业者开始检查托盘上货品的单位数量，并移动箱子至进货箱输送机对每个进货品进行品质检验。每一工作站都设置一个计算机终端，而每一个

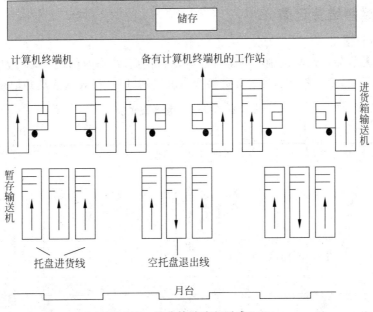

图 6-14　进货检验流程形式（一）

计算机都能显示每一货品采购单及品质要求的指示,因而此系统允许每个工作站的作业者检查任何形式的进货。

（3）若进货被接受,作业者设定一储存地址,则箱子流至输送机的尽头,从那里能将箱子转运至正确储存位置。

图 6-15 所示为另一个具有更好弹性的进货系统,使用转运车调节托盘输送机与检查工作站的流量。利用转运车随时将任何堆积通道的托盘传送至其他工作站,这样不但能发挥托盘输送机的总产能,同时也能满足高峰时的要求。

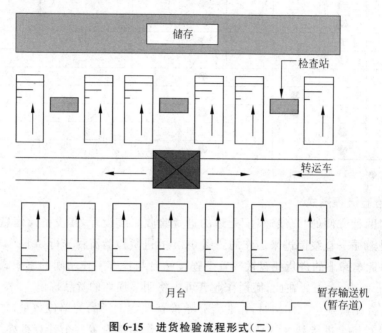

图 6-15　进货检验流程形式（二）

6.2.6　维持进货记录

1．进货资料搜集

既然进货是货品进入配送中心的第一阶段,因而为后续作业的便利,对入库品资料的掌握就显得特别重要,表 6-2 所示为进货资料搜集表实例,用来有效地搜集并记录进货资料。

表 6-2　进货资料搜集表实例

×××× 公司　　　　　　　　　　员工：　　　　　　　　　　日期：3 月 15—20 日

日期	进货单号码	卖主	送货车		到达时间	卸货时间			容器			容器单品数	总量	目的地			注意事项
			名称	车型		开始	结束	经过时间	类型	尺寸/mm	数量			进货检查	大宗储区	零货区	
3.15	432	HP	AC	T/T	8:10	8:35	9:15	40	P	120×120	6	48	800	1	2		

2．进货信息

进货表资料必须转换成对后续计划及执行有用的形式,这样的记录才有意义。表 6-2 可提供以下的辅助信息。

(1) 进货货品的一般特征。

(2) 货品、包装或容器每一形式的数量。

(3) 进货品包装、容器、单位负载等尺寸的分布。

(4) 每一时段内(天、星期、月)进货批次的分布。

(5) 每一批进货品数量的分布。

(6) 每一载运者单据或传票的号码。

(7) 卸货方法及所需时间。

(8) 进货入库的储区。

以上信息通过分析规划可以决定下述进货系统的设计参数。

(1) 工作量。

(2) 卸货方式及设备。

(3) 所需站台的大小。

(4) 进货检查要求。

(5) 搬运方式及设备。

(6) 进货活动的空间需求。

(7) 配车排程。

6.2.7　进货作业系统分析与改善

1．系统设计原则

为让搬运者安全有效率地卸货,并使配送中心能迅速正确地收货,制订进货计划及相关信息系统时应注意以下原则。

(1) 尽可能将多样活动集中在同一工作站,以节省必要空间。

(2) 尽可能平衡停泊站台的配车,例如按进出货需求状况制定配车排程,或转移部分耗时的进货至低峰时间。

(3) 使站台至储区的搬运活动尽量保持直线。

(4) 依据相关性安排活动,达到距离最小化或省去步行的距离。

(5) 合理安排人力使货品在高峰时间能维持正常的移动速度。

(6) 考虑使用可流通的容器,以省去更换容器的动作。

(7) 为方便后续存取并能随时应付确认查询的需求,应详细记录进货资料。

(8) 为少量进货计划准备小车。

(9) 在进出货期间尽可能省略不必要的货品搬运及储存。

2．进货作业影响因素

在设计一个完整的系统前,需考虑所有相关的影响因素才能进行系统规划。影响进货作业的影响因素主要包括以下内容。

(1) 供货对象及供应厂商总数。包括供货商类别、数量;供应商供货商品类别及品规数(平均,最多)。

（2）商品种类与数量。包括进货商品种类、每种商品进货数量、每天进货商品的品项数（平均,最多）。

（3）进货车种类与车辆台数。包括进货车型号、载重、车辆数及每天进货车次（平均,最多）等。

（4）车辆的卸货时间。包括各种送货车辆的装卸时间。

（5）商品的形状、特性。包括：①散货、单元的尺寸及重量；②包装形态；③是否具有危险性；④托盘拆码的可能性；⑤人工搬运或机械搬运；⑥产品的保存期限等。

（6）进货所需人员和设备数。包括进货所需设备和人员（平均,最多）。

（7）配合储存作业的处理方式。一般配送中心储存有以托盘、箱子、单个包装三种方式,同样的卡车进货也有三种形式。因而如何联结进货与储存作业,实现这三种单位的转换,可分以下三种情况来说明,如表6-3所示。

表6-3 配合储存作业的处理方式

序 号	储运模式 （进货→储存）	储运模式说明	处 理 方 式
1	P→P C→C B→B	进货与储存单位相同	进货输送机直接将货品运至储存区
2	P→B C→B P→C	储存以小包为单位,但进货是以托盘、箱子为单位；或储存以箱子为单位；但进货是以托盘为单位	在进货点做拆盘或码盘的动作,以自动托盘卸货机拆卸托盘上的货物,再拆箱将小包放于输送机上
3	B→P C→P B→C	储存以托盘为单位,但进货是以小包或箱子为单位；或储存以箱子为单位,但进货以小包为单位	小包或箱子必先堆码于托盘上或小包必先装入箱子后再储存

注：P—托盘；C—箱子；B—单个包装。

（8）进货时间分布。通过每一时刻的进货车次数调查,完成进货时间分布图,如图6-16所示。

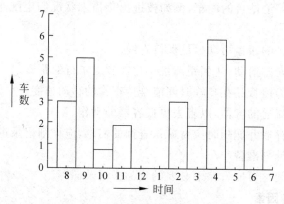

图6-16 进货时间带

根据影响因素的分析,可对进货系统进行设计。

3. 进货系统改善

根据现有的进货系统,可通过对进货系统的主要作业内容和影响因素进行分析（图6-17）,

寻找进货系统改进和改善的途径。

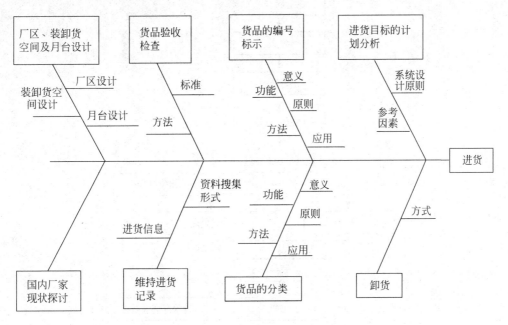

图 6-17　一般进货系统的影响因素分析

6.3　出货作业

6.3.1　出货作业流程

货品拣取分类完成后，做好出货检查，装入合适的容器，做好标识，根据车辆趟次或厂商等指示将货品运至出货准备区，最后装车配送。这一连串的过程即为出货作业的内容，其主要流程如图 6-18 所示。

出货作业的相关影响因素分析如图 6-19 所示。

6.3.2　分货

拣货作业完毕后，再将货品按客户别或配送路线别做分类的工作，称为分货。除与上述进货分类的原则相同外，分货大多按客户或配送路线为依据来分类。而分货的运用方式一般有下述三种。

（1）人工目视处理。全由人工按订单或传票判断来进行分货，也就是不借助任何计算机或自动化的辅助设备，拣取作业后按订单或传票信息将各客户的订购货品放入已贴好各客户标签的货篮中。

（2）自动分类机。由于近年来对分类的快速、准确性要求越来越高，为适应多品种少量订货的市场趋势，自动分类机兴起且被广泛应用。自动分类机是利用计算机及辨识系统来达成分类的目标，因而具有迅速、准确且省力的效果，尤其是在拣取数量或分类数量众多时，效率更高。

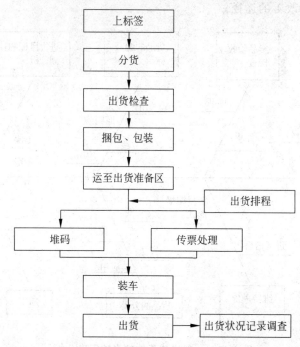

图 6-18　出货主要作业流程

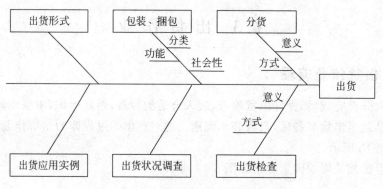

图 6-19　出货作业的相关影响因素分析

（3）旋转架分类。为节省成本，也有取代自动分类机而使用旋转架的方式，将旋转架的每一格位当成客户的出货篮，分类时只要在计算机中输入各客户的代号，旋转架就会自动将货篮转至作业员面前，让其将批量拣取的货品放入进行分类。同样的，即使没有任何动力的小型旋转架，为节省空间也可作为人工目视处理的货篮，只是作业员需要按每格位上的客户标签自行旋转寻找，以便将货品放入正确的储位中。

6.3.3　出货检查

出货检查的意义：拣货、配货作业完成后，应立即对物品进行复核检查，以保证出货物品数量准确、质量完好、包装完整，可杜绝差错的发生。对物品进行复核时，主要关注的是物品是否与出货单据相符。同时，为提高仓库服务质量，仓管人员还要确保物品质量满足顾客的需要。出货检查作业包括把拣取物品的信息，如客户名称、车次、产品编号及数量等进行核对,并且实施产品状态及品质的检验,如图 6-20 所示。

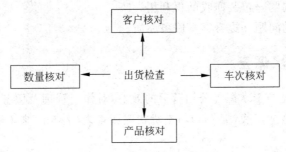

图 6-20　出货检查作业内容

　　拣货作业后的货品检查,因耗费时间及人力,所以其效率低下也是一个大问题,出货检查属于要确认拣货作业是否产生错误的处理作业,所以若能先找出让拣货作业不会发生错误的方法,就能免除事后检查或只对少数易出错货品做检查。

　　出货检查最简单的方式是以纯人工对货品进行点数和核验。除此之外,还有如下几种常用的高效率的出货检查方法。

　　(1) 商品条码检查法。商品条码检查法最大原则就是要导入条码,让条码跟着货品跑。当进行出货检查时,只将拣出货品的条码用扫描机读出,计算机就会自动将资料与出货单进行比对,来检查数量或号码是否有差异。

　　(2) 声音输入检查法。声音输入检查法是一项最新的技术,是由作业员发声读出货品的名称(或代号)及数量,之后计算机接收声音作自动判识,转成资料再与出货单进行比对。这种方式的优点在于作业员只读取资料,手脚仍可做其他的工作,自由度较高。但需注意的是,这种方法声音的发音要准,且每次发音字数有限,否则计算机辨识困难,可能产生错误。

　　(3) 重量计算检查法。重量计算检查法是先自动加总出货单上的货品重量,而后将拣出货品用计重器来称出总重量,再将两者互相比对的检查方式。若能利用装有自动称重的拣货台车拣货,则在拣取过程中就能利用这种方法来检查,拣货员每拣取一样货品,台车上的计重器就会自动显示其重量进行查对,如此可完全省去事后的检查工作,在效率及准确性上的效果将更佳。

6.3.4　包装、捆包

　　包装分为单个包装、内包装及外包装三种。

　　(1) 单个包装。单个包装是指货品的单个包装,是为提高货品的商品价值,美观或保护货品,而使用适当的材料或容器对货品加以包装。单个包装又可称为商业包装。

　　(2) 内包装。内包装是指货物包装的内层,即考虑水、湿气、光热、冲击等对货品的影响,而使用适当的材料或容器对货品加以包装。

　　(3) 外包装。外包装是指货物包装的外层,即将货品装入箱、袋、木桶、罐等容器,或在无容器的状态下,将货物加以捆绑、施加记号及打包符号等。

　　包装与人类的日常生活有密切的关系,因而对包装所产生的下列社会问题应加以重视。

　　(1) 包装过大及包装过剩的问题→要求包装的适当化。

　　(2) 包装宣传的可靠性问题→确立包装的可靠性。

(3) 包装废弃物的处理问题→环保的实践。

(4) 包装资源的问题→包装回收的再利用。

(5) 包装安全性的问题→提升客户服务品质。

6.3.5 出货状况调查

有效掌握出货状况等于掌握了公司营运的效益,对作业管理及服务客户有很大的帮助。一般通过记录出货资料搜集表(表6-4)与出货状况调查表(表6-5)来了解货品及车辆的出货情形。

表 6-4 出货资料搜集

日期	出货发票单据号码	车号	到车时间	装货设备	装货		负责核对人员	出库时间	交货时间	卸货地点	返回时间	注意事项
					体积数	箱数						

表 6-5 出货状况调查表 时间: 年 月 日

项 目	平 均 值	极 限 值
出货对象数量		
一日内的出货厂数	平均:	最多:
一日内的出货品项数	平均:	最多:
配送车种	吨数:	
车辆台数/日	平均:	最多:
每一车的装货(出货)时间	平均:	最多:
出货运送点数		
每一方面的出货捆包数	平均:	最多:
出货所需人员数	平均:	最多:
一日出货的总重或总体积	总重:	总体积:
出货形式		
出货距离	平均:	最远:

6.3.6 出货形式

配送中心内一般以托盘、箱、单品为单位进行拣取。同理,出货的形式也多以这三种单位来发货。不同的拣货及出货形式,其出货时作业方式和作业量会有较大差异。表6-6所示为订单拣取及批量拣取方式下各种出货形式的出货作业内容。

表 6-6 各种出货形式的出货作业内容

拣选方式	拣货单位	出货单位	经 由 作 业
订单拣取	P	P	裹膜固定(上包装膜或绳索固定)
	P	C	拆盘→捆包
	C	C	捆包
	B	C	装箱
	B	B	
批量拣取	P	P	码盘(拣选托盘上的货物属于同一客户)
	P	P	拆盘→分类→码盘→裹膜固定(拣取托盘上的货物不属于同一客户)
	P	C	拆盘→分类→捆包
	P	B	拆盘→拆箱→分类→包装
	C	C	分类→捆包(整箱属于同一客户)
	C	C	拆箱→分类→装箱(整箱不属于同一客户)
	C	B	拆箱→分类
	B	C	分类→装箱
	B	B	分类

注:P—托盘;C—箱子;B—单件。

6.3.7 出货应用实例

1. 分类应用实例

(1) 由序列货号来分类的作业。美国 Roadway 运输公司的自动分类机,能借助 seek answer Cil28 自动检索配送地邮递区号,指定区分滑槽,且借助键盘的操作,能自由地变换滑槽所负责的邮递区号。当条码读取不良时,将被分配到纠错滑槽,再重新输入条码确认邮递区号,以人工方式区分。

(2) 两台分类扫描器的效用。美国输送业 Roadway 公司,以分类机读取自下面通过的货品条码,此外,为读取颠倒货品在侧面的条码,将另一台激光扫描器装置在侧面,可消除翻转动作及减少人力的耗用,对分类效率有很大帮助。

2. 条码检查系统的应用实例

拣货时,用条码终端机读取附加在商品上的条码标签。若拣取的数量或种类错误时将发出警报,如此可确实消除拣取错误且无须进行事后的核查工作,此即所谓的条码检查系统。

而当作业结束后,由轻便型终端机向个人计算机转送资料,同时由打印机打印出已拣取货品的出库一览表,需要时可再度确认检查。

3. 出货流程应用实例

当负责配送的车辆到达后,如何安排车辆的停泊位置使站台不至于混乱,且如何掌握时效性,快速地将货品拣出,并让驾驶员知道此次出货的路径地点,可使用 ID 卡及电子看板辅助出货,以便将信息做最迅速、清楚的传递。利用 ID 卡的配送车出库作业流程如图 6-21 所示。

许多出货场合皆以电子指示板来表示出货目的地或中间节点的代码,也有配合卡车号码、出货托盘数目等信息显示,使作业者及驾驶员皆能迅速执行出货配送的作业。

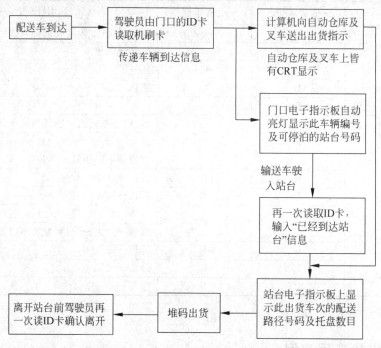

图 6-21　利用 ID 卡的配送车出库作业流程

4. 克服高楼层出货的坡道设计

由于目前土地成本日趋昂贵,厂商为有效利用有限土地,逐渐将配送中心厂房往立体或多楼层方向设计。这样大多数情况下,需将高楼层货品送至一楼装上卡车才能出货,如此将货品在多楼层间上下搬运的情况,容易造成货品损伤及影响出货效率,因而有些公司会考虑利用坡道设计的方式,直接让卡车经由坡道到达高楼层进出货场,不经由升降搬运直接进行该楼层的进出货作业。

6.4　案例分析：Amazon 的三种发货模式

Amazon 的发货方式有以下三种。

6.4.1　FBA 备货模式

FBA 的全称是 fullfillment by amazon,由亚马逊仓库提供的代发货业务,类似国内的京东物流。

1. FBA 的优点

(1) 提高 Listing 排名,帮助卖家成为特色卖家和抢夺购物车,提高成交率和销量。客户购买商品的时候会优先考虑亚马逊物流派送的商品。就好像我们国内上京东买东西会优先考虑京东物流派送的商品一样的心理,因为觉得更安全可靠。而且,亚马逊也会优先把自己配送的产品排名往前靠,如果产品相同,配送方式不一样,FBA 的排名会比自配送靠前。

（2）自建仓储物流体系，仓库遍布全世界，智能化管理。亚马逊在全世界范围内自建仓储物流体系，通过智能化管理，快速高效处理订单。

（3）派送速度快。卖家的货物都是存放在当地亚马逊仓库，FBA 仓储物流中心一般都建在机场附近，客户下订单之后，直接通过亚马逊物流发送到客户手中，所以运送速度超快。

（4）7×24 小时专业客户。这是针对买家的，当产品出现问题或有需要咨询客服的时候，确保能够第一时间解决客户的问题。

（5）无条件删除物流方面的差评，保持店铺的良好指标。这里指的不是 review 上的评论，而是 Feedback 上针对物流运输的评论。所以，可以不用顾虑物流上运输出现的差评会影响你的店铺评分。

（6）标准尺寸内，单价超过 300 美元的产品免除 FBA 的所有费用。也就是说，你的产品是高价值的小件货品，亚马逊物流将收取额外的物流配送费用。

2. FBA 的缺点

（1）需要卖家提前将货物备至亚马逊指定的仓库，卖家需要自己解决头程问题。亚马逊不负责清关和解决头程问题，卖家需要自己通过快递、空运、铁运和海运的方式提前备货至亚马逊指定的仓库。

（2）综合费用偏高。相对自发货和海外仓的所有相关费用累计考虑，FBA 的花费会更高。因为卖家需要支付亚马逊物流仓储等一系列相关费用。

（3）灵活性差。FBA 只能用英文和客服沟通，而且因为时差、工作习惯的不同，回复和处理问题的效率不是很高。FBA 只提供在亚马逊平台上的卖家使用，而且是后台默认分仓，会将卖家的产品分到不同的仓库，这样卖家只能分别发到不同的仓库，增加了成本。

（4）标签问题影响发货。由于发货到 FBA 仓库是需要贴亚马逊的产品标签的，这样亚马逊收到货之后才能扫描上架，分拣派送。因此，产品标签一旦出现错误或破损，产品是无法入库上架的。

（5）退换货问题处理偏向客户。亚马逊是支持客户无条件退换货的，但是 FBA 仓对退回的产品不会再进行任何的鉴定，就算退回来的产品没有质量问题，亚马逊也不会再次将产品上架出售。如果产品被退回，无论是销毁还是寄还卖家，亚马逊都会再另外收取费用。

（6）严格的商品限制和包装要求。亚马逊对 FBA 的商品有严格的限制和包装要求，在亚马逊限制范围内或包装没有达到亚马逊要求的商品会被亚马逊拒收、退仓。

6.4.2　第三方海外仓备货模式

第三方海外仓，即第三方海外仓储服务。是指由物流服务商独立或共同为卖家在销售目标地提供的货品仓储、分拣、包装、派送的一站式控制与管理服务。卖家将货物存储到当地仓库，当买家有需求时，第一时间做出快速响应，及时进行货物的分拣、包装及配送。

虽然 FBA 解决了卖家很多问题，但是由于亚马逊对产品的限制和要求，以及成本高，灵活性差等问题，而这些问题可以通过第三方海外仓解决。相对于 FBA 来说，海外仓有它特有的一些优势。第三方海外仓的优点如下。

（1）海外仓可以给卖家提供头程清关服务，有的甚至还会有包含代缴税金、派送到仓的一条龙服务。海外仓和 FBA 一样，需要提前备货到海外仓库。但是相对于 FBA 来说，海外仓是可以提供头程清关服务的。

（2）更低的仓储物流成本。海外仓也可以提供货品仓储、分拣、包装、派送的一条龙服务，综合费用成本比 FBA 低很多。

（3）灵活性相对 FBA 会强很多。第三方海外仓一般都是和国内物流商合作的，国外仓库都有华人驻守，沟通处理起来方便快捷。海外仓没有平台限制，无论在哪个平台售卖，都可以使用海外仓。

（4）海外中转。海外仓还可以作为海外中转仓库，特别是旺季时候有些卖家出现亚马逊平台断货，如果海外仓有货，可以直接从海外仓调拨到 FBA 仓，节省从国内发货的时间，及时补足库存。

（5）关于退换货产品，如无质量问题，海外仓可重新更换标签或重新包装，再次上架销售，减少损失。

（6）对产品的限制和包装要求没有那么严格。相对于 FBA 来说，第三方海外仓对产品的限制和包装没有那么严格，而且对外箱有破损的，海外仓还可以帮忙换箱，但是要收费。

第三方海外仓的这些优势弥补了 FBA 的缺陷，但是使用 FBA 独有的优势是第三方海外仓做不到的。例如，海外仓服务商是不可能像亚马逊那样，给卖家的产品提供平台或在平台上增加曝光度。卖家需要自己做站内外的推广来增加店铺的业绩；由 FBA 所导致的任何中差评，亚马逊都会移除，卖家无须操心，而使用海外仓所引起的中差评，海外仓不一定能提供售后与投诉服务，就算提供了，也不一定能够成功消除客户留下的中差评。

无论选择 FBA，还是第三方海外仓，都有各自的优点和缺点。可以根据自身的实际情况选择使用 FBA 仓还是第三方海外仓。对货量较大的卖家来说，可以选择 FBA 仓与海外仓相结合的方式。

6.4.3　卖家自发货模式

除了 FBA 和第三方海外仓两种发货模式，还有一种发货模式就是卖家自发货。相对于 FBA 和第三方海外仓，自发货库存控制更强。

自发货就是指卖家在收到客户订单后，直接从国内供应商或仓库直接发货给国外顾客，即卖家自己负责仓储、分拣、包装、派送和客户服务等一系列活动。自发货的优点如下。

（1）库存可控，库存资金占用小，资金周转率高。自发货模式库存在卖家自己手上，卖家自己管理库存，可以及时控制库存量，加快库存周转，减少资金占用，库存风险可控，灵活，库存压力较小。

（2）发货渠道选择多，操作更灵活。卖家自发货，可以选择的渠道较多，自发货渠道有国际小包（包括平邮、挂号）、国际专线小包、国际快递等方式。卖家可根据自己的产品的特点和客户的需求，选择最适合的发货渠道，控制物流费用，同时满足客户需求。

自发货也有明显的缺陷。卖家必须亲自处理包装、运输、客户服务和退货问题，使卖家不得不花费大量的时间和人力。另外，虽然自发货可选择的渠道多，但是时效可控性不强，如果因为发货不及时或物流太慢，客户的中差评是没法消除的。同时，消费者也比较倾向于购买 FBA 物流下的产品，所以使用自发货时，可能会对店铺销量造成一定的影响。

本 章 小 结

本章介绍了收发货模式和合理化原则,系统阐述了进货作业、出货作业的流程和分析改善方法,并说明了进出货作业设施和作业区域的设计要求。

几种典型的收发货模式分别为直接发货、越库作业、直接入库到拣选区、直接入库到储存区和传统收发货等模式;常用的入库模式包括直接入库、定向入库、成批及按序入库、交错存取及连续搬运入库等;发货合理化的途径包括货物容器优化、重量检查、自动直接发货、发货平台管理。

进货作业包括卸货、拆包装、分类、贴标签、验收等作业环节,并完成进货记录;出货作业包括分货、出货检查、打包和装运作业环节,并完成出货状况调查和记录。

复 习 题

1. 典型的收发货模式有哪些?

2. 简述直接发货模式、越库作业模式、直接入库到拣选区、直接入库到储存区和传统收发货模式的特点及适用场合。

3. 常用的入库模式包括哪几种? 简述各自含义及适用场合。

4. 发货合理化的途径有哪些?

5. 货品编号的方法有哪些? 并举例说明编号原理。

6. 简述进货时货品分类的方式及原则。

7. 说明货品验收的方法及依据的标准。

8. 进货作业影响因素有哪些? 如何进行进货系统的分析和设计?

9. 影响出货作业的相关因素有哪些?

10. 出货时分货的方式有哪几种?

11. 试举例说明出货形式是如何决定出货作业的。

第 7 章

配送中心储位管理

7.1 储位管理概述

7.1.1 储位管理意义

仓储作业在传统物流系统中一直扮演着最主要的角色,但是在目前生产制造技术及运输系统都已相当发达的情况下,储存作业的角色也发生了质与量的变化。虽然其调节生产量与需求量的原始功能一直没有改变,但是为满足目前市场少量多样需求的形态,物流系统中的拣货、出货、配送的重要性早已凌驾在仓储保管功能之上。

货品在拣货出库时的数量控制与掌握称为"动管",以与传统仓储的"保管"加以分隔。而动管的掌握,目的在于适应时效性配送,故而重视其分类配送机能。配送中心的特性即在于重视分类配送机能的运作。从传统的原料、成品仓库等与配送中心做一比较,由图 7-1 即可清楚地看出各类仓库在保管机能、分类配送机能与面积运用上的差异。

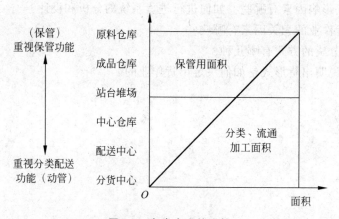

图 7-1 各类仓库的比较

由于分类配送机能被重视,货品的保管就已不再是那么单纯,为配合配送时效及市场少量多样的需求,货品的流通将变得快速且复杂,相对的在储存作业中就会因流动频率及品项的增加而难以掌控。要如何有效地掌控货品的去向及数量呢?当然最有效的方法就是利用储位来使货品处于被保管状态,而且能够明确地指示储位的位置,并且货品在储位上的变动情况都能确实记录。一旦货品处于被保管状态,就能时刻掌握货品的去向及数量,并了解其位置,而储位管理就是提供此位置的管理法则,这也就是储位管理的意义所在。

储位管理最主要的目的就是辅助其他作业顺利进行。配送中心作业就是一连串的"存"与"取"的动作组合,如进货存放进货暂存区,暂存区取出再放至保管仓,保管仓补货取出再存放至拣货仓,拣货仓拣货取出再存放至出货暂存区,出货暂存区取出再存放至配送车上,这些一连串的"存"与"取"都会使用保管储放区域,如何使这些"存"与"取"快速而有效地在各作业中的保管储放区域定位,所要依循的就是储位管理。因此,储位管理的目的就是辅助其他作业顺利进行,方便其他作业"存"与"取"的动作以及掌握库存,提供其他作业进行的判断依据,而其最主要辅助作业对象就是拣货作业。

7.1.2　储位管理基本原则

储位管理与库存管理、商品管理一样,它们的管理方法就是原理原则的灵活运用,但储位管理不像库存管理、商品管理那样被定义明确,所以要了解储位管理,首先要了解其基本原则。储位管理的基本原则有三个方面。

(1) 储存位置必须很明确地被指示出来。先将储存区域经过详细规划区分,并标识编号,让每一项预备储放的货品均有位置可以储放。此位置必须是很明确的,而且是经过储位编码的。很多配送中心习惯把走道当成储区位置来使用,这是不对的,虽然短时间会得到一些方便,但会影响作业的进出效率,违背了储位管理的基本原则。

(2) 货品有效地被定位。依据货品保管区分方式的限制,寻求合适的储存单位、储存策略、指派法则与其他储存的考虑要素,把货品有效地配属放置在先前所规划的储位上。所谓有效的就是刻意的、经过安排的。例如,是冷藏的货就该放冷藏库,是高流通的货就该放置在靠近出口处,香皂就不应该和香烟放在一起。这些就是此原则的基本应用。

(3) 异动要确实登录。当货品有效地被配置在规划好的储位上后,剩下的工作就是储位的维护,也就是说,货品不管是因拣货取出,或因产品更新,或是受其他作业的影响,使货品的位置或数量有了改变,就必须确实地把变动情形加以记录,以使料账与实际数量能够完全吻合,如此才能进行管理。由于此项变动登录工作非常烦琐,以及仓管作业人员在繁忙工作中的惰性,使这个原则变成储位管理最困难的部分,也成为目前各配送中心储位管理作业成败的关键所在。

7.1.3　储位管理步骤

由于储位管理的基本方法就是一些原理和原则的灵活运用,因此首先就要先行了解这些原理和原则,然后应用这些原理和原则来判别自己货品的储放需求。假如储放空间不足,就必须先行对储放空间进行规划配置,空间规划配置期间附带的储放设备及搬运设备的选用也应一并考虑。当两者都决定后,便可以对这些保管区域与设备进行储位编码。编码完成后,再考虑这些货品要用什么模式指派到编好码的储位上。一旦货品指派到储位上,剩下的便是储位维护的工作了。

要做好储位维护的工作,除使用传统的人工表格记录外,更普遍的是采用科学的控管技术来实现。同时借助一些评估与改善方法来保证储位维护工作能持续不断。储位管理的步骤与方法如图 7-2 所示。

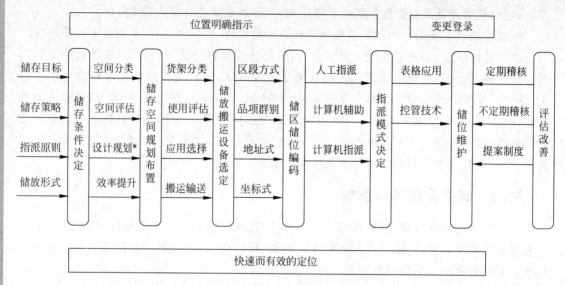

图 7-2　储位管理的步骤与方法

7.1.4　储位管理要素

进行储位管理时的主要影响要素包括储位空间、货品、人员及储放、搬运设备与资金等关联要素,如图 7-3 所示。

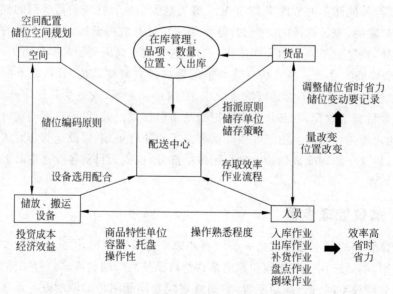

图 7-3　储位管理构成要素

1．储位空间

不同形态的配送中心,其所重视的机能也不同,有的重视保管机能,有的重视分类配送机能。故在考虑储位空间时,在重视配送中心保管机能的同时,主要是仓库保管空间的储位分配;而在重视配送中心分类配送时,则为拣货动管及补货的储位配置。而在储位配置规划时,需先确定储位空间。因而必须考虑到空间大小、柱子排列、梁下高度、走道、设备回转半径等基本因素,再配合其他外在因素进行考虑,方可做出一个完善的配置。

2. 货品

如何管理放置在储位空间中的货品? 首先必须分析货品的属性和特征。货品属性和特征包括以下内容。

(1)供应商。供应商即商品是供应而来,还是自己生产而来。有无其行业特性及影响。

(2)商品特性。此商品的材积大小、重量、单位、包装、周转率快慢、季节性的分布,以及物性(腐蚀或溶化等)、温湿度的需求、气味的影响等。

(3)量的特征。如生产量、进货量、库存决策、安全库存量等。

(4)进货时效。采购前置时间,采购作业特殊需求。

(5)品项。种类类别、规格大小等。

然后考虑货品如何摆放。摆放时需考虑以下内容。

(1)储位单位。储位的单位是单品、是箱,还是托盘,且其商品特性如何?

(2)储位策略的决定。储位策略的决定是定位储放、随机储放、分类储放,还是分类随机储放,或是其他分级、分区储放。

(3)储位指派原则的运用。靠近出口,以周转率为基础。

(4)商品相关性。

(5)商品特性。

(6)补货的方便性。

(7)单位在库时间。

(8)以订购概率为基础。

商品摆放好后,就要做好有效的在库管理,随时掌握库存状况,了解其品项、数量、位置、入出库状况等所有资料。

3. 人员

人员包括仓管人员、搬运人员、拣货和补货人员等。仓管人员负责管理及盘点作业,拣货人员负责拣货作业,补货人员负责补货作业,搬运人员负责入库、出库作业、翻堆作业(为商品先进先出、通风、气味避免混合等目的)。而人员在存取搬运商品时,在配送中心的作业中,讲求的是省时、有效率。而在照顾员工的条件下,讲求的是省力。因此要达到存取效率高、省时、省力,则作业流程方面要合理化,精简;储位配置及标识要简单、清楚,一目了然;要好放、好拿、好找。表单要简单、统一且标准化。

4. 关联要素

除上述储位空间、货品、人员三项基本要素以外,其他主要的关键要素是储放设备、搬运与输送设备,即当货品储放不是直接堆码在地板上,则必须考虑相关的托盘、货架等。而人员不是以手抱、捧货品时,则必须考虑使用输送机、笼车、叉车等输送与搬运设备。

(1)搬运与输送设备。在选择搬运与输送设备时,需考虑商品特性、货品的单位、容器、托盘等因素,以及人员作业时的流程与状况,再加上储位空间的配置等,选择适合的搬运与输送设备。当然还要考虑设备成本与人员使用操作的方便性。

(2)储放设备。储放设备同搬运与输送设备考虑的一样,可根据商品特性、货品的单位、容器、托盘等商品的基本条件,选择适当的设备配合使用。如使用自动仓库设备,或是固定货架、流动式货架等。有了货架设备,必须将其做标识、分隔或是颜色辨识管理等。对拣货作业,则可应用电子辅助标签。而出货、点货时,可考虑纳入无线电传输设备(RF)。而后需将各储位及货架等进行编码,以方便管理。而编码原则,则必须明晰易懂,方便作业。

7.1.5 储位管理目标

除上述的基本要素与关联要素之外,还需考虑储位管理的目标,以管理目标作为决策的指导原则。储位管理目标有以下几点。

(1) 空间使用率要高。

(2) 作业方便。

(3) 进出货效率高。

(4) 先进先出。

(5) 商品好管理。

(6) 盘点容易。

(7) 库存掌握无浪费。

(8) 配送快,无缺货。

(9) 资金。

所有规划的评估最后仍需回归到投入的资金与成本是否超出预算能力,因此投资成本及经济效益具有决定性的影响。

综上所述,做储位管理时,需事先全面考虑,方能做到有效管理。

7.2 储位编码与储位系统

当规划好各储区储位后,这些位置自此会被经常使用,为方便记忆与记录,储位编号、品名、序号、标签记号等用以辨识的记录代码就变得非常重要。如果没有这些可辨识区分的符号代码,则记忆系统无法运作。实际上,储位的编码就如同货品的住址,货品编号就如同姓名一般,一封信(记忆系统)在住址、姓名都写明、写清楚的条件下,才能迅速正确地送到收信人手中。也就是说,每一个品项都要有一个地址和姓名,以便在需要时能马上找到它。

7.2.1 储位编码方法

一般储位编码的方法有下列四种。

1. 区段方式

区段方式是指把保管区域分割成几个区段,再对每个区段进行编码,如图7-4所示。

这种编码方式是以区段为单位,每个号码所标注代表的储位区域将会很大,因此适用于容易单位化的货品,以及大量或保管周期短的货品。在ABC分类中,A、B类货品也很适合这种编码方式。货品以物流量大小来决定其所占的区段大小,以进出货频率次数来决定其配置顺序。

2. 品项群方式

品项群方式是指把一些相关性货品经过集合以后,区分成好几个品项群,再对每个品项群进行编码,如图7-5所示。

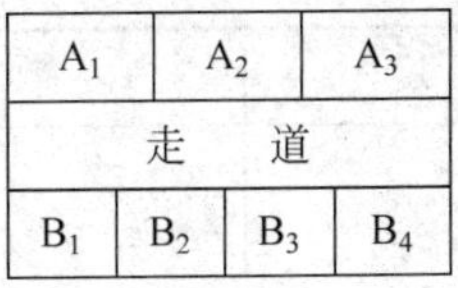

A_1 A_2 A_3
走 道
B_1 B_2 B_3 B_4

图 7-4 区段方式(物流量、ABC 群)

2900 2800 2700
走 道
3900 3800 3700 3600

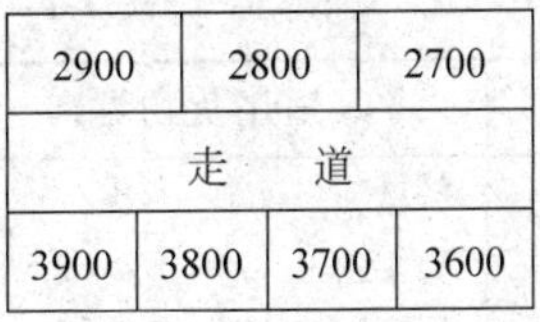

图 7-5 品项群方式(如五金、食品)

这种编码方式适用于比较容易按商品群别保管及品牌差距大的货品，如服饰、五金方面的货品。

3. 地址式

地址式是指利用保管区域中的现成参考单位，例如建筑物第几栋、区段、排、行、层、格等，按照其相关顺序进行编码，就像地址的几段、几巷、几弄、几号一样，如图 7-6 所示。

12
(1)
(2)
(3)
(6)
1 2 3 4 5
(7)
6 7 8 9 10
(8)
(11)
(12)
(13)

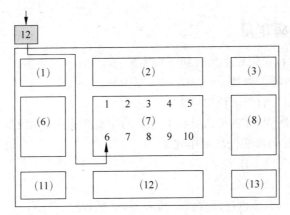

图 7-6 地址式(12—7—6)

上述编码方式由于其所标注代表的区域通常为一个储位，且按顺序编排，使用起来清晰又方便，所以是目前配送中心使用最多的编码方式。但由于其储位体积所限，适合一些储量少或单价高的货品储存使用，例如 ABC 分类中 C 类的货品。图 7-6 为第 12 区、第 7 排、第 6 号的货品。

4. 坐标式

坐标式是指利用空间概念来编排储位的方式，如图 7-7 所示。这种编排方式由于其对每个储位定位切割细化，在管理上比较复杂，对流通率很小、需要长时间存放的货品(也就是一些生命周期较长的货品)比较适用。

Z
5
4
3
2
1
0
1 2 3 4 5
Y
1
2
3
X

图 7-7 坐标式(X3-Y4-Z5)

一般而言，由于储存货品特性不同，所适合采用的储位编码方式也不同，而如何选择编码方式就得依保管货品的储存量、流动率、保管空间布置及所使用的保管设备而做选择。不同的编码方法，对管理的容易与否也有影响，这些都必须先行考虑上列因素及资讯管理设备，才能因地制宜地选用，如表 7-1 所示。

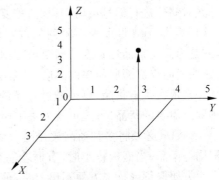

表 7-1　各种编码方式的适用性

编码方式	适用货物类别	定位程度	管理程度
区段式	大量 A 类 保管周期短 适合单元化货品	↑ 广泛	↑ 简单
商品类别式	品牌差别大 按品项类别管理		
地址式	高单价 C 类		
坐标式	固定储放保管 适用于生命周期较长的货品	↓ 仔细	↓ 复杂

7.2.2　储位编码作用

储位经过编码以后,在管理上具有如下功能。

(1) 确定储位资料的正确性。

(2) 提供计算机相对的记录位置以供识别。

(3) 提供进出货、拣货、补货等人员存取货品的位置依据,以方便货品进出上架及查询,节省重复找寻货品的时间且能提高工作效率。

(4) 提高调仓、移仓的工作效率。

(5) 可以利用计算机处理分析。

(6) 因记录正确,可迅速依序储存或拣货,一目了然,减少差错。

(7) 方便盘点。

(8) 可让仓储及采购管理人员掌握储存空间,以控制货品存量。

(9) 可避免货品乱放堆置致使过期而报废,并可有效掌握存货而降低库存量。

7.2.3　储位编码标识

在理解了这些储位的编码及货品的编号的方法后,除要灵活运用这些编码编号原则外,还必须进行储位的标识,在每个储位上(货架上)以大字明确地写上品名、货号、储位、条码,以便容易知道货物放在那里,而保管空间灯光是否明亮也是很重要的。

在对储位进行编号编码标识时,需要注意以下几个问题。

(1) 尽量不要将多种不同商品放在同一个的储位编码中。很多配送中心由于空间受限,或是为简化货品位置变动而要填写调拨单的手续,常在一个储位编码中放置很多种的货品,这些货品仅靠一些简单的品名、货号标识来区分排列,初期虽然可由这些品名、货号的标识顺序来依次拣取货品,可是经过货品的更新换代后,一旦货品顺序变动后,就很不容易寻找拣取所需要的货品了,这也就失去了储位编码的意义。

(2) 如果必须将多种商品放在同一个储位(储位编码)中,需要增加辅助标签。例如,服装配饰等商品,当储量较小时,有时会将同一款式但不同颜色的服装或饰品放在一个储位上。为方便取货或拣选方便不出差错,可采用储位切割的方法,即将该储位空间以隔板或其他简易分隔材料分隔成多个储物空间,每个格内放一个花色,并在每一分隔区标明货号,而这些货号通过在最末端追加花色区别代码来供区别选择（图 7-8），包装数量不同的情况下这种方式也适用。若为更进一步掌握细项库存，也可将储位码加以细分，如采用 A72-1（存货为 UB672-B）、A72-2（存货为 UB672-Y）、A72-3（存货为 UB672-R）、A72-4（存货为 UB672-W）的标识方法与货号相互对应。

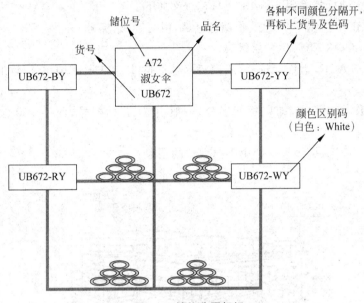

图 7-8　储位分隔标识

（3）预备储区（进出货暂存区）的编码标识。一般而言，配送中心的暂存区都不会摆放任何储放设备，大都以开放式的平面区域来利用成暂存区。这个区域的编码可采用区段式，先按照历史资料，分析每批进出货的量，求取一个概估量，再按照这个量，把暂存区分隔成数个区段，每个区段用有颜色的线标识区分，并在每个区段前方靠近走道处标上 $20\mathrm{cm}^2$ 大的储区编号。由于货品在暂存区上均属于短时间存放，因此这个储区无法标上其品名货号。所以除在每托盘货品上粘贴上这些货品的品名、货号、数量等资料外，还应在暂存区前方最醒目处，准备一块足够大的看板；此看板上按照暂存区的储区分隔布置方式，划分成相等比例区域，并比照标上储区编号。一旦有货品放入暂存区时便在看板储位对应位置写上品名、货号、数量，而货品取出时便擦除，这样从看板上便可了解目前暂存区的存放情况，以此作为相关作业的参考依据。

（4）动管储区的编码标识。配送中心的动管储区的货架主要是为拣货方便，故经常采用流动货架。而此货架的作业方式是在货架前面取货，在货架后面补货。虽然都会在流动货架前面贴上明确的储位、品名、货号等标识，而补给货品的流动货架后方却未贴有任何标识，即使装有一些灯号指示，但是对补货时的指派仍是帮助有限，因此动管储区的编码及品名、货号的标识，必须考虑补货的指引方便，尤其是流动货架在其后方的粘贴标识，甚至条码也附上，以供补货时可用条码读取机扫描做确认登录。

7.2.4　储位系统

清楚地设计好储区后，在从前，一般都只是使用"记忆系统"（memory system）来帮员工简单地记住货品大概位置,然而这种做法往往发挥不了多大功效。而后,使用品名、序号、记号或其他指示号码来记录品项位置的方法也被使用,但只考虑品项本身代号的系统仍不够完全,也较无弹性。因此,暗示性储位标号的意义就是能指出配送中心的每一个点,让员工能很肯定地指出什么东西被放在什么地方,使每个品项都有一地址以便需要时能立即找到它。例如图 7-9 中的标签号码 103-15-723,其意义如下。

- 10 表示 BLDG.,指厂房建筑物储存区域,由"1"开始标号。
- 3 表示 FLOOR,指厂房楼层级。
- 15 表示 STACK,指堆垛位,一般设定标号不超过 50,即 STACK 排数由左至右不超过 50。
- 72 表示 ROW,指排,即以货架区分,一般由 51 开始标号,而 1～50 保留给较长列(排)编号。
- 3 表示 LEVEL,指每一货架由下向上数的层数。

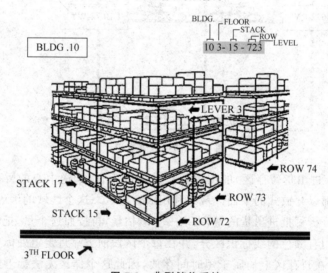

图 7-9 典型储位系统

图 7-10～图 7-12 分别为大、中、小批量储区布置与编号,其中,STACK 的标号都保持在 50 以内,而 ROW 的标号分大、中、小批量储区按下述排列:
- 大批量储区——51～100;
- 中批量储区——101～150;
- 小批量储区——151～。

此编号范围以 50 为划分是较保险的做法,可预留些编号待将来大、中、小批量储区要扩充时做增加或插入的修正,无须大幅度的变动。当然此编号范围应视配送中心的规模来做调整,若公司的规模较小,则也可以 30 来区分:
- 大批量储区——51～80;
- 中批量储区——81～110;
- 小批量储区——111～。

另外,从图 7-10～图 7-12 还可看出,在通道之间常留有空列标号,作为往后重新安排或扩充时之用,如大批量储区的 ROW 80、81、82,如此编号设计在使用时将更有弹性。

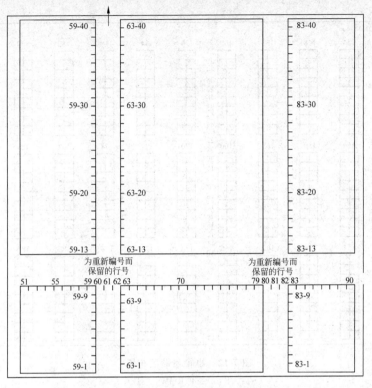

图 7-10　大批量储区布置

（STACK：1～50，ROW：51～100）

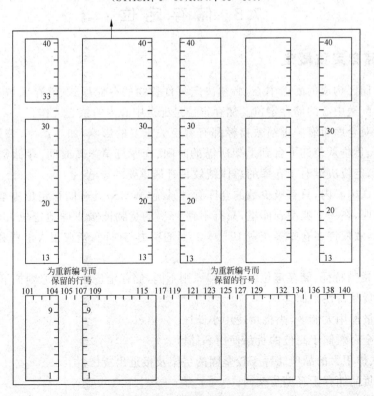

图 7-11　中批量储区布置

（STACK：1～50，ROW：101～150）

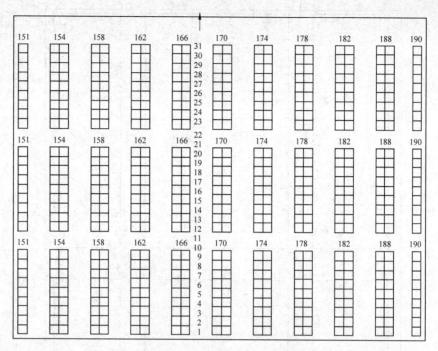

图 7-12 小批量储区布置

(STACK：1～50,ROW：151～)

7.3 储 存 定 位

7.3.1 储存定位概念

一个由多储区构成的配送中心,必须决定每件货物的存储模式、储存区域和储存位置,这些工作称为配送中心的储存定位。储存定位是配送中心内的核心工作。

定位作业对仓库所有关键绩效指标都有着至关重要的影响,如生产率、装运的准确性、库存的准确性、货物从装卸平台到上架所需的时间、仓库订单周转时间、存储密度和自动化水平等。因此,定位决策对于仓库的总体绩效具有最重要的影响。

但是在配送中心内,只有极少数的仓库管理系统(WMS)具有储存定位决策的功能。某些研究结果表明,在一个典型仓库里,只有不到15%的货物能被正确地定位,由于仓储活动的定位不恰当,致使许多仓库多花费10%～30%的精力与时间,造成很大浪费和不必要的成本支出。

根据储存货品特征,储存定位的方法和原则不同,储存定位的基本原则如下。

(1) 按照货品特性来储存。

(2) 大批量使用大储区,小批量使用小储区。

(3) 能安全有效储于高位的货品使用高储区。

(4) 笨重、体积大的品项储存于较坚固的层架及接近出货区。

(5) 轻量货品储存于轻型货架内。

(6) 将相同或相似的货品尽可能接近储放。

（7）不活动的货品或小、轻及容易处理的品项储存于较远储区。

（8）周转率低的货品尽量远离进货、出货及仓库较高的区域。

（9）周转率高的货品尽量放于接近出货区及较低的区域。

（10）服务设施应选在低层楼区。

7.3.2　储存定位策略

储存策略主要是各储区或储位的储存方式和方法。良好的储存策略可以减少出入库移动的距离、缩短作业时间，甚至能够充分利用储存空间。一般常见的储存策略如下。

1. 定位储放

定位储放的基本原理：每一项储存货品都有固定储位，货品不能互用储位，因此需规划每一项货品的储位容量不得小于其可能的最大在库量。选用定位储放的场合如下。

（1）储区安排需要考虑货品尺寸及重量的场合。

（2）储存条件对货品储存非常重要时。例如，有些品项必须控制温度。

（3）易燃物必须储放于一定高度以满足保险标准及防火规范。

（4）由管理或其他政策要求某些品项必须分开储放的场合，如饼干和肥皂、化学原料和药品。

（5）重要货品的储存。

（6）储区能被记忆，容易提取的场合。

定位储放的优点如下。

（1）每项货品都有固定储放位置，拣货人员容易熟悉货品储位。

（2）货品的储位可按周转率大小（畅销程度）安排，以缩短出入库搬运距离。

（3）可针对各种货品的特性作储位的安排调整，将不同货品特性间的相互影响降至最低。

定位储放的缺点为储位必须按各项货品的最大在库量设计，因此储区空间平时的使用效率较低。

总体而言，定位储放容易管理，所需的总搬运时间较少，但却需要较多的储存空间。此策略较适用于厂房空间大和多种少量商品的储放。

2. 随机储放

随机储放的原理：每一个货品被指派储存的位置都是经由随机的过程所产生的，而且可经常改变；也就是说，任何品项可以被存放在任何可利用的位置。此随机原则一般是由储存人员按习惯来储放，且通常可与靠近出口原则联用，按货品入库的时间顺序储放于靠近出入口的储位。

随机储放的优点：由于储位可共享，因此只按所有库存货品最大在库量设计即可，储区空间的使用效率较高。

随机储放的缺点：①货品的出入库管理及盘点工作的进行困难度较高。②周转率高的货品可能被储放在离出入口较远的位置，增加了出入库的搬运距离。③具有相互影响特性的货品可能相邻储放，造成货品的伤害或发生危险。

一个良好的储位系统中，采用随机储存能使货架空间得到最有效的利用，因此储位数目得以减少。由模拟研究显示出，随机储存系统与定位储放比较，可节省 35% 的移动储存时间,增加30％的储存空间,但较不利于货品的拣取作业。因此随机储放较适用于厂房空间有限且品种少或体积较大的货品。

若能运用计算机协助随机储存的记忆管理,将仓库中每项货品的储存位置交由计算机记录,既可用于进出货储区位置的查询,也能调配进货储存的位置空间,按计算机所显示的各储区各储位的剩余空间来配合进货品项的安排,必要时也能调整货品储放位置进行移仓作业规划。随机储放的计算机配合记录形式如表7-2所示。

表7-2　随机储放的计算机配合记录形式

储位号码	储位空间大小	货品名称	货品代号	货品库存	储位剩余空间大小

此记录表要随时与进货、出货、退货资料配合更改。

（1）进货。该货品进货量→加至货品库存→扣减储位剩余空间。

（2）出货。该货品出货量→由货品库存扣减→增加储位剩余空间。

（3）退货。该货品维修入库量→加至货品库存→扣减储位剩余空间。

3. 分类储放

所有储存货品按照一定特性加以分类,每一类货品都有固定存放的位置,而同属一类的不同货品又按一定的原则来指派储位。分类储放通常按产品相关性、流动性、产品尺寸和重量及产品特性等属性来分类。

分类储放的优点:①便于畅销品的存取,具有定位储放的各项优点。②各分类的储存区域可根据货品特性再做设计,有助于货品的储存管理。

分类储放的缺点是储位必须按各项货品最大在库量设计,因此储区空间平均的使用效率低。

分类储放较定位储放具有弹性,但也有与定位储放同样的缺点。因而较适用于以下情况:①产品相关性大者,经常被同时订购。②周转率差别大者。③产品尺寸相差大者。

4. 分类随机储放

每一类货品有固定存放的储区,但在各类的储区内,每个储位的指派是随机的。

分类随机储放的优点是既有分类储放的部分优点,又可节省储位数量、提高储区利用率。缺点是进行货品出入库管理及盘点工作的难度较高。

分类随机储放兼具分类储放及随机储放的特色,需要的储存空间量介于两者之间。

5. 共同储放

不同的货品可共享相同储位的方式称为共同储放。共同储放在管理上虽然较复杂,所需的储存空间及搬运时间却更经济。

7.3.3　智能化定位系统

许多原因会造成储存定位不合理,如无法获取数据,无法获取信息管理系统的资源,没有用于定位作业的方法,无法使定位保持现状等。这里介绍一种智能化的储存定位系统。它是在一台与仓库管理系统主机相连的个人计算机上运行的,该系统会动态地为仓库推荐恰当的定位作业方式。

通过对许多项目及其所涉及的各类产品进行分析之后,归纳提出了包含 9 个步骤的定位方法,并开发了一套智能化定位系统,这套系统可适用于任何一个行业。下面将简要介绍这种定位方法。

1. 实施仓储作业审核

仓库作业审核包括仓库绩效与仓库实践差异分析。审核的目的是为揭示出定位作业是否能够改善及如何改善仓储作业的绩效。在某些仓储作业中,智能化定位并不能提高绩效,其原因在于糟糕的管理、低落的员工士气、不足的员工训练、工会与管理层的紧张关系、混乱的内务管理、不充分的计算机培训及支持。当然,还有其他一系列的原因。在这种情况下,实施仓储作业审核方案就没有什么意义了。

2. 开发定位数据库

实施仓储定位是需要大量数据的。如果对仓储货物的存储特性、尺寸及仓储活动没有全面准确的数据,智能化定位是不可能实现的。但是幸运的是,定位所需的各类数据的数量并没有多得让人无法处理。对每件货物需要了解,下面列出所需的各类数据。

(1) 产品编号。

(2) 产品描述。

(3) 产品类别。

(4) 存储的环境要求(冷冻、冷藏、易燃品、危险品等)。

(5) 保存期限。

(6) 尺寸(长、宽、高)。

(7) 单位产品体积。

(8) 重量。

(9) 每纸箱产品数量。

(10) 每托盘的纸箱数量。

(11) 测量的基本单位。

应该从已有的产品基本信息备忘录中获取这些信息。评估这些数据的准确性及可用性的过程也是一个数据审核的过程,该过程是非常有益的。

针对每项客户订单,需要了解以下事项。

(1) 客户的身份证明。

(2) 订单上要求的特殊商品及每项商品所订购的数量。

(3) 订单的日期及时间。

一般可以从产品销售或订单的历史记录中获取这类信息;所需样本的大小在很大程度上取决于行业的季节周期性。如果每年都会出现一次很大的需求高潮(如邮购行业和零售行业),那么需要参考 12 个月的样本数据。而如果需求量在一年内各个时期都很稳定的话

（如汽车自动化配件行业），那么 3～6 个月的样本就是比较合适的。

3. 计算定位的数据指标

一旦得到原始的数据，下面所要做的就是计算各种定位统计数据指标。在表 7-3 中列出了从定位数据库中可以计算出的各类定位数据指标。

表 7-3　定位数据指标、符号及测量单位

定位数据指标	符　号	测量单位	注　意　事　项
定位的区间	R	时间单位（年、季度、月、周、天）	用于定位计算的时间段
产品热销程度	P	单位时间内产品被需求的次数	有时指的是产品被订购的次数。通常将该指标和数量指标综合起来，决定产品的存储模式及相应的存储位置
周转率	T	单位时间内产品出库发货的单位数量	该指标反映了某种商品的被需求程度。将该指标与货物的单位体积一起使用，来计算产品的空间周转率，以便确定存储模式及位置安排
单位货物的体积	C	m^3/每单位	该指标衡量的是某种货物的单位体积。数据库当中可能已经包含了这类信息，如果没有的话，可以通过测量产品外部容器（托盘、货箱、抽屉式容器或货袋）的尺寸，再除以容器内的产品数量来计算这个指标
空间周转率	$V = T \times C$	m^3/单位时间	该指标被用来决定合适的存储模式及相应的空间分配
拣选密度	$D = P/V$	被订购次数/m^3	该指标被用于黄金区域的分配过程。拣选密度最高的货物应该被存放在最易于接触到的位置
需求增量	$I = T/P$	每次订购的产品数量	
标准需求偏差	S		用来测量每日的标准需求偏差

表面看来这些统计数据是不用加以说明的。但是，在解释每项统计值的过程中还存在着一些微妙的关键性的问题。例如，人们经常以产品的销售金额或是单位销售额来衡量产品的热销程度，但这种衡量方法是不正确的。应该以一件产品被订购的次数来衡量它的热销程度（简称 P），就如同衡量自动唱片点唱机的一首歌曲的热销程度一样。这个指标非常关键，因为它衡量的是一个操作员可能访问某个产品存储位的次数。因为操作员在仓库中的大部分工作都是在仓库存储位之间往返来回，所以要想成功地全面管理仓库里的工作，了解各个或各类产品储位可能被访问的次数是十分关键的。

但是许多仓库管理者在寻找定位标准时，对产品热销性这一指标的运用都很有限。他们仅仅运用这一指标确定货物的存储模式，分配货物的存储空间及确定货物的位置。考虑一下箱式货架黄金区域划分的实例，划分黄金区域的目的是尽量使订单拣选作业在腰部或接近腰部的位置进行。假设黄金区域有 $7m^3$ 的空缺，再假设正准备为 3 件货物确定存储位置，而表 7-4 记录了定位 3 件货物所需的统计数据。

表 7-4　定位实例

产品编号	热销性	空间周转率	拣选密度
A	140 次/月	7m³/月	20 次/m³
B	108 次/月	4m³/月	27 次/m³
C	75 次/月	3m³/月	25 次/m³

假如决定在箱式货架的位置存放一个月供应量的货品。那么货物 A 需要占用 7m³ 的空间,货物 B 需要 4m³,货物 C 则需要 3m³。如果根据热销程度给这 3 种货物排序,然后按照所排的顺序决定将哪种货物优先安排到黄金区域(请记住黄金区域只有 7m³ 的空缺)。那么根据排序的结果,应该把货物 A 存放到黄金区域(它会占用全部的空缺)。而操作员每个月访问该区域的次数就会达到 140 次(请记住要尽量增加访问黄金区域的次数)。这是所能达到的最好的情况吗? 显然不是! 如果把货物 B 和货物 C 分配到黄金区域,那么操作员每个月访问该区域的次数就能达到 183 次。如果把拣选密度当作排序的标准,就可以使黄金区域里的活动达到最大化。这就是为什么测量订单拣选活动对实现成功定位如此至关重要的原因,同样也说明了为什么获取所有的定位数据是如此重要了。

4. 编制仓储活动分析图表

应该利用定位数据与订单的历史记录进行仓储活动图表分析。而拣选模式的图表分析则对各种拣选模式做了界定说明。例如,表 7-5 所示为零散货物各储区的主要储存参数和运行成本。各储区的储存参数与成本对货物定位是至关重要的。

表 7-5　各储区仓储活动分析表

项　　目	箱式货架	流动式货架	储存抽屉	水平旋转传送装置	垂直旋转传送装置	轻负载自动存取系统	自动分类机
拣选率(每人时拣选产品种类)	90	70	50	150	80	60	1200
再储存率(每人时再储存量)	45	60	30	40	35	35	400
存库时间	20	5	20	10	20	20	20
拣选准确性	0.95	0.95	0.95	0.95	0.95	0.95	0.95
净投资成本/(美元/m³)	15.00	30.00	40.00	50.00	75.00	65.00	300.00
摄像显示卡成本/(美元/存货单位)	200.00	200.00	120.00	40.00	60.00	—	—
空间面积密度/(m³/ft²)	1.17	0.5	2	1.2	6	4	1.2

5. 将货物归类

依据仓库活动的图表分析将各种货物进行分类,其分类采用层次化的分类方法,如

图 7-13 所示。分类的步骤如下。

（1）根据货物对存储温度的要求（冷冻、冷藏或常温）、货物的易燃性及危险性将货物归入不同的存储环境。有些特殊品可能会有特殊的建筑结构要求、特殊的堆码要求，并且可能要求特殊的货品搬运区域。

（2）根据存储环境分类之后，再根据订单完成情况及仓储活动图表分析当中所显示的需求相关性分析将货物分入不同的订单完成区域。这种分类可以极大地提高订单拣选效率。

（3）划分好存储环境和订单完成区域以后，再根据产品的空间周转率、产品的热销性及拣选密度进一步将货物分类。依据这些分类的结果为各种货物分配不同的存储模式，再为产品分派其在存储模式中所处的空间及特定的区域。

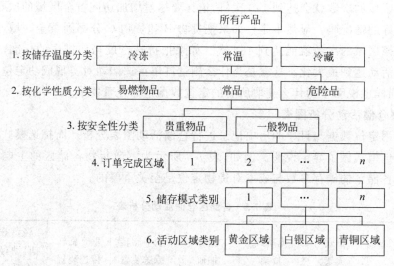

图 7-13　储区定位决策树

6. 将不同活动类别的货物归入不同的存储模式

一般依据货物的热销程度、存储密度、拣选错误率及系统投资额要求来进行存储模式的经济分析，为每种货物确定成本最低的存储模式。被分派到某一特定存储模式的货物随之就成为该模式内的一个组成部分。定位优化程序应计算出对每种货物而言各种存储模式每年所需花费的成本，然后推荐出成本最低的存储模式。

7. 在每类存储模式内规划仓库的区域布局，划分订单拣选活动区域

在这种规划过程中，首先要做的是依据每种存储模式规划出订单拣选作业的路线。一旦确定了订单拣选活动的路线，拣选活动区域也就随之确定了。其中 S 形拣选路线及主线路＋分支拣选路线（图 7-14）是两种最常用的拣选路线。

如果按照 S 形拣选路线，拣选员会经过每条通道的每个区域。所以，把拣选路线的一端划为 A 活动区域并不能减少拣选员往返来回的时间。实际上，这种做法可能会造成拥挤现象的发生。在零散货物的拣选过程中，应该把 A 类活动区域安排在腰部或靠近腰部的位置。而在从托盘货架上选取货物的时候，则应该把 A 类活动区域安排在第一层的位置。

如果按照主线路＋分支拣选路线，目标就是要尽量减少走入货道的次数与长度。因此应该沿着主道、在靠近主线路的位置安排 A 类活动区域。

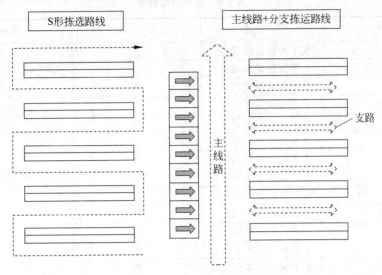

图 7-14　S形拣选路线及主线路＋分支拣选路线

当使用 2～3 个水平旋转传送装置执行订单拣选作业的时候,应当尽量消除拣选员在机械装置旁等待的时间,并且 A 类活动区域应被安排在腰部或接近腰部的位置。图 7-15 举例说明了如何在各种存储模式下划分各类活动区域。

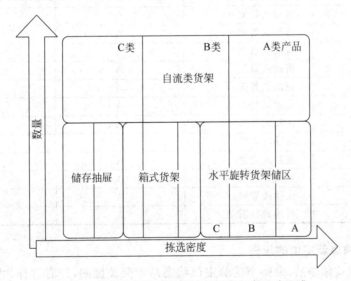

图 7-15　如何在各种存储模式下划分各类活动区域

8. 根据拣选的密度,将货物分派到各储区的各活动区域

拣货密度(picking hit density,PHD)是指拣出商品品项占全部库存品项的百分比。按照拣选密度把各种货物进行排序(降序排列),把拣选密度最高的货物分派到 A 类活动区域,依此类推,其他的分派到 B 类区域,最后是 C 类区域,直到把货物分配完为止。表 7-6 就是定位安排结果的举例说明。

表 7-6　定位安排结果

产品编号	模　式	区　域	拣选密度
013710	水平旋转货架储区	A	6.929
307015	水平旋转货架储区	A	8.258
306001	水平旋转货架储区	A	8.323
307014	水平旋转货架储区	A	20.457
018015	水平旋转货架储区	B	0.692
322002	水平旋转货架储区	B	1.213
245009	水平旋转货架储区	B	1.243
328002	水平旋转货架储区	B	1.915
322001	水平旋转货架储区	B	2.883
244318	水平旋转货架储区	C	0.461
322004	水平旋转货架储区	C	0.609
375893	水平旋转货架储区	C	0.878
307008	水平旋转货架储区	C	0.924
323004	水平旋转货架储区	C	1.878
319706	水平旋转货架储区	C	2.446
326006	水平旋转货架储区	C	3.506
307016	流动式货架	A	7.166
307002	流动式货架	A	8.008
081093	流动式货架	A	9.780
322008	流动式货架	A	9.899
307012	流动式货架	A	10.061
318001	流动式货架	A	10.828
245574	流动式货架	A	11.211
315002	流动式货架	A	11.448
011390	流动式货架	A	11.762
307013	流动式货架	A	11.951
330001	流动式货架	A	12.473
317001	流动式货架	A	70.468
015103	流动式货架	A	79.992
015409	流动式货架	A	82.628

9. 规定货物重新定位的规则

做出一次定位调整后,维持当前的定位状态是十分关键的,只有这样,才能保持最初的定位方案中所期望的效率和存储密度。

但是客户需求一般是波动的,产品目录也是不断变化的,这些变动都会引起仓储活动的变化。例如在邮购行业里,产品目录表上的变化会引起仓储活动的主要变化及定位需求的主要变化。因此,当需求发生较大变化时,就可能需要重新调整货品的定位。

基于最初的定位,重新定位的规则应当对某件货物是否应该被重新定位,以及应该在什么时候被重新定位做出说明。可以借助于一种简单的从至图开发这类规则,利用从至图可以计算出把某种货物从当前的存储模式换到另外一种存储模式、从当前的位置换到另外的位置所可能节省出来的成本。然后再将节省出来的成本与挪动货物所发生的成本相比较。

如果两者的比率超过了某个事先确定的临界值,就应该对该货物进行重新定位。需要注意的是,位于拣选位的存货被清空的时候是对该货物重新定位的最佳时机。在这种情况下,定位系统应当为该货物给出最恰当的定位并指示操作员把货物存放到新的位置。这个用于重新定位的程序会依据一件货物被错误定位的活动区域的数量来安排重新定位的先后顺序。

7.3.4　重新定位时机

对储区的定位,一个困难的问题在于,该如何选择时机来对整个仓库进行全面的重新定位,目前对这方面的研究还很少。大多数行业的仓库都有其自然的需求节奏。例如,L. L. Bean 公司是一个通过邮购方式销售产品的公司,它于每年春季、夏季、秋季、冬季四次重新调整自己的产品目录。在这种情况下,每个季节对仓库进行重新定位是很理所当然的。而在某些行业里,每年年初的时候有一段淡季(slow period),此时可能是对仓库内部进行重新定位的最佳时机。雅芳公司每年有 26 次促销活动,所以该公司的仓库每年要进行 26 次重新定位。

Lifeway Christian Resources 公司为遍及美国各地的书店(零售配送)、教堂(教堂配送)及个人(通过邮购方式)出版并发行基督教的宣传物(书籍、期刊、磁带、CD 等)。超过 15 000 种货物都被存放在该公司建在田纳西州纳什维尔市区内占地面积达 600 000 平方英尺①的配送中心里。每种货物的储备库存被集中起来存放在高层的任意位置。而一线的、位于拣选区的库存则被存放在指定的位置,这些位置位于独立的低层拣选区域。因为该行业的利润率比较低,所以它们几乎没有资金负担高度机械化的系统。因此,定位及布局设计的策略在于尽可能地消除并简化工作内容。

图 7-16 所示的拣选活动排序之前的拣选路线安排说明了零售拣选场的定位及布局设计。请注意位于仓库中的主要订单拣选作业线。当拣选员穿越该区域时,每趟几乎都要完成 20 个订单的拣选任务。拣选员配有一个特别设计的手推车,它可以容纳 24 个订单所列出的货物,这使拣选员可以快速有效地在拣选途中将各种货物按照订单进行分类。空间周转率最大的货物被存放在位于布局中央的货箱流动式货架上。因为在每趟拣选过程当中,拣选员都会经过每个流动货架各个隔间,所以人们有意地安排订单拣选活动沿着流动式货架的拣选线路均匀分布。在流动式货架上,最热销的货物位于流动式货架的黄金区域,也就是腰部或接近于腰部的货架层。而其余的货物则自然地放置在箱式货架上。

为减少操作员步行往返来回的时间,箱式货架上拣选密度最大的货物被存放在接近于拣选路线的位置。这种定位方案减轻了拥挤的程度,它使 75% 的订单拣选活动都在主要拣选路线旁边进行。而储备库存则被存放在沿着后墙摆放的倍深式托盘货架上。操作员可以沿着重力自流式巷道的后侧批量执行补充存货的作业。箱式货架上的储备库存通常位于沿着侧墙摆放的单深式托盘货架上。

这种定位及作业方案使该仓库的作业效率提高了一倍,反应时间也缩短了一半,而其所需的投资额和风险也很小。

---

① 1 平方英尺＝0.092 903 0m²。

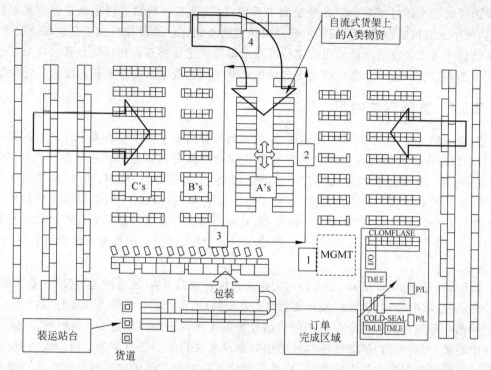

图7-16　拣选活动排序之前的拣选路线安排

7.4　储位管理要点

7.4.1　储位管理范围

在配送中心的所有作业中,其所使用到的保管区域均属于储位管理的管理范围,其范围因作业方式的不同而有下列四类保管区域的定义与区分,这四类储区分别为预备储区、保管储区、动管储区和移动储区,如图7-17所示。

这四个储区,货品保管的时间长短不同,但都会流经存放保管区域,在配送中心要完全掌握货品流向,就必须对这四个区域加以管理。而储位管理不仅是对商品停放在储位区域上的管理,也需对其移动行进进行管理,这样才能使货品实时处于"被保管"的状态。

可以将每一个在搬运移动的货品看作一个移动单元(moving unit),而每一个移动单元必须有一个身份证识别(ID标签)。要做好储位管理,就必须完全掌握每一个移动单元的ID标签,从身份指派至身份识别都能清楚易懂,如此才能完全掌握货品流向。

当货品进货时,配送中心就必须知道,进来的是何种货?有多少数量?哪家供应商的?且马上指示卸货位置,在进货暂存区验货的同时,将上述的身份证明用ID标签贴上,在贴ID标签的同时或是在准备入库时,就应给出其入库的保管区域的储位号码。所以在搬运入库时,可从其ID标签就知其为何种商品,多少数量,从哪里来,欲往何处去。而当其入库上架后,则此号码的储位里放置何种商品,多少数量,从哪里来,何时来的,谁送来的,所有的信息应同时被更新与记录。同理,只要在每一次搬运时在每一个储运单元上,都能快速地从

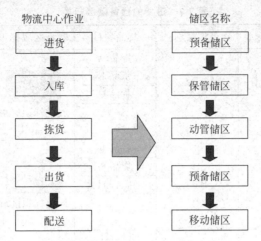

图 7-17　储位管理的范围

ID 标签中识别出为何种商品,多少数量,从何处来,到何处去,由谁拣出,谁运送等信息。存放至新的储区位置后,能更新此储运单元的所有信息,如此,全程管控到货品储存与移动时所有的信息,方能准确掌握存货的动向,做到真正有效地管理储位。

当储运单元从前一个作业储区取出,在运送过程中,前一个作业储区的存货数量已被扣除,而因移动单元尚未送到下一个储区,故下一个储区数量维持不变,并无增加,若不掌握移动单元的信息,则此时来统计,会发觉公司库存无缘无故地减少了,故储位管理不只是做好停置存放的管理,也应做好取出移动管理,也就是应把移动单元视为一个变动的储位,加以识别,掌握管理。

7.4.2　预备储区

预备储区是在进货或出货作业时所使用的暂存区。此区域的主要功能是进出货品的暂时存放并预备进入下一个储区,虽然货品在此区域的停留时间并不长,但若不严格管控,就容易导致管理上的困扰。预备储区因只是暂放,货品经常凌乱置放,导致寻找不易,甚至常有遗失或损毁的情况发生。因此预备储区的管理需纳入储位管理的范围中。

预备储区一般指进出货所用的暂存区,货品放在此区域中,不但应对品质有某种程度的保障,而且对此区域的货品进行分批、分类与标识。即先将货品贴标、分类,再将产品按需求定位,整齐码放。预备储区的货品在定位时,应考虑便于作业,一般可将看板、标签、目视管理及颜色管理等搭配使用,使储位更为明确。这不但可缩短寻找所花费的时间,还可使物流管道更为顺畅高效。

以进货暂存区而言,暂存区域先行做好标识,在货品进入暂存区前先行分类,并且配合看板的记录,把货品按分类或入库上架顺序,放置到预先规划好的暂存区储位。

以出货暂存区而言,对预备配送的货品,每一车或每一区域配送路线的货品必须排放整齐并且加以分隔,安置在事先标识好的储位上,再配合看板上的标识,照出货单依序进行点收上车。

总之,预备储区的管理应以标识、隔离、定位为方针,以整理整顿为过程,配合目视管理与颜色管理。表 7-7 为进货的预备储区归类。

表 7-7 进货的预备储区归类

类　　别	储区颜色	名称类别	货品项目	看板区域标识	货品标签
一	红色	A 类	货品 A 货品 B 货品 C	A类 红色标识区域	类别：*** 品名：#### 储区：红色 A
二	绿色	B 类	货品 F 货品 G 货品 H	B类 绿色标识区域	类别：*** 品名：#### 储区：绿色 B
三	黄色	C 类	货品 I 货品 J 货品 K	C类 黄色标识区域	类别：*** 品名：#### 储区：黄色 C

7.4.3　保管储区

保管区域的货品一般储存周期较长,是配送中心的主要区域,也是整个配送中心的管理重点。为让保管区域的储放容量增大,就要考虑如何将空间弹性运用,以提升使用效率,为对其摆放方式、摆放位置及存量进行有效的控制,应考虑储位的指派方式、储存策略等是否合适,并选择合适的储放设备及搬运设备以配合使用,提高作业效率。保管储区储位管理要点包括以下几方面。

(1) 待验与验妥的货品应在预备储存时已划分清楚,保管区一般仅存放验妥的货品。

(2) 盘点作业应在各储区中分别进行,其中以保管区内种类最多,作业也最复杂,故而应考虑其便利性。

(3) 基于配送中心内货品品项繁多,且大小不一,故储位及货架位置应视情况适时调整。

(4) 配送中心的服务政策,强调快速准确地提高客户满意度,故从提高配送效率的角度,保管储区应依据入库单(表 7-8)迅速接收预备储区的货品,并且在需要时,依据补货单(表 7-9)补货至动管区,方不致延滞服务水准。但每一作业必须在前一作业确实完成并登录后,方可开始进行。

表 7-8 入库单

日期：　　　　　　　　　时间：　　　　　　　　　编号：

项　　次	品名/规格	供应商	货品编号	单　　位	储　　位	预计进货数量	实际进货数量

主管：　　　　　　　　　　　　　　经办：

表 7-9　补货单

类别:			补货日期/时间:		本单编号:		
项次	存放储位	品名	货品编号	货源储位	单位	需要数量	实发数量

点收:　　　　　　　　　　　　　　经办:

(5) 保管区内的储存,应延续预备储存时管理的重点,注重颜色管理、目视管理、看板管理并加以整理、整顿使货品储存分类,分隔储放,并标识清楚,以防止混淆。保管区整理、整顿检查表如表 7-10 所示。

表 7-10　保管区整理、整顿检查表

项　　目	作　业　内　容	是	否
整理	1. 储存的货架或空间应妥善规划,有无浪费		
	2. 整理出仓库的呆滞品,制定标准,区分摆放标识		
	3. 制定报废处理办法,指定权责单位处理		
	4. 进货不良的退货品应制定退货期限,避免大量积压		
	5. 不能使用的量具、搬运工具、货架、容器应立即处理		
	6. 有无定期整理过期的文件、报表、资料		
整顿	1. 合格货品应以颜色贴纸(要区分月份别)贴在所装容器上,以利先进先出作业的执行		
	2. 定期检视货品是否有库存过久,并加以处理		
	3. 货架放置场所的标识是否清楚		
	4. 储位上的标识是否有损毁掉落		
	5. 货品放置位置是否正确		
	6. 定期检讨库存资料		

(6) 散装的货品尽可能摆设在货架上或储物柜中。容易滚(滑)动货品应放置在储位(架)上,四周以挡板定位,并且以经济有效的方式利用空间,使储区内货品整齐,不致因凌乱而寻找不到货品,并建立库存表(表 7-11),记录库存情况,以供需要时可随时查阅库存情形。

表 7-11　库存表

项　　次	货品名称/规格	货品编号	出/入库日期	出/入库单据编号	收　发　记　录				备　注
					昨日库存量	入库量	发货量	结存量	

主管:　　　　　　　　　　　　　　经办:

（7）为使货品能常保时效性，收发货品应采取先进先出的原则。若为食品，则还应考虑保存期限，以先到期者先出货为原则，且周转率较高者应接近通道，以便利存取的放置为原则。

（8）其他。如意外防护、进出库管制、温湿度、曝晒、火灾、地震天灾等损坏的防治及安全上的措施均应列入储存作业要点中，并制定各种办法加以管制，使保管区储存作业更完善。

7.4.4　动管储区

动管储区是指拣货作业所使用的区域，此区域的货品大多在短时期即将被拣取出货，其货品在储位上流动频率很高所以称为动管储区。由于这个区域的功能是拣货，为让拣货时间及距离缩短和降低拣错率就必须在拣取时能很方便迅速地找到欲拣取的货品所在位置，因此对储存的标识与位置指示就非常重要，而要让拣货顺利进行及拣错率降低，就要依赖一些拣货设备来完成。例如，计算机辅助拣货系统、自动拣货系统等。动管储区的管理就是围绕这些储位的标识指示及拣货设备的合理运用。

目前少量多样高频率出货特征是配送中心的普遍特征，一般仓库的基本作业能力并不能满足配送中心分拣作业的需要。因此动管效率的评估与提升在配送中心的作业已被视为重要的一环。

1. 设立动管储区的必要性

传统的仓储系统中一般没有专门的动管区，那么，在现代仓储系统中，为何特别强调保管与动管分开呢？主要原因如下。

（1）从货品管理的角度来看，目前配送中心的库存管理大多采用计算机管理，再加上无线通信传输（RF）系统，对库存信息的掌握已相当迅速、准确，故在推行技术上已不再困难。当保管储区与动管储区分开时，保管储区一般是以托盘为单位，没有零散货品。而动管储区每一品项仅有一个储位，虽然有零散货品，但数量少，因此管理及盘点均相当明晰。比仅有一个保管储区的配送中心而言，更能有效掌握货品动向。

（2）若拣取是由保管储区中直接拣取，即称一次拣货；但若分成保管储区与动管储区，则需二次拣货。事实上，虽然二次拣货名义上花费的时间与人力均比一次拣货高，但保管储区补货至拣货区是以托盘为单位，作业较简单，且由保管储区补货到动管储区的作业仅涉及被拣取完的品项或不足的品项，次数并不频繁，故并未增加多少负担，相反在缩短行走距离与寻找货品时间上有很大改善。

（3）虽然保管储区、动管储区分开时，乍看似乎增加了许多空间，但由于储存总量相同，储存货架差异实际上很小。虽然为拣货方便，动管储区的走道通常设置比较宽，这降低了保管效能，但综合考虑作业时间与效率，两区域并存还是非常必要的。

（4）对商品种类做 ABC 分析，A 类商品为全部品项中的 10%，其出货量占总出货量的 70%。此时可考虑将 A 类商品放在动管储区，而 B、C 类商品放在保管储区。设备方面，动管储区使用流动货架，保管储区运用一般货架，或是动管储区放置在一般货架的第一层，保管储区放置在货架第二层以上，可发挥储位管理的最佳功能。

2. 动管储区的整理、整顿

在配送中心，若能进行整理、整顿的工作，将使寻找货品的时间减少，并可缩短行走的距离，而使效率提升 20%～30%。因为一般配送中心拣货作业，真正在拣取时所花费的时间很短,但花费在寻找货品、行走的时间特别长,若能有效地运用整理、整顿,并将货架编号、货品编号、货品名称简明地标识,再利用灯光管制、颜色区分,不但可以提升拣货效率,同时也可以降低拣错率。特别要强调的是,商品的异动及储位的变更,一定要确实更新记录,以掌握准确的储位信息。

3. 拣货单

在设计拣货单时,应明确所有拣货需要的信息,如货架编号、货号、数量、品名及拣货顺序等,以免拣货时产生混淆。在进行拣货规划时,应通盘考虑实际的需求,以避免出现以下问题。

(1) 一位多物。一位多物是指数种货品放在同一个货位上,此时按指示的货位号无法正确地拣取货品。

(2) 一号多物。如给予多种货品同一货号,则无法用货号来拣取货品。但若仅是颜色、花样不同,在建立货品编号初期,应预留货品码数,以区分货品的颜色、花样等需求。

(3) 拣错。若拣货单上货品编号相似,在看拣货单时容易将上、下行数量看错,或将数量列与下一列看错。故而,应多考虑利用计算机辅助拣货设备或是编号应明显分隔以降低失误。

4. 分类拣货

分类拣货是指将储存货品进行 A、B、C 分类,将 A、B、C 类分别制作拣货单,以提高拣货效率。如对 A、B 类商品采用高效率的分拣设备,C 类商品采用一般分拣设备;或将 A、B 类商品放在动管区,C 类商品放在保管区,这样可以有效拣货。

对出货数量少的 C 类商品,其销货金额也少,因为出货频率低,所以经常被放置在一些角落或集中放置于某处。但是当 C 类商品品项越来越多时,所花费的拣货时间也越来越多。有时,若将 C 类商品和不良商品混在一起,为找出 C 类商品,则必须花费更多的时间。若是订货中含有 C 类商品,尽管 A、B 类商品的拣货速度很快,但为找寻 C 类商品往往花费太多的时间,从而降低拣货效率。

因此,为提高订单拣货的工作效率,必须以 A、B 类商品为重点,对于 C 类商品也不能掉以轻心。有时 C 类商品的自动化、机械化反而能帮助缩短整体的拣货时间,提高拣货效率。

5. 拣货密度和拣货频率

拣货密度(PHD)等于拣出品项数(PI)与库存品项数(ZI)的比值,即 $PHD = PI/ZI$。拣出品项数是指单位时间内的活动品项,可以用 1 个月的活动品项,也可以用 1 天的活动品项。

拣货频率(IK)是指某种商品的单位时间(1 日或 1 个月)的出货次数。例如 IK=3,表示该品种 1 日或 1 个月里有 3 次出货。IK 值越大,说明拣货频率越高。

一般 PHD 和 IK 值的大小是选择拣货系统及设备的重要指标。例如,当 PHD 和 IK 值较小,适宜选用固定货架;若 PHD 和 IK 值较大,则选用流动式货架较为合适;若 PHD 和 IK 值非常大,则可考虑使用旋转货架。当然也可以根据这两个指标对货品进行分类,放在不同的动管区,设置适合货品特征的拣货设备。

7.4.5　移动储区

在配送过程中如何方便快捷地把货品送到客户手中,有赖于移动储区的有效管理。由于现在的交通拥堵以及大多数客户都有收货时间的限制,因此常会发生当你把货品按配送店家顺序由后向前,从配送车上由内到外依序排好后,配送中因塞车而延误了第一及第二家上午的收货时间,为争取配送时间就必须先送第三家,下午再回头送第一家及第二家,在这种情况下就得先把第一家和第二家的货搬下车,才可取出第三家的货,搬下车后再把第一家和第二家货搬回车上,如此搬上搬下浪费时间又费工。这就是货品相对位置布置及配送顺序未能配合。假如能预先在车上安排一个回转空间,就不需要把第一家、第二家货品搬下车,只要直接在车上移动第一家、第二家、第三家的货品摆放顺序,就可轻易取得第三家的配送货品。另外,配送车上货品若没有制定一套摆放管理规则,在出货配送时,只是胡乱地把配送货品往车上塞,以增加出车装载率,其结果将使货品的配送顺序发生混乱,而使在配送时必须花费很多时间在车上寻找货品,甚至会有货品遗失的情况发生,这些就是移动储区必须加以管理的理由。另外,商品未送达给客户签收前,都还算是配送中心的存货,故必须掌握货品状况。因此,移动储区的管理很有必要。

当配送计划决定后,配送路径也经由各项评估决定优先顺序。当装载货物上车时,需按照"先达后进"的原则,使货品到达目的地时能顺利卸货,不致因顺序混淆而使不需卸货的货品挡住配送车厢的出口,需要卸货的货品却堵死在配送车内,这不但造成人力与时间的浪费,甚至使往后各批货物延迟送抵客户手中,造成商誉的损失。因此,在移动储位的管理上应注意以下各点。

(1) 按配送计划决定送货优先顺序时,应严格按配送时间与配送量制订配送计划。

(2) 当配送路线与顺序表(图7-18)确定后,应在驾驶记录表上载明路线优先顺序与到达时间,并告诉驾驶员。

(3) 货物装载的单位(如托盘),应尽量使用标准尺寸,以提升装载车的容积率。

(4) 装载车内的储存空间应预留一块位置,以利配送货品顺序的移转调配及人员取货站使用。

(5) 货品装载单位(如托盘)上,应附上客户名称、卸货顺序的标识卡,并正确存放在事先规划好的移动储位编号上,如图7-19所示。若无事先规划好的移动储位编号,则每家店的货品必须以帆布或隔板加以明确分隔出来。

星期 ( )	路线顺序与预定到达时间
(一) C 路线	0900 1030 1300-1400 1500 1600 1630-1700 上地 中关村 亦庄 通州 顺义 昌平
(二) D 路线	0900 1130 1300-1400 1600 1630-1700 上地 丰台 亦庄 顺义 昌平
(三) A 路线	0900 1030 1300-1400 1500 1630-1700 上地 中关村 亦庄 高碑店 昌平
(四) C 路线	0900 1030 1300-1400 1500 1600 1630-1700 上地 中关村 亦庄 通州 顺义 昌平
(五) B 路线	0900 1300-1400 1500 1600 上地 亦庄 通州 顺义
(六) A 路线	0900 1030 1300-1400 1500 1600 上地 中关村 亦庄 通州 顺义

图 7-18 配送预定表范例

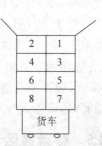

图 7-19 卸货配送分析顺序编号

7.5　储　位　指　派

7.5.1　储位指派原则

储存策略是储区规划的大原则,因而还必须配合储位指派原则才能决定储存作业实际运作的模式。而伴随储存策略产生的储位指派原则,可归纳出如下几项。

(1) 以周转率为基础原则。按照商品在仓库的周转率(销售量除以存货量)来排定储位。首先按周转率由大至小排一个序列,再将此序列分为若干段,通常分为 3～5 段。同属于一段中的货品列为同一级,按照定位或分类储存法的原则,指定储存区域给每一级的货品。周转率越高应离出入口越近,如图 7-20 所示。

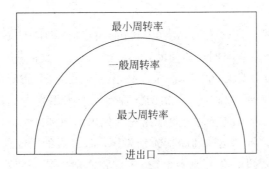

图 7-20　周转率原则

另外,当进货口与出货口不相邻时,可按进、出仓次数来做存货空间的调整,表 7-12 为八种货品进出仓库的情况,当出入口分别在仓库的两端时,可按货品进仓及出仓的次数比率,来指定其储存位置。

表 7-12　八种货品进出仓库的情况

货　　品	进仓次数	出仓次数	进仓次/出仓次
A	40	40	1.0
B	67	67	1.0
C	250	125	2.0
D	30	43	0.7
E	10	100	0.1
F	100	250	0.4
G	200	400	0.5
H	250	250	1.0

(2) 产品相关性原则。商品相关性大的货品在订购时经常被同时订购,所以应尽可能存放在相邻位置。考虑货品相关性储存的优点:①减少提取路程,减少工作人员疲劳;②简化清点工作。产品相关性大小可以利用历史订单数据做分析。

(3) 产品同一性原则。所谓同一性的原则是指把同一货品储放于同一保管位置的原则。这种将同一货品保管于同一场所来加以管理的管理方式,在管理效果上是值得期待的。这样让作业员对货品保管位置皆能简单熟知,且对同一货品的存取花费最少搬运时间的系统是提高配送中心作业生产力的基本原则之一。因而当同一货品散布于仓库内多个位置时,货品在储放、取出等作业的不便可想而知,就是在盘点以及作业员对货架货品掌握程度等方面都可能造成困难。对定位储放的储存,同一性原则是配送中心应遵守的重要原则。

（4）产品类似性原则。所谓类似性的原则,是指将类似品毗邻保管的原则,此原则是根据与同一性原则同样的观点而来。

（5）产品互补性原则。互补性高的货品也应存放于邻近位置,以便缺料时可迅速以另一品项替代。

（6）产品兼容性原则。兼容性低的产品绝不可放置一起,以免损害品质,如烟、香皂、茶不可放在一起。

（7）先入先出的原则。所谓先入先出(first in first out,FIFO),是指先入库的货品先出库,这一原则一般适用于寿命周期短的商品,如感光纸、软片、食品等。当作为库存管理的手段来考虑时,先入先出是必要的,但是,若在产品形式变更少,产品寿命周期长,保管时的损耗、破损等不易产生时,则要考虑先入先出的管理费用及采用先入先出所得到的利益,将两者之间的优劣点比较后,再来决定是否要采用先入先出的原则。

（8）靠近出口原则。将到达的商品指派到离出入口最近的空储位上。

（9）堆高的原则。所谓堆高的原则,就是像堆积木般将货品码高。从配送中心整体有效保管的观点来看,提高保管效率是必然的,而利用托盘等工具来将货品堆高的容积效率要比平置方式高。但应注意的是,若先入先出等库存管理限制条件很严时,一味地往上堆码并非最佳的选择,这时应考虑使用合适的货架或积层架等保管设备,以使堆高原则不至于影响出货效率。

（10）面对通道的原则。所谓面对通道原则,即是货品面对通路来保管,将可识别的标号、名称让作业员容易简单地辨识。为使货品的储存、取出能够容易且有效率地进行,货品就必须面对通道来保管,这也是使配送中心内能流畅进行及活性化的基本原则。

（11）产品尺寸原则。在仓库布置时,应同时考虑货品单位大小及由于相同的一群货品所造成的整批形状,以便能提供适当的空间满足某一特定要求。一旦未考虑储存货品单位大小将可能造成储存空间太大而浪费空间或储存空间太小而无法存放;未考虑储存货品整批形状也可能造成整批形状太大无法同处存放(数量太多)或浪费储存空间(数量太少)。一般将体积大的货品存放于进出较方便的位置。

（12）重量特性原则。所谓重量特性的原则,是按照货品重量的不同来决定储放货品于保管场所的高低位置上。一般而言,重物应保管于地面上或货架的下层位置,而重量轻的货品则保管于货架的上层位置;若是以人手进行搬运作业时,人的腰部以下的高度用于保管重物或大型货品,而腰部以上的高度则用来保管重量轻的货品或小型货品;这个原则对采用货架的安全性及人手搬运的作业性有很大的意义。

（13）产品特性原则。货品特性不仅涉及货品本身的危险及易腐性质,同时也可能影响其他货品,因此在配送中心布置设计时必须考虑。此原则的优点是不仅能随货品特性而有适当的储存设备保护,且容易管理与维护。现列举五种有关货品特性的基本储存方法。

① 易燃物的储存。需在具有高度防护作用的建筑物内安装适当防火设备的空间。

② 易窃货品的储存。需装在有加锁的笼子、箱、柜或房间内。

③ 易腐品的储存。要储存在冷冻、冷藏或其他特殊的设备内。

④ 易污损品的储存。可使用帆布套等覆盖。

⑤ 一般货品的储存。要储存在干燥及管理良好的库房,以满足应客户随时提取。

良好的储存策略与指派原则配合之下,可大量减少拣取商品所移动的距离,然而,越复杂的储位指派原则,需要功能越强的计算机系统相配合。

7.5.2　指派模式

当保管空间、储放设备、储位编码等一切前置工作都就绪后,接下来便是要考虑以何种方法把货品指派到最适宜的储位上。常见的储位指派模式包括人工指派管理、计算机辅助指派管理和计算机全自动指派管理三种。三种储位指派方式如图 7-21 所示。

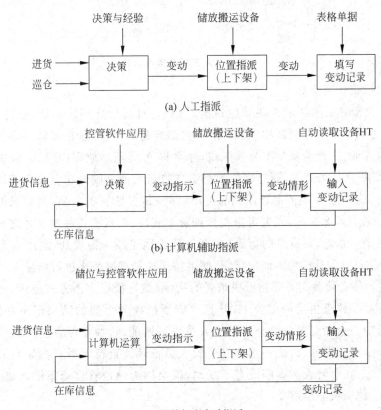

图 7-21　储位指派方式

7.5.3　人工指派流程

人工指派储位完全凭借管理者的经验指派,人的情绪波动、储位管理经验及认知程度的不同,都会影响其指派效果。而另一方面虽然人工指派是根据报表进行指派,但此报表仍是由人来登录或读取,因笔误或看错而搅乱储位的管理秩序也是常有的事。

图 7-22 所示为以托盘货架的人工指派作业的流程图例。

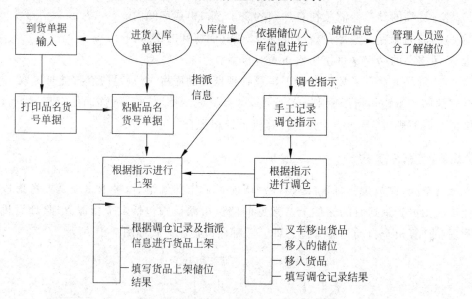

图 7-22　人工指派操作流程

人工指派的管理要点如下。

(1) 指派决策者必须熟记这些储位指派原则,并且灵活运用。例如,进行 ABC 分析来排列货架,因为从货架上存取货物以腰部的高度最容易取出货品,在人体工学上也认为此高度最适合存取作业,因此若将货架分成三段,经常将 A 类商品放在中段,下段则放置出货量仅次于 A 类商品的 B 类商品,而进出货频率不高的 C 类商品则放在上段。若以缩短取货的距离观点来看,就要把 A 类商品指派到靠近出口处,其次是 B 类商品,而货架的最上面则放置 C 类商品。若有笨重货品,则要考虑指派到货架底层,而贵重货品就要考虑另存放至可封锁隔离的储区中。总之,对货品的指派,在事先就必须先经一番规划,定出一套货品的特性需求规则表(表 7-13),对日后的储位指派,便可按照这份规则表来进行指派工作参考。

(2) 仓储人员必须确实遵守指派决策者的指示(最好能以书面方式指示,避免以口头交代),一一将货品存放于指定的储位上,并且一定要把指派上架的结果记录在储位表单上。目前一些配送中心仓储配置全由仓库管理人员决策调配,货物在保管空间的储放指派除只遵守少数简单基本原则外,其他一切都靠仓管人员依经验自行调派。在如此依赖人脑分派储位的情况下,一旦仓管人员离职或有了变动,就会因为储位管理资讯缺乏整合延续,而引起作业混乱,这种现象必须避免。

(3) 仓管人员每完成一个储位指派的内容后,就必须把这个储位内容确实记录至表格中;同样货物因补货或拣货从储位移出后也必须登录消除。这个登录工作虽然很烦琐,但必须确实执行以保障料账的正确性。为简化登录工作,可利用计算机及配合一些自动读取登录设备来完成,如条码扫描读取机等。

表 7-13 储位指派规则

品 名	货 号	摆放储位顺序				备 注
		1	2	3	4	
555 香烟 每日坚果 ……	C12574 A32155	G003 A001	G004 A002	A003	A004	G库：高 单价库

人工指派方式的优点为投入少，弹性大。人工指派方式的缺点为易受作业人员情绪影响而影响效率，出错率高，过分依赖管理者的经验。

7.5.4 计算机辅助指派流程

计算机辅助指派是利用自动读取或辨识设备来读取资料，通过无线电或网络，再配合储位监控或储位管理软件来控制储位的指派，这两种方式由于其资料输入/输出（I/O）均以条码读取机扫，故错误率低，且其一切控制均为即时控制方式。资料扫读后，通过无线电或网络即刻把回复资料传回，而其中储位的搬移布置又用软件明确设立，按所制定的法则执行，不会有人为的主观影响，因此在执行上，其效率远胜人工指派方式。

计算机辅助指派方式是利用一些图形监控软件，搜集在库储位信息显示在储位管理系统中，储位指派决策者可借助这个软件了解储位使用情况，并由决策者来做出储位指派。托盘货架的计算机辅助指派操作流程如图 7-23 所示。

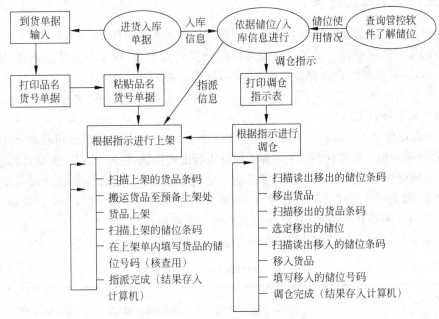

图 7-23 托盘货架的计算机辅助指派操作流程

7.5.5 计算机全自动指派流程

利用一些图形监控及储位管理软件，经搜集在库储位信息及入库指示后，通过计算机运算来下达储位指派指示。由计算机自动下达储位指派指示，任何时段都可保持储位的理想使用,一般不需要调仓作业。托盘货架的计算机全自动指派操作流程如图 7-24 所示。

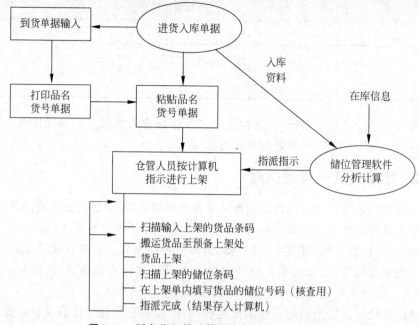

图 7-24　托盘货架的计算机全自动指派操作流程

7.5.6　指派模式选择

三种指派模式的选择需要配合货品的指派储位单元类别来考虑。

货品的指派储位单元就是每一次指派时的计算管理单位,由于其进货量的大小或储存设备的不同,会有不同的指派储位单元,大致可区分三种。

(1) 单个储位单元。以每个储位作为一个管理单元,每个储位存放一个货物单元,将所有储位均列入管理状态。

(2) 纵深储位单元。以每个纵深通道作为一个管理单元,每单元通常可存放多个同类货物,其储存状况均列入管理状态。主要储放设备为后推式货架、驶入式货架、流动式托盘货架。

(3) 区域储位单元。以客户单一货品的最常进货批量、最适宜进货批量或最小进货批量为公倍数,设置一个储区作为管理单元,例如 10 个托盘所占的区域为一个管理单元,每区域单元以放置一种货品为原则,其储存状况均列入管理状态。

各类指派储位单元可采用的指派模式如表 7-14 所示。

表 7-14　指派储位单元与指派模式

指派储位单元(cell) 指派模式	单个储位单元	纵深储位单元	区域储位单元(储区)
人工指派	×	×	○
计算机辅助指派	△	○	○
计算机全自动指派	○	○	○

注:×—不适合;△—勉强可用;○—适合。

指派模式若是以人工作业时,都是依据库存储位报表来决定货品摆放位置,并记录货品储位变动情形。计算机辅助指派是在做进货批次作业时,管理者由计算机查询出库存储位状况,指示进货人员摆放货品,且在货品摆放后,借助读取条码的掌上型终端机(HT)做储位变动记录。计算机全自动指派则是储位的指派全由计算机运算后指示进货人员,进货人员由无线电传输终端机(RF)接收储位摆放指示将货品上架,并将储位变动资讯输入 RF 中传入计算机主机计算,以便进行下一次的进货作业指派,如图 7-25 所示。

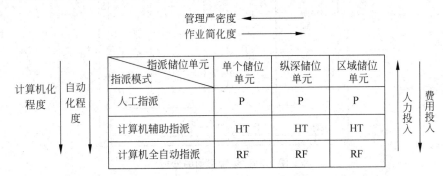

说明:P—报表;HT(handy terminal)—掌上型终端机批次作业;
　　　RF(radio Frequency)—无线电通信传输即时作业。

图 7-25　储位指派模式及设备

由于单个储位单元作业繁复,故在管理上必须较为严密;而储区式则作业单纯,管理上较不严密,且各区域货品存量多,故存量掌握不易精确。当计算机化、自动化程度越高时,设备投资成本也应增高,但相对的可减少人力的投入。

7.6　储区空间规划

储位管理的重点有两个方向:一是如何增加储位空间的有效利用;二是如何促进货品的流动。储存货品的空间即保管空间。此空间表面上虽为储物所用,但实际上却是货品采购运销配送的中继站。因此保管区域已成为货品储运的中心枢纽。保管空间的有效利用已成为配送中心管理者努力改善的重要课题。

在布置保管空间时,首先考虑的便是储存货品的大小及储存形态,以便配置适当的空间来满足需求。因为在储存货品时,必须规划有大小不同的位置,以对应不同尺寸数量货品的存放。对空间的规划,首先必须先进行分类,了解各空间的使用方向,接着进行评估,评估比较后再进行设计布置。倘若保管空间已受限而无法进行规划设计变更,就要考虑如何最大限度地利用现成的保管空间。

7.6.1　储区空间定义与分类

(1)储区空间的定义与分类。物流空间是以物流机能为基础所探讨的空间。物流机能包括保管、装卸、包装、输送、拣选、加工和其他等。物流空间的构成要素包括人、物和设备。

保管空间是在物流空间中以保管为机能的空间,包括物理的占有空间、潜在的利用空间、作业空间和无用空间(图 7-26)。其中物理的占有空间是货物实际上占有的空间;潜在的利用空间就是保管空间中可以争取利用的空间。一般配送中心至少仍有 10％～30％的潜在利用空间可加以利用。作业空间又分为正常作业顺利进行所需的空间及为作业活动更顺利进行的多余空间。

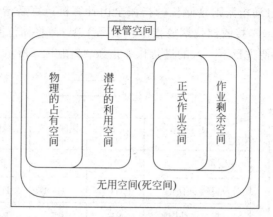

图 7-26　保管空间的分类

（2）影响保管空间的主要因素。影响保管空间使用的因素有 8 项，在人为要素上有作业方法及作业环境，在货品要素上有货品特性、货物存量、出入库量，而在设备要素上有保管设备及出入库设备的形式。保管空间的各项影响因素及影响程度如表 7-15 所示。

表 7-15　保管空间的各项影响因素及影响程度

构成要素	人		物				设备	
影响因素 空间类别	作业方法	作业环境	货品特性	保管货物量	出入库货物量	出入库件数	保管设备	出入库设备
物理空间	—	—	◎	◎	—	—	◎	—
潜在利用空间	—	—	◎	◎	—	—	◎	—
作业空间 正常	◎	◎	○	—	◎	◎	—	◎
作业空间 多余	◎	◎	◎	—	○	○	—	◎

注：◎—非常大的影响；○—有影响。

7.6.2　储区空间评估

1. 评估要素

储区空间的评估要素包括效率、流量、人性、成本和时间，如图 7-27 所示。

（1）物理的效率（空间效率）。储存品特性、储存货物量、出入库设备，梁柱、走道的安排布置。

（2）货物流速（流量）。进货量、保管量、拣货量、补货量、出货量。

（3）作业者感觉（人性）。作业方法、作业环境。

（4）保管成本（成本）。固定保管费用、保管设备费用、其他搬运设备费用。

（5）作业时间（时间）。出入库时段、拣货补货时间。

2. 评估指标

（1）空间效率指标＝（实际保管容积÷保管空间容积）×100％。

空间效率的评估可由实际的保管容积率来判别。

（2）流量指标＝（入库货量＋出库货量）÷（入库货量＋出库货量＋存货量）。

流量的评估基准以月为单位，即以每月的入库量、出库量、库存量三项因子来运算，其值为$0 \sim 1$，越接近 1 者，其流通性越高。

（3）人性指标。自行定义层级数，例如，宽的、窄的、大的、小的、舒服的、不舒服的、整齐的、杂乱的、明亮的、暗的，再采问用卷方式调查作业人员对作业空间的感觉而得到指标。

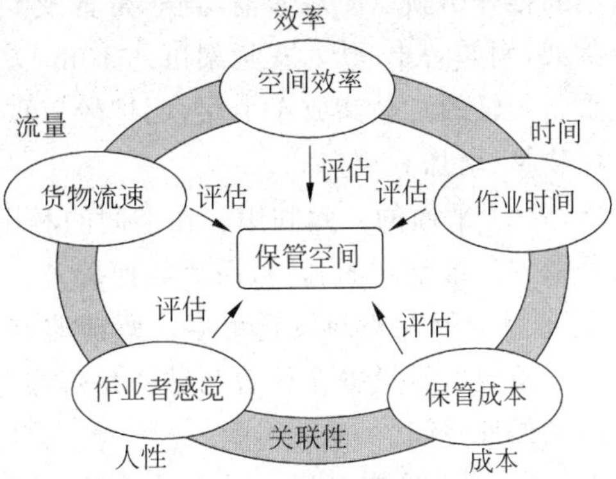

图 7-27　空间的评估要素

（4）成本指标＝（保管金额/保管货物量）。

以 $1 m^3$ 的保管费用来估算，此保管费用包括固定保管费用及设备费用。

（5）时间指标＝（拣货时间＋移动时间）。

作业时间是以拣货时间加上在保管时因储位空间的调整而移动货物的时间。

7.6.3　保管、动管空间规划

目前以进货、取货为中心的配送中心，为达到快速存取出货的功能，就必须加设动管区域。动管区以拣货方便快速为规划重心，保管区和动管区的空间规划和分配，可通过以下的分析方法进行分析评估后，再进行规划设置。

（1）分析全部库存中有几种商品要放在动管储区。在全部库存的种类中，要探讨有几种商品可放在动管储区，可通过库存种类的 A、B、C 分类，一般可将总出货量80%左右的商品放在动管储区，也就是说，只能把 A 类商品或与 B 类商品同放置在动管储区。

（2）分析全部库存量中有多少数量要放在动管储区。在全部库存量中，要探讨有多少数量可放在动管储区中，目前常采用一日份出货量或数日份出货量，这个量的采用对动管储区的空间影响很大，其主要的取决点在于对补货作业的要求，假设总保管空间足够大的话，就可采用数日份的出货量（一般以 3 日为主）。假设总保管空间不是很大，但为提高出货效率，仍需设置动管储区时，可考虑以一日分量放置于动管储区来提高拣货和出货效率，但是因动管储区保管的量只有一日份，故必须每日进行补货，将增加补货工时。

（3）明确动管储区与保管储区的储存品规和储量后，可根据各储区的储存单位、储存方式和货架布置确定每个储区所需的面积或容积。

7.6.4　保管空间有效利用

在保管空间中，不管货品是地面直接堆码或是以货架储放，均要占用保管面积，在一些地价高昂、相对成本高的地区，应有效利用仓储空间。除要合理地放置柱、梁、通道以增加空间使用率外，而保管空间的利用也很重要。空间的利用方法有以下三种。

（1）向上发展。当合理化设置好梁柱后，在此有限的立体空间中，面积固定，要增加利用空间就是向上发展。或许大家会认为仓库空间的向上发展会影响货品搬运工作的安全与困难程度，以及盘点困难，但在目前科学技术发展一日千里，堆高技术日新月异，堆垛机更是不断推陈出新以应对所需,且非常普及。因此向上发展的困难已不大。堆高的方法多利用货架,例如驶出/驶入式货架可达10m以上,而窄道式货架可达15m左右,利用这些货架把重量较轻的货品储放于上层,而把较笨重的货品储放于下层,或利用托盘来多层堆放以提高储物量,增加利用空间。

(2)平面的有效利用。在空间的利用上,如果能争取到二维平面区域的利用,相对的就争取到三维空间的利用,而要如何提升这二维平面的经济效用呢?其要点有四点。

① 非储存空间设置角落。所谓非储存空间,就是诸如厕所、楼梯、办公室、清扫工具室等设施应尽量设置在保管区域的角落或边缘,以免影响保管空间的整体性,便可增加储存货品的保管空间。

② 减少通道面积。减少通道面积相对地就要增加保管面积,但可能会因通道的变窄而影响作业车辆的通行及回转。一般性的做法是,把通道设定成保管区中搬运车辆的最小宽度需求(表7-16),再在适当位置另设一条较宽通道,以供搬运车辆回转。

表 7-16 通道宽度与适用的叉车形式

通 道 形 式	通道宽度/m	叉 车 形 式
宽道式	3.0~4.5	平衡重式叉车
窄道式	2.1~3.1	前移式叉车 插腿式叉车 转柱式叉车
超窄道式	2.1以下	转叉式叉车 拣取机

③ 货架的安装设置应尽量采取方形配置,以减少因设置货架而剩下的无法使用的空间。

④ 保管空间顶上的通风管路及配电线槽,宜安于最不影响存取作业的角落上方,以减少对货架的安置干涉。减少安置干涉,相对的就可增加货架的架设数量,而提高保管使用空间。

(3)采用自动仓库。自动仓库在空间的使用率上是最高的,但并不表示其就是最适合的,对自动仓库的选用必须先经过评估,了解自己配送中心的货物特性、量的大小、频率的高低及单位化的程度再行决定是否适用于自动仓库。

7.7 案例分析:京东仓储机器人系统储位规划

京东推出"无人仓"项目,实现了自动化时代到智能化时代的大跃迁,其智能化体现在,传统工业机器人将不再只是执行手臂,还将被赋予大脑智慧,使其具备自主判断和行为能力,从而完成复杂多变的仓储任务,为客户更快更好地提供物流服务。下面介绍京东仓库搬运机器人——地狼系统(图7-28)的储位规划技术。

在仓储物流管理的生产中,要想用有限库容和产能等资源达到高出库效率,需要精心安排商品库存分布和产能调配,因此储位库存分布将变得尤为重要,京东地狼系统中应用大数据分析等技术,对仓库的库存分布进行"精心安排"。

1. 基于热销度的货架位置布置

应用大数据分析技术,预测商品近期热销程度。对热销商品(出库频次高的商品),存储于距离出库工作台近的位置(图 7-29),降低出库搬运总成本,同时提升出库效率。

2. 基于相关度的商品储位定位

目前不同商品之间在库内的存储区域分布是相关独立的、互不影响的。然而,针对海量历史订单进行数据分析,得出两商品同步下单的概率存在一定的耦合性。根据这种商品相关度的分析(图 7-30)设计商品之间的存储规律,令相关度高的商品存储于相同货架,达到优化拣货路径,减少机器人货架搬运次数,从而节省仓储设备资源,提高机器人的人效。京东通过应用机器学习算法和遗传算法等优化算法,计算得出最优商品组合,即哪些商品存储在一起,能使仓内货架整体内聚度(货架上商品之间相关度)最高。

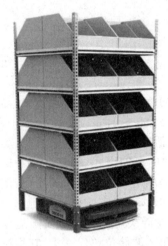

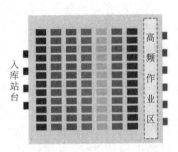

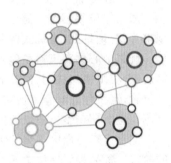

图 7-28　京东仓库搬运机器人　　图 7-29　基于热销度的储位分布　　图 7-30　商品相关度分析

3. 分散存储

应用运筹优化等技术,追求全仓库存分散程度最大化,将相同或相似商品,在库区一定程度地分散存储(图 7-31),从而避免由于某区域暂时拥堵影响包含该商品订单出库,这样可以随时动态调度生产,实时均衡各区生产热度;同时,库区生产还可以支持并行生产,可无限平行扩展。

将以上原则制定为最优库存存储规则,一旦由于因素变化(如热销度变化、相关度变化)或货架上商品库存变化,系统会自动调整库存分布图,并对出库、入库、在库作业产生相应的最优决策指导。小车将自动执行相应搬运指令,将对的货架(库存)送至对的位置,完成库存分布的动态调整。

4. 动态划分逻辑区

当订单下传到库房后,如果没有一个合理的订单分区调度,可能会带来不同区域订单热度不均问题,这个问题会导致以下两个现象。

现象 1:各区产能不均衡,从而导致部分区域产能暂时跟不上。

现象 2:部分区域过于拥挤,从而导致部分区域出库效率混乱且效率较低。

为解决这个问题,我们实时动态分析仓库订单分布,应用沃罗诺伊图分区技术,动态划分逻辑区(图 7-32),从而达到各区产能均衡的目的,使设备资源利用率达到最大化和避免拥堵,进而提升仓库整体出库效率。

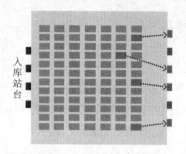

图 7-31　分散储放技术

图 7-32　动态划分逻辑区

本 章 小 结

储位管理就是将货品的储存位置管理起来,以辅助其他作业顺利进行。储位管理的范围分别为预备储区、保管储区、动管储区和移动储区。

采用储位编码建立储位系统是储位管理的基本手段,常用的编码方法包括区段方式、品项群方式、地址式、坐标式四种,并基于储位编码建立配送中心的储位管理系统。

配送中心储存策略是储区或储位定位的基本原则,主要包括定位储放、随机储放、分类储放、分类随机储放、共同储放等。储存定位就是决定每件货物的存储模式、储存区域和储存位置,定位作业对仓库所有的关键绩效指标都有着至关重要的影响。随着需求的变化,储存定位应定期调整。建立智能化的定位系统是保证配送中心高效作业的有效途径。

储存策略是储区规划的大原则,还必须配合储位指派原则才能决定储存作业实际运作的模式。货品指派储位单元包括单个储位单元、纵深储位单元和区域储位单元三类,其指派模式包括人工指派、计算机辅助指派和计算机全自动指派三种。

储区空间的有效利用和合理规划是进行储位管理的基础,应根据货物的储存特征和储存数量进行系统的分析、计算和评估。

复 习 题

1. 储位管理的基本原则是什么?

2. 储位管理的要素有哪些?

3. 储位管理包括哪几个步骤?并说明每个阶段包括的内容和方法。

4. 举例说明四种储位编码的方法及特点。

5. 储位管理的范围有哪些?举例说明什么是预备储区、保管储区、动管储区和移动储区。

6. 配送中心的储存定位策略有哪些?分别说明其特点及使用场合。

7. 什么叫储存定位?储存定位的基本原则有哪些?

8. 举例说明如何确定重新定位的时机。

9. 动管储区需要储放全部库存品规吗?为什么?

10. 拣货密度和拣货频率的含义是什么?如何应用这两个指标进行动管储区的设计。

11. 储位指派原则有哪些?举例说明周转率原则的含义及应用。

12. 分析人工指派和计算机辅助指派的原理是什么?各有什么优缺点。

13. 储区空间的评估要素和评估指标有哪些?

第 8 章

配送中心仓储作业管理

8.1 仓储系统及设备

8.1.1 仓储系统概述

仓储系统是由储存空间、储存货架、作业设备(或人)及作业方法等构成的整体,也是配送中心的主要储区和子系统。仓储系统按储存单位分类,可分为托盘、容器(箱)、单品及其他四大类;按货架布置方式可以分为通道式货架、密集货架和旋转式货架;每一类型货架因其设计结构不同,又可分为很多种形式,仓储系统的一般分类如图 8-1 所示。

根据仓储系统的存取作业方式不同,仓储系统可以分为人到货仓储系统和货到人仓储系统,如图 8-2 所示。人到货仓储系统一般是由人(或作业设备)到货架货位完成上下架或拣选作业,一般属于人工或机械化作业;货到人仓储系统是指自动化或半自动化的仓储系统,可以将货物移动到作业人员(或工作站)面前,由人(或机器人)完成上下架或拣选作业。

8.1.2 仓储货架

货架是仓储系统的主要储存设备。储存货架的种类有许多种(图 8-1),以满足各种不同的货品、储存单位、承载容器及存取方式的需求。这里介绍常见的货架结构及特点。

1. 托盘货架

托盘货架是一般最常用的传统式货架,以存放装载在托盘上货品之用,如图 8-3 所示。目前都采用组合方式,易于拆卸和移动,可按货品堆码的高度,任意调整横梁位置,又可称作可调式托盘货架。

托盘货架的特点如下。

(1) 可任意调整组合。

(2) 安装施工简易、费用经济。

(3) 可存取性好。

(4) 适用于叉车存取。

(5) 货架高度受限,一般在 6m 以下。

(6) 货架地脚需加装叉车防撞装置。

(7) 储物形态为托盘。

此类货架在仓库中受到广泛的使用。甚至连一些仓储超市也都采用这种货架,作为展

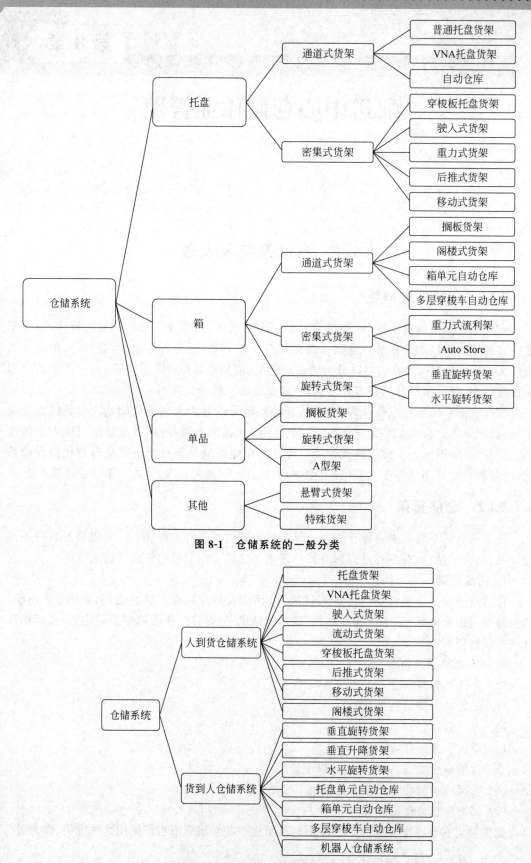

图 8-1　仓储系统的一般分类

图 8-2　按存取作业方式不同分类

售及储存之用。

2. 窄道式货架

窄道式货架如图 8-4 所示,需要配备窄巷道叉车(旋转叉式叉车或无轨堆垛机)作业,巷道比一般叉车作业的货架通道宽度要小许多。

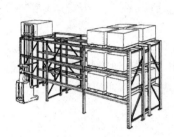

图 8-3　托盘货架

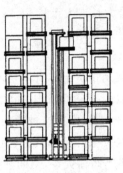

图 8-4　窄道式货架

窄道式货架的特点如下。

(1) 具有很高的储存密度。

(2) 存取自由,不受先进先出的限制。

(3) 货架高度可达 15m,但需配合高架叉车。

(4) 施工精度要求高,且建造费时。

(5) 储物形态为托盘。

3. 贯通式货架或驶入式货架

贯通式货架或驶入式货架取消了位于各排货架之间的通道,将货架合并在一起,使同一层同一列的货物互相贯通。托盘或货箱搁置于由货架立柱伸出的托梁上,叉车或堆垛机可直接进入货架每个通道内,每个通道既能储存货物,又可作为叉车通道。这种货架比较适合于同类大批量货物的储存。

贯通式货架两边可进出,可以实现先进先出(FIFO)的存储策略;而驶入式货架(图 8-5)只配备单边通道,所以只能实现后进先出(LIFO)的存储策略。

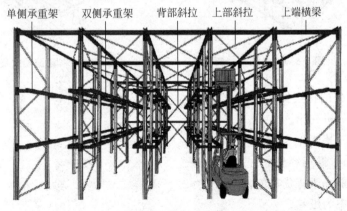

单侧承重架　　双侧承重架　　背部斜拉　　上部斜拉　　上端横梁

图 8-5　驶入式货架

贯通式货架或驶入式货架与托盘货架相比,驶入式货架的特点如下。

（1）高密度储存。

（2）高度可达 10m。

（3）适用于品种少储量大的货品。

（4）出入库存取货品的顺序受限制。

（5）不适合太长或太重货品。

（6）储物形态为托盘。

4. 流动式货架

流动式货架是指货架本身固定不动，但货物单元可在货架上流动或移动的货架。货物从货架的高端放入某一货格内，货物在重力作用下滑动到货格的另一端（低端）等待出库。即一端入库，另一端出库。这种货架可实现先进先出的作业原则。

托盘流动式货架（图 8-6）的特点如下。

（1）为密集式储存货架，空间利用率可达 85%。

（2）适用存量大且快入快出的货品。

（3）适用于一般叉车存取。

（4）高度一般在 6m 以下。

（5）每一货格只能存放一种货品。

（6）建造费用较高、施工较慢。

（7）货品可先进先出。

（8）储物形态为托盘。

箱流动式货架也叫流利架，如图 8-7 所示，在货架的货格内装有多排塑胶滚轮，货格通道有约 5°的倾斜角，货箱在重力的作用下会自动向前端滑移。一般高端为入货端，低端为出货端。

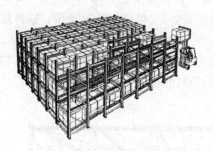
图 8-6　托盘流动式货架

图 8-7　箱流动式货架

箱流动式货架的特点如下。

（1）货品可先进先出。

（2）方便人工拣货。

（3）安装快速、搬动容易。

（4）储存功能小于拣货功能。

（5）储物形态为纸箱。

箱流动式货架在配送中心内的应用非常普遍，主要用于 A、B 类货品的分拣，所以也叫分拣货架等。

5．后推式货架

后推式货架如图 8-8 所示，在前后梁间以滑座相接，由前方将托盘货物放在货架滑座上，后来进入的货物会将原先的货物推到后方，目前最多可推入 5 个托盘。滑座跨于滑轨上，滑轨本身具有倾斜角度，滑座会自动滑向前方入口。在这类货架系统中，叉车不必驶入存储巷道，作业效率较高，只能实现后到先出的存储策略。

图 8-8 后推式货架

后推式货架的特点如下。

(1) 较托盘货架省下 1/3 空间，可增加储存密度。

(2) 适用于一般叉车存取。

(3) 不适合承载太重货品。

(4) 货品会自动滑至最前储位。

(5) 储物形态为托盘。

6．移动式货架

移动式货架是将货架本身放置在轨道上，如图 8-9 所示，在货架底部设有驱动装置。靠电动或机械装置使货架沿轨道横向移动。当不需要出入库作业时，各货架之间没有通路相隔，紧密排列；当需要存取货物时，使货架移动，在相应的货架前开启成为叉车等设备的通道。

移动式货架的最大优点是提高仓库的空间利用率。例如，某仓库有 6 排货架，按照一般的布置，需要 3 个作业通道，而采用移动式货架，只需 1 个通道。在这唯一的通道两侧，所有的货架都是紧密排列的。如果需要到其中的某一排货架去存取货物，可将货架向原来的通道方向移动，形成新的作业通道。因此，这种货架可充分利用空间，其空间利用率比一般托盘货架要提高 2～3 倍。

移动式货架的特点如下。

(1) 节省地板面积，地面利用率达 80%。

(2) 可直接存取每一项货品，不受先进先出的限制。

(3) 使用高度可达 12m，单位面积的储存量比普通托盘货架可提升 2 倍左右。

图 8-9 移动式货架

(4) 机电装置多、维护困难。

(5) 建造成本高、施工速度慢。

7．阁楼式货架

阁楼式货架如图 8-10 所示，为充分利用仓库的空间，将空间做双层设计，从而有效地利用空间。简单来说，就是利用钢梁和金属板将原有储区做楼层间隔，每个楼层可放置不同种类的货架，而货架结构具有支撑上层楼板的作用。这种货架可以减小承重梁的跨距，降低建筑费用,提高仓库的空间利用率。

阁楼式货架的特点如下。

(1) 提高仓储高度,增加空间使用率。

(2) 上层仅限轻量货品储存,不适合重型搬运设备行走。

(3) 上层货品的搬运必须加装垂直输送设备。

(4) 适合各类型货品存放。

(5) 满足人工分拣和提高空间利用率的双重目标。

(6) 储物形态为托盘、纸箱、包、单品。

8. 悬臂式货架

悬臂式货架是由在立柱上装设悬臂来构成的,悬臂可以是固定的,也可以是移动的。由于其形状像树枝,故又形象地称为树枝形货架,如图 8-11 所示。

该货架适合于存放管材、型材等长形的货品。若要放置圆形货品,在其臂端装设挡块以防止滑落。

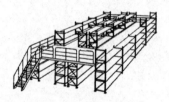
图 8-10　阁楼式货架

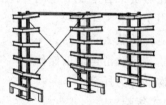
图 8-11　悬臂式货架

悬臂式货架的特点如下。

(1) 只适用于长条状或长卷状货品存放。

(2) 需配有叉距较宽的搬运设备。

(3) 高度受限,一般在 6m 以下。

(4) 空间利用率低,一般为 35%～50%。

(5) 储物形态为长条状物或长卷状物。

9. 旋转式货架

传统的仓库是由人或机械到货格前取货,而旋转式货架是将货格里的货物移动到人或拣选机旁,再由人或拣选机取出所需的货物。操作者可按指令使旋转式货架转动,达到存取货的目的。

旋转式货架适用于电子零件、精密机件等,少量多品种小货品的储存及管理。其货架移动快速,速度可达 30m/min,存取货品的效率很高,又能按需求自动存取货品,且受高度限制少,可采用多层,故空间能有效利用。

旋转式货架按其旋转方式可分为垂直旋转式货架和水平旋转式货架,如图 8-12 所示。

(1) 垂直旋转式货架。垂直旋转式货架本身是一台垂直提升机,提升机的两个分支上悬挂有成排的货格。根据操作命令,提升机可以做正反向旋转,使需要提取的货物停到拣选位置,拣选机(或人)由此进行拣选作业。

(2) 水平旋转式货架。水平旋转式货架的原理与垂直旋转式货架相似,只是在水平面内做循环旋转运动。各层同时旋转的水平旋转式货架称作整体水平旋转式货架;各层可以独立地做正反向旋转的水平旋转式货架称作多层水平旋转式货架。

旋转式货架的特点如下。

（1）减少人力，并可增加空间利用。

（2）存取入出口固定，货品不易失窃。

（3）可利用计算机快速检索、寻找指定的储位，适合拣货。

（4）需要使用电源，且维修费用高。

（5）储物形态为纸箱、包、小件货品。

10. 托盘穿梭板货架

托盘穿梭板货架是一种半自动化仓储技术，与贯通式货架和驶入式货架不同，叉车不必进入货架巷道作业，而是与托盘穿梭板协同，在通道上作业，如图 8-13 所示。这样就大幅降低了叉车撞击货架的事故率，巷道的长度也可以相应增加，进一步提高仓储密度。

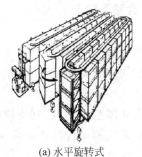

(a) 水平旋转式　　　(b) 垂直旋转式

图 8-12　旋转式货架

图 8-13　托盘穿梭板货架

11. 储存货架的性能比较

储存货架是仓储系统最基本的保管设备，各种货架有不同的特性和适用范围。几种常用储存货架的性能比较如表 8-1 所示。

表 8-1　几种常用储存货架的性能比较

比较项目	托盘货架	窄巷式	驶入式	驶出式	流动货架	后推式	移动式
面积	大	中－大	小	小	小	中	小
储存	低	中	高	高	高	中	高
空间利用	普通	佳	很好	很好	非常好	佳	非常好
存取性	非常好	很好	差	差	普通	普通	好
先进先出	可	可	不可	可	可	不可	可
通道数	多	多	少	少	少	少	少
货格储位数	1	1	15	10	15	10	1
堆码高度/m	10	15	10	10	10	10	10
存取设备	各类叉车	转叉式堆垛机	叉车				
出入库能力	中	中	小	小	大	小	小

8.1.3 自动仓库

1. 自动仓库概述

随着工业社会不断进步,仓储物流技术也逐渐由人工堆放平面库,向自动化刚性立体库,再到高柔性自动立体库发展。1962 年世界首座基于堆垛机技术的自动化立体库出现,此后该技术进入长达半个多世纪的高速发展阶段。无人、高效和空间利用率高等优点,使自动化立体库逐步成为制造业和商业企业的最佳仓储解决方案。

自动仓储系统是可对集装单元货物实现自动化输送、自动化码盘和拆盘、自动化存取并进行自动控制和信息管理的仓储系统。自动仓库用于拣选时可自动将托盘取出,拣取后自动将托盘送回,再进行下一个托盘作业的方式取代,则能增加拣取出货的效率及正确性。

目前所使用的自动仓库形式很多,常见的有下列几种:单位负载式自动仓库(unit load AS/RS)、料箱自动化仓库系统(mini-load AS/RS)、多层穿梭车仓储系统等。

2. 单位负载式自动仓库

单位负载式自动仓库是指以托盘单元作为储运单位的自动化仓库,简称自动仓库。自动化立体仓库主要由高层货架、巷道式堆垛机、出入库输送系统、周边设备、自动控制系统及仓储管理系统组成。

(1) 高层货架。通过立体货架实现货物存储功能,充分利用立体空间,并起到支撑堆垛机的作用。根据货物承载单元的不同,立体货架又分为托盘货架系统和周转箱货架系统。

(2) 巷道式堆垛机。巷道式堆垛机是自动化立体仓库的核心起重及运输设备,在高层货架的巷道内沿着轨道运行,实现取送货物的功能。巷道式堆垛机主要分为单立柱堆垛机和双立柱堆垛机。

(3) 出入库输送系统。巷道式堆垛机只能在巷道内进行作业,而货物存储单元在巷道外的出入库需要通过出入库输送系统完成。常见的输送系统有传送带、穿梭车(RGV)、自动导引车(AGV)、叉车、拆码垛机器人等,输送系统与巷道式堆垛机对接,配合堆垛机完成货物的搬运、运输等作业。

(4) 周边设备。周边辅助设备包括自动识别系统、自动分拣设备等,其作用都是扩充自动化立体仓库的功能,如可以扩展到分类、计量、包装、分拣等功能。

(5) 自动控制系统。自动控制系统是整个自动化立体仓库系统设备执行的控制核心,向上连接物流调度系统,接受货品的输送指令;向下连接输送设备实现底层输送设备的驱动、输送货品的检测与识别;完成货品输送及过程控制信息的传递。

(6) 仓储管理系统。对订单、需求、出入库、货位、不合格品、库存状态等各类仓储管理信息的分析和管理。

典型的自动化立体仓库的布局如图 8-14 所示。

自动化立体仓库的计算机管理系统可以与工厂信息管理系统(如 ERP 系统)以及生产线进行实时通信和数据交换,这样自动化立体仓库成为 CIMS(计算机集成制造系统)及 FMS(柔性制造系统)必不可少的关键环节。结合不同类型的仓库管理软件、图形监控及调度软件、条形码识别跟踪系统、搬运机器人、AGV 小车、货物分拣系统、堆垛机认址系统、堆垛机控制系统、货位探测器等,可实现立体仓库内的单机手动、单机自动、联机控制、联网控制等多种立体仓库运行模式,实现了仓库货物的立体存放、自动存取、标准化管理,可大大降

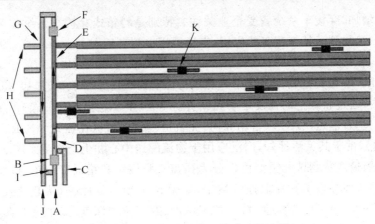

图 8-14　典型的自动化立体仓库的布局

A—入库输送设备；B—入库端激光扫描站；C—退货输送机；D—低频货输送机；E—高频货输送机；
F—出库端激光扫描站；G—主输送线；H—拣选出货口；I；重入库输送带；J—整托盘(箱)出货口；K—巷道堆垛起重机

低储运费用，减轻劳动强度，提高仓库空间利用。

3. 料箱自动化仓库系统

箱式立体仓库作为现代化物流系统中的重要组成部分，是一种多层存放货物的高架仓库系统，主要由货架、巷道堆垛机、出入库输送设备、自动控制与管理系统 WMS/WCS 组成。出入库辅助设备及巷道堆垛机能够在计算机管理下，完成货物的出入库作业、实施综合库房管理并与上级管理系统联网，可以实现管理现代化、存取自动化，能按指令自动完成货物的存取作业，并能对库存的货物进行自动化管理。图 8-15 所示为料箱自动化仓库在配送中心的应用案例。

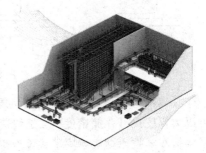

图 8-15　料箱自动化仓库在配送中心的应用案例

料箱自动化仓库以料箱为储存单元，通过多种形式的出入库输送和拣选系统，实现高效快速的拣选并自动入库。料箱单元最大载荷可达 300kg，出入库效率可达 40～100 次/h。料箱自动化立库可快速拣选和发货、具有密集存储功能，被广泛应用于配送中心、生产线和缓存仓库中。主要应用于电子零件、精密部件、机械设备电气元器件、医药品及其他小件品管理等。

4. 多层穿梭车仓储系统

传统自动化立体库具有刚性高的短板，很难满足灵活多变的物流服务的需求。随着电池、通信和网络等关键技术的逐步解决，穿梭车被迅速应用于物流系统。穿梭车打破了一个巷道内只能有一台堆垛机作业的限制，实现了多台穿梭车分层作业的柔性解决方案。

多层穿梭车仓储系统(multilayer shuttle storage system)是采用穿梭车和提升机作为出入库作业设备的仓储系统。穿梭车系统作为一种独特的自动化物流系统，主要解决了货物密集存储与快速存取难题。根据所处理货物单元的不同，可以分为托盘式穿梭车系统和料箱式穿梭车系统两大类，其中，前者是密集存储的有效解决方案，后者则为拆零拣选而生，主要用于货到人拣选系统。

近年来，由于国内土地成本不断上升，以及电商海量品规、海量订单对高效拆零拣选方案的需求大幅增加,穿梭车系统备受企业关注。特别是料箱式穿梭车系统作为货到人技术的重要实现方式,得到了越来越多的应用,市场规模也越来越大。

1) 穿梭车系统概述

穿梭车(shuttle car)是物流系统中一种执行往复输送任务的小车,其基本功能是在物流系统中(平面内)通过轨道上的往复运动完成货物单元(主要是托盘和料箱)的输送。穿梭车有别于提升机(垂直输送)、AGV(自动导向、无轨道)及堆垛机(托盘式 AS/RS 与箱式 mini-load,三维输送),由于其灵活性好,广泛应用于物流配送中心和生产物流系统。

穿梭车按照输送货物单元类型可以分为托盘式穿梭车和箱式穿梭车,按照其作业场地不同,可分为输送型穿梭车和存取型穿梭车,如图 8-16 所示。此外,从载荷及存储形式看,还有单工位单深度、单工位双深度、单工位多深度、双工位单深度、双工位双深度、双工位多深度及多工位的诸多变化;但应用最多的还是单工位单深度和单工位双深度两种形式。本节主要讨论存取型穿梭车。

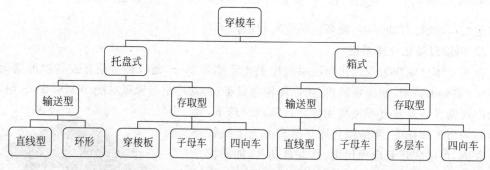

图 8-16　穿梭车的基本分类

穿梭车仓储系统的巨大作用是解决了两大问题:一是密集存储问题,采用穿梭车系统,可以大幅度提升存储密度;二是快速存取问题,货到人拣选技术的兴起,其根本原因在于多层穿梭车等技术彻底解决了快速存取问题。可以说,穿梭车技术的发展,为未来的物流技术发展开辟了一片新天地。

2) 穿梭车系统的基本构成

穿梭车系统的基本构成多种多样,作为一个独特的物流系统,它与普通的物流自动化系统有许多相似之处,但也有很大不同。一般穿梭车系统主要由收货系统、储存系统、发货系统和调度控制系统构成。

托盘式穿梭车系统主要用于密集存储,其收货系统主要包括输送机(包括提升机);储存系统则包括货架、穿梭车、提升机等,有些也采用堆垛机(AS/RS)完成穿梭车的换层;发货系统包括输送机及拣选系统等。有些系统比较简单,如穿梭板可以自行构成系统,有些系统则比较复杂,如采用机器人完成入库码垛和出库拆垛等。

箱式穿梭车系统主要用于货到人拣选系统,其收货系统包括收货换箱工作站和收货输送系统;储存系统包括货架及轨道、穿梭车(包括多层穿梭车、子母车、四向穿梭车等)、提升机等;发货系统则包括拣选工作站、包装工作站和输送系统等,根据实际应用不同,有些系统会更简单或复杂一些。

其中,多层穿梭车只能完成往复运动,有的可以依靠提升机完成换层;四向穿梭车可以

完成平面内的 x 方向和 y 方向的运动,换层则通过提升机完成;还有一种子母车,母车完成巷道内 x 方向的运动,子车可以完成 y 方向的运动。

穿梭车是系统的核心产品,主要由车体和移载机构构成。移载机构有很多种形式,其中夹抱式货叉应用比较多。

穿梭车采用电池供电,为满足作业需要,要求一次完全充电能够满足 6h 以上的正常作业,并能够快速充电;托盘式穿梭车有固定的充电站,箱式穿梭车则采用多种充电方式,如在提升机上充电就是一种快速充电的方式。

穿梭车仓储调度控制系统是至关重要的子系统之一,调度系统的优劣直接影响到系统的作业效率。

3）穿梭车系统特点及应用

穿梭车的诞生,为密集存储和快速拆零拣选提供了十分有效的解决方案,是物流装备技术的一次重大创新,它改变了 AS/RS 系统长期以来独占市场的格局,所以一经推出便广受用户欢迎。

（1）托盘式穿梭车。托盘式穿梭车的应用,彻底改变了密集存储系统的概念,甚至可以说是一种颠覆。从简单的穿梭板应用,到子母车,再到四向车系统,其发展轨迹一直围绕着密集存储进行。与传统的 AS/RS 系统相比,根据方案不同,其存储密度会提高 30%～50%,而且最大的优势是:四向穿梭车不受空间形状的限制,几乎可以在任意的空间中布置,这是 AS/RS 所无法比拟的优势。虽然 AS/RS 系统也有双深度存储技术以增加存储密度,但无论存储密度还是对空间的要求,都与穿梭车优势相去甚远。

密集存储系统的应用场景非常多,如烟草原料和成品、食品饮料、工业制造等行业,尤其是在冷链物流领域都有很大的用武之地。传统的冷库不仅空间利用率低,而且作业环境非常恶劣,托盘式穿梭车的发明大幅度提升了存储密度,也改善了作业环境,可谓一举多得,市场前景非常广阔。目前存在的问题是,由于穿梭车系统对货架要求比较高,增加了系统的成本,为需要快速入出作业的系统带来了成本压力。

（2）箱式穿梭车。箱式穿梭车可以说完全是为拆零拣选而生,尽管 mini-load 堆垛机的速度已经提高到惊人的 350m/min,但存取效率还是局限在每台小车每小时作业 100 多次,多层穿梭车轻松突破了这一极限。一个巷道可以达到的出入库能力达到 1 000 箱/h 以上,这在以前是无法想象的。

箱式穿梭车在拆零拣选方面的应用更为广阔,可以适用于多种现场情况。以下为其典型应用场景。

① 拆零拣选。多穿系统最常见的应用场景主要是作为 B/C 类品的拆零拣选。而针对 A 类品的流利架拣选,多穿小车也有创新的应用,它可以代替人工补货作为自动补货设备将货物补货到流利架上,这种方式在零售、医药流通行业已有多个案例应用。

② 冷库的货到人拣选。冷库设计的最关键要素是如何减少人员在低温环境下的长时间工作及降低能耗。通过货到人的拣选方式将冷冻品输送至库外的拣选站台（0～5℃环境）进行人工拣选,避免作业人员在极寒的恶劣环境下作业。

③ 货到机器人整箱拣选。整箱拣选是零售业态常见的拣选方式。配送中心内可采用多穿系统处理整箱拣选,配合码垛机器人进行自动混箱码垛。

④ 缓存排序发货。订单严格排序是配送中心订单执行的关键要素。在产线物流上,多

穿系统可以作为缓存库,平衡上下游生产环节的能力,并按货品的严格次序及时、快速地配送至产线/包装线。在电商配送中心同样有多穿系统的应用。因为电商配送中心中上百万的 SKU 分布在不同的拣选区域,如采用并行拣选,势必会发生订单中的不同产品拣选的时间差;而如果采用多穿系统作为合单缓存系统,则可以对订单中所有产品进行合单缓存,合单完毕后集中发送至打包站台进行打包。

多穿系统作为高效率的拣选系统已经出现多种应用,但无论什么花样,在设计多穿系统时必须结合每个客户的业务形态及物流特性,同时对客户订单出库数据(一整年或高峰特征月)进行详细的分析(包括产品尺寸分析、订单结构 EIQ、ABC 及 EIQ-ABC 交叉分析等),才能为客户设计出最适合的多穿解决方案。

4)穿梭车系统的选择与评价

对设计和使用者来说,如何选择和评价穿梭车系统非常关键。主要应该注意以下几个方面。

(1)出入库作业能力。出入库作业能力是衡量穿梭车系统的重要指标。包括输送系统、提升机、穿梭车、堆垛机等所有关联系统或设备的作业能力的匹配,以及拣选工作站的能力等。在实际设计中,要求一个拆零拣选工作站达到 600 行以上的拣选能力是非常普遍的情况,这对工作站、输送系统的设计也提出了很大挑战。

(2)存储能力。储存能力基本是一个静态指标。不同的设备和技术所能够达到的储存能力是不一样的。一般情况下,储存能力越高越好。密集库系统对储存指标要求比较高,但拆零拣选系统却并不特别追求这一点。要注意储存能力和存取能力的一致性,有时过分追求单一指标是没有意义的。

(3)软件系统。对箱式穿梭车系统来说,其难点在于软件系统,如何快速高效地响应订单的拣选要求,是考验一个穿梭车系统的关键内容。而对托盘式穿梭车来说,四向车的控制系统是难点,密集库的管理与作业流程设计与普通仓库也大不一样。

(4)可靠性指标。没有什么比可靠性指标更重要的了。什么是可靠性指标? 在 FEM 标准中,有一个可用度指标可以用来描述系统的可靠性。其计算公式为系统的可用度 $S=$(系统的可用时间 T_1/系统运行的总时间 T_0)$\times 100\%$。

具体应用到穿梭车系统,可以将系统分为若干部分,对串行系统,每部分的权重为 1;对并行系统,每个并行支线的权重为 $1/n$(n 为并行子系统的数量)。系统的可用时间是指系统总时间扣除故障恢复时间所剩余的时间。FEM 规定,系统的可用度大于 97% 才能正式上线运行。

此外,还有一个指标叫作平均无故障时间 MTBF(mean time between failure),其单位为小时。MTBF 越大,系统越可靠。这一指标对单一设备的评价非常适用,但用于对物流系统的可靠性评价却并不适用。其理由是物流系统非常复杂,存在很多"部分可用"的情况,无法用这一指标来评估。

8.1.4 仓储系统及设备选用

仓储系统及设备是配送中心最基本的物流设备,是保证高效储存和出入库作业的基本设备,因此储存设备的合理配置和选择显得尤为重要。

1. 仓储系统及设备选用考虑因素

仓储系统选择时要考虑的主要因素包括货品特性、出入库量、存取性、搬运设备、厂房结构等,如图 8-17 所示。也就是要根据各储区的功能和特征进行适当的选择。例如仓储区的主要功能是供应补货,则可选用一些高容量的货架,而拣选区的主要功能是拣货,故可选用一些方便拣货的流动货架等,以方便拣货作业。

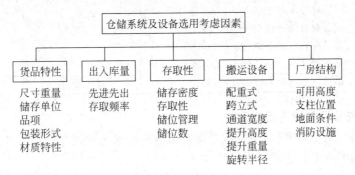

图 8-17　仓储系统及设备选用考虑因素

（1）货品特性。货品的尺寸大小、外形包装等都会影响储存单位的选用,由于储存单位的不同,使用的储存设备就不同。例如,托盘货架适用于托盘储存,而箱货架则适合箱品使用,若外形尺寸特别,则有一些特殊的储存设备可供选用,而货品本身的材料物性,如易腐性或易燃性等货品,在储存设备上就必须做防护考虑。

（2）出入库量。某些仓储系统或设备虽有很好的储存密度,但出入库量却不高,适合于低频度的作业。出入库量的高低是储存设备选择的重要因素。根据出入库量高低可以选用适当的储存设备。仓储系统与出入库量的比较如表 8-2 所示。另外,还要考虑是否有先进先出的需求,一些时效性较强的货品（如食品等）都有先进先出的需求,在选择储存设备时要加以注意。

（3）存取性。一般存取性与储存密度是相对的。也就是说,为得到较高的储存密度,则必须相对牺牲货品的可存取性。有些货架虽具有较好的储存密度,但其储位管理较为复杂,可存取性较差。唯有自动仓库可往上发展,存取性与储存密度俱佳,但相对投资成本较为昂贵。因此选用何种式样的储存设备,应综合考虑各种因素才能做出决策。

（4）搬运设备。仓储系统的存取作业是由搬运设备来完成。因此选用仓储系统应同时考虑可匹配的搬运设备。例如货架通道宽度必须与叉车匹配,普通货架仓库一般采用前移式叉车、窄巷道货架仓库需要配置三向回转叉车,自动化仓库需要配置有轨巷道堆垛机等。

（5）厂房结构。厂房结构也是影响设备选择的重要因素,如厂房的净空高度、梁柱的位置等都会影响货架的配置,地板的承载能力、平整度等也与货架的设计、安装等有密切关系。另外,还需考虑防火设施和照明设施的要求。

表 8-2　仓储系统与出入库频率

储存单位	高　频　率	中　频　率	低　频　率
托盘	托盘流动式货架（20～30 托盘/h） 立体自动仓储（约 40 托盘/h） 水平旋转自动仓储（10～60s/次）	托盘式货架 （10～15 托盘/h）	驶入式货架 驶出式货架 后推式货架 移动式货架 （约 10 托盘/h）

续表

储存单位	高　频　率	中　频　率	低　频　率
容器	容器流动式货架 多层穿梭车系统(500～1 000箱/h) 轻负载自动仓储(40～100箱/h) 水平旋转自动仓储(20～40s/次) 垂直旋转自动仓储(20～30s/次)	中型货架	移动式货架
单品	单品自动拣取系统(6 000件/h)	轻型货架	抽屉式储柜

2. 仓储系统及设备的选用原则

储存货品的进出货频率、品项及数量都会影响仓储系统及储存设备的选用,仓储系统及设备的选用原则可参考表 8-3。

表 8-3　仓储系统及设备的选用原则

装载形态	频　度	品　项	储　量	保管系统的选用
托盘	高	多	大	较大规模的自动仓库
			中	中型自动仓库
		少	大	流动托盘货架
			中	小型自动仓库
			少	输送带等暂放保管系统
	中	中	中	中型自动仓库
	少	多	大	托盘货架
	少	少	中	托盘货架
			少	地面堆码
箱	高	多	少	箱货架
		少	大	箱流动货架
			少	输送带等暂放保管系统
	中	中	中	箱货架
	少	多	大	箱货架
			少	箱货架
	少	少	大	箱流动货架
			少	箱货架
单品	高	多	少	轻型货架
		少	少	储物柜
	少	多	少	轻型货架

8.2　仓　储　管　理

8.2.1　仓储管理含义

仓储管理是对仓储货物的收发、结存等活动的有效控制,其目的是为企业保证仓储货物的完好无损,确保生产经营活动的正常进行,并在此基础上对各类货物的活动状况进行分类记录,以明确的图表方式表达仓储货物在数量、品质方面的状况,以及所在的地理位置、部门、订单归属和仓储分散程度等情况的综合管理形式。

　　仓储管理的核心在于物流、账目、库存三方面。物流管理就是对物资的进出库管理及对库内储存状态的动态管理；账目方面是建立相应的电子表格，以实现不同的管理目标，大大加快了查询速度；库存管理是指在物流过程中商品数量的管理。

8.2.2　在库管理

　　商品在库管理就是研究商品性质及商品在储存期间的质量变化规律，积极采取各种有效措施和科学的保管方法，创造一个适合商品储存的条件，维护商品在储存期间的安全，保证商品的质量和使用价值，最大限度地降低商品损耗的一系列活动。

　　商品在库管理的内容主要包括储区规划、储存定位、货位编码、商品堆码和苫垫、商品养护和商品盘点等。

　　1. 储区规划

　　通过储区规划对货物进行分区分类的存放，以确保货物的储存安全。应根据仓库的建筑、设备和货品特点等条件，将仓储区划分为若干保管商品的区域，以适应各类商品存放的需要。商品分类就是按照商品大类、性质和它的连带性将商品分为若干类，分类集中存放，以利收发货与保管业务的进行。

　　2. 储存定位

　　储存定位包括储区选择和货位的选择。

　　良好的储存策略可以减少出入库移动距离，缩短作业时间，提高空间利用率，降低运行费用。常见以下储存方法：定位储存，即有特殊要求的货物存放在固定的储位；随机储存，即每种货物的储位是随机的，这样能有效地利用货架空间；分类储存，即按产品的相关性、流动性、尺寸和重量及产品特性进行分类储存；分类随机储存，即每一类货物有固定的存放储区，但每种货物的储位是随机的；共同储存，即若确切知道各种货物的进出库时间，则不同货物可共用相同的储位。

　　根据货物特性选择储区和储位：体积和重量大的货物储于地面或坚固的货架及接近出库区，较轻的货物储于上层货架；相同和相近的货物尽可能靠近储存，相容性低的货物不能放在一起储存，以免损害品质，如烟、肥皂和茶叶不能放在一起；对寿命周期短的商品，如感光纸、胶卷、食品和药品一定遵守先入库货物先出库的原则，货物标记面应面对通道，以方便识别；易燃易爆物储存于有防火防爆设备的空间，贵重货品储存于单独加密的储存空间，易腐物储存于冷藏储区；周转率低的货物储于远离进货、发货区及仓库的较高层，周转率高的货物储于接近发货区的储位。为提高仓库空间利用率，能用托盘堆高的货物尽量用托盘储存。

　　3. 货位编码

　　货位编码将仓库范围的房、棚、场以及库房的楼层、仓间、货架、通道等按地点、位置顺序编列号码，并做出醒目的标识，以便商品进出库可按号存取。

　　4. 商品堆码和苫垫

　　商品堆码是入库商品堆存的操作及其方式、方法。商品堆码要科学、标准，应当符合安全第一、进出方便、节约仓容的原则。这是商品保管工作中的一项重要项目。

　　商品苫垫是防止各种自然条件对储存商品的质量影响的一项安全措施。苫垫可分为苫盖和垫底。苫盖、垫底都要根据商品的性能、堆放场所、保管期限以及季节、温湿度、光照日晒、风吹雨淋等情况合理选择。

5. 商品养护

对仓库保管员来说,商品养护是一项综合性、科学性的应用技术工作。商品入库后,仓库需要对不同性质的商品,在不同储存条件下采取不同的技术养护措施,以防止其质量劣化。

(1) 仓库温湿度管理与调解。商品在仓库储存过程中的各种变质现象,几乎都与空气温湿度有密切关系。仓库温湿度的变化对储存商品的质量安全影响很大,而仓库温湿度往往又受自然气候变化的影响,这就需要仓库管理人员正确地控制和调节仓库温湿度,以确保储存商品的安全。

(2) 金属的防锈与除锈。金属锈蚀的类型区别,有的属于化学锈蚀,有的属于电化学锈蚀。就金属原因分析,既有金属本身的因素,也有大气中的各种因素的影响。

金属制品的防锈。主要是针对影响金属锈蚀的外界因素进行的。

除锈的方法大体有手工除锈、机械除锈、化学除锈和电化学除锈四种。

(3) 商品的霉变腐烂与防治。商品的霉腐是指在某些微生物的作用下,引起商品生霉、腐烂和腐败发臭等质量变化的现象。引起霉变的微生物有霉菌、细菌、酵母菌。

6. 商品盘点

商品盘点是对库存商品进行账、卡、货三方面的数量核对工作。通过核对,管理人员可以及时发现库存商品数量上的溢余、短缺、品种互串等问题,以便分析原因,采取措施,挽回和减少保管损失;同时还可检查库存商品有无残损、呆滞、质量变化等情况。盘点方式分为定期和不定期盘点两种。不定期盘点是依据货品种类轮流抽盘。应对已经超过使用期限的货品进行处理,对即将到期的货品进行分类标识或处理;配合需求变动和品项变化及时调整仓储区域与储位分配。

8.2.3　库存管理

库存管理是指在物流过程中对商品数量的管理。良好的库存管理能够加快资金的周转速度,提高资金的使用率,增加投资的效益。

广义的库存管理包含仓库管理和库存控制两个部分。仓库管理的内容是指库存物料的科学保管,以减少损耗,方便存取;库存控制则是要求控制合理的库存水平,即用最少的投资和最少的库存管理费用,维持合理的库存,以满足使用部门的需求和减少缺货损失。

狭义的库存管理就是库存控制,是对制造业或服务业生产、经营全过程的各种物品,产成品以及其他资源进行管理和控制,使其储备保持在经济合理的水平。

1. 库存管理方式

(1) 供应商管理库存。供应商管理库存(vendor managed inventory,VMI)是供应商等上游企业基于其下游客户的生产销售与库存信息,对下游客户库存进行的管理与控制。通常上游企业判断客户库存是否需要补充,当需要补充时自动向本企业物流中心下达发货指令,补充客户库存。这种库存管理方式在商品分销系统中使用越来越广泛,这种库存管理方式是未来发展的趋势,甚至会导致整个配送管理系统的革命。通过集中管理库存和各个零售商的销售信息,生产商或分销商补货系统就能建立在真实的销售市场变化基础上,能够提高零售商预测销售的准确性、缩短生产商和分销商的生产和订货提前期,在链接供应和消费的基础上优化补货频率和批量。

(2) 客户管理库存。相对于供应商管理库存,客户管理库存(customer managed inventory,CMI)是另外一种和它相对的库存控制方式,配送系统中很多人认为,按照和消费市场的接近程度,零售商在配送系统中由于最接近消费者,在了解消费者的消费习惯方面最有发言权,因此应该是最重要的一环,库存自然应归零售商管理。持这种观点的人认为,配送系统中离消费市场越远的成员就越不能准确地预测消费者需求的变化。

(3) 联合库存管理。联合库存管理(jointly managed inventory,JMI)是介于供应商管理库存和客户管理之间的一种库存管理方式,顾名思义,就是由供应商与客户共同管理库存,进行库存决策。它结合了对产品的制造更为熟悉的生产或供应商以及掌握消费市场信息能对消费者消费习惯做出更快更准反应的零售商各组的优点,因此能更准确地对供应和销售做出判断。在配送系统的上游,通过销售点提供的信息和零售商提供的库存状况,供应商能够更加灵敏地掌握消费市场变化,销售点汇总信息使整个系统都能灵活应对市场趋势;在系统另一端,销售点通过整个系统的可视性可以更加准确地控制资金的投入和库存水平。通过在配送系统成员中减少系统库存,从而增加系统的灵敏度。由于减少了需求的不确定性和应对突发事件所产生的高成本,整个系统都可以从中获益。在 JMI 环境下,零售商可以从供应商那里得到最新的商品信息以及相关库存控制各种参数的指导或建议,但是由于是独立的组织,零售商同样需要制定自己的库存决策。

2. 库存合理化

合理库存是保证商品流通和生产需要的储存,包括合理储存量、合理储存结构、合理储存时间和合理储存网络。

(1) 合理储存量。合理储存量是指在新的商品(或生产资料)到来之前,能保证在此期间商品(或生产资料)正常供应的数量。合理储存必须以保证商品流通正常进行为前提。合理储存量的因素如下。

① 社会需求量。储存量与市场需求有直接关系,为满足消费的需要,要求有相应数量的商品,随时可投放市场。在其他条件不变的情况下,储存量与市场需求量成正比。

② 商品再生产时间。储存量必须与再生产时间相适应。在其他条件不变的情况下,储存量的大小与再生产周期的长短成正比。

③ 交通运输条件。商品从生产领域进入消费领域,需要运输工具和运输时间,交通运输发达的地区和不发达地区,其在途中的时间是不同的。

④ 管理水平和设备条件。储存量的大小也受企业本身条件的限制。如仓库设备、进货渠道、中间环节、进货时间等,都会影响商品储存量。

(2) 合理储存结构。合理储存结构是指商品的不同品种、规格之间储存量的比例关系。社会对商品的需要既要求供应总量的满足,又要有品种、规格的选择,而且要求的结构也在不断变化。所以,确定合理储存数量的同时,还必须考虑不同商品其品种、规格在储存中的合理比例关系,以及市场变化情况,以便确定正确的商品储存结构。

(3) 合理储存时间。

① 储存时间受商品销售时间的影响。商品销售得快,储存时间就短;商品销售得慢,储存时间就长,甚至积压在库。所以,物流部门要随时了解生产、销售情况,促进生产、扩大销

售,加速周转。

② 储存时间还受物品的物理、化学、生物性能的影响。超过物品本身自然属性所允许的储存时限,物品会逐渐失去其使用价值。因此,储存的时间还必须以保证物品安全,减少损失、损耗为前提。

(4) 合理储存网络。仓库网点的合理布局,也是合理储存的一个重要条件。就流通领域而言,在商品流通过程中,商业批发企业和零售企业为完成销售任务,都要分别进行一定数量的商品储存。由于批发和零售企业的经营特点和供应范围不同,对批发环节和零售环节的储存要求也有所不同。批发企业一般担负着经济区的供应任务,它要依靠一定的储存来调剂市场,起"蓄水池"的作用。所以,在批发环节,储存量要大,要合理设置储存网点。零售企业处于流通渠道末端,网点分散,销售量小,因而,在零售环节,一般附设小型仓库,储存量小,应勤进快销,加速周转。就生产领域而言,物资主要是分散储存在各工厂的仓库里,储存应适量,不宜过多,以免原材料大量积压。

3. 库存合理化的途径

库存合理化的途径包括实行 ABC 管理、合理应用预测技术和科学的库存管理控制三个方面。

(1) 实行 ABC 管理。由于在仓库中一般储存的物资品种非常繁多,在管理过程中必须根据具体情况实行重点管理,才能取得确实效果,一般采用 ABC 管理可以达到预期要求。

(2) 合理应用预测技术。销售额的估计和出库量的估计等需要正确的预测,这是库存管理的关键。由于库存量和缺货率是相互制约的因素,所以要在预测的基础上,制定正确的库存方针,使库存量和缺货率协调,取得最好效果。

(3) 科学的库存管理控制。库存控制主要是对库存量进行控制的问题。众所周知,库存量过多将会招致许多问题,例如,占压过多的流动资金,并为此付出相应的利息;存货过多,则仓库的各种费用,如仓储费、保险金、劳务费也随之增加;此外,还会导致物资变质、过时、失效等损失。但是,为避免以上问题,降低库存又会出现缺货率上升的风险。因此,库存控制应综合考虑各种因素,满足以下三方面要求:首先,考虑降低采购费和购入价等综合成本;其次,减少流动资金、降低盘点资产;最后,提高服务水平、防止缺货。

8.2.4　仓储重点管理法

1. ABC 分类法

ABC 分类法是由意大利经济学家维弗雷多·帕累托首创的。该分析方法的核心思想是在决定一个事物的众多因素中分清主次,识别出少数的但对事物起决定作用的关键因素和多数的但对事物影响较小的次要因素。1951 年,管理学家戴克(H. F. Dickie)将其应用于库存管理,命名为 ABC 分析法。

ABC 分类法又称帕累托分析法,也叫主次因素分析法,是项目管理中常用的一种方法。它是根据事物在技术或经济方面的主要特征进行分类排队,分清重点和一般,从而有区别地确定管理方式的一种分析方法。由于它把被分析的对象分成 A、B、C 三类,所以又称 ABC 分析法。

ABC 分析法是储存管理中常用的分析方法。ABC 分析应用在储存管理中,可以取得以下成效:①压缩了总库存量;②解放了被占压的资金;③使库存结构合理化;④节约了管理力量。

ABC 分析法用于库存管理时，将所有库存品项分为 A、B、C 三类。

- A 类货品：库存品项少，但销售金额相当大，即所谓重要的少数。
- C 类货品：库存品项相当多，但销售金额却很少，即所谓不重要的大多数。
- B 类货品：介于 A 类与 C 类之间，库存品项与销售金额大致上占有相当的比率。

2. ABC 分类用于库存管理

ABC 分析提供一套很有效的管理工具。将所有库存品项分为 A、B、C 三类之后，求出 A、B、C 三类货品库存品项数与金额的相互关系，然后对 A、B、C 三类货品库存做不同程度的管理。典型的 ABC 分析中，A、B、C 三类货品品项与金额的关系如图 8-18 所示。

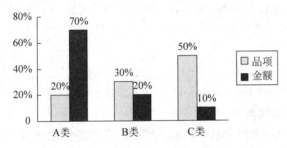

图 8-18　A、B、C 三类货品品项与金额的关系

其中，A 类货品库存品项只占 20％，金额却占 70％；B 类货品库存品项占 30％，金额占 20％；C 类货品库存品项占 50％，金额只占 10％。

有关 A、B、C 类货品库存的管理方式，一般可采取如下不同的策略。

(1) A 类货品。

① 每件产品皆作编号。

② 尽可能慎重正确地预测需求量。

③ 少量采购，尽可能在不影响需求的前提下减少存量。

④ 请配送对象合作，尽量使出库量平准化，以降低需求变动，减少安全存量。

⑤ 与供应商协调，尽可能缩短前置时间。

⑥ 采用定期订货的方式，对其库存必须做定期的检查。

⑦ 须严格执行盘点，每天或每周盘点一次，以提高库存精确度。

⑧ 对交货期限须加强控制，在制品及发货也须从严控制。

⑨ 货品放置在易于出入库的位置。

⑩ 实施货品包装外形标准化，增加出入库单位。

⑪ 采购经高层主管核准。

(2) B 类货品。

① 采用定量订货方式，但对前置时间较长或需求量有季节性变动趋势的货品宜采用定期订货方式。

② 每两三周盘点一次。

③ 中量采购。

④ 采购经中级主管核准。

（3）C 类货品。

① 采用复仓制或定量订货方式以求节省手续。

② 大量采购，以利在价格上获得优惠。

③ 简化库存管理手段，减少或废止此类的管理人员，并尽量废除料账、出库单及订购单等单据，以最简单的方式管理。

④ 安全存量须较大，以免发生库存短缺事项。

⑤ 可交由现场保管使用。

⑥ 每月盘点一次即可。

⑦ 采购仅基层主管核准。

此外，若以配送速度进行 ABC 分类，A、B、C 三类货品的储存策略如下。

A 类货品：常被列为快速流动（fast moving），要有较多的库存，因此置于所有的配送中心或零售店。

B 类货品：列为正常流动（moderately moving），应存放于区域性的仓库或配销仓库。

C 类货品：可以缓慢流动（slow moving），常存放于中央仓库或工厂仓库。

3. ABC 分类用于仓储规划

以大木东京配送中心为例说明。该配送中心将其货品分成 A、B、C 三类。

A 类货品：高频度且出货较多量的 300 品项。

B 类货品：高频度但出货量少的 1 800 品项。

C 类货品：频度不很高的 300 品项。

其对 A、B、C 三类货品各配置了最合适的系统。

（1）C 类货品。采用搁板式货架储存并拣取。此货架上部设有电子显示屏，显示欲拣取商品在哪一货位。拣取的步骤如下。

① 将拣货用的折叠式容器投入输送机的入口处。

② 由自动贴标机贴上可以识别目的地的条码标签。

③ 顺着输送机通过搁板式货架，作业员根据显示屏进行拣取。

④ 商品流至货架旁的检验站，依次读取商品的 POS 用条码并与订单核对，确保拣货正确。

接下来，输送机连接到流动货架，进行 A 类货品拣取。

（2）A 类货品。流动货架区进行多频度、大量商品的拣取。采用电子标签系统，欲拣取出货的货位 LED 显示屏闪烁，并显示拣选数量（该系统平均每一位拣货员负责 5 组货架、100 品项），如图 8-19 所示。

另外，不适合置于流动货架的 A 类货品，可放在地面上，仍然由电子标签系统来管理。

（3）B 类货品。高频度而量少的商品，最容易发生拣货错误。为使其拣选过程不出错，大木东京配送中心构筑了一个水平旋转货架系统。各层商品可进行同时入出库，提升了高频度但出货量少的商品的拣取速率。此系统每个人可同时处理 3 个店的订单，称为三层储存旋转系统。

图 8-19　A 类货品采用流动货架储存

旋转货架旁设置 3 条皮带输送机及计算机终端机,依据计算机画面的指示,应投什么货品至哪个容器中,有数字表示,故可实现迅速、高效的分拣。

4. ABC 分析用于客户分析

在配送中心内,除对货品进行 ABC 分析外,还经常需要对客户进行 ABC 分析。因此,对客户进行 ABC 分析也是非常重要的。

提高客户服务水平是库存管理决策重要的考虑因素,但有时客户众多时,公司为使有限的人力、物力有效运用,无法全面顾及每位客户时,则必须对客户进行重点管理。未实施重点管理的企业,在订单多时,订单处理人员往往为使订单积压减少,常会先处理一些比较简单的订单,而对订货数量多,处理手续较繁杂的大客户反而容易忽略,这种"小户驱逐大户"的现象对企业绩效将造成不良影响,所以应根据客户的重要程度,分为 A、B、C 三类,而分别进行重点管理;若以订单资料作"客户别 ABC 分析"的依据时,可按照以下指标进行分类。

(1) 各客户的购买量占公司销售百分比。

(2) 各客户对公司纯收益的贡献作标准。

(3) 再加以考虑各客户与公司间的其他关系。

一般而言,对 A 类货品,客户应重点投入人力及物力以做优先处理,而对 C 类货品,客户则可按部就班,但仍要仔细分辨其能否列入 B 类货品或 A 类货品,以避免误判而导致损失。此外,在设置配送中心时,也可参考这种分析,将配送中心设于重要客户附近,以减少转运成本及重要客户延迟交货次数,来提高其服务水平。

5. ABC 分析用于服务标准制定

由上述两种分析可以得知,对什么等级的客户提供优先服务,以及对什么样的产品应如何管理,因此,综合上述两种 ABC 分析,可做成基于产品及客户分类的订单优先处理顺序矩阵,如表 8-4 所示。例如,A 类货品因价值高,除加强管理外,也希望能优先出货以减少库内库存,因而当客户 I 为重点客户,且其订购 A 类货品时,则此类订单必须要做最快速的处理。

而后即可按表 8-4 的顺序预先拟定一份如表 8-5 所示的服务标准,按此标准作为实际运作的准则,则会对企业的信誉、绩效都有很大的帮助。

表 8-4　某公司客户别及产品别分配优先顺序矩阵

产品别 客户别	A	B	C	D
I	1	3	5	9
II	2	4	8	13
III	6	7	12	14
IV	10	11	17	18
V	15	16	19	20

注:1 表示最优先分配;2 表示次优;其余以此类推。

表 8-5　某公司对客户的服务标准

产品分配 优先顺序	订单传递 时间	订单处理 时间	货运 时间	交货 周期	送货可靠性
1～5	3h	6h	12h	24h	接单至交货在 24h 内完成,前后误差不超过 6h

产品分配优先顺序	订单传递时间	订单处理时间	货运时间	交货周期	送货可靠性
6～10	6h	12h	24h	42h	接单至交货在 42h 内完成,前后误差不超过 12h
11～15	12h	24h	48h	84h	接单至交货在 84h 内完成,前后误差不超过 24h
15～20	18h	48h	72h	138h	接单至交货在 138h 内完成,前后误差不超过 36h

8.3 补货作业

补货作业是指从保管区域将货品移到拣选区,并做相应的储区和储位信息更新。一般补货主要作业流程如图 8-20 所示。

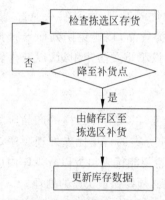

图 8-20 一般补货主要作业流程

补货是与拣货作业密切相关的,直接影响分拣作业的顺利进行。为保证拣选区的正常拣货作业,必须根据拣选区的库存变化及时补货。

8.3.1 补货策略

补货作业的发生取决于拣选区的货量,将拣选区需要补货时的储量称为补货点。为避免拣货中途的临时补货,应合理确定补货时机和补货量。一般补货策略有批次补货、定时补货和实时补货三种,至于该选用哪种应视具体情况而定。

(1) 批次补货。在每天或每一批次拣取前,先由计算机计算出所需的总拣取量,再查看拣选区相应的货品量,于拣取前一特定时点补足货品。这种方式属于"一次补足"原则,较适合一日内作业量变化不大,紧急插单不多,或是每批次拣取量大、需要事先掌握的情况。

(2) 定时补货。将每天划分为数个时点,补货人员于时段内巡视检查拣选区货架上的货品存量,若不足即马上将货架补满。这种方式属于"定时补足"原则,较适合分批拣货时间固定,且紧急处理时间也固定的场合。

(3) 实时补货。指定专门的补货人员,随时巡视拣选区的货品存量,有不足随时补货的方式。此为"不定时补足"的补货原则,较适合每批次拣取量不大,紧急插单多,一日内作业量不易事前掌握的情况。

8.3.2 补货作业模式

补货作业模式按补货单位分为整箱补货和整盘补货。但是即使相同的补货单位,如果保管区和动管区储存方式不同,其补货作业设备和作业方式也会有很大差异。下面介绍几种常见的补货作业模式。

1. 整箱补货模式

整箱补货的典型配置模式：由货架储存区补货至流动货架拣选区，如图 8-21 所示。这种补货方式的储存区一般为托盘货架，拣货区为两面开放式的箱流动货架。

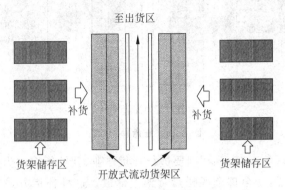

图 8-21　整箱补货

拣货时拣货员于流动货架拣选区拣取单品放入拣货箱中，然后由输送机运至出货区。当拣取后如果拣选区的存货已低于补货水准时，则需要进行补货作业。其补货方式为作业员至货架储存区取货箱，用手推车搬运至拣货区，在流动货架的后方（非拣取面）补货。这种补货方式较适合体积小且少量多样出货的货品。

2. 整盘补货模式

整盘补货的第一种典型布置：由地面堆码储存区补货至地面堆码拣选区，如图 8-22 所示。这种补货方式下，储存区是以托盘为单位直接堆码在地面上，拣选区也是以托盘为单位堆码在地面上，不同之处在于储存区的面积较大，储放货品量较多，而拣选区的面积较小，储放货品量较少。

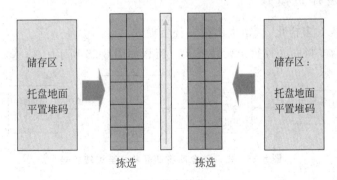

图 8-22　整盘补货（一）

拣取时拣货员于拣选区拣取托盘上的货箱，放至中央输送机出货；或使用叉车将托盘整个送至出货区（当拣取大量品项时）。当拣取后发觉拣选区的存货低于补货水平时，则要进行补货。其补货方式为：作业员用叉车将托盘货从储存区搬运至拣选区。这种补货方式较适合体积大或出货量多的货品。

整盘补货的第二种典型布置：由地面堆码储存区补货至托盘货架拣选区，如图 8-23 所示。这种补货方式下，储存区为以托盘为单位平置堆码储放，拣选区则为托盘货架储放。

拣取时拣货员在拣选区搭乘拣选车移动拣货，拣取后再将拣选的货物送至输送机出货。

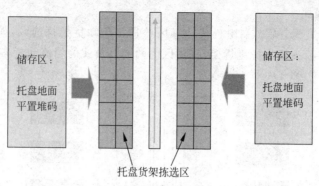

图8-23 整盘补货(二)

一旦发觉拣取后拣选区的库存太低,则要进行补货作业,其补货方式为作业员使用叉车从平置堆码储存区叉取托盘,送至拣选区托盘货架上储放。这种补货方式较适合体积中等或中量(以箱为单位)出货的货品。

整盘补货的第三种典型布置:货架上层为货架下层补货:这种补货方式为储存区与拣选区属于同一货架(图8-24),货架中下层作为拣选区,货架上层(不容易拣取之处)作为储存区。进货时便将拣选区放不下的多余货箱放至上层储存区。而当拣选区的存货低于水平时,则可利用叉车将上层储存区的货品搬至下层拣选区补货。这种补货方式较适合体积不大,每品项存货量不高,且出货多属中小量(以箱为单位)的货品。

图8-24 货架上层至货架下层的补货方式

8.3.3 其他补货模式

由于储存系统的多样化,会衍生出很多补货模式。

(1)由自动仓库将商品补货至旋转货架。流程如图8-25所示。

图8-25 由自动仓库将商品补货至旋转货架

(2)由入库至补货线。这是一种货品入库时即将需要补货的货品直接送入拣选区,而不经由储存区再转送的补货方式。流程如图8-26所示。

(3)拣选区采取复仓制的补货方式。英国BOOTS公司动管拣选区是采用相同品项两个相邻托盘的储放。而储存区则分两处进行两阶段的补货。第一储存区为高层货架仓库,第二储存区为拣选区旁的临时保管处所,如图8-27所示。进行第一阶段补货时,先由第一储存区的高层货架提取一托盘量货品放置于拣选区旁的第二储存区,等拣选区内某一品项的其中一个托盘拣取完毕后,将空托盘移出,后面托盘往前推出,再由第二储存区将补货托盘移进拣选区。

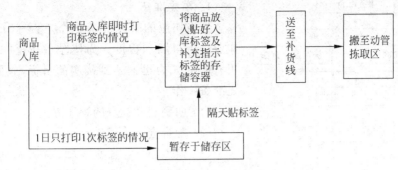

图 8-26　由入库至补货线

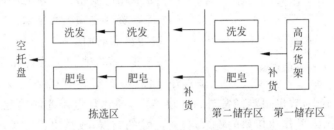

图 8-27　拣选区采取复仓制的补货方式

8.4　盘点作业

由于货品不断地进出库,在长期的累积下库存资料容易与实际数量产生不符的现象,有些产品可能因存放过久致使产品质量及效能受影响,难以满足客户要求。为有效地控制货品数量而对各储存场所进行数量清点的作业,称为盘点作业。盘点结果的盈亏往往差异很大,若不经常进行盘点,将对企业的损益有重大影响。

8.4.1　盘点作业目的

盘点是配送中心内非常重要的工作,通过盘点可达到如下目的。

(1)确定现存量,修正料账不符产生的误差。通常货品在一段时间内不断接收与发放后,容易产生误差,这些误差的形成原因主要包括:库存资料记录不确实,如多记、误记、漏记等;库存数量有误,如损坏、遗失、验收与出货清点有误;盘点方法选择不恰当,如误盘、重盘、漏盘等。这些差异必须在盘点后察觉错误的起因,并予以更正。

(2)计算企业损益。企业的损益与总库存金额有相当密切的关系,而库存金额又与库存量及单价成正比。因此,为能准确地计算出企业的实际损益,就必须针对现有数量加以盘点。一旦发觉库存太多,即表示企业的经营受到压迫。

(3)评估货品管理的绩效,不断完善出入库管理方法,提高保管质量。如果废品情况、库存周转率、货品的保养维修,均可通过盘点发现问题,以寻求改善方法。

8.4.2　盘点作业步骤

一般盘点必须遵循下列步骤逐步实施,如图 8-28 所示。

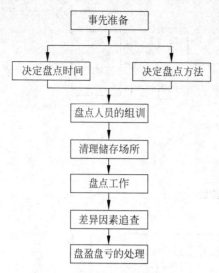

图 8-28　盘点作业的步骤

1．事先准备

盘点作业的事先准备工作是否充分,攸关盘点作业进行得顺利程度。为使盘点在短的时间内,利用有限的人力迅速达到确实的目标,应做好以下事先准备工作。

（1）明确建立盘点的程序方法。

（2）配合会计决算进行盘点。

（3）盘点、复盘、监盘人员必须经过训练。

（4）经过训练的人员必须熟悉盘点用的表单。

（5）盘点用的表格必须事先印制完成。

（6）库存资料必须确实结清。

2．决定盘点时间

一般来说,就货账相符的目标而言,盘点次数越多越好,但因每次实施盘点必须投入人力、物力、财力,这些成本耗资不小,故也很难经常进行。事实上,导致盘点误差的关键主因在于出入库的过程,可能是因出入库作业传票的输入,检查点数的错误,或是出入库搬运造成的损失,因此一旦出入库作业次数多时,误差也会随之增加。所以,就一般生产厂商而言,因其货品流动速度不快,半年至一年实施一次盘点即可。但以配送中心货品流动速度较快的情况下,既要防止过久盘点对公司造成的损失,但又碍于可用资源的限制,因而最好能视配送中心各货品的性质制定不同的盘点时间,例如,在建立商品别 ABC 管理的公司,具有如下建议。

- A 类主要货品：每天或每周盘点一次。
- B 类货品：每两三周盘点一次。
- C 类较不重要货品：每月盘点一次即可。

而未实施商品别 ABC 管理的公司,至少也应对较容易损耗毁坏及高单价的货品增加其盘点次数。另外,当实施盘点作业时,时程应尽可能缩短,以 2～3 日完成较佳。至于日期,一般会选择在以下两方面。

（1）财务决算前夕。因便利决算损益以及表达财务状况。

（2）淡季进行。因淡季储货量少盘点容易,人力的损失相对降低,且调动人力较为便利。

3．决定盘点方法

因盘点场合、需求的不同,盘点的方法也有差异。常用的盘点方法有期末盘点和循环盘点两种,根据货品的属性和发货特征等确定。

4．盘点人员的组训

为使盘点工作得以顺利进行,盘点时必须增派人员协助进行,至于由各部门增援的人员必须组织化并且施以短期训练,使每位参与盘点的人员能切实发挥其功能。而人员的组训必须分为两部分。

（1）针对所有人员进行盘点方法训练。其中对盘点的程序、表格的填写必须充分了解,工作才能得心应手。

（2）针对复盘与监盘人员进行认识货品的训练。因为复盘与监盘人员对货品大多数并不熟悉,故而应加强货品的认识,以利盘点工作的顺利进行。

5．清理储存场所

（1）在盘点前，对厂商交来的货品必须明确其所属，如已验收完成属于本中心，应即时整理归库，若尚未完成验收程序则属于厂商，应划分清楚避免混淆。

（2）储存场所在关闭前应通知各需求部门预领所需的货品。

（3）储存场所整理整顿完成，以便计数盘点。

（4）预先鉴定呆料、废品、不良品，以便盘点时鉴定。

（5）账卡、单据、资料均应整理后加以结清。

（6）储存场所的管理人员在盘点前应自行预盘，以便提早发现问题并加以预防。

6．盘点工作

盘点时，因工作单调琐碎，人员较难以持之以恒，为确保盘点的正确性，除人员组训时加强宣传指导外，工作进行期间也应加强指导与监督。

7．差异因素追查

当盘点结束后，发现所得数据与账簿资料不符时，应追查差异的主因。其着手的方向有以下几点。

（1）是否因记账员素质不足，致使货品数目无法表达。

（2）是否因料账处理制度的缺点，导致货品数目无法表达。

（3）是否因盘点制度的缺点导致货账不符。

（4）盘点所得的数据与账簿的资料，差异是否在容许误差内。

（5）盘点人员是否尽责，产生盈亏时应由谁负责。

（6）是否产生漏盘、重盘、错盘等状况。

（7）盘点的差异是否可事先预防，是否可以降低料账差异的程度。

8．盘盈、盘亏的处理

差异原因追查后，应针对主因适当的调整与处理，至于呆废品、不良品减价的部分与盘亏一并处理。

货品除盘点时产生数量的盈亏外，有些货品在价格上会产生增减，这些变迁在经主管审核后必须利用货品盘点数量盈亏价目增减更正表（表 8-6）修改。

表 8-6　货品盘点数量盈亏价目增减更正表

年　月　日

货品编号	货品名称	单位	账面资料			盘点实存			数量盈亏				价目增减				差异因素	负责人	备注
			数量	单价	金额	数量	单价	金额	盘盈		盘亏		增价		减价				
									数量	金额	数量	金额	单价	金额	单价	金额			

8.4.3　盘点种类

就像账面库存与现货库存一样，盘点也分为账面盘点及现托盘点。

所谓账面盘点,又称永续盘点,就是把每天入库及出库货品的数量及单价,记录在计算机或账簿上,而后不断地累计加总算出账面上的库存量及库存金额。

而现托盘点也称实地盘点或实盘,也就是实际去点数调查仓库内的库存数,再按货品单价计算出实际库存金额的方法。

因而如要得到最正确的库存情况并确保盘点无误,最直接的方法就是确定账面盘点与现托盘点的结果要完全一致。一旦存在差异,即会产生料账不符的现象,究竟是账面盘点记错或是现托盘点点错,则需再多费一层工夫来寻找错误原因,才能得出正确结果及判断责任归属。

8.4.4 盘点方法

1. 账面盘点法

账面盘点的方法是将每一种货品分别设账,然后将每一种货品的入库与出库情况详加记载,不必实地盘点,即能随时从计算机或账册上查悉货品的存量,账面盘点法的记载形式见表 8-7。通常量少而单价高的货品较适合采用此方法。

表 8-7 货品总账

品名: 　　　　　　　　　　编号:

请购点: 　　　　　　　　　经济订购量:

日期		订购		入库			出库		现存		附注
月	日	数量	请购单	数量	单价	价值	数量	货单	数量	总价	

2. 现托盘点(实地盘点)法

现托盘点按盘点时间频度的不同又分为期末盘点及循环盘点。期末盘点是指在期末一起清点所有货品数量的方法,而循环盘点则是在每天、每周即做少种少量的盘点,到了月末或期末,则每项货品至少完成一次盘点的方法。

(1)期末盘点法。由于期末盘点是将所有品项货品一次盘完,因而必要全体员工一起出动,采取分组的方式进行盘点。一般来说,每组盘点人员至少要三人,以便能互相核对减少错误,同时也能彼此牵制避免流弊。其盘点步骤如下。

① 将全公司员工进行分组。

② 由一人先清点所负责区域的货品,将清点结果填入各货品的盘存单的上半部(表 8-8)。

③ 由第二人复点,填入盘存单的下半部。

④ 由第三人核对,检查前二人的记录是否相同且正确。

⑤ 将盘存单缴交给会计部门,合计货品库存总量。

⑥ 等所有盘点结束后,再与计算机或账册资料进行对照。

表 8-8 盘存单

日 期		日 期	
盘存单号码		盘存单号码	
品项号码		品项号码	
存放位置		存放位置	
数量		数量	
盘点人		审核人	

（2）循环盘点法。循环盘点是将每天或每周当作一周期来盘点。其目的除减少过多的损失外,对不同货品施以不同管理也是主要原因,就如同前述商品别 ABC 管理的做法。价格越高越重要的货品,盘点次数越多;价格越低越不重要的货品,就应尽量减少盘点次数。循环盘点因一次只进行少量盘点,因而只需专门人员负责即可,不必动用全体人员。

循环盘点法最常用的单据为现品卡,形式见表 8-9,其使用方式如下:每次出入库一面查看出入库传票,一面把出入库年月日、出入库数量、传票编号、库存量登记在现品卡上。主要目的在于:使作业者对出入库数量及库存量有具体的数字认知;可协调进行出入库的分配管理,并在错误发生时能立即调查;随时掌握库存品的流动性及库存量控制的情况。

表 8-9 现品卡

货品编号			001			
货品名称		肥皂		交货单位		
存放位置		A$_1$		包装单位		箱
月 日	出入库地点	传票编号	入库数		出库数	库存数
6 月 1 日	转入	N123	100			200
6 月 5 日	转出	N200			50	150

然而,现品卡的必要与否见仁见智,一般情况下,如不采用现品卡,可只以单纯点数核对的方式进行循环盘点,其步骤如下。

① 决定当天欲盘的货品。

② 由专门人员负责,利用空档至现场清点这些货品的实际库存数。

③ 核对盘点货品的计算机库存数。

④ 对照的结果,如发现两库存数没有差异,则维持原状;若发现有差异,则调查原因,并马上做修正。

而若使用现品卡者,其除在每一次货品出入库都要予以记载外,对在盘点时的点数核对工作也要详细,做法虽较麻烦,但对盘点差异原因的追溯却较为快速、正确。下面为使用现品卡的循环盘点步骤。

R 为实际库存量；r 为现品卡上的库存量；K 为上月底的计算机库存量；k 为上月底的现品卡库存量。

① 决定将要进行循环盘点的品项，并把上月底的计算机库存数 K 记录下来（记录于表 8-10 的循环盘点单中）。

② 前往盘点货品的位置，记录现品卡中的上月底库存数 k（记录于表 8-10 的循环盘点单中）。

③ 清点盘点货品，将实际库存数 R 及现品卡中的库存数 r 记录下来（记录于表 8-10 的循环盘点单中）。

④ 进行 $R-r$ 的运算。当 $R-r=0$ 时转到步骤 6，当 $R-r\neq0$ 时转到步骤⑤。

⑤ 检查现品卡的出入库及库存数的记录中是否有计算错误。若有错误，则修改；若无错误，再次计算实际库存数 R。

⑥ 计算上月底的计算机库存数 K 与同为上月底的现品卡库存数 k 之间的差（$K-k$）。当 $K-k=0$ 时转到步骤⑧；当 $K-k\neq0$ 时转到步骤⑦。

⑦ 调查上月底现品的出库是否转入次月，假如是，以 F 表示其数量。

⑧ 利用以上步骤对照下式：若 $(R-r)-(K-k)-F=0$，则盘点无误差；若 $(R-r)-(K-k)-F\neq0$，则盘点有误差，应实施误差原因调查。

⑨ 做修正记录。

表 8-10　循环盘点单（异常出入库单）

No.　　　　　　　　　　　　　　　　　　　　　　　　　　　　　　　年　　月　　日

类　别	项　　目	记号	初次	再检查	误差理由
当日库存	实际库存数	R			
	现品卡库存数	r			
	差	$R-r$			
上月末库存	计算机库存数	K			
	现品卡库存数	k			
	差	$K-k$			
	上月已做出库指示，但在次月才出库数	F			
对照公式	$(R-r)-(K-k)-F$				
判定	$=0$ 无误差，不调查　$\neq0$ 有误差，调查				
异常出入库	过剩数	不足数	发现部门		理由

将采用期末盘点及循环盘点的差异整理于表 8-11 中。公司根据自身情况选择较适用的盘点方式，但大体而言，循环盘点能针对各货品需要做适时管理，且易收盘点成效。事实上，有些公司是将两种盘点同时并用，平时针对重要货品做循环盘点，而至期末再将所有货品做一个期末大盘点，如此不仅循环盘点的误差能渐渐减少，就算是期末的大盘点，其误差率也因循环盘点的配合进行而有大幅降低，同时期末盘点所需时间也会因平时循环盘点的整理与管理改善而缩短许多。

表 8-11　期末盘点与循环盘点的差异比较

比 较 内 容	期 末 盘 点	循 环 盘 点
时间	期末、每年仅数次	平常、每天或每周一次
所需时间	长	短
所需人员	全体动员（或临时雇用）	专门人员
盘差情况	多且发现得晚	少且发现得早
对营运的影响	须停止作业数天	无
对品项的管理	平等	A 类重要货品：仔细管理 C 类不重要货品：稍微管理
盘差原因追究	不易	容易

8.4.5　盘点结果评估

进行盘点的目的主要是希望能通过盘点来审核当前货品的出入库及保管状况，因而通过盘点需了解以下问题。

（1）在这次盘点中，实际存量与账面存量的差异是多少？

（2）这些差异发生于哪些品项？

（3）平均每一差异量对公司损益造成多大影响？

（4）每次循环盘点中，有几次确实存在误差？

（5）平均每种品项货品发生误差的次数有多少？

对这些问题，可由以下指标来找到答案。

$$盘点数量误差＝实际库存数－账面库存数$$

$$盘点数量误差率＝\frac{盘点数量误差}{实际库存数}$$

$$盘点品项误差率＝\frac{盘点品项误差}{实际库存数}$$

当盘点数量误差率高，但盘点品项误差率低时，表示虽发生误差的货品品项减少，但每一发生误差品项的数量却有提高的趋势。此时应审核负责该品项的人员有无尽责？这些货品的置放区域是否得当、有无必要加强管理？相反的，若当盘点数量误差率低，但盘点品项误差率高时，表示虽然整个盘点误差量有下降趋势，但发生误差的货品种类却增多。误差品项太多将使后续的更新修改工作更为麻烦，且更可能影响出货速度，因此应对此现象加强控制。

$$平均每件盘差品金额＝\frac{盘差误差金额}{盘差误差量}$$

一旦此指标高，表示高价位产品的误差发生率较大，可能是公司未实施货品重点管理的结果，对公司营运将造成很不利影响。因此，最好的改善方式是确实施行商品别 ABC 分类管理。

$$盘差次数比率＝\frac{盘点误差次数}{盘点执行次数}$$

当此比率逐渐降低，表示不论是货品出入库的精确度还是平时库存管理的方式都有很大的进步。

$$平均每品项盘差次数率＝\frac{盘差次数}{盘差品项数}$$

若此比率高,表示盘点发生误差的情况大多集中在相同的品项,此时对这些品项必须提高警觉,且确实深入寻找导致原因。

8.5 案例分析:蜂巢系统在电商行业订单履约中心的应用

8.5.1 应用背景

某电商为全品类平台类 B2C 电商企业,主要为服装、化妆品、鞋类企业提供特卖平台。近年来,该企业每年均以翻番的速度快速发展,实现连续盈利及销售额一次又一次的突破。高速发展下猛增的订单量、逐年上升的用工成本及用地成本等成为该企业发展痛点及关注焦点。在企业如此快速的发展下,物流系统压力随之而来,物流作为用户衡量电商服务水平的重要指标,其重要性日益凸显。

8.5.2 系统设计

2015 年年底,由兰剑物流科技公司针对电商行业大规模、高效率、精准拆零拣选难题而打造的"蜂巢式电商 4.0 系统"在该企业订单履约中心正式上线。项目占地面积 5 040 m²,存储能力可达 150 万件,系统完成部分货物的存储、按单配货作业;系统库位设计有 8 巷道 16 排 14 层双深货架,共 5.1 万个料箱位;系统配置 112 台巷道穿梭车,14 台转载穿梭车,30 台提升机,15 个拣选站台,设计 20 人完成各项作业,系统出库效率达到 20 万件(两班)。

8.5.3 应用效果

该系统正式运行后,在操作人员减少 60% 的同时,拣选效率提高 6 倍。另外,系统对仓库的空间利用非常充分,因此占地面积较传统仓储系统大幅减少,同时实现了存储货物的快进快出,并且十分精准。

(1)全程机器拣货,实现"货到人"式拣货。与一般仓储系统"人到货"的拣选方式不同,蜂巢系统全程采用机器小车拣货,其中包括巷道穿梭车(纵向)、转载穿梭车(横向)、提升机(立体)这三个维度的自动拣货小车。在机器拣货模式下,仓库工作人员不需要再手动拣货,因此订单处理效率大大提高。在该系统操作下,一个工作人员的处理速度是 10s 内 1 个订单行,一个小时能处理 360 个订单行。

(2)高密度存储,系统容积率是传统仓库的 10 倍。由于蜂巢系统采用全自动机器拣选,不会受到人工拣货的限制(如货架高度、货架间距等),因此整体货架布置非常密集。传统仓库每平方米最多能存储两个周转箱,而蜂巢系统能存储 20 个周转箱,容积率是传统系统的 10 倍。

(3)仓储、分拣一体化,节省作业面积。起初,该企业仓库整体面积巨大,利用率不足,而蜂巢仓储系统将仓储区和分拣区合二为一,节省了作业面积,同时也提高了拣货速度。

8.5.4 结论

蜂巢式电商 4.0 系统的创新性研发及顺利实施是对传统仓储物流的一次革命性创新,首先,该系统有效地利用了仓库高度空间,节省了面积,容积率成倍提高;其次,系统省去了拣选人员大量行走并查找货物的环节,处理效率是传统系统的数倍;此外,系统的操作人员大幅减少、拣选准确性显著提高、安全性能得到进一步改善;同时,整个系统采用了柔性化、模块化的设计理念,可根据用户的订单分拣量配置相应数量的处理模块或模组,高效适用地完成订单分拣作业。系统流程简单、实用、高效,使用成本经济合理,能够应对新环境下电商高速发展对仓储物流提出的全新挑战,具有广阔的应用前景。

本 章 小 结

仓储系统是由储存空间、储存货架、作业设备(或人)及作业方法等构成的整体,也是配送中心的主要储区和子系统。仓储系统按储存单位分类,可分为托盘、容器(箱)、单品及其他四大类;按货架布置方式可以分为通道式货架、密集货架和旋转式货架;按存取作业方式不同,仓储系统可以分为人到货仓储系统和货到人仓储系统。仓储系统应综合分析商品特性、存取性、出入库量、搬运设备、厂房结构等进行科学选择。

仓储作业主要包括入库、出库、在库管理。入库作业包括入库信息录入、接货入库、仓库验收、上架四个步骤。出库作业就是根据出货指令组织相关人员和工具,完成货品拣选、贴标、贴条形码、分类、包装、暂存、装车及配载等工作。在库管理主要包括储区规划、储存定位、堆垛与苫垫、货品保管和盘点等工作。

补货作业是指从保管区域将货品移到拣选区,补货可采用整盘补货和整箱补货,补货时机分为批次补货、定时补货和随机补货三种方式。

盘点是配送中心保证料账一致的重要工作,盘点分为账面盘点法和现托盘点(实地盘点)法,而现托盘点(实地盘点)法又分为期末盘点及循环盘点,根据具体情况合理选择。

仓储重点管理法是通过对货物进行 ABC 分类,分清重点和一般,从而有区别地确定管理方式的一种分析方法。ABC 管理是配送中心仓储管理的重要手段,可以应用于产品管理、客户管理和储区规划等各个领域。

复 习 题

1. 什么是密集式货架? 举例说明 3 种密集式货架的结构及特点。
2. 什么是货到人仓储系统? 举例说明 3 种货到人仓储系统方案。
3. 仓储系统及设备的选择要素有哪些?
4. 和传统自动化仓库相比,分析多层穿梭车系统有什么优点和优势。
5. 两种基本的补货单位是什么? 并分别举例说明其布置方案。
6. 常见的补货策略有哪几种? 分别说明其补货作业原理。
7. 简述盘点作业的步骤。
8. 什么是期末盘点与循环盘点? 分析两者的优缺点。
9. 说明 ABC 分类如何应用于仓储规划。

第 9 章

配送中心分拣作业管理

9.1 拣货作业模式

拣货作业是订单在库内执行的主要作业环节,直接影响分拣出库的作业效率。拣货作业系统是由拣货单位、拣货方式、拣货策略、拣货信息、拣货设备等多种要素组成。不同的要素可组成不同的拣货作业系统,要素分得越细,可组成的作业系统也就越复杂。

9.1.1 分拣出库作业流程

分拣出库作业就是根据出货指令组织相关人员和工具,完成货品拣选、贴标、贴条形码、分类、包装、暂存、装车及配载等工作。由于不同商家的需求不同,作业流程中会有差异。下面以电商配送中心为例介绍货品分拣出库的基本作业流程。

商品分拣出库流程通常包括拣货、分播、复核、包装、分类、揽收、交接等环节,这个过程对仓库工作人员来说不仅是体力劳动,任何一步操作都要小心谨慎,否则就会造成仓库、货主或买方的损失。尤其是在高峰时段,仓库工作人员更是要提高警惕避免出错。商品分拣出库作业的基本流程如图 9-1 所示。

图 9-1 商品分拣出库作业的基本流程

(1)调度订单。WMS 系统通常需要先对订单进行调度,简单地说,就是按照一定的规则对订单进行分类处理。实际业务中影响订单分类的因素很多,因此调度看似简单,其实背后的逻辑很复杂,调度订单的功能目的主要有以下几点。

① 为订单匹配最合适的仓库。例如,一个货主通常会有多个仓库,选择距收货人最近

的仓库发货无疑最快且最省成本。在实际调度中,仓库的选择不仅依靠距离信息,还需要综合考虑库存信息、货品信息、承运商信息等。

②　为订单匹配最合适的承运商。当货主有指定的承运商时,为订单分配该承运商;当货主未指定承运商时,综合考虑仓库到收货人的距离信息、运费信息、库存信息、货品信息等,按照一定的规则为订单匹配最合适的承运商。

③　为仓库制订生产计划。仓库系统每天都会接收到很多订单,因此必须提前规划好仓库每天的生产计划,以便仓库能够有条不紊地处理所有订单,尽量避免订单高峰期出现意外情况。另外,在大批量的订单中,常常有很多订单的货品是相同或相近的,因此将这些订单集中生产拣货,将节省很多时间。

④　为拣货员规划拣货路线。仓库里存储的商品成千上万,虽然每个商品都有对应的库位,可以按照库位查找商品,但是仓库面积大、库位分布广,而拣货任务中的商品并不是集中在某一库位,如果拣货路线规划不合理,需要拣货员到不同的库区来回寻找,则容易造成拣货效率低等问题。调度能够根据订单商品信息查询商品库存位置,然后根据库存位置规划出最短拣货路线,大幅提升了拣货效率。

(2) 打单。调度结束后,订单流转到相应的仓库系统,在 WMS 系统中选择订单生成拣货任务并打印任务面单。面单上有订单基本信息,商品的外包装需要贴上面单,以方便配送员及收货人根据面单信息进行配送和识别包裹。有些仓库在包装台上打印面单,这样做的好处是即打即用,避免面单在拣货过程中的丢失和混乱。

(3) 拣货分播。拣货任务生成后分派给拣货员,拣货员使用掌上计算机(personal digital assistant,PDA)下载拣货任务,根据 PDA 的指示到指定库位拣取正确数量的商品放入拣货车。拣货有先拣后分和边拣边分两种操作方式。

先拣后分是将拣货与分货分开执行。先将任务订单里的所有货品集中拣入拣货车,再在播种区进行分货。播种墙是具有很多单元格的推车,每个单元格对应一个订单,播种就是将拣货车中的商品按照订单归类到每个单元格中。

边拣边分是在拣货的时候,拣货员推着具有多个单元格的拣货车,每个单元格绑定一个订单,拣货时,用 PDA 扫描商品条码会自动提示该商品应放入哪个单元格,从而实现边拣边分。

边拣边分虽然可以一步到位完成拣货,但是,在实际场景中,更多应用先拣后分,因为播种墙相较于拣货车体积大,在库区中移动不方便,不利于拣货员作业。

(4) 复核包装。商品在播种墙被归置好后,接下来就要到包装台进行复核包装。

包装人员通过计算机扫描面单编码和商品编码进行复核,一方面核对商品数量与种类,防止商品的错发、漏发;另一方面检查商品的质量,防止残次品出库。复核完毕后,包装人员包装商品并在外包装贴上相应面单,然后将包裹放在传输带上进入下一环节。

(5) 分类码放。在传送带上,分拣机器人通过扫描包裹的面单信息,自动将包裹按照不同快递商进行分拣,在传送带的末端,分拣人员将不同快递商的包裹码放在指定区域等待揽收。

(6) 揽收交接。发货任务的货品全部分拣完毕后,仓库通知配送人员在规定时间上门揽收,同时打印交接清单。配送人员到达仓库后,按照仓库提供的交接清单核对揽收货品,并使用 PDA 扫描货品面单进行收货。收货完成确认无误后,快递员在交接清单签字完成交接,最后装车出库。

由以上出库流程可以看出,分拣配货是配送中心的主要作业环节,直接影响配送中心的订单处理效率,因此,它也是配送中心运作管理的核心环节。

9.1.2　拣货作业方式

随着科学技术的发展,配送中心拣选作业也在不断地演变,拣选作业的种类也越来越多。拣选方式可以从不同的角度进行分类:按拣货单位,可以分为单品拣货、箱拣选、托盘拣选;按订单的组合与投入方式,可以分为按单拣选、批量拣选和流程拣选;按人员组合,可以分为单独拣选方式(一人一件式)和接力拣选式(分区按单拣选);按运动方式,可以分为人至货前拣选和货至人前拣选等;按拣选信息的不同又可以分为拣选单拣选、标签拣选、电子标签拣选、PDA 拣选和 RFID(无线射频识别)拣选等。拣选作业的分类如图 9-2 所示。

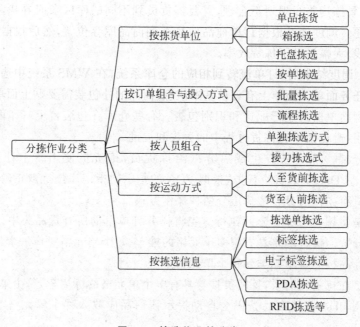

图 9-2　拣选作业的分类

按单拣选就是按订单进行拣选,拣选完一个订单后,再拣选下一个订单;批量拣选方式是将数张订单加以合并,一次进行拣选,最后根据各个订单的要求再进行分货。

单独拣选方式就是一人持一张取货单进入拣选区拣选货物,直至将取货单中的内容拣完为止;分区拣选方式是将拣选区分为若干区,由若干名作业者分别操作,每个作业者只负责本区货物的拣选,携带一张订单的拣选小车依次在各区巡回,各区作业者按订单的要求拣选本区段存放的货物,一个区段拣选完移至下一区段,直至将订单中所列货物全部拣选完。

人至货前拣选就是人(或人乘拣选车)到储存区寻找并取出所需的货物;货至人前拣选就是将货物移动到人或拣选机旁,由人或拣选机拣选出所需的货物。

9.1.3　拣选作业原理

配送中心常见的三种拣选作业原理包括按单拣选(order picking)、批量拣选(batch

picking)和流程拣选(flow picking)三类。在此三类拣选技术的基础上,每一类内因为使用方法和操作方式不同,又分单人拣选、多人同时拣选和多人分区拣选。此外,针对 batch picking 的特性,又存在边拣边分类和拣选完成后再进行分类的不同模式。

1. 按单拣选

按单拣选是指整个拣选过程按照订单进行,可以支持单人拣选、多人同时拣选和多人分区拣选。该方式尤其适合订单内订单行特别多的情况。如果拣选作业区面积比较小,那么也可以考虑应用此拣选技术。因为每次拣选都是对一个单独的订单进行,所以不需要拣选完成后再分拣出每个订单的商品,因此操作流程非常简单。但是对订单行比较少的情况,会明显存在拣选密度(拣选商品次数除以拣选运动距离)低的弊端,进而导致拣选效率低下。同样因为操作流程简单,所以订单处理周期非常短,很多时候对加急订单的处理也会采用 order picking 来进行,虽然牺牲了拣选效率,但是保障了快速响应订单的处理能力。

2. 批量拣选

批次即若干个订单的集合。同样的,批量拣选可以支持单人拣选、多人同时拣选和多人分区拣选。其特殊之处在于,因为是若干个订单同时进行拣选作业,所以在拣选后,必须存在一个分类的流程将所有拣出的商品再次分到每个订单。在实际操作中,这个分类过程可以在拣选作业完成后,对整个批次的商品集中按照订单进行分货;也可以在拣选过程中边拣边分类,同时完成。该拣选技术下,多个订单被同时进行拣选,所以大幅提高了拣选密度,进而提高了拣选效率。但是因为增加了分拣的流程,所以只有在增加拣选密度后节省的拣选时间大于该批次商品分类时间的情况下,才比按单拣选有明显的经济效益。该拣选技术适合仓储拣选作业区面积比较大、同时每个订单的订单行又比较少的情况。

当前电商配送中心通常使用批量拣选技术。显然,批次的生成肯定不是随机的,如何从庞大数量级的可能性中找到企业需要的那个批量并把它精准生成,是批量拣选最重要的技术核心。所以使用批量拣选时,必须依据配送中心运营特性,建立评价批量经济性的方法,然后通过计算机强大的处理能力,按照设定的方法来生成批次。批次生成的经济性水平将直接决定批量拣选的成败。

当前我国很多配送中心依旧在使用 order picking 方式,根本原因就是没有找到合适的、有针对性的批次生成方式。如果仅仅是应用随机的方式来生成批次,那么应用批量拣选后的拣选综合效率(包含订单分类时间)很可能低于应用按单拣选的效率。所以很多企业只能无奈地选择按单拣选技术匹配一种拣选方式来设定自己的拣选流程。批量拣选对 WMS 系统的要求更高,这是一种脱离计算机系统就无法存在的拣选技术。

3. 流程拣选

批量拣选是一次拣选完成若干确定订单数量的拣选作业,而流程拣选是一次拣选完成所有当前可以处理的全部订单的拣选作业。批量拣选在拣选开始的一刻,整个拣选任务已经全部确定,不会再发生变化;而流程拣选在拣选开始后,拣选任务还在随着新增加的订单而不断发生变化,确保拣选作业通过的区域内,所有需要被执行的拣选任务一次性被全部完成。目前,国内配送中心还很少采用流程拣选技术,在国外只有一些大型电子商务公司为实现最大化拣选密度,并且针对电子商务行业订单实时增长变化的特性而采用这种拣选方式。

同样的,流程拣选整个拣选过程的完成,可以支持单人拣选、多人同时拣选和多人分区拣选,但是很少采用单人拣选。相比批量拣选一次拣选最多 100~200 个订单的情况,流程拣选同时可以处理几千个订单,同时因为没有批次生成的环节,流程拣选的订单处理周期相比批量拣选要短很多。但是,因为流程拣选需同时处理的订单数量太多,没有方法实现订单商品边拣边分,所有订单的分拣工作都在拣选完成以后,并且通常是由自动化设备(分拣机)辅助完成订单分拣工作。流程拣选一般比较适用于面积超过 4 万平方米的大型电商配送中心。

因为在按流程拣选时,在员工进行拣选的过程中,拣选任务单是根据最新订单情况实时更新的,所以对配送中心的计算机系统和计算机网络的要求更高。大量订单在拣选完成后进行分货,对自动化设备的要求也非常高,特别是对自动化设备的软件控制程序提出了较高的要求。

流程拣选技术的优点是最大化拣选密度,在理论上将拣选作业的效率最大化到极致(不含拣选后的按照订单分拣),特别适合日处理订单量超过 10 万的大型电商配送中心。拣选流程结束后,将拣选商品按照订单分货的环节,是流程拣选的核心技术。该环节如何同时处理几千个订单并完成分类工作,是成功应用流程拣选的前提条件。因为当前大部分仓储物流公司并不具备开发和设计此类系统的能力,所以限制了流程拣选技术的推广和应用。

上述三种拣选技术是当今拣选技术发展的全部。任何一家仓储运营企业的拣选作业都是上面的某一种技术或其发展应用。需要再次强调的是,技术本身没有好坏优劣,只有是否更加适合。因此,在选择拣选技术时,应该根据配送中心订单特征和物流设施技术条件,选择最适合自己的拣选技术。

9.1.4 拣货单位

配送中心的拣货单位基本可分成托盘、箱及单品三种。一般以托盘为拣货单位的体积及重量最大,其次为箱,最小者为单品,为能够做出明确的判别,而作以下划分。

(1) 单品。拣货的最小单位。单品由箱中取出,可以用单手拣取者。

(2) 箱。由单品组成。可由托盘上取出,必须用双手拣取者。

(3) 托盘。由箱堆码托盘而成,无法用人手直接搬运,必须利用叉车或托盘搬运车等机械设备。

(4) 特殊品。体积大、形状特殊,无法按托盘、箱归类,或必须在特殊条件下作业者,如大型家具、桶装油料、长杆形货物、冷冻货品等,都属于具有特殊性质的商品。

拣货单位是根据订单分析出来的结果决定的,如果订货的最小单位是箱,则不需要以单品为拣货单位,库存的每一种品项均需做出货单位分析,判断其拣货单位。一种品项可能有两种以上的拣货单位,所以一个配送中心的拣货单位经常在两种以上,故设计时要针对每一种情况做分区的考虑。拣货单位划分清楚后,可用在配送中心物流架构的分析上,如图 9-3 所示。

9.1.5 拣货信息

拣货信息是拣货作业的原动力,其主要目的是指示拣取进行,而其信息的源头来自客户的订单。为使拣货人员在既定拣货方式下正确而迅速地完成拣取,拣货信息成为拣货作业规划设计中重要的一环。拣货信息一般可分成以下几种。

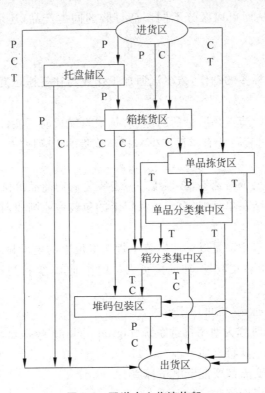

图 9-3　配送中心物流构架

P—托盘；C—箱；T—容器(塑料箱)；B—单品

1. 拣货单

将原始的订单输入计算机后进行拣货信息处理,打印成拣货单。拣选员持纸质拣选任务单完成拣选作业。

该方式是仓储物流拣选方式中成本最低的,其优点是仓储运营中心不需要进行无线网络设置,没有硬件成本,在拣选任务增加,需要提高拣选能力时,不受硬件设备的限制,可以随时增加拣选作业人员;该方式最大的缺点是仓储系统中货位上货品的种类和数量信息与实际货位上的货品种类和数量不同步。也就是说,商品在被完成拣选作业后,WMS 系统显示的商品数据信息并未实时更新,只有在完成全部拣选作业并进行拣选复核后,该数据信息才被更新。这就造成了所有盘点工作必须在没有拣选作业并且没有等待拣选复核的商品的情况下才可以进行。这就使配送中心面临较高的实物信息与系统记录信息不吻合的风险。同时,因为整个拣选作业是在没有信息系统支持的情况下进行,所有的拣选作业都无法被记录和追溯,从而无法保障拣选作业质量,也无法实现拣选作业的精细化管理。此外,因为拣选作业完全依靠作业人员在货架间行走并找到订单商品,所以需要拣选人员对整个拣选作业区的货位设计和位置比较熟悉,否则拣选作业效率较低。

2. 拣货标签

这种方式取代了拣货单,由打印机打印出所需拣货货品的名称、位置、价格等信息的拣货标签,数量等于拣取量,在拣取同时贴标签于货品上,以确认数量。在标签贴在货品上的同时,"货品"与"信息"立即同步一致,故拣货的数量不会产生错误。

在此标签上,不仅打印出货品名称及货架位置,也可连条码一起打印出来,利用扫描器来读取货品上的条码,从而可以区分不同厂商订购的同类产品,还可以追踪调查该货品的属性。

优点:

(1) 结合拣取与贴标签的动作,减少流通加工作业与往复搬运复核动作,缩短整体作业时间。

(2) 可以实现拣取时清点拣取量的功能(若拣取没完成时标签即贴完,或拣取完成但标签仍有剩,则表示拣取过程可能有错误产生),提高拣货的正确性。

缺点:

(1) 若要同时打印出价格标签,必须统一下游零售店的商品价格及标签形式。

(2) 价格标签必须贴在单品上,至于单品以上的包装作业则较困难。

3. 电子标签拣选

电子标签拣选系统(DPS)是以一连串装于货架格位上的电子显示装置(电子标签)取代拣货单,指示应拣取的货品及数量,辅助捡货人员的作业,减少目视寻找的时间。不仅减少拣错率,更能大幅提高效率。

电子标签既可用于拣选,也可用于分类。

电子标签用于拣选时称为数字拣选系统(digital picking system,DPS),电子标签用于拣选的情况如图 9-4 所示。其特点如下。

(1) 库内的每一种商品都要配置电子标签。

(2) 有多种节省电子标签数量的方式。

(3) 按客户别拣货。

(4) 拣货时,每次面对一个客户。

(5) 按电子标签指示完成拣货后,该订单即完成。

(6) 要求用户已实现基本信息管理手段,库位管理到最小货位。

(7) 可设置多个拣货区,提高效率。

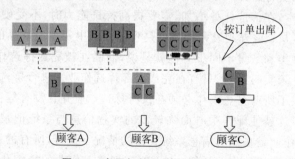

图 9-4　电子标签用于拣选的情况

电子标签用于分类时称为数字分类系统(digital assorting system,DAS),电子标签用于分货的情况如图 9-5 所示。系统设置如下。

(1) 电子标签为分货员提供位置指示和数量显示,指导分货完成。

(2) 分货时每次针对一个品种、多个客户。

(3) 可设置多个分货区,提高效率。

与传统的纸张拣货单方式相比,电子标签具有极大的优势,主要体现在以下几个方面。

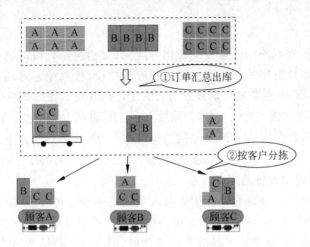

图 9-5　电子标签用于分货的情况

（1）实现无纸化作业，不需要打印出库单、分拣单等纸张单据。减少了出库前单据处理时间，节省纸张。

（2）利用电子标签拣货，可大幅加快拣货速度。可以省去库位寻找和核对的时间，大幅减少拣货员的行走距离。

（3）利用电子标签拣货，可大幅提高拣货的准确率。

（4）提高拣货效率，降低拣货成本。

（5）增强企业的竞争优势。

4. PDA 辅助拣选

PDA 又称掌上计算机，也就是配送中心内常见的条码扫描器。PDA 辅助拣选是当前应用最广泛的拣选方式。

PDA 辅助拣选最大的好处就是，通过 PDA 实现了拣选作业与 WMS 系统的实时通信，确保仓储货位的商品与系统中的库存信息实时同步，所有拣选作业全部可以被记录和追溯，便于拣选作业的分析和管理。应用此拣选方式，需要无线网络覆盖整个拣选作业区，同时 WMS 要开发专门的拣选模块配合 PDA 使用。所有仓储信息的数据同步，使盘点工作可以随时开展，同时对各种异常，如拣货时发现商品丢失、商品破损等都可以及时记录和处理。PDA 拣选要求扫描商品条码进行复核，有的 WMS 系统还需要扫描货位进行复核，这就有力地提高了仓储质量与拣选质量。与拣货单人工拣选一样，该拣选方式同样要求拣选人员熟悉仓储拣选区的货位位置。如果拣选作业量临时增加，只需要增加作业人员和 PDA 的数量，就可以实现产能的提升。

5. RFID 辅助拣选

RFID 拣选通常与 PDA 拣选配合使用，主要通过 RFID 技术节省了扫描货位和扫描商品的复核时间，尤其是对高位货架情况下的叉车拣选作业比较适合。通常有设置货位 RFID 标签和设置商品 RFID 标签两种方式，在实际应用中多采用前者。拣选作业时，在读取到货位标签后，在 PDA 上确认拣选作业内容。该方式通常在商品种类不多（低于 1 万种），拣选次数较低，存贮批量较大的情况下应用，其最大的优点就是通过 RFID 技术省去了 PDA 拣选中扫描条码的复核工作，是 PDA 拣选方式的一种发展，但因为成本较高，目前在大型仓储物流运营中心应用较少。

6. 语音拣选

语音拣选作为一种成熟的拣选方式在国外应用广泛,但是目前国内应用较少。员工在拣选时按照 WMS 系统发出的语音指令到达相应的货位,拣取相应的商品。作业人员通过语音应答来确认拣选作业的完成。该方式最大的优点是解放了拣选员的双手,特别适合拣选大件商品,同时硬件投入成本远低于 PDA 拣货方式。跟 PDA 拣选方式一样,该方式也实现了系统与拣选区实物的数据信息同步,但是因为拣选作业的确认通过语音应答的方式进行,并没有条形码扫描的确认环节,所以存在拣选错误的风险比较大,特别是针对相似商品的拣选。

7. 增强现实智能眼镜拣选

增强现实智能眼镜拣选是最新在国外投入应用的一种拣选方式,随着增强现实技术的发展,这一技术已经开始在仓储物流运营中心的拣选作业中应用。员工佩戴增强现实眼镜,该眼镜具备导航功能,直接将员工导航至拣选货位,同时自动扫描货位与商品条形码,只需要拣选员语音确认拣选数量即可,所有的作业信息全部投影在眼镜上。

增强现实智能眼镜拣选方式的主要优点如下。

(1) 跟语音拣货一样,解放了拣选作业人员的双手,同时又具备条形码复核能力,保障拣选质量与库存数据同步,并且通过自动扫描条码,提升拣选效率。

(2) 对新员工来说,更容易提升拣选效率。由于现实增强眼镜技术还没有完全成熟,还处于探索和试验阶段,目前应用该拣选技术的企业有限,国内也还没有成功应用的案例。

9.2　分拣系统及设备

分拣出库系统由拣货和分类两个环节构成。拣货系统按其信息化和自动化程度,主要分为计算机辅助拣货系统、货到人拣选系统和自动拣货系统三大类。分类系统主要是将分拣好的货品根据配送客户、配送路线或承运人分类,实现与配送环节的有效对接。一般需要在出库端配置自动分类系统。

9.2.1　计算机辅助拣货系统

计算机辅助拣货系统(computer aided picking system,CAPS)是指拣取的动作仍由人力完成,而由计算机协助到达储位或显示储存位置及拣取数量,有些系统甚至可检测到拣取时所发生的错误。常见的计算机辅助拣货系统主要包括电子标签拣货系统、计算机辅助台车拣货系统和 RF 辅助拣货系统。

1. 电子标签拣货系统

在货架上装设液晶显示屏,常用流动货架,也可采用托盘货架和一般货架(图 9-6)。当拣货员开始拣货时,主计算机即传达拣货信息,当拣货指令到达时,所需拣取商品位置的灯会自动亮起,同时液晶显示屏上显示商品需求数量,拣货人员直接反应动作,增加人工拣取效率。这种设备适用于少量多样的拣货,常与动力输送带联用实现接力式拣取,此液晶数字显示器系统又称电子标签系统。

电子标签拣货系统主要由服务器、控制 PC、控制器、连接盒、信号灯、字幕机和电子标签等构成,如图 9-7 所示。

图 9-6 带电子标签的流动货架

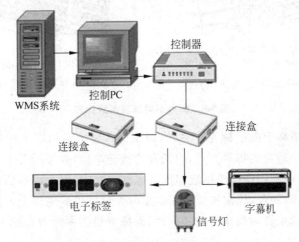

图 9-7 电子标签拣货系统

2. 计算机辅助拣货台车拣货系统

在拣货台车上设有辅助拣货的计算机系统,并配合资料传递器进行拣取。拣取前先将订单处理资料输入台车上的计算机,拣货人员就可按计算机屏幕上的指示行进,且车上的 IC 卡读写辨识器与货架上的 ID 卡或感应识别标签做资料传输,指示拣货人员拣取货品。功能完备的计算机辅助拣货台车,甚至可检测拣取商品的重量或数量,当有拣取错误发生时自动发出警告信号。

四种不同拣货系统比较如图 9-8 所示。

3. RF 辅助拣货系统

RF 拣货也是一种计算机辅助的拣货方式(图 9-9),其原理是利用掌上计算机终端、条码扫描器及 RF 无线电控制装置的组合,将订单资料由计算机主机传输到掌上终端,拣货人员根据掌上计算机终端所指示的货位,扫描货位上的条码,如果与计算机的拣货资料不一致,掌上计算机终端就会发出警告声;直到找到正确的货品货位为止;如果与计算机的拣货资料一致,就会显示拣货数量,根据所显示的拣货数量拣货,拣货完成后按确认按钮即完成拣货工作;拣货信息利用 RF 传回计算机主机同时从库存数据库中扣除。它也是一种无纸化的拣货系统,也是即时的处理系统。

RF 也是拣选作业的人(拣选员)机(计算机)界面,让计算机负责繁杂的拣选顺序规划与记忆,以减少寻找货品的时间。RF 通过无线式终端机,显示所有拣选信息,比电子标签更具

· 特征：多品项，出货量变化大
· 能力：100~200个/人·时

(a) 台车·拣货单

· 特征：多品项，出货量变化大，易出货
· 能力：200~400个/人·时

(b) 计算机辅助拣货台车

· 特征：中品项，出货量变化大，投资成本高
· 能力：200~600个/人·时

(c) 电子标签拣选货架（拣选车方式）

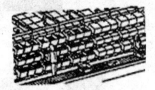

· 特征：少品项，高能力，投资成本高
· 能力：600~1 000个/人·时

(d) 电子标签拣选货架（输送线传送方式）

图 9-8　四种不同拣货系统比较

作业弹性，只是其价格高于电子标签。另外，因 RF 的显示不如电子标签简明，致使拣选员的直觉反应较差。RF 适合的拣取方式，以托盘为拣选单位，并采用叉车进行辅助拣选。

　　这种拣货方式可以利用在按单拣选和批量拣选方式中，因为成本低且作业弹性大，尤其适用于货品品项很多的场合，故常被应用在多品种少量订单的拣选上，与拣货台车搭配最为常见。RF 拣选的拣货生产力每小时约 300 件，而拣货错误率约为 0.01%。

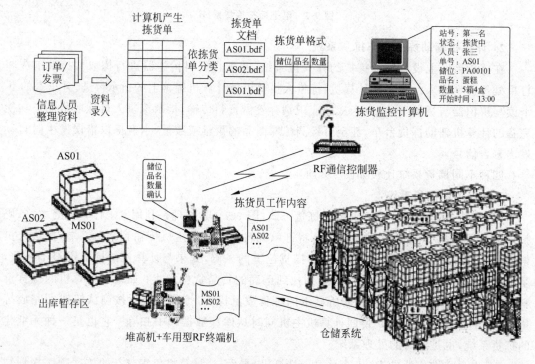

图 9-9　无线传输（RF）拣货系统

9.2.2　货到人拣选系统

货到人拣选系统是指在拣选过程中由机械设备将货物自动输送到拣选站,供人拣选。货到人系统拣选效率高、存储密度高、人工劳动强度低,是适合快速订单周期和多元化 SKU 环境的拣选方式。早期代表性的货到人系统,是自动化立体库在线拣选技术,由堆垛机将托盘从立体库中取出,然后经由输送线运至拣选工作站完成拣选后,再返回立体库中储存。近年来,由于各行业对分拣效率的不断提高,货到人技术也发展出了很多新的形式。

1. 货到人拣选系统概况

货到人自动存取技术不断发展、丰富和日渐成熟,将不断更新的仓储、拣选设备配合自动输送设备,催生了许多不同类型的货到人自动存取系统。一般来讲,货到人自动存取系统由三部分组成,即储存系统、输送系统、拣选系统。

目前,货到人拣选技术的应用主要分为三种类型:整件拣选、拆零拣选和特殊拣选。整件拣选主要通过自动化立体库实现,是最早发展起来的货到人自动存取技术,此处不再赘述。拆零拣选中,存取对象由托盘变成了料箱,拣选工作站配合电子标签等设备实现在线分拣。目前已有的主要货到人系统如下。

(1) 自动化立体库(AS/RS)。以托盘存储为主,配合堆垛机使用,主要用于整件拣选。

(2) mini-load 自动仓库。以料箱为存储对象的自动化立体仓库,有多种可配合使用的货叉和载货台,被广泛用于拆零拣选,是货到人拆零拣选的重要存取方式。

(3) 垂直旋转式货柜。支持多种存储对象形式,是一种可以存取更加微型存储对象的货到人存取系统,储存密度高,但在灵活性上有所欠缺。

(4) 基于 kiva 机器人的货(架)到人的拣选系统。kiva 机器人可将货物所在的货架从仓库搬运至拣选站,由拣选人员完成拣选,是一种柔性非常高的拣选方式。

(5) multi shuttle 多层穿梭车货到人系统。与 mini-load 一样,以料箱为存储对象,用更加灵活高效的穿梭车代替堆垛机进行存取,使存取效率有了飞跃性提高。

(6) 2D 和 3D 密集存储系统,是一种集 mini-load、穿梭车、提升机多种系统于一身的储存效率更高的新型系统。如 Auto Store 就是一套 3D 密集存储系统,可以实现密集储存、自动化存取和货到人拣选,是一种很有前途的储分一体化系统。

货到人自动存取技术由于符合物流技术“自动化”“智能化”和“标准化”的发展趋势,在电商行业、医药行业、冷链物流行业及化妆品、电子等传统行业得到了很好的应用,并且依然具有广阔的应用前景。

2. 类 kiva 机器人货到人拣选

kiva 机器人一经面世就吸引了所有仓储物流行业人士的关注。它使用 AGV 小车搬运货架到拣选作业员面前来完成拣选流程。kiva 机器人通过扫描地面的条码定位,通过无线通信系统接受指令,将货物所在的货架从仓库搬运至拣选站,拣选人员每小时可挑拣、扫描300 件商品,效率是传统人到货拣选作业的 3 倍以上,准确率可以达到 99.99%。基于 kiva 机器人的货(架)到人的拣选系统给拣选和包装流程带来了进一步优化的空间。

在一些电商物流中心里,kiva 机器人把货架直接搬到复核包装工作台,由复核打包作业人员完成拣选、二次分拣及打包复核三项工作。这样的流程优化,不仅减少了物流中心的人员投入,同时也减少了物流中心的内部物流作业量,提高了物流中心作业的综合效率,降低了总运营成本。

这种拣选方式与穿梭车货到人拣选方式相比，不仅能提升拣选效率，其存储能力和拣选产能可以根据需求进行增减。通过增加货架就可以扩大存储能力，增加 AGV 小车就可以提高拣选产能，具有较大的柔性。这种拣选系统的效率不仅取决于 AGV 小车数量和性能，更重要的是取决于后台车辆管理调度系统，即如何在几万平方米的库房内同时调度上千辆 AGV 完成拣选作业是该系统最重要的技术核心。

3. 货到人拣选工作站

货到人拣选工作站主要分为两类：1 对 1 拣选工作站和 1 对多拣选工作站。

1 对 1 拣选工作站就是一个拣选工作站仅服务于一个订单，一个订单完成后再绑定另一个订单。拣选时无须判断将货物放入哪个订单箱，因此有效地降低了出错率。如图 9-10 所示，其设计充分考虑了人体工程学，取放货动作在 700mm 高度及 90°的设计，将人员的劳动强度降至最低。

图 9-10　1 对 1 的货到人拣选站台

1 对多拣选工作站就是一个拣选工作站可同时拣选多个订单，即先从拣货箱中将总量拣出，然后按屏幕指示播种到不同的订单箱。其订单箱数量的设计需根据订单数据进行详细分析，根据其订单品项的重复命中率进行分析计算。例如，零售门店铺货作业，因所需的 SKU 比较集中，1 对 20 或更多的拣选工作站设计可能是不错的选择。

传统物流中心人到货拣货过程中的路径巡回由货到人系统的储存系统和输送系统替代。储存系统和输送系统配合将存有货物的料箱运至拣选工作站，然后由拣选工作站的拣选员取出所需货品后，又由输送系统运回储存系统。因为存取效率及输送效率的提高，货到人自动存取系统中拣选工作站单位时间内的拣选任务也大幅增加，一个拣选工作站每小时可完成多达 1 000 次拣选任务，拣选效率比传统的拣选方式有很大的提升。

9.2.3　自动拣货系统

自动拣货系统是指不需要人工干预，可实现自动拣选的系统。自动拣货系统已经在烟草和医药等领域得到广泛的应用。

自动拣货系统主要包括 A 型架拣选系统、通道式拣选系统、货到机器人拣选和移动机器人拣选等，如表 9-1 所示。由于包装比较规范，卷烟和部分医药产品适合在 A 型架拣选系统、通道式拣选系统等进行自动拣选。

表 9-1　自动拣货系统的分类及特点

分类	A 型架拣选系统	通道式拣选系统	货到机器人拣选	移动机器人拣选
图例				
优点	分拣效率较高 可实现自动化补货	自动化程度高 可实现自动化补货 可拣效率高(A 类产品)	技术比较成熟 部署成本较低 自动化与智能化	柔性高 可扩展性强 自动化与智能化
缺点	投资较高 人工补货 产品包装规格限制	投资高 维护成本高 产品包装规格限制	系统柔性较低 可扩展性较弱 产品种类限制	拣选效率较低 产品种类限制 技术成熟度较低

　　A 型架拣选系统一般用在单品拣货,如同自动销售机一样,由一长条状的 A 型货架构成,两排放置各商品,中间放置一条输送带,输送带后端接装货品的容器;当控制计算机将订单拣货信息传出后,两排货架的各个货位会将所需数量的商品排出至中间输送带上,送出掉落至等待的装货品容器中。此设备的优点是取代人力、减少拣错。缺点是多品项大量出货时,系统配置不易,且需不断地进行人工补货,否则易形成缺货,故适用在高单价品项、少量的出货情形,如卷烟和部分医药物流中心内。

　　根据补烟填仓方式和烟仓部件结构形式的不同,自动化条烟拣选设备主要分为立式条烟分拣机、卧式条烟分拣机、通道式条烟分拣机和组合式条烟分拣机。立式条烟分拣机的烟仓直立设置,从烟仓侧面人工补烟填仓;卧式条烟分拣机的烟仓倾斜设置,从烟仓端面补烟填仓,一次可实现多条补货;通道式条烟分拣机的烟仓水平设置,从烟仓端面补烟填仓,一次可实现整件的自动补货;组合式条烟分拣机是由上述三种条烟分拣机按一定方式组合构成的条烟分拣线,以实现对不同品规的条烟的自动化拣选。

　　而货到机器人拣选系统则可以说是相对货(架)到人的另一项先进技术。随着工业机器人视觉技术和抓取技术的发展,仓储物流作业中最为复杂的拆零拣选环节逐步成为工业机器人技术应用的下一个重要阵地。货到机器人拣选系统通常由输送线或 AGV 连接自动立体库和拣选机器人系统,在自动输送环节,货到机器人和货到人系统的实现方式相同,即完成货物从立体库到拣选站的自动化搬运。在拣选环节,货到机器人拣选系统采用机器人自动拣选,即通过机器人来识别、抓取货物并放在指定的容器内。与货到人拣选系统下的人工拣选方式相比,货到机器人拣选系统下的机器人不仅能够长时间重复拣选动作,节省人力,还可以大幅提高拣选效率,保证准确率。因此,在人力成本越来越高的趋势下,货到机器人拣选无疑将成为仓储物流系统的下一个热点。目前货到机器人拣选技术还存在一些技术瓶颈,应用案例比较少。多数物流中心里货物的品规数量庞大,商品包装各式各样,大小和重量差异很大,对机器人的夹具技术要求很高。在现有技术水平上,货到机器人拣选系统还无法满足对这些不规则商品的拣选需求。但是随着行业研发力量的不断投入,不规则货品的全自动拣选技术瓶颈在不久的将来一定能突破。

　　移动拣选机器人是自动化拣选的最高层次,是世界仓储物流技术领域的重要技术发展方向。移动拣选机器人配备自主导航系统,采用 3D 视觉和机器深度学习技术,完成移动拣选机器人的精准定位以及货物的智能识别与抓取,并自主将拣选好的货物运送到指定地点。移动拣选机器人能够替代繁重的人工劳动,实现物流中心机器人到货的拣选作业方式,目前其应用范围还非常有限,主要用于规范包装货物的拣选。

9.2.4　自动分类系统

在批量拣选完后,通常采用各种自动分类输送机进行分类。自动分类系统是将随机的、不同类别、不同去向的货物,按其要求进行分类的一种设备,由控制装置、分类装置、输送装置及分拣道口组成。四部分装置通过计算机管理系统联结在一起,配合人工控制及相应的人工处理环节构成一个完整的自动分类系统。自动分类系统也称自动分拣系统,自动分拣系统是先进存储和配送中心所必需的设施之一。

(1) 自动分类系统结构。自动分类由供件导入、分类、释放及控制四部分构成。供件导入子系统包括合流、积存、分离间距和信息识别四个功能,根据扫描信息明确货物去向,高效地给自动分类输送机补充货物;分类装置就是物理地把货物分开的输送机;释放装置就是各出口输送装置,可以将分类后的货物输送到每个溜槽出口;控制系统就是全面控制分类系统动作的装置。自动分类系统结构如图9-11所示。

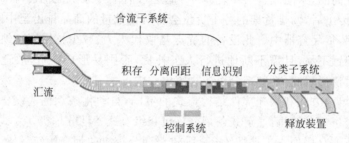

图 9-11　自动分类系统结构

(2) 自动分类机。自动分类机的分类方式包括两个方面:①按货物的形状、尺寸、重量等来区分货物。②按目的地对货物进行分类,即按用户、订单、送货地址为类别进行分类。

自动分类机有很多种,根据其分类推出原理不同,比较常见的有推块式、斜导轮式、交叉带式和摇臂式等几种类别。几种常用分类机的分拣能力、产品特点与适用范围如表9-2所示。

表 9-2　几种常用分类机的比较

项　目	推块式	斜导轮式	交叉带式	摇臂式
分拣能力	5 000～10 000 件/h	3 000 件/h	6 000～7 700 件/h	7 000 件/h
产品特点	处理货品规格范围大 分拣时轻柔、准确 可向左、右两侧分拣, 占地空间小	对商品冲击力小,分拣轻柔 分拣快速准确	可处理极其多样化的货物 节省地面空间并且以较小的单元间距将分类量最大化	分拣误差率极低 能连续、大批量地分拣货物 基本做到无人化
适用范围	适应不同大小、重量、形状的各种不同商品;常用于快件、医药、图书、烟草、百货等行业	主要用于货品规格相对规整、分拣效率要求不是很高的箱包类货品	一般应用于机场行李分拣和安检系统,也可用于面向很多配送网点的电子商务配送中心内	主要用于连续分流的物流运作中

通过自动分类系统的导入,可大大缩短分类时间,减少分类错误,提高配送中心的分拣作业效率,同时还可显著改善用户服务质量。作为多品种、小批量物流时代的对策,改善用户服务质量、缩短分类时间、减少错误等显得特别重要。

9.3　分拣策略与选择

分拣策略是影响日后拣货作业效率的重要因素,为适应不同的订单需求形态可以衍生出不同的拣货策略,决定拣货策略的四个主要因素为分区、订单分割、订单分批及分类,这四个策略因素组合运用可产生多个拣货策略,下面就此四个拣货策略因素进行探讨。

9.3.1　分区

所谓分区,简单地说就是将拣货作业场地做区域划分,如图 9-12 所示。但按分区的原则不同,可有如下三种分区方式。

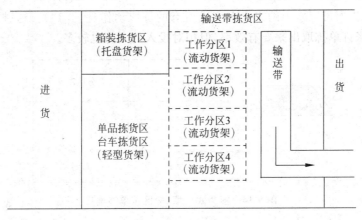

图 9-12　拣货分区

(1) 拣货单位分区。将拣货作业区按拣货单位划分,如箱装拣货区、单品拣货区、冷冻品拣货区等,基本上该分区与储存单位分区是相对应的。其目的在于将储存与拣货单位分类统一,以方便拣取与搬运单元化,将拣取作业单纯化。一般而言,拣货单位分区所形成的区域范围是最大的。

(2) 拣货方式分区。在某个拣货单位拣选区域内,又可按拣货方法及设备的不同进行分区。该分区的原则通常按商品销售的 ABC 分类而来,如图 9-13 所示,将各品项的出货量大小及拣选次数的多少,各做 A、B、C 群组划分。再按各群组决定适合的拣货设备及方式。其目的在于将作业分隔单纯一致化,且减少不必要的重复行走所耗费的时间。以图 9-12 来看,在同一单品拣货区中,按拣货方式的不同,又可分成台车拣货区及输送带拣货区。

(3) 工作分区。在相同拣货方式下,将拣货作业区域再按工作范围进行细分,由一个或一组固定的拣货人员负责一个工作区,如图 9-12 所示的输送带拣货区。该策略主要的优点在于使拣货人员所需记忆的存货位置及移动距离减少,以缩短拣货的时间。也可配合订单分割策略,由多组拣货人员共同完成订单的拣取,但必须注意工作平衡的问题。

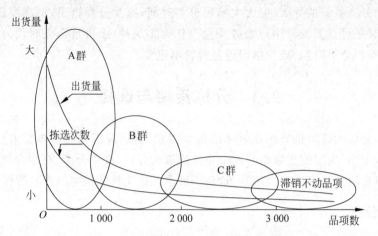

图 9-13　按物流量为基准的商品群组分割法

接力式拣取(relay picking)也属于工作分区下的产物,只是其订单不作分割或不分割至各工作分区,拣货人员以接力的方式来完成所有的拣取动作(图 9-14)。这种拣选方式比一位拣货员把一张订单拣取出来要有效率,但相对投入的人力也较多。

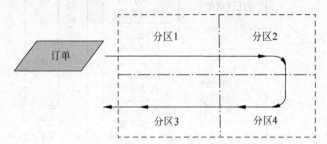

图 9-14　接力式拣取(分区按单拣选)

以上的拣货分区可同时存在于一个配送中心内,也可单独存在。除接力式拣取外,在分区拣取完成后,仍需将拣出的货品按订单加以合并。

9.3.2　订单分割

当订单所订购的商品项目较多,或设计一个要求及时快速处理的拣货系统时,为使其能在短时间内完成拣货处理,故利用该策略将订单切分成若干个子订单,交由不同的拣货人员同时进行拣货作业以加快拣货的完成。订单分割策略必须与分区策略联合运用,才能有效发挥其长处。

而各子订单拣货完成时,必须考虑子订单汇总的动作。

采用按单拣选时,如果订单分割,即将订单按区域分割成各区的子订单,由各区拣货人员分别实施拣选,然后输送至汇总区进行订单合并,如图 9-15 所示。如果订单不分割,则采用接力式拣选完成。

采用批量拣选时,订单分割即将批次订单(集合单)按区域分割成各区的拣货任务,由各区分别拣选,然后输送至汇总区进行批次任务(集合单)合并,最后按订单进行分货,如图 9-16所示。如果采用不分割策略,则采用接力式批次拣选,然后按订单分货。

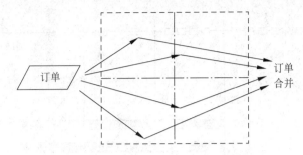

图 9-15　按单拣选时订单分割作业模式

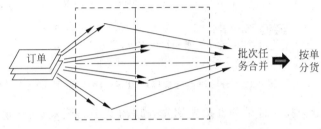

图 9-16　批量拣选时订单分割作业模式

9.3.3　订单分批

订单分批就是为提高拣货作业效率而把多张订单集合成一批,进行批次拣取作业,其目的在于缩短拣取时平均行走搬运的距离及时间。若再将每批次订单中的同一商品品项加总后进行拣取,然后把货品分类至每一订单,则形成所谓的批量拣选。批量拣选不仅缩短了拣取时平均行走搬运的距离,也减少了货位重复寻找的时间,从而提升拣货效率。但是,若每批次的订单数目较多,则必须耗费较多的分类时间,甚至需配置强大的自动化分类系统。

拣货订单分批的原则有以下几种。

(1) 总合计量分批。合计拣货作业前所有订单中每一商品的总量,再根据该总量进行拣取,从而可将拣取路径减到最短,储存区的储存单位也可较单纯化,但是需要配置功能强大的分类系统。这种方式适合于固定点之间的周期性配送,可将所有的订单在中午前收集,在下午进行合计量分批拣货单据的打印等信息处理,隔日一早开始进行拣取、分类等工作。

(2) 时窗分批。当从订单到达至拣货完成的时间要求非常急迫时,可利用该策略,开启短暂而固定的时窗,如 5min 或 10min,再将该时窗中所到达的订单做成一批,进行批量拣选。该方式常与分区及订单分割联合运用,特别适用于到达间隔时间短而平均的订单形态,且订购量及品项数不宜太大的场合。

图 9-17 是分区时窗分批拣取(TW=1h)示意图,所开时窗长度为一个小时(TW=1h),各拣货分区利用时窗分批同步作业时,会因分区工作量不平衡和时窗分批拣货量的不平衡产生作业的等待,如能将这些等待的时间缩短,则可以大幅提升拣货效率。此分批方式较适合密集频繁的订单,且较能应付紧急插单的需求。

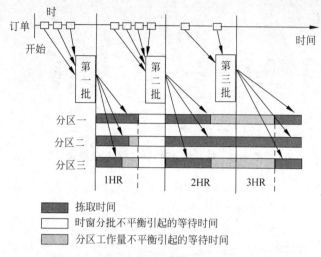

图 9-17　分区时窗分批拣取（TW＝1h）示意图

（3）固定订单量分批。订单分批按先到先处理的基本原则，当累计订单数到达设定的固定量（fixed number，FN）时，再开始进行拣货作业。适合的订单形态类似于时窗分批，但这种订单分批方式偏重于维持较稳定的作业效率，而在处理速度上较前者慢。

图 9-18 是分区固定订单量分批拣取（FN＝4）示意图，固定订单量为 4（FN＝4），当订单进入系统的累计数到达 4 时，集合成一批进行分区批量拣货作业。

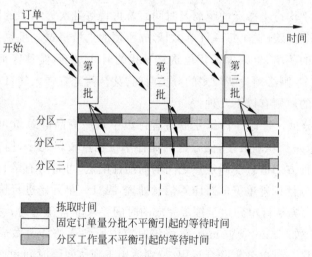

图 9-18　分区固定订单量分批拣取（FN＝4）示意图

订单批量大小要依据每份订单的品项数、订单间品项重合度、每个品项的要货数量等综合测算，并且不能超过分拣设备的处理能力，就做一个数据截取，把前面累积的订单汇总成一个波次。

这种分批方式适用于订单交货时间比较宽松的场合，可以按照工作效率高、资源消耗少的原则划分波次，充分利用播种式分拣的规模效应。

（4）送货路线分批。无论是自有车辆送货，还是委托第三方物流公司送货，配送中心的送货通常都是按照一定的送货路线或地区进行的。因此,送货路线往往是波次划分要考虑的第一因素。由于每条送货线路都有约定的装车时间,因此这种分批方式也隐含了波次完成时间的要求。目前连锁商业的配送中心,其波次划分通常都是首先满足运输路线的要求,然后考虑其他因素的要求。

(5) 智能型分批。订单经过汇集后,经过较复杂的计算机计算程式,将拣取路线相近的订单集中处理,可大量缩短拣选行走距离。由于智慧型分批考虑了订单的相似性及拣货路径的顺序,因而使拣货的效率更高,但是该方法在运行过程中,需要较高的技术要求及自动化程度。随着科学技术的进步及对工作效率的要求,该方法的应用也越来越普遍。如可根据订单的相似性对订单进行优先度智能分批,以最小化拣货行走路程为目标函数建立数学模型。或以订单之间的关联度最大化为目标,建立 0-1 整数规划以划分波次,进行订单分拣。

除以上的分批方式外,还有其他可能的方式,例如,按配送的数量、车趟次、金额分批或按商品内容种类特性分批等。几种常见的分批方式对比如表 9-3 所示。

表 9-3　几种常见的分批方式对比

分批方式	订单(客户)	数量	订单类型	需求频率	分类特性
固定订单量分批	数量较多且稳定	大	规模订单	周期性强	便于分类播种
按运输路线分批	数量较多	大	规模订单	一般	一般
时窗分批	数量少	小	规模订单	即时出货	不易分类
智能型分批	各类客户	均可	各类订单	周期或即时出货	便于分类

9.3.4　分类

若采用分批的拣货策略,则随后必须有相配合的分类策略。本小节主要探讨不同分类方式造成拣货作业方式的差异,分类方式概略为两类。

(1) 拣取时分类。在拣取的同时将货品分类到各订单别中,这种分类方式常与固定量分批或智能型分批方式联用,因此需使用计算机辅助台车作为拣货设备,才能加快拣取速度,同时避免发生错误。较适用于少量多样的场合,且由于拣货台车不可能太大,故每批次的订单量不宜过大。

(2) 拣取后集中分类。分批按合计量拣取后,再进行集中分类。一般做法有两种:一是以人工作业为主,将货品总量搬运至空地上进行分发,而每批次订单量及货品数量不宜过大,超过人员负荷;二是利用分类输送系统进行集中分类,是较自动化的作业方式(图 9-19)。当订单分割越细、分批批量品项越多时,常使用后一种方式来完成订单的集中分类工作。

9.3.5　拣货策略选择

以上四大类拣货策略可单独使用,也可联合运用,或不采取任何策略,直接按单拣选。拣货策略优缺点的比较如表 9-4 所示。

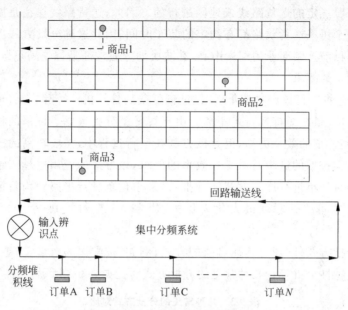

图 9-19 分类系统示意图

表 9-4 拣货策略优缺点的比较

拣货策略		优　点	缺　点
分区	拣货单位分区	可按各区不同的商品特性,设计储存、搬运方式,自动化的可行性增加	与入库存储单位不同时,存货作业需要增高,设备费用可能增加,空间需求加大
	拣货方式分区	可按商品需求的频率,设计分区拣货作业方式,使商品拣货处理趋于合理化	拣货信息处理较为复杂,系统设计困难度增加
	工作分区	缩短拣货人员移动距离和寻找时间,增加拣货的速率	分区工作平衡必须时常检讨,拣货信息处理必须加快
订单分割	订单分割	与分区策略配合,各区同时进行拣货,缩短完成时间	增加集货环节
	订单不分割	采用接力式拣选方式,不需要集货	拣选作业周期长
订单分批	综合计量分批	以综合计量一次拣出商品总量,可使平均拣货距离最短,提高拣货效率	必须经过功能较强的分类系统完成分类作业,订单数不可过多
	时窗分批	将密集频繁的订单利用时窗分批处理,在拣货效率与前置时间中求得平衡点	时窗内订单数量变化不宜过大,订单品项数(EN)最好在个位数
	固定订单量分批	维持稳定的拣货效率,使自动化的拣货、分类设备得以发挥最大功效	每批订单的商品总量变化不宜太大,且单项品项总量(IQ)过大时,形成分类作业的不经济性
	智慧型分批	分批时考虑订单的相似性及拣货路径的顺序,使拣货效率更进一步提高	智慧型分批的软件技术层次较高不易完成,且信息处理的前置时间较长

续表

拣货策略		优　点	缺　点
分类	拣取时分类	节省拣货后再分类的识别及取放时间	每批订单订货量(EQ)及单项品项总量(IQ)小较为适合,同时必须利用计算机辅助来降低错误发生
	拣取后集中分类 人工分类	作业弹性较大,较不受订单商品总量(GIQ)变化的影响	若无适当的作业设计或核对,错误率可能较高,且费时、费人、费力
	拣取后集中分类 分类输送机	替代人工作业,正确及稳定性较高	设备费用昂贵,较不具弹性,当订单、订货数量(EQ)差异大时效率减低
	订单别拣货	作业方法单纯前置时间短,导入容易,弹性较大,作业责任明确,派工容易、公平,不用进行分类作业	商品品项数多时,拣货行走路径长,拣货效率低,拣货区域大时,搬运系统设计困难

9.4　分拣作业计划优化

配送中心分拣作业计划的内容包括分拣波次计划制订、拣选任务组配与排序、拣选任务分配及拣货路径优化等,通过这些问题的科学决策和优化提高分拣作业效率。

9.4.1　订单波次优化

随着配送中心规模化发展和订单小批量多频次的发展,批量拣选成为大中型配送中心的主要作业模式,通过批量拣选提高分拣作业效率。批量分拣是以汇总了多份订单的一个批次为单位进行分拣作业的,业内通常将这个作业的批次称为"波次"。

1.　波次计划

波次计划是提高拣货作业效率的一种方法,它将不同的订单按照某种标准合并为一个波次,指导一次拣货。通俗地讲,波次计划就是对订单进行分类。

波次计划的出现是为提高订单处理效率,平衡作业的负荷和资源的使用。当客户在每天开始时就要处理当天绝大多数订单的情况下最适宜使用波次计划管理。同时波次计划必须有分类的标准,作为划分波次的依据。

为达到较高的工作效率,播种式分拣一般希望每个波次汇总较多的订单。但是波次单数受以下因素影响和约束,应该在满足以下约束的前提下确定最佳波次批量。

(1) 完成订单的时间限制。通常情况下,配送中心的订单完成时间(从订单确定到货物分拣装箱完毕所需的时间)应该越短越好,如果一个波次汇总的订单太多,则订单完成时间势必较长,会延误和客户约定的交货时间。

(2) 货物搬运输送的可行性。如果一个波次汇总的订单很多,那些品项重合度较高的货物的数量往往很多,体积也会很大,搬运输送作业因而变得非常困难。

(3) 订单间品项重合度的状况。如果一个波次汇总了很多订单,这些订单的要货品项重合度又很低,播种操作时的空行程、无效动作会很多,那么这个波次使用播种式分拣的工作效率会很低。

（4）订单规模的均衡度。所谓订单规模，是指一份订单包含的品项数和单品要货数量。一个波次内的订单，如果数量很多并且彼此规模差距较大，采用播种式分拣时，会造成大订单延误小订单完成时间及其他一些问题。

（5）分类播种的需要。为提高分拣效率，需要按照分拣特性的不同，对订单进行适当的分类组合，对不同类别的货物分别采用不同的播种分拣方式。因此，在进行波次划分时，要考虑分类播种的划分要求。

（6）送货运输的要求。对同一条送货路线（或同一个收货地区）的货物，通常需要安排在一个波次分拣，且集货地点也设置在一处，便于简化装车送货工作，缩短装车时间。

（7）分拣系统设备的处理能力。由于资金和场地的限制，分拣设备的处理能力总是有限度。在进行波次划分时，也必须注意这个因素。

综上所述，在进行订单汇总波次划分时，必须在兼顾上述 7 个因素的前提下来确定合适的波次大小。

订单波次分拣就是对客户下达的多个订单进行汇总、分类，然后将订单按照一定的方式划分成不同的批次对订单进行拣选。常用的分批方式包括总合计量分批、固定订单量分批、时窗分批、智慧型分批等，应根据配送中心订单特点进行科学选择。当确定波次策略后，必须确定进行波次订单批量组合优化，这里介绍波次批量组合优化的方法。

2. 波次订单批量组合优化模型与算法

波次批量优化就是根据确定的分批策略或规则，分析计算最佳的波次批量和订单组合，即要根据实时订单池的变化和分拣系统约束，确定每个波次的订单组合。

对订单的分批，往往以拣选距离最短或拣选时间最短来建立数学模型，目的都是提高拣选效率。在求解的过程中，由于订单分批问题是一个 NP-hard 问题，所以许多学者着力于研究各种算法来解决它。订单分批算法主要包括以下几种。

（1）优先规则算法。优先规则算法即给订单分配优先级，再按照优先级进行订单分配。将数学模型和模糊逻辑技术相结合进行订单分批，并分别对批次处理顺序进行优先排序。

（2）种子算法。种子算法是指对每个批次按一定规则选择出种子订单，将按照某种配对原则选择其他订单加入波次中。

（3）节约算法。节约算法是指通过计算两订单合并后行走距离比单独拣选的节约量，将节约值降序排列，选择节约量最大的一组订单生成批次。即通过比较每两个订单合并后的路程节约量进行分批，从节约量最大的订单对开始，余下的订单对按照节约量递减的顺序被分配到下一批次中，用这种算法来找出系统最佳的订单分批策略。

（4）智能算法。智能算法包括遗传算法、模拟退火算法、蚁群算法等。这些算法均建立在分批模型是单目标函数的基础上，而且这些算法大多模拟一些自然现象，来产生近似的最优解。各算法在计算量及计算速度上有所不同，有时使用单纯的一种算法很难产生最优解，因此近年来开始流行将不同的算法进行结合，使用改进的智能算法来达到更好的效果。

9.4.2　拣选路径优化

拣货路径规划是指在获得客户订单信息后，尽量为拣货人员规划出一条行走距离较短的路线。因为拣货时间与行走距离成正相关，因此研究如何生成合适的拣货路径以减少行走距离成为关键。

对人到货拣选系统,订单拣选的路径,往往从起始点出发,将所需品项拣选完毕后又回到起始点。在货到人的模式下,也需要按照一定的顺序,将货物从货架运送到拣选台。运送顺序的不同,也即拣选的路径不同,这对订单的拣选效率都有影响。

1. 路径策略

订单拣选的顺序与路径,与仓库的货架布局及拣选设施有关。在拣选的过程中,包括同向式拣货路径策略、S 形拣货路径策略、返回型策略、中点返回式拣货路径策略、最大间隔策略、组合策略等。不同的路径策略,针对不同的仓库布局和订单的到达特性、订单数量的多少不同,其优化的效果也不同。

所谓同向路径,就是只朝一个方向行走,不能折回,该方法往往适用于单通道的拣选区域。有些时候,为更多地利用仓库空间,配送中心可能会把拣选通道设计得很窄,仓库因此显得非常拥挤。在这种情况下,为避免拣货过程中出现拥堵,一些仓库往往规定拣货员只能进行单向拣选,即只能从一个通道的一端进去,而从另一端出来,如图 9-20 所示。

S 形拣货路径策略也称历遍式拣选策略。拣货人员必须完全穿过包含客户订单要求的品项所在通道,然后进入另一个品项所在的通道。当走到最后一条通道的时候,如果是从第一个储位即拣选区前面的通道进入最后一条通道,则拣货员在拣选完最后一个品项无须穿出即可折返回到该通道进口点并穿出返回起点,如图 9-21 所示。

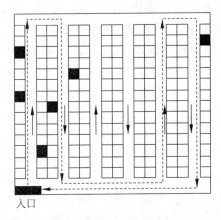

图 9-20　同向式拣货路径

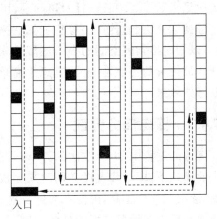

图 9-21　S 形拣货路径

返回型策略是另一种较易操作的启发式拣选策略,拣选员工同样只需进入有拣选货物的通道。在返回型策略中,员工进入通道拣取完货架左右两边的商品后返回进入通道的一端,再以同样的方式拣取其他通道的商品,最后返回入口处。与遍历式策略不同的是,返回型策略无须行走整个通道,拣取完商品返回即可,如商品靠近通道的入口端,此种拣选方式效率较高,可给商品的分布方式与返回型策略相结合来优化带来可能性,如图 9-22 所示。

中点返回式拣货路径与返回型策略相似,只是将拣选区域从通道的中点处将其分为两个部分,如图 9-23 所示。拣选员工采用返回型策略的行走方式拣取完前一部分区域商品后,再采用同样的策略拣选后一部分区域,当拣选完成后,拣选员工同样返回最初的入口处。该策略结合了遍历式拣选策略的优点,比较适用于订单中商品分布较集中的情景。有研究表明,当平均每个通道所需拣选商品量较小时,采用中点返回式拣货路径策略的总行走距离要小于遍历式拣选策略。

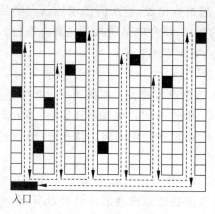

图 9-22　返回型拣货路径

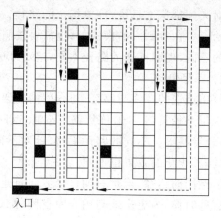

图 9-23　中点返回式拣货路径

2. 路径优化的模型与算法

在对路径优化的过程中,大多以拣选路径最短为目标,或以拣选时间最短为目标建立数学模型。

订单拣选的路径问题类似于旅行商问题(TSP),是 NP-hard 问题,其计算量随着拣选量的增大而呈指数形式增长。针对该问题,用普通的精确算法很难对问题进行求解,一般需要采用禁忌搜索算法、遗传算法等智能算法来找出最优解。遗传算法具有很高的并行性和鲁棒性,可以同时搜索解空间的多个区域搜索信息,沿多种路线进行平行搜索,从而降低算法陷入局部最优解的可能性,并且其思想简单,具有良好的可操作性,用于求解 TSP 问题中可取得较好的效果。

9.4.3　拣选任务分配

在拣选的过程中,一个波次的订单,通常由几个拣选人员合作来完成整个拣选任务。在货到人的模式下,即由几台设备同时来完成同一个波次的拣选。参与拣选的人员或设备越多,则拣选的效率会越高,因此在实际拣选作业中,往往选择多个人员或设备来共同完成拣选的任务。对不同设备分配的任务不同,任务量大的拣选时间长,任务量小拣选时间短,会造成整体的拣选时间延长,同时造成其他设备的空闲。因此,需要对拣选任务进行合理分配,使总拣选时间最短。

(1)任务分配策略。配送中心广泛采用分区拣选的模式,而对不同的设备,通常也是按照分区对任务进行分配。在分区拣货的模式下,有串行拣选策略和并行拣选策略。串行拣选是拣选完一个区域后,才能开始拣选下一个区域。因此,一个批次拣选完成时间较长,同时若某一个区域的拣选出现问题会使整个拣选受到影响,其柔性较差。而并行拣选,则是对多个分区同时进行任务拣选,最终的拣选时间由花费时间最多的分区来决定。并行拣选的方式,可以大大减少拣选的时间,因此在实际应用中大多选用并行的方式。

对拣货区的分区有静态分区方式和动态分区两种方式。为达到各分区工作量的均衡,针对静态分区,采用分配不同数量的设备或人员,来使各拣货区的工作量较均衡;而对动态分区,则是通过分区的动态变化,将不同的区域划分给每个设备或人员来达到工作量均衡的目的。

（2）任务分配模型与算法。对参与拣选的人或设备进行任务分配，需要考虑多方面的因素，与订单分批和路径优化一样，也属于 NP 难题，需要应用智能算法对问题进行求解。在研究中，大多以拣选时间最短为目标建立数学模型，同时兼顾任务分配的均衡。

9.5　拣选作业改善

拣选作业是配送中心内最有可能提高仓库效率的活动。

首先，拣选作业是配送中心中花费最大的一项活动。英国进行的一项研究表明，通常一个配送中心中发生的所有费用的 63% 都是由订单拣选活动引起的，因为拣选作业是配送中心里劳动密集型程度最高的一项活动。配送中心里的大部分员工都在从事订单拣选操作，配送中心中的大部分货品及信息处理系统都是服务于订单拣选功能的，目的是降低劳动密集型程度。另外，一个配送中心的很多决策支持系统及工程项目方案都是与拣选作业相联系的。最后一点需要说明的是，仓储作业中的多数错误也是操作员在执行拣选作业时产生的。因此，订单拣选活动通常也就是仓储活动失误所产生成本的主要来源。

其次，订单拣选活动正变得越来越难以管理。困难起因于新作业计划的引入，如 JIT 生产、配送概念、削减流通时间、快速反应等新的营销策略。这些新的计划要求更频繁、更准确地为配送中心的客户运送更小额的订单货物，将更多的存货单位纳入拣选系统。

最后，人们开始重新关注改善产品及客户服务质量，这迫使配送中心管理者从减少产品损坏、减少作业时间及进一步提高订单拣选准确性的角度出发来重新审视订单拣选活动。

因此，在配送中心内应采取各种方法来提高拣选工作的效率，除采用自动化的设备外，还有一些更有效提高拣选效率的方法，主要包括包装优化、直接从储存货位拣选、拣选任务的简化、订单批量拣选、定位优化、订单拣选活动排序等。下面将分别介绍这几种方法。

9.5.1　包装优化

包装优化就是使包装尽量标准化、规格化，以托盘的分割系列整合包装的尺寸和规格。例如，可以鼓励客户订购整托盘数量的货物，或是将货物以 1/4 托盘或 1/2 托盘为单位进行包装。通过这种方法，货主配送中心及客户配送中心中的大量计数工作和手工搬运货箱的工作就可以被省略了。同样，通过鼓励客户订购整箱的货物，也可以省略大量的计数及散装货物的包装工作。

可以用各种图表对拣选作业线上的活动进行统计与分析，对由客户经常订购的整托盘或整箱货物的情况进行图解说明。通过这种方法，可以发现减少不满托盘或不满货箱拣选次数的机会。

某大型零售商要确定其最佳货箱数量。因为货物需要以整箱来储存，所以货箱的尺寸越大，配送中心所需的拣选工作就越少。但是货箱的尺寸越大，包装数也就越大，商店的库存水平就越高。通过对配送中心总成本随货箱尺寸变化的曲线（图 9-24），就可以确定货箱的最佳包装数和尺寸。其中总成本等于成本拣选库存与成本之和。

9.5.2　直接从储存货位拣选

配送中心的主要作业活动包括收货、收货暂存、收货检验、将货物入库存放到存储位、货

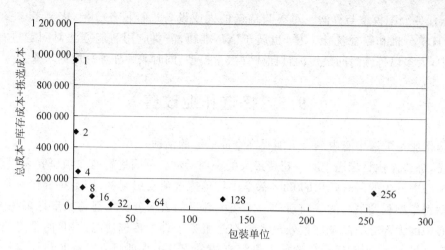

图 9-24 货箱包装数与总成本的关系

物储备、托盘拣选、从托盘货位往货箱拣选线补充货物、整箱拣选、拆零拣选、包装、收集、装货前暂存、装货平台发货。传统的 U 形配送中心的布局设计如图 9-25 所示。

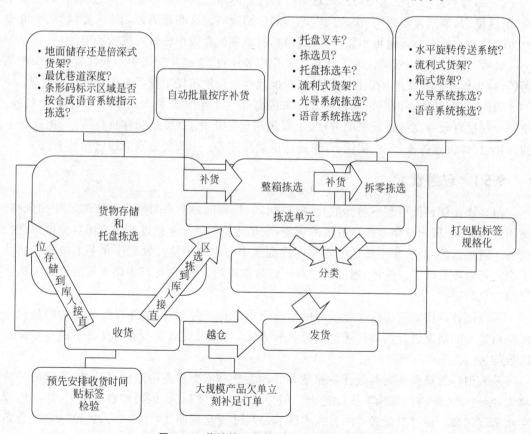

图 9-25 传统的 U 形配送中心的布局设计

为什么需要那么多不同的存储与拣选区域？为什么需要独立的区域从事整箱及零散货物的拣选工作？原因在于直接从大型的托盘货位拣选出零散货物及整箱产品的效率非常低，而这些专门的区域小而紧凑，是专门为拣选任务设计的，并且可能配有专业化的设备，所以这些区域的拣选效率通常是大型存储区拣选效率的 $10\sim20$ 倍。拣选效率提高得如此之多(相比直接从存储货位拣选),以至于人们很少考虑往拣选区域补充货物所引起的费用问题及建立这些独立专用区域而引起的空间损失问题。

能否实现在大型存储区直接拣选,既能达到专用拣选区所达到的拣选效率,又不需要向专用拣选区补货,还可以节省空间,下面介绍的福特公司的服务套件配送中心案例就实现了这一理想状态。

案例

福特公司的服务套件配送中心

在福特公司的服务套件配送中心,收到的货物都被放置在金属篮里从轨道上运过来,它们每个都带有条形码标签。叉车操作员把金属篮移送到自动收货站,在那里,负责收货的员工对条形码进行扫描操作,以便让配送中心管理系统知道货物已经到达货物的位置。系统接着指示操作员将金属篮里的货物分发到一个或多个抽屉式容器当中,在每一个容器上面加一个条形码标签。然后操作员将每个抽屉式容器轮流输送到用来执行入库作业的 54 个水平旋转存储系统的其中一个上。每个该系统的操作员负责操作 3 个水平旋转存储系统。而实时的仓储管理系统交互完成入库和拣选任务。所有拣选操作都是受电子标签系统指示的。操作员同样也接受电子标签系统的指示,将每个被拣选出来的货物分发到邻近的水平旋转存储系统的流动货架上所放置的抽屉式容器里面。该配送中心 80% 的产品编号工作及其他相应的活动都是以这种方式处理的。

这种方式就是直接从存储位拣选(图 9-26)。因为这 54 个水平旋转存储系统就起着货物存储区域的作用。某类产品所有的库存都存放在水平旋转存储系统内,但不一定存放在同一个位置。在这个系统内,不存在补充货物的作业,也没有为后备存货留出空间。

这种作业观念为福特公司在服务套件的物流领域带来了明显的竞争优势。实施这个观念需要配有高度精密的物流信息系统(随机存储、智能化定位、仓储活动平衡、动态波次计划),还需要很高程度的机械化水平(将存储货位移到拣选员面前)及受过训练的员工队伍。这种作业理念可能并不适用于每一种情况,但当配送中心工作量足够大且可以获取必备的资源的时候,这种直接从存储位拣选观念的实施可以带来拣选效率的极大提高。

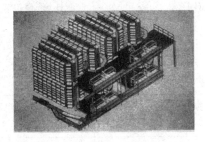

图 9-26　直接从储存位拣选的模式

9.5.3　拣选任务简化

拣选任务的简化就是尽可能地减少或合并各项订单拣选作业。拣选作业当中所包含的劳动要素可能有以下几项:①操作员在拣选位之间往返走动;②寻找拣选位;③弯腰伸手以够到拣选货品;④从存储货位拣取货物;⑤对拣选作业进行文字记录;⑥按照订单将货物分类;⑦包装。

图 9-27 所示拣选员工作时间的分配情况图对拣选员的全部时间如何在这些活动上进行分

配做了图解说明。表9-5 则简要介绍了拣选活动中的劳动要素及消除这些劳动的方法。

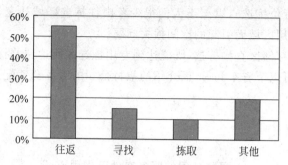

图 9-27 拣选员工作时间的分配情况

表 9-5 拣选活动中的劳动要素及消除这些劳动的方法

劳动的要素	消除的方法	所需的技术及设备
步行往返	将存储位送到拣选员的面前	存货移动式系统：轻负载自动存取系统、水平旋转传送装置、垂直旋转传送装置
文字记录	自动信息流	计算机辅助式订单拣选系统、自动识别系统、订单拣选电子标签系统、无线射频终端设备、头戴式听筒
伸手够取	把货物存放在腰部高度的位置上	垂直传送装置、载人自动存取系统、轻负载自动存取系统
搜寻	将存储位送到拣选员的面前。将拣选员送到拣选区域。取消拣选区域	存货移动式系统、载人自动存取系统、光导系统
拣取货物	自动分发	自动选取机、选取机械手
计算	重量计算、预包装	拣选车上配备的磅秤
再储存	执行自动的预先补货，以确保在拣选员到达存储位之前，每个存储位都备有足够数量的货物	
操作员之间的过度交际闲聊	将操作员指派到固定的区域执行拣选和入库作业	
无所事事的等待	动态分区、列出作业清单，以便操作员可以连续作业	实时的配送中心管理系统

当某些劳动过程不能被省略的时候，通常可以把它们合并在一起，从而提高订单拣选工作的效率。下面介绍一些能有效地将各项劳动过程合并在一起的方法。

（1）往返来回与拣取货物的合并。移动式拣选系统（如水平旋转存储系统和轻负载自动存取系统）可以把货物拣选位由机械装置送到拣选员的面前，因此使拣选员与货物的往返同时进行。由此产生了一个人机平衡的问题：如果存货移动式系统最初的设计不精确，那么拣选员的一大部分时间都将浪费在等待存取机将拣选位送过来的过程当中。

（2）往返来回与文字记录过程的合并。人力操作的存取机是用来自动地运送拣选员往返于各拣选区域，所以拣选员完全可以趁存取机移动时的空档进行文字记录、货品分拣或包装的工作。

（3）拣选与分类过程的合并。如果一个拣选员在一趟拣选过程中要完成多项订单任务的话，那么可以使用中间有货格或零件箱的拣选手推车，从而使拣选员每次都能将各种货物按订单进行分类。

（4）拣选、分类与包装过程的合并。当按照一个订单拣选出来的货物体积很小时（如小于一个鞋盒时），拣选员可以直接将货物分拣到包装或拣货容器里。操作员必须事先备好包装或拣货容器，并将其放置在配有货格或零件箱的手推车上。

9.5.4　订单拣选策略

为减少往返来回的时间，可以采用批量拣选。批量拣选就是增加拣选员每趟拣选操作所处理的订单数量，这样平均每项拣选任务所花费的往返来回的时间就减少了。假如一个拣选员往返 100m 来拣选一个订单中的两件货物，那么拣选员完成每项拣选任务所需行进的路程就是 50m。而如果该拣选员在这趟路程当中拣选出 2 个订单中的 4 件货物，那么完成每项拣选任务所需行进的路程就减少至 25m。

操作员可以在配送中心的分区域内对多个单品订单（只包含一种货物的那些订单）进行批量处理，从而进一步节省往返步行的时间。可以对每项订单所要求的作业人员数量制作图表进行分析，从而帮助我们识别成批处理单品订单的机会。图 9-28 所示批量波次规划平均每项订单所包含产品种类及所占体积图对此进行了举例说明。

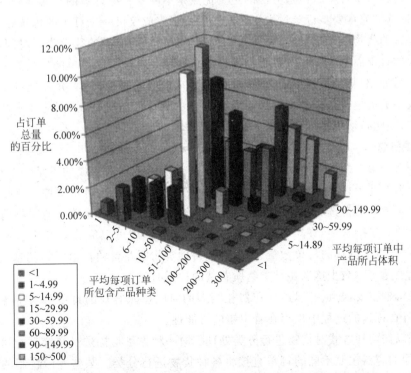

图 9-28　批量波次规划平均每项订单所包含产品种类及所占体积图

需要注意的是,当一项订单被分配给多个拣选员时,将这些订单里的货物重新整合在一起的工作也大幅增加了。与批量拣选所节约的往返时间相比,还必须权衡由批量拣选所引起的分类工作的额外成本。订单拣选策略的决策树如图9-29所示。

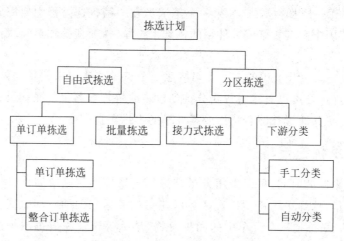

图 9-29 订单拣选策略的决策树

1. 按单拣选

在按单拣选过程当中,拣选员每次只完成一个订单的拣选任务。在操作员移动式拣选系统当中,只包含一个订单的拣选过程就如同你走进杂货店,然后根据自己的购物清单将各种货物收集起来放进手推车里一样。每个购物者所关心的只是自己的购物单而已。

这种只包含一个订单的拣选方法的主要优点是不需要考虑订单的整合问题。其主要的缺点在于,拣选员通常要步行穿过大半个配送中心来完成仅仅一个订单的拣选任务,所以如果订单里包含的货物数量很少的话,那么拣选一个货物平均所需的往返步行时间就相当多。而对那些大的订单而言(多于10种货物的订单),这种只包含一个订单的拣选过程可能是非常有效的。另外,在某些系统里面,反应时间的要求非常紧迫,因此不允许把订单积存起来进行更有效率的批量拣选作业。对一个非常紧急的订单,客户服务方面的要求应大于效率方面的要求,因此必须尽快拣选出紧急的单品订单。

2. 批量拣选

订单拣选的第二个操作策略就是批量拣选法。拣选员每次完成的不是一个订单,而是成批地拣选出好几个订单上的货物。在一趟拣选过程当中,拣选员负责拣取一批订单上的货物。还以杂货店的拣选工作为例,批量拣选可以被看作是你拿着自己的购物清单和你邻居的购物清单走进杂货店,在杂货店里往返步行一趟,你就可以完成好几个订单的拣选任务。因此,每次批量拣选的订单数量越多,拣选每件货物所花费的往返时间就越少。批量拣选的主要优点是可以减少拣选每件货物所花费的往返时间。

批量拣选的主要缺点在于,需要花费相当多的时间按照客户的订单要求将各种货物进行分类,而且在拣选的过程中也存在着犯错的可能性。

一般可以按两种方式对货物进行分类处理。第一种方法是拣选员在穿越配送中心的途中,使用不同的容器按照不同的订单直接将各种货物进行分类。某些专门特制的拣选手推车和容器可以为这种分拣方式提供便利。第二种方法是把各个不同订单的所有货物都放在一起,事后再进行分类处理。正是这种分类作业所产生的费用决定了批量拣选方式是否是一种有成本效益的策略。

批量拣选方式还可以被用于移动式拣选系统。在该系统里,当存储货位被送到拣选员面前时,拣选员将批量拣选的订单里的所有货物都选取出来。此外,还要将减少往返时间所得的收益与分拣货物所引起的成本权衡起来考虑。批量拣选的方法对小订单(1~5 种货物)而言尤其有效。

3. 分区拣选

人们在设计订单拣选系统时所要做的第一个决策就是决定是否需要将操作员分配到各个拣选区域,以便管理订单拣选活动。所谓拣选区域,就是分配给操作员进行拣选的作业区域——通道的一部分、几条通道或某个机械装置(水平旋转存储装置或自动存取系统)。这种拣选方式最突出的特点是,一个操作员被指派到某个作业区域,而其他操作员都不在那个区域工作。在拣选作业中,这意味着操作员并不能完成整个订单的拣选任务,一个订单上的所有货物是从不同区域由不同的拣选员拣选出来的。

存储区域不同于拣选区域,它是用来安全并有效地存放货物的区域。例如,配送中心可能建有散装货物、地板存储货物、小型货物、冷冻冷藏货物、易燃易爆货物等区域。这些区域在定位的时候是被特别设计的。跟分区拣选相反的订单拣选方式是自由式拣选。在自由式拣选方式当中,拣选员负责完成分配给他的订单所有货物的拣选任务,他们可以自由地往返于配送中心里的任何一个拣选区域。分区拣选的优点如下。

(1) 因为拣选员都被分配到一个特定的工作区域,所以减少了往返来回的时间。就像篮球比赛中,总是采用区域防守,因为这样就不必满场乱跑地追着某个人,而且对对方选手的突然得分也不必负责。

(2) 操作员会越来越熟悉他们所负责区域里的产品及位置,从而可以提高拣选作业的效率及准确性。因为在同一时间一条通道里不会超过一个操作员,所以拥挤程度最低,而当需要拣选的商品数量太大,采取自由式拣选方法,会造成通道内的拥挤和堵塞。

(3) 操作员要对自己的区域负责。可以将各区域的订单拣选情况(拣选效率、准确性及设备保管情况)记录并据此评估其业绩。

(4) 可以减少拣选员间过多的聊天。因为操作员被单独指派到特定的工作区域,所以,在一趟拣选过程中,他们很少或是几乎没有机会与其他人进行聊天。虽然某些交流活动是健康的,但分区拣选有利于对其进行控制和监管。

 案例

施乐公司的服务套件配送中心

施乐公司在伊利诺伊州芝加哥郊外的一个服务套件配送中心,其拣选作业的安排如下:每个拣选员被分配到一个区域,每个区域包含两条通道的箱式货架。拣选员通过在区域与区域之间传送的拣货托盘来顺次地进行拣选。

该配送中心中订单拣选业绩最优秀的那位拣选员,她已经在施乐公司服务了超过 20 年的时间,在该配送中心的同一个区域(两条通道)也已经工作了超过 3 年的时间。她所负责的区域在内务管理方面、在效率和准确性方面是整个配送中心中最好的。在她所负责的区域里,商品的陈列相当完美,这也体现出她对于自身工作的自豪感。

Cotter and Company 的拣选作业

Cotter and Company 是 True Value Hardware 公司下属的物流子公司。该公司为其小型商品订单所准备的拣选区域都是设在一个通道的区域内,但分为多个拣选作业区。在拣选的过程当中,带式传送机将各取货箱在每个作业区停下来,操作员就可以在此时进行货物的拣选。在拣选过程中,每个操作员都根据拣选标签进行操作。拣选员把一件货物选取出来,在上面贴一个条形码标签,然后把货物放在带式传送机上送到下一个拣选区域。取货的带式输送机再将货物送到下游的分类系统,分类系统按照各个零售商店的订单把来自各个区域的货物进行分类。有关拣选业绩的统计数字,包括拣选效率、拣选准确性(通过内部审计来鉴定)以及区域内的设备保管情况将被张贴在每个拣选区的末端。

分区拣选可减少往返来回的时间、将拥挤的程度最小化、增加操作员对产品及所负责区域的熟悉程度和对所负责区域的责任感。是否分区需分析分区拣选成本和实施分区所引起的监控上的复杂性。表 9-6 详细描述了分区拣选所引起的成本(费用)及在控制上所面临的困难。

表 9-6　分区拣选所引起的成本(费用)及在控制上所面临的困难

分区拣选所引起的成本(费用)及在控制上所面临的困难	注意事项及评论
根据订单把货物整合在一起	分区拣选的主要困难及所产生的主要成本在于,必须把各个拣选区域选取出来的货物根据订单进行分拣整合
工作负载上的不平衡性可能会造成瓶颈现象、阻塞现象及相当低的员工士气	每天给各区域完全地平分工作量几乎是不可能的。如果要这么做的话,需要非常先进的定位技术或是高度精密的分区拣选计划安排,运用动态的区域安排。在这种操作过程中,操作员所负责的拣选区域的大小会随着工作量的多少而有所调整。无论怎样,对分区拣选的控制总要比对自由式拣选的控制复杂

在决定是否运用分区拣选方式的时候,需要对分区拣选与自由式拣选两种拣选方式做一个经济可行性分析。应该用最好的自由式拣选设计与最好的分区拣选的方案做一个对比分析。如果分区拣选方式所能增加的收益(提高效率及降低拥挤度)足以弥补建立分区拣选系统所需的额外投资的话,那么就应该使用这种方式。

当然,还可以设计一种不需要在货品及信息处理系统上进行大量投资的分区拣选方案。关于这种方法的实例,可以参考美国雷立环球公司的实践。

 案例

雷立环球公司

雷立环球公司是一家经销复印机、传真机及听写设备,总资产达数十亿美元的销售商。其收入的很大一部分来自服务套件及支持其基地安装的消耗品物资。针对服务套件及消耗品的拣选作业,该公司创造了一种手工分区拣选的概念。套件与消耗品被存放在传统的箱式货架上面。而操作员被分配到各拣选区内,每个拣选区域由四排货架(两个通道)组成(图 9-30)。订单箱被放置在拣选区的地板上,停留时间是 20min,这段时间足以让拣选员步行往返进行有效的拣选作业,同时足以引起拣选员的注意及紧迫感。

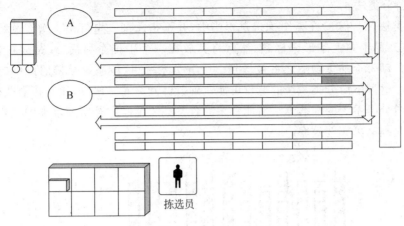

图 9-30 雷立环球公司波次拣选模式

在每个拣选工作区域内,拣选员都配有一个特制的拣选手推车,拣选手推车被分为 8 个货格。在每次拣选前,操作员在 8 个货格里各放置一个带有操作员身份标识和拣选区标识的空容器。开始拣选时,每个拣选员被分配一个拣选清单,清单上的货物是按照区域顺序进行排列的,清单上所列的每个货物的信息包含以下几项:所在区域、货物的标识、所需拣选的货物数量、需要把货物放置在手推车的几号货格里。

在拣选完以后,每个拣选员将手推车送到一个大的存储货架里,这个货架也被分为 8 个货格。每个操作员将一号托盘容器放到一号货格里,把二号托盘容器放在二号货格里,以此类推。还有一个操作员站在货架的另一边,他的工作是按照订单的要求把放置在每个货格里的商品进行分类,检查商品是否正确,并把订单所列出的商品包装起来准备装运。这种手工拣选作业的效率可以达到每人每小时 120 种货物,而且拣选的准确性也非常高。

分区拣选的优点就是节省了往返来回的时间。因为每个拣选员所负责的区域范围从整个配送中心减小到一个小得多的区域,所以拣选单位货物所花费的往返时间也就减少了。但是,还需要将这种好处与货物分类的费用及拣选错误的可能性权衡起来考虑。分区拣选所产生的额外收益包括拣选员对其所负责区域的产品的熟悉程度的增加,拣选员相互干扰的机会的减少,以及他们对自己所负责区域内的拣选效率和设备保管的责任感的增强等。

在分区拣选系统当中,有两种方法把订单上的货物整合起来:接力式订单拣选法和下游分类法。

(1) 接力式订单拣选法。

在接力式订单拣选(选取货物然后往下传递)系统中,一项订单里所包含的货物被从一个拣选区域传递到另一个区域,直到订单上的全部货物被拣选完(图 9-31)。操作员可以把订单所订的货物放在抽屉式容器里或是放在输送机上的纸箱里从一个区域传递到另一个区域;操作员也可以将货物放在手推车上从一个区域推到另一个区域;或将货物放在链式传送机、自动引导车、叉车的托盘上送往另一个区域。如果使用智能化的接力式订单拣选系统,那么只有当某个区域内有订单上所列货物时,该系统才会将装有订单货物的容器送往该区域。

（2）下游分类法。

下游分类法（图9-32）在整个拣选过程当中，并不指派某一个订单。操作员在拣选一件产品时，先在产品上贴上条形码标签，然后将其放在一个手推车里面，或是放在传送带上。手推车或是传动带上的货物随之将被送到一个分类系统里，该系统会按照订单的要求将货物进行分类。这种下游分类系统的造价可能达到数百万美元。所以，比起接力式拣选方法，配有这种下游分类系统的拣选方法所能带来的收益必须足以弥补所需增加的投资。其增加的收益主要是提高了拣选效率。

拣选并传送到下一拣选区的概念

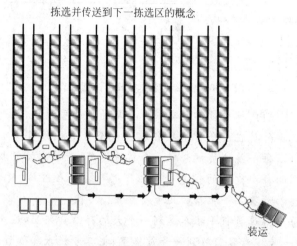

图9-31　配有水平旋转货架的接力式订单拣选

并行拣选概念

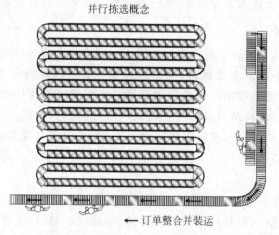

←　订单整合并装运

图9-32　下游分类法——从水平旋转货架上拣选

 案例

Mutoh 公司

Mutoh 公司在日本名古屋以外的其他地方设有订单配送中心，其订单拣选系统是典型的配有自动下游分类系统的分区拣选系统，如图9-33所示。

该配送中心的特点如下。

图 9-33 配有自动下游分类系统的分区拣选系统

① 该配送中心将纸箱进行重复使用,把这些纸箱看作有形的"看板"(kanban)(用来显示是否需要从供应商那里补充货品)、入库货物的储存容器及拣选容器。

② 入库的纸箱直接从入库拖车上流向一个轻负载的自动仓储系统。

③ 拣选通道位于存货/取货通道对面的夹楼上。在每天的头两次轮班中,操作员都进行拣选操作,而当第三次轮班的时候,自动存取机会为第二天的订单拣选活动重新配置整个拣选流程。

④ 每件货物都带有一个条形码标签,当每件由聚乙烯包装的服装被放进拣选手推车里时,拣选员会在上面贴上条形码标签。

⑤ 一个简易的带有两个波纹状容器的批量拣选手推车。

⑥ 拣选员在专用的拣选区域里工作，一个通道就是一个拣选区域。

⑦ 每个波纹状容器一旦被装满，就会被传送机送到分类归总站。每个容器里的货物被倒入归总站里。

⑧ 从事归总作业的操作员调整每件货物的方向，以便位于头顶的条形码扫描仪进行读取。根据读取的结果，每件货物被分配到带式分拣机的某一出口。

⑨ 带式分拣机将每件货物传送到指定的包装巷道。

⑩ 包装操作员在分配给他们的 3～4 个巷道走动，按照订单的要求将几件货物进行分类、包装，再将货物放置在一个用于出库装运的传送机上。这个传送机是在分类巷道的底部运行的。

⑪ 包装站是机动式的，这使操作员可以很轻易地在分类巷道之间移动它。

在决定使用哪种拣选方法时，应该先做几个初步方案，然后进行评估，有时还可以对每一种拣选方式进行模拟。可以先评估和模拟按单拣选模式，然后是批量拣选模式、接力式订单拣选模式，最后是配有下游分类系统的拣选模式。最后还应该对这些构想方案做进一步的论证。在论证的过程中，选择出应该实行哪种模式。不管采用哪种模式，在设计系统的时候都应该坚持灵活性的原则，根据订单的特性，选择按单拣选方式或批量拣选方式。

9.5.5　定位优化

货品的合理定位是提高拣选效率的有效途径。定位优化方法参见 7.3 节。

9.5.6　订单拣选活动排序

订单拣选活动排序就是对拣选员访问存储位的顺序进行排列，以便减少往返来回的时间。

不管在操作员移动式还是在存货移动式系统里，事先排定拣选员访问各个存储位的顺序都可以极大地减少操作员往返来回的时间，并且能够提高拣选效率。例如，仅仅通过把货架分为上下两层就可以减少载人自动存取机拣选过程中 50% 的往返时间。操作员可以从货架的前端出发，在往货道里面行进的时候只拣选货架上层的货物，而当从货道里面出来的时候则拣选下层的货物，如图 9-34 所示。

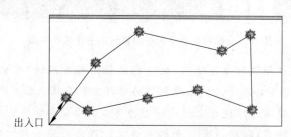

图 9-34　拣选活动排序后的拣选行程安排

在步行拣选系统（walk-and-pick system）中，同样应该对拣选员访问存储位的先后顺序进行排列。在货箱拣选操作中，当一个订单里的货物需要满一个或更多的托盘时，对拣选行程的排序应当使拣选员可以稳定地装载货物，还必须减少往返的距离。某照相器材经销商就使用了这种系统来解决这一复杂问题。

9.6　案例分析：电商行业订单拣选解决方案的发展与变革

随着电商行业的蓬勃发展，订单体量的急剧增加，传统的订单拣选方式已很难满足行业需要，自动化程度更高的物流设备及技术在拣选作业中将会得到越来越广泛的应用。本节在分析传统订单拣选解决方案特点的基础上，对能够满足电商行业需求的四种新型订单拣选解决方案进行了详细的阐释，进而为电商企业的订单拣选提供更多选择。

当前，我国电子商务发展正处于密集创新和快速扩张的阶段，电子商务逐渐成为拉动我国消费需求、促进传统产业升级、发展现代服务业的重要引擎。在电商的商品交易中，客户不仅要求商品的质量，更加追求到货的速度，因此提高订单处理效率对提高客户满意度至关重要。在配送中心的整个订单处理过程中，拣选作业占据了绝大部分的时间和资源，因此对订单拣选过程进行优化，设计合理的拣选方式和拣货流程，成为提高订单处理效率的有效手段。随着计算机科学及自动化物流技术的不断发展，电商行业订单拣选方案也由传统的人工作业或半自动化作业向着更高自动化、更智能作业的方向发展。

9.6.1　传统订单拣选解决方案

传统的订单拣选方式大多采用人到货、推车拣选的方式，由拣选人员推车进入存储区根据纸质拣选任务单将订单所需的品项拣选出来。

拣选过程中，货品采取静态储存的方式，如流利式货架、搁板货架等，拣选人员通过步行或搭乘拣选车辆到达货品储存位置，主要移动的一方为拣选人员。整个拣选过程中，拣选人员需在整个拣选面进行移动，用在走行上的时间占去了整个拣选过程的大部分时间。

拣选过程中信息传递方式通常采用纸单传递拣选信息。纸单拣选是最原始的拣选信息传递方式，即用纸质拣货单来显示拣选需要的各种信息，拣选作业过程中，拣选人员会用笔在纸单上做记录来对拣选任务进行确认。这种作业方式的优点是成本低，缺点是库存信息无法实时更新，拣选任务无法有效记录和追溯，差错率高，拣选效率低。

9.6.2　新型订单拣选解决方案

新型的订单拣选解决方案在物体移动方面利用先进的物流设备与技术，实现货到人代替人到货方式，拣选人员在固定拣选站或固定拣选区域进行拣选作业，大幅减少了人员走行时间，有利于大幅提高拣选效率；在信息传递方面，采用 RF 手持拣选、语音拣选、电子标签拣选等方式代替传统的纸单拣选，这样可以实现库存数据实时更新，大幅提高拣选准确率。

随着国内电商行业的蓬勃发展，在拣选解决方案上涌现出诸多新型高效的组合拣选方式。例如，RF 手持拣选＋区域路径拣选＋mini-load 集货＋电子标签播种方式；RF 手持拣选＋区域路径拣选＋交叉带分拣机集货＋电子标签播种方式；mini-load/multishuttle＋电子标签拣选工作站方式；拣选机器人＋拣选工作站方式等。

下面对这几种拣选解决方案做进一步说明与分析。

1. RF 手持拣选＋区域路径拣选＋mini-load 集货＋电子标签播种方式

此种形式的解决方案适用于多件订单拣选。首先订单履行系统从订单池中将 SKU 重合度高的 40 个订单（根据行业经验，40 个订单为 1 组时播种效率较高）挑选出来组成一个小批次,然后将该批次拆分成多个拣选区域的多个拣选任务。之后,由轻型箱式输送系统根据相应拣选任务实现区域路径分配拣选周转箱,拣选人员根据 RF 手持提示完成拣选任务,并将拣选完成的周转箱投放回相应区域输送线。周转箱经输送线自动输送进入 mini-load 系统进行集货。当属于一个小批次(即 40 个订单)的周转箱集齐后,mini-load 系统自动将周转箱输送到播种区域,由播种人员根据电子标签系统提示进行播种作业,至此订单拣选任务完成,如图 9-35 所示。

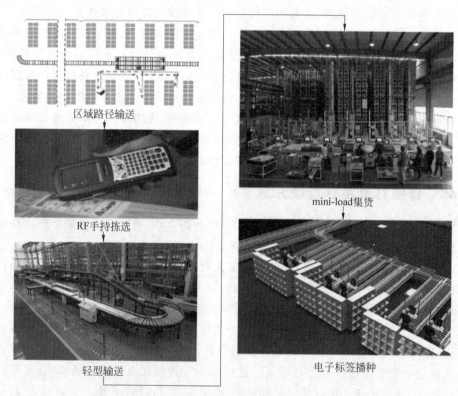

区域路径输送

RF手持拣选

轻型输送

mini-load集货

电子标签播种

图 9-35　RF 手持拣选+区域路径拣选+mini-load 集货+电子标签播种方式

该解决方案中采用 RF 手持技术配合拣选及电子标签技术配合播种,既能够实现库存实时更新,又能够大幅提高人员工作效率,提高拣选准确。通过应用轻型箱式输送线实现区域路径拣选,极大降低人员走行距离,大幅提高拣选效率。同时采用 mini-load 系统实现小批次拣选后的订单箱高速自动集货、高速自动喂料到播种工位。对订单体量大、SKU 众多、拣选区域众多且订单 SKU 重合度相对较散的电商行业,该解决方案相对于传统拣选方式有着较明显的优势。

2. RF 手持拣选+区域路径拣选+交叉带分拣机集货+电子标签播种方式

此种形式的解决方案适用于多件订单拣选。首先订单履行系统从订单池中将 SKU 重合度相对较高的几千甚至上万个订单(根据系统整体需求设计数量)挑选出来组成一个大波次,然后将该波次拣选任务拆分成多个拣选区域的多个拣选任务。之后轻型箱式输送系统根据相应拣选任务实现区域路径分配拣选周转箱,拣选人员根据 RF 手持提示完成拣选任务并将拣选完成的周转箱投放回相应区域输送线。经输送线自动输送到交叉带分拣机导入口,人工导入后按 40 个订单分拣到单个格口,之后播种人员对单个格口中的订单进行播种作业,如图 9-36 所示。

区域路径输送

交叉带分拣机按小批次分拣

RF手持拣选

电子标签播种

图 9-36　RF 手持拣选＋区域路径拣选＋交叉带分拣机集货＋电子标签播种方式

该解决方案采用交叉带分拣机实现大波次分拣为小批次,可以在前端拣选时按照大波次批量拣选,拣选人员单点拣选件量大幅提升,处理相同订单量的情况下走行距离大幅减少,有利于大幅减少拣选人员的数量,减少运营成本。对订单体量大、SKU 众多、拣选区域众多、SKU 非常分散而大批量订单 SKU 区域重合度高的电商行业,该方式相对于传统拣选方式有着较明显的优势。

3. mini-load/multishuttle＋电子标签拣选工作站方式

该方式采用 mini-load 或 multishuttle 系统实现箱式货物的自动存储,自动出库并配合箱式输送系统自动输送到拣选工作站处,由电子标签系统指示拣选人员完成拣选作业。通常订单履行系统从系统中挑选出 SKU 重合度最高的一批订单分配给单个拣选工作站,这样有利于降低系统的物流量及拣选人员的工作量。

该解决方案中在前端采用 mini-load 系统或 multishuttle 系统实现货物的自动存取,由于这两种方式系统高度可以做到十多米,大大提高了仓储空间的利用率,同时可以根据系统的实际出、入库能力选择 mini-load 或 multishuttle,如果系统出、入库能力需求相对较小时,采用 mini-load 系统可以有效降低成本,如果系统出、入库能力需求很大时,可采用 multishuttle 实现极高的拣选需求。在拆零拣选方面,在拣选工作站采用电子标签有利于大幅提高拣选人员的拣选效率及拣选准确率,如图 9-37 所示。

4. 拣选机器人＋拣选工作站方式

该方式采用顶升式移动机器人(即 AGV)和智能后台管理系统实现货到人的拣选。在后台调度系统的调度下,移动机器人会在仓库内部来回穿梭忙碌,把一个个满是货物的货架送到拣选工位,拣选人员根据系统视觉提示进行拣选作业,当拣选人员完成拣选作业以后,移动机器人会自动把货架放到不妨碍其他货架运输的存储位置,如图 9-38 所示。

这种拣选方式具有柔性高、适应性强、起步门槛低的优点,系统安装条件上在建筑承载、

(a) Multishuttle系统　　　　　　　　　(b) mini-load系统

(c) 电子标签拣选工作站

图 9-37　mini-load/multishuttle＋电子标签拣选工作站方式

(a) 拣选机器人搬运　　　　　　　　　(b) 拣选工作站作业

图 9-38　拣选机器人＋拣选工作站方式

平整度方面相对其他自动化系统要求低，在小型电商运营仓也能灵活运用。在系统效率方面，由于待拣选货物自动送到拣选工作站，可大幅提高拣选效率。在系统可拓展性方面，当系统未达到瓶颈点之前，其存储能力和拣选产能可以按照近似线性的方式提升：只要增加货架就可以扩大存储能力，增加 AGV 小车就可以提高拣选产能，因此系统的可拓展性极强。

9.6.3　结语

总体而言，随着电商行业的蓬勃发展，订单体量的急剧增加，传统方式下的订单拣选方式势必无法满足行业需要，因此自动化程度更高的物流设备以及技术在拣选作业中将会得到越来越广泛的应用；同时由于电商行业也有细分，订单结构存在差异，单一的解决方案无法满足所有场地，因此解决方案也势必会朝着多元化的方向发展，本节前述各种类型的解决方案都有着其各自适用的场合。但是从总体发展趋势而言，拣选解决方案势必朝着更加自动化、更加智能化的方向发展。

本 章 小 结

　　配送中心常用的拣货单位为托盘、箱及单品三种；拣选方式可以从不同的角度进行分类；按订单的组合，可以分为按单拣选、批量拣选和流程拣选；按人员组合，可以分为单独拣选方式（一人一件式）和接力拣选式（分区按单拣选）；按运动方式，可以分为人至货前拣选和货至人前拣选等；按拣选信息的不同又可以分为拣选单拣选、标签拣选、电子标签拣选、RF 拣选等。配送中心的拣货策略包括分区策略、订单分割策略、订单分批策略及分类策略；拣货信息包括传票、拣货单、拣货标签、电子标签拣选、PDA 拣选和 RFID 拣选。

　　常见的配送中心拣货系统包括电子辅助拣货系统、货到人拣选系统和自动拣货系统等。常见的电子辅助拣货系统包括电子标签拣货系统、RF 拣货系统、计算机辅助拣货台车系统；货到人拣选系统是由机械设备将货物自动输送到拣选站，由人完成拣选；自动化拣货系统是指不需要人工干预，可实现自动拣选的系统。

　　配送中心的分拣策略要素包括分区、订单分割、订单分批及分类，这四个策略因素组合运用可产生出多个拣货策略。在配送中心分拣作业中，经常需要决策的问题主要包括订单波次计划优化、拣选任务排序及拣选人物分配等，通过这些问题的科学决策和优化可提高分拣作业效率。

　　拣选作业是配送中心内最有可能提高仓库效率的活动，通过包装优化、直接从存储货位拣选、拣选任务的简化、订单批量拣选、定位优化、订单拣选活动排序等可以极大改善拣货作业效率。

复 习 题

1. 按订单的组合和投入方式不同，三种常见的拣选作业方式是什么？
2. 什么叫按单拣选和批量拣选？分析两者的优缺点和适用场合。
3. 什么叫单独拣选方式和接力拣选式？说明两者的作业方式和适用场合。
4. 常见拣货信息方式有哪几种？
5. 什么是货到人拣选，举例说明三种典型的货到人拣选系统方案。
6. 分拣作业策略因素有哪些？
7. 配送中心常见的分区策略有哪些？结合实例说明配送中心应如何进行分区。
8. 配送中心的分批策略有哪些？分析各自的优缺点及适用场合。
9. 配送中心的分类策略有哪些？分析各自的适用场合。
10. 配送中心的分拣作业计划的内容包括哪些？常用的决策和优化方法有哪些？
11. 比较不同拣选策略、拣选方式的适用条件。
12. 拣选作业改善方法和途径有哪些？

配送中心输配送管理

10.1 输配送作业概述

输配送是指将被订购的货品，从制造厂或生产地送至客户手中的活动。它可能是从制造厂仓库直接运给客户，也可能通过批发商、经销商或由配送中心转送至客户。主要目的在于解决供应者与消费者之间空间上的距离问题。

10.1.1 输送与配送定义

运输一般分为输送和配送。关于它们的区别有许多不同的观点。一般认为所有货品的移动都是运输，输送是指利用交通工具一次向单一目的地长距离地运送大量货物的移动；而配送是指利用交通工具一次向多个目的地短距离地运送少量货物的移动。输送与配送的比较如表 10-1 所示。

表 10-1 输送与配送的比较

项　　目	内　　容
输送	• 输送是长距离大量货物的移动 • 输送是物流节点间货物的移动 • 输送是区域间货物的移动 • 输送是一台货车对一个送货地点做一次往返送货
配送	• 配送是短距离小批量货物的移动 • 配送是从企业送达客户处的移动 • 配送是区域内货物的移动 • 配送是一台货车对多处客户点做巡回送货

综合上述，货物的移动可总称为运输，其中短距离的小批量的运输称为配送，一般配送的有效距离最好在半径 50km 以内。若以配送中心做节点划分，由工厂将货物送至配送中心的过程是输送，属于少品种、大量、长距离的运送；而由配送中心将货品送到客户手中的活动是配送，属于多频率、多样少量、短距离的运送。当然，两者若能兼顾效率、服务原则，将可得到最佳绩效，但如果无法兼顾，则输送较重视效率，即尽可能以装载率优先，希望每次装载越多越有利；而配送则多以服务为目标，在许可能力下以满足客户服务要求为优先。

随着经济活动范围的扩大及降低运输成本的要求，货物运输流程也适应需要而日益改善,以提高运输效率。在两地间的短程运输作业,输送与配送作业可以由单一运送者来完成,但在货物量大而路程又长的运输,则需要有输送和配送两段作业,并分由不同的运送者来完成货物的运输工作,以提高运输效率,降低运输成本。

输送与配送是以完成货物分配为目的而进行的基本运输形态,通过对车辆、路线与管理方式的合理安排,形成输、配送系统。良好的输配送系统不但可以提高物流效率、降低物流成本,还可以提高运输服务的品质,增加客户对运输服务的满意度。

输送与配送手段的适当选择与应用,将可以降低物流成本。当然,在选择输配送系统时,也要同时考虑与其相关的配车计划及配送线路的最佳化,以提升装载率,并缩短距离及减轻营运成本。

10.1.2　输配送系统构成

输配送系统是由运输网络中的运输路线和集散站的仓储设施结合而构成的。随着时间的变化,不同的货物在此系统中流动。在输配网络中流动的货物,不管是原材料还是成品,只要是在两点中移动,均需要靠运输服务来完成。同时,由于运输范围逐渐扩大,以及有效经营观念的提升、运输方式逐渐改良,两地间连接运送方式增加了运转作业,货物流通网络因此变得更加复杂,输送和配送这两段运输地位更加突出。

因此,输配送系统便以配送—输送—配送的基本框架来完成货物的流程,如图 10-1 所示。由于客户逐渐增加,客户分布的范围逐渐扩大,需要运输服务的数量也不断增加,因此,输配送系统必须根据环境的变化进行调整,除必须增加配送中心外,集散中心也应运而生,作业也更加经济、有效,从而构成更复杂且更有效的现代化的输配送系统,如图 10-2 所示。

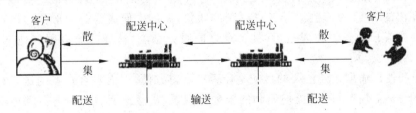

图 10-1　输配送系统基本框架

从图 10-2 可以看出,干线运输包括干线输送和集散输送,两者都是为应对大量货物的流通而安排的。干线输送是指集散中心之间的运输,而集散输送是指集散中心将货物分散至各营业所的运输,两者都不与客户直接接触。至于所谓的集配,则是指营业所与客户之间的集货与配送作业。这种物流作业方式的改变,既显示出运输作业较细的分工,也增加了运输效率。

10.1.3　输配送服务要点

输配送是配送中心作业最终及最具体直接的服务体现,其服务要点主要包括以下几项。

(1) 时效性。时效性是客户最重视的因素,也就是要确保能在指定的时间内交货。由于输配送是从客户订货至交货各阶段中的最后一阶段,也是最容易无计划性延误时间的阶段(配送中心内部作业的延迟较易掌握,可随时与客户调整),一旦延误便无法弥补。即使内部阶段稍稍延迟,一个良好的配送计划还可能补救延迟的时间,因而输配送作业可说是掌控时效的关键点。

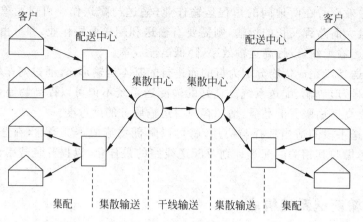

图 10-2 现代化的输配送系统

一般未能掌握输配送时效性的原因,除汽车驾驶员本身问题外,不外乎所选择的配送路径路况不良、中途客户点卸货不易及客户未能及时配合等问题,因此慎选配送路径,或加派助理辅助卸货,都能让每位客户在期望时间收到货物。

(2) 可靠性。可靠性是将货品完好无缺地送达目的地,这一点与配送人员的品质有很大关系。以输配送而言,达到可靠性目标的关键在于:装卸货时的细心程度;运送过程对货品的保护;对客户地点及作业环境的了解;配送人员的职业道德。

如果输配送人员能随时注意这几点,货品必能以最好的品质送到客户手中。

(3) 沟通性。配送人员是将货品交到客户手中的负责人,也是客户最直接接触的人员,因而其表现出的态度、反应会给予客户深刻的印象,无形中便成为公司形象的体现,因而配送人员应能与客户做有效的沟通,且具备良好的服务态度,这样就可以很好地维护公司形象,并巩固客户的忠诚度。

(4) 便利性。输配送最主要的目的是让客户觉得方便,因而对客户点的送货计划,应采取较弹性的系统,才能够随时提供便利的服务。例如,紧急送货、信息传送、顺道退货、辅助资源回收等。

(5) 经济性。满足客户的服务需求,不仅品质要好,价格也是客户非常重视的方面。因而如果能让配送中心高效运作,且成本控制得当,对客户的收费比较低廉,也就更能以经济性来抓住客户了。

10.1.4 输配送系统合理化

输配送系统合理化的主要目标是"距离最小""时间最小""成本最小"。在此三大目标之下,最基本的方向应从提高每次输配送量、提高车辆运行速率、削减车辆使用台数、缩短输配送距离及适当配置物流设施节点等方面着手考虑,并同时注意下列几点限制:满足客户的要求;各配送路线的货量不能超过车辆的能力;不可超过车辆的配送时间;不可超过配送点的收货时间。为实现距离、时间、成本最小化,可采用以下手段。

1. 消除交错输送

在消除交错输送上,可采用缓和交错输送的方式,例如,将原直接由各工厂送至各客户的零散路线以配送中心来做整合并调配转送,这样可缓解交通网络的复杂程度,且可大幅缩短输配送距离,如图 10-3 所示。

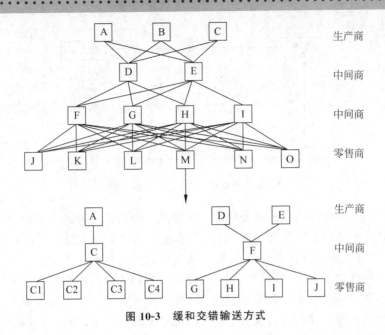

图 10-3　缓和交错输送方式

2. 直配、直送

美国由于大型零售店很多,所以厂商多与零售商直接做交易。以加工食品为例,厂商将产品直接送至零售商的比例约占 68%,通过一次批发作业者占 32%。

而在日本,传统的商业流通系统大多采取从厂商经总代理商、二次批发、三次批发才到零售店的形态,其中,总代理和批发商中又分为全国性、地区性、全部承销或部分承销、专属某一特定厂商或同时销售不同厂商产品等不同形态。据统计,日本批发业者约达 44 万家之多。由此可见,日本的产品流通通路显得格外复杂,如图 10-4 所示。

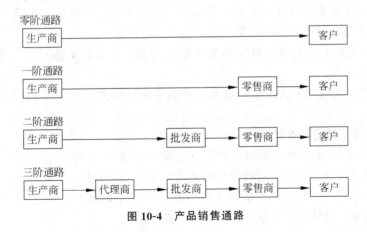

图 10-4　产品销售通路

以往商品是由各工厂汇总到地区性配送中心,再根据代理店与销售公司的订单,交货到各自的配送中心,然后依二次批发、三次批发的订单顺序交货至指定地点。目前由于"商物分离",订购单仍可通过信息网络直接传给厂商,因此各工厂的产品可从厂商的配送中心直接交货到各零售店。这种利用直配、直送的方式可大幅简化物流的层次,使中间的代理商和批发商不设存货,下游信息也能很快地传达到上游。图 10-5 是"龟甲万"公司的直送系统。

3. 共同配送

所谓"共同配送",是指多家企业共同参与,只由一家运输公司独自进行的配送作业。共

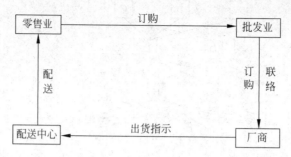

图 10-5　"龟甲万"公司的直送系统

同配送的形态很多,其中在批发商店及代理商店之间进行的是一种水平式的共同配送,相对来说,由制造商主导来整合批发业的配送,或由连锁店总部主导来整合供货厂商的配送,则属于垂直式的共同配送。以往大型制造商、零售商或批发商自行建立配送中心,执行配送作业,目的不外乎降低物流成本,掌握配送时效。然而,当物流费用逐渐提高,为应对多频度少量的交货方式,同时也让信赖的运输公司成长(或厂商可自己成立配送公司),日本自 1950年起开始考虑"共同配送"的方式,致力于由共同配送来降低成本,如日本索尼及三洋电机公司的共同配送。共同配送是一种共存共荣的两利发展策略,但这种模式的形成要点在于参与配送者要能看清自身的条件、定位、需求及成长的目标,并加强各自体系的经营管理与物流设备,否则,共同配送可能成为彼此的阻碍。

4. 信息系统的完整建立

物流信息系统一般由订单处理、库存管理、出货计划管理、输配送管理四个子系统构成,其中出货计划管理及输配送管理两系统直接关系到输配送业务的效率化问题,因而最好能具有以下功能。

(1) 最适合输送手段的自动检索。根据交货配送时间、车辆最大积载量、客户的订货量、个数、重量来选出一个最佳的输配送方法。

(2) 配车计划的自动形成。根据货物的形状、容积、重量及车辆的能力等,由计算机自动安排车辆或装载方式。

(3) 配送路线的自动生成。在信息系统中输入每一客户点的位置,计算机便会找出最便捷路径。

5. 改善运行车辆的通信状况

由于劳动力不足,日本至海外设厂的比率越来越高,国际输送问题就显得尤为重要。以船运来说,日本能利用无线电传输通知商船某港口罢工必须绕道,避免延误行程;至于铁路运输,货物属于哪一班火车哪一节车厢这些信息早已在计算机中明确,以节省时间及人力。因此,移动体的通信设置必须具备并掌握以下信息及状况。

(1) 把握车辆及驾驶员的状况。

(2) 传达道路信息或气象信息。

(3) 把握车辆作业状况及装载状况。

(4) 进行作业指示。

(5) 传达紧急的信息。

(6) 提高运行效率及安全运转。

(7) 把握运行车辆的所在地。

不论何时何地,只要有特殊状况或特别需求,即使是短距离的配送,驾驶员也能随时与总公司保持联系,同样,总公司能够随时将紧急信息利用通信装置通知驾驶员。

6. 控制出货量

若能有效控制客户的出货量,将其尽量平准化,则更能提高整个输配送效率。此策略采用以下四种方式。

(1) 给予大量订货客户折扣。

(2) 制订最低订货量。

(3) 调整交货时间。

(4) 对季节性的变动,尽可能引导客户提早预约。

10.2　配送计划制订

配送计划是指配送企业(配送中心)在一定时间内编制的生产计划,它是配送中心生产经营的首要职能和中心环节。配送作业计划是按日期排定用户所需商品的种类、规格、数量、送达时间、送达地点、送货车辆和人员等的安排规划。

10.2.1　配送组织方式

根据配送系统的实际需求,确定配送的组织方式。配送的组织方式包括定时配送、定量配送、定时定量配送、定时定路线配送和即时配送五种方式。

1. 定时配送

定时配送是指按规定时间间隔进行配送,如数天或数小时一次等,每次配送的品种及数量可按计划执行,也可在配送之前以商定的联络方式(如电话、计算机终端输入等)通知配送品种及数量。这种方式时间固定,易于安排工作计划、易于计划使用车辆。对客户来讲,也易于安排接货力量(如人员、设备等)。但是,由于配送货品种类经常变化,配货、装货难度较大,在要求配送数量变化较大时,也会使配送运力安排出现困难。定时配送包括日配、隔日配送、周配送、旬配送、月配送、准时配送等。下面介绍其中两种比较重要的具体形式。

(1) 日配(当日配送)。日配是定时配送中施行较广泛的方式,尤其是在城市内的配送,日配占了绝大多数。

日配的时间要求大体上是,上午的配送订货下午送达,下午的配送订货第二天早上送达,送达时间在订货的 24h 之内。或是客户下午的需要保证上午送到,上午的需要保证前一天下午送到,在实际投入使用前 24h 之内送达。

日配方式广泛而稳定地开展,就可使客户基本上无须保持库存,不以传统库存作为生产或销售经营的保证,而以日配方式实现这一保证。

日配方式特别适合以下情况:①消费者追求新鲜的诸种食品,如水果、点心、肉类、蛋类、菜蔬等。②客户是多个小型商店,追求周转快,随进随售,因而需要采取日配形式快速周转。③由于客户条件的限制,不可能保持较长时期的库存,如已采用零库存方式的生产企业、"黄金宝地"位置的商店以及缺乏储存设施(如冷冻设施)的客户。④临时出现的需求。

(2) 准时配送——看板方式。这是使配送供货与生产企业生产保持同步的一种方式。这种方式比日配方式和一般定时方式更为精细准确,配送每天至少一次,甚至几次,以保证企业生产的不间断。

准时配送——看板方式追求的是供货时间恰好是客户生产所用之时,从而货物不需在客户仓库中停留,而可直接运往生产场地,它和日配方式比较,连"暂存"这种方式也可取消,可以绝对地实现零库存。

准时配送——看板方式要求有高水平的配送系统来实施。由于要求迅速反应,因而不大可能对多客户进行周密的共同配送计划。这种方式适合装配型的重复大量生产的客户,这种客户所需配送的物资是重复、大量且无大变化的,因而往往是一对一的配送,即使时间要求可以不那么精确,也难以集中多个客户的需求实行共同配送。

2. 定量配送

定量配送是指按规定的批量在一个指定的时间范围内进行配送。这种方式数量固定,备货工作较为简单,可以按托盘、集装箱及车辆的装载能力规定配送的定量,能有效利用托盘、集装箱等集装方式,也可做到整车配送,配送效率较高。由于时间不严格限定,可以将不同客户所需货品凑整车后配送,运力利用也较好。对客户来讲,每次接货都处理同等数量的货物,有利于人力、物力的准备。

3. 定时定量配送

定时定量配送是指按照规定配送时间和配送数量进行配送。这种方式兼有定时、定量两种方式的优点,但特殊性强,计划难度大,适合采用的对象不多,不是一种普遍的方式。

4. 定时定路线配送

在规定的运行路线上制定到达时间表,按运行时间表进行配送,客户可按规定路线及规定时间接货及提出配送要求。

采用这种方式有利于安排车辆及驾驶人员。在配送客户较多的地区,也可免去过分复杂的配送要求所造成的配送组织工作及车辆安排的困难。对客户来讲,既可对一定路线、一定时间进行选择,又可有计划地安排接货力量。但这种方式应用领域也是有限的。

5. 即时配送

即时配送是完全按客户突然提出的配送要求的时间和数量即时进行配送的方式,是有很高的灵活性的一种应急的方式。采用这种方式的品种可以实现保险储备的零库存,即用即时配送代替保险储备。

10.2.2　配送计划类型

配送计划是配送的核心工作,也是提高配送效率的主要因素。配送计划一般包括配送主计划、日配送计划和特殊配送计划。

配送主计划是指针对未来一定时期内,对已知客户需求进行前期的配送规划,便于对车辆、人员、支出等做统筹安排,以满足客户的需要。例如,为迎接家电行业 3—7 月空调销售旺季的到来,某公司于年初制订空调配送主计划,根据各个零售店往年销售情况加上相应系数预测配送需求量,提前安排车辆、人员等,制订配送主计划,全面保证销售任务完成。

日配送计划是针对上述配送主计划,逐日进行实际配送作业的调度计划。例如,订单增减、取消、配送任务细分、时间安排、车辆调度等。制订每日配送计划的目的是,使配送作业有章可循,成为例行事务,做到忙中有序。当然这和责任到人也是有很大关系的。

特殊配送计划是指针对突发事件或不在主计划规划范围内的配送业务,或不影响正常性日配送业务所做的计划。它是配送主计划和日配送计划的必要补充。例如,空调在特定商场进行促销活动,可能会导致配送需求量突然增加,或配送时效性增加,这都需要制订特殊配送计划,增强配送业务的柔性,提高服务水平。

10.2.3　配送计划内容

配送计划的主要内容应包括配送的时间、车辆选择、货物装载及配送路线、配送顺序等内容。

配送计划是指在保证完成仓库既定或临时出货任务前提下,根据公司车辆正常及备用车辆保有量,通过严格按照运输政策要求,根据公司整体的年度、月度及每日装车计划,综合所有客户的出货及回程信息做好车辆数量以及人员最佳优化的一系列行为。配送计划一般应包含以下内容。

(1) 分配地点、数量与配送任务。在配送作业中,地点、数量与配送服务水平有密切关系。地点是指配送的起点和终点,由于每一个地点配送量的不同,周边环境、自有资源的不同,应有针对性的,综合考虑车辆数量、地点的特征、距离、线路,将配送任务合理分配,并且逐步摸索规律,使配送业务达到配送路线最短,所用车辆最少,总成本最低,服务水平最高。

(2) 确定车辆数量。车辆数量很大程度上影响配送时效。拥有较多的配送车辆可以同时进行不同线路的配送,提高配送时效性,配送车辆数量不足,往往会造成不断往返装运,造成配送延迟。但是,数量庞大的车队,会增加购置费用、养护费用、人工费用、管理费用等项支出,这与提高客户服务水平的目标存在很大的矛盾。因此,如何能在客户指定的时间内送达,与经济合理的车辆数量配置有十分密切的关系;如何能在有限的资源能力范围内最大限度地满足客户需求,是在配送计划中应该注意的问题。

(3) 确定车队构成及车辆组合。配送车队一般应根据配送量、货物特征、配送路线选择、配送成本分析进行自有车辆组合。为适应客户需求变化,必要时也可考虑选用外包车组建配送车队,或将自有车辆与外包车按一定的比例进行组合,科学地调度车辆,降低营运成本。

(4) 控制车辆最长行驶里程。在制订人员配置计划时,应尽量避免由于驾驶员疲劳驾驶而造成的交通隐患,全面保证人员及货物安全。通常可以通过核定行驶里程和行驶时间评估工作量,有效避免超负荷作业。

(5) 车辆容积、载重限制。选定配送车辆时,需要根据车辆本身的容积、载重限制,并结合货物自身的体积、重量考虑最大装载量,不浪费车辆的有限空间,降低配送成本。

(6) 路网结构的选择。通常情况下,配送中心辐射范围为 60km。也就是说以配送中心所在地为原点,半径 60km 以内的配送地点,均属于配送中心服务范围。这些配送地点之间可以形成很多区域网络,所有配送方案都应该满足这些区域网络内的各个配送地点的要求。配送路网中设计直线式往返配送路线较为简单,通常只需要考虑线路上的流量。

(7) 时间范围的确定。客户通常根据自身需要指定配送时间,这些特定的时间段在特定路段可能与上下班高峰期重合,因此在制订配送计划时应充分考虑交通流量等影响因素,或与客户协商,尽量选择夜间配送、凌晨配送、假日配送等方式。

(8) 与客户作业层面的衔接。配送计划应该对客户作业层面有所考虑,例如,货物装卸搬运作业是否托盘标准化、一贯化,是否容器化,有无装卸搬运辅助设备,客户方面是否有作业配合,是否提供随到随装条件,是否需要搬运装卸等候,停车地点距货物存放地点远近等。

(9) 达到最佳化目标。物流配送的最佳化目标是指按"4 最"的标准,在客户指定的时间内,准确无误地按客户需求将货物送达指定地点。"4 最"是指配送路线最短、所用车辆最少、作业总成本最低、服务水平最高。

10.2.4　配送计划决策

配送计划的编制依据包括客户订单、客户分布、送货路线、送货距离、货品特性、运输、装卸条件、运力配置等因素。

（1）客户订单。客户订单对配送商品的品种、规格、数量、送货时间、送达地点、收货方式等都有要求。因此客户订单是拟订配送计划的最基本的依据。

（2）客户分布、送货路线、送货距离。客户分布是指客户的地理位置分布，客户位置离配送中心的距离长短、配送中心到达客户收货地点的路径选择，直接影响配送成本。

（3）货品特性。配送货物的体积、形状、重量、性能、运输要求等是决定运输方式、车辆种类、载重、容积、装卸设备的制约因素。

（4）运输、装卸条件。道路交通状况、送达地点及作业地理环境、装卸货时间、气候等对配送作业的效率也起相当大的约束作用。

（5）运力配置情况。根据分日、分时的运力配置情况，决定是否要临时增减配送业务。

配送作业计划首先对客户所在地的具体位置做系统统计，并做区域上的整体规划，再将每一客户分配到不同的基本送货区域中，作为配送决策的基本参考。在区域划分的基础上再做弹性调整，根据客户订单的送货时间要求确定送货的先后次序。

最终形成的配送作业计划包括两部分：一部分是一定时期内综合配送作业计划；另一部分是依据综合配送作业计划制订的每一车次的单车作业计划表（单），该表（单）交给送货驾驶员执行，执行完毕后交回。

配送计划决策过程包括以下环节。

（1）基本配送区域划分。为让整个配送有一个可遵循的基础，配送中心通常会先按客户所在地点的远近、关联状况进行区域上的基本划分，例如上海市的徐汇区、长宁区、南市区等。当然，如果遇到突发情况，这些分区也应能弹性调整。

（2）配送批次决定。当配送中心的货品性质差异很大，有必要分批配送时，就要根据每订单的货品特性做优先的划分，例如生鲜食品与一般食品的运送工具不同，需分批配送；还有化学货品与日常用品的配送条件有差异，也要分开配送。

（3）配送先后次序暂定。信用是创造后续客源的要素，因而在客户要求的时间准时送货非常必要，在考虑其他因素做出确定的配送顺序前，应先按各客户的要货时间将配送的先后次序做概略的掌握。

（4）车辆安排。究竟要安排什么形式、种类的配送车，是使用自用车或是外雇车，要从客户方面、车辆方面及成本方面来共同考虑。在客户方面，必须考虑各客户的订货量、订货体积、重量，以及客户点的下货特性限制；在车辆方面，要知道到底有哪些车辆可供调派，以及这些车辆的积载量与重量限制；在成本方面，就必须根据自用车的成本结构及外雇车的计价方式来考虑选择何者较划算。只有三方面的信息配合，才能做出最合适的车辆安排。

（5）明确每辆车负责的客户点数。既然已做好配送车辆的安排，对每辆车所负责的客户点数自然也就明确了。

（6）路径选择。知道了每辆车需负责的客户点后，如何以最快的速度完成这些客户点的配送？可根据各客户点的位置关联性及交通状况来选择路径。除此之外，还要考虑某些客户或所在环境的送达时间的限制，像有些客户不愿意中午收货，或是有些巷道在高峰时段不准卡车进入等,这些在选择路径时要尽量避开。

（7）配送顺序决定。做好车辆的调配安排及配送路径的选择后,根据各车辆的配送路径先后顺序即可确定客户的配送顺序。

（8）车辆装载方式。确定了客户的配送顺序,接下来就是解决如何将货品装车、以什么次序上车等问题。原则上,知道了客户的先后配送顺序,只要将货品依后送达先上车的顺序装车即可,但有时为妥善利用空间,可能还要考虑货物的性质（怕震、怕撞、怕湿）、形状、容积及重量来做弹性置放。此外,对这些货品的装卸方式也有必要依货品的性质、形状等来决定。

在配送计划制订过程中,需要注意的环节包括：订单内容的检查；订单紧急程度确认；送货处所确认；配送路径如何顺路；货品送至客户手中时间的估计；考虑装卸货时间以作调整；出发时刻调整；输配送手段的选定；路径不同的重量、个数、体积的确认；输配送费用。

配送计划的决策过程如图 10-6 所示。

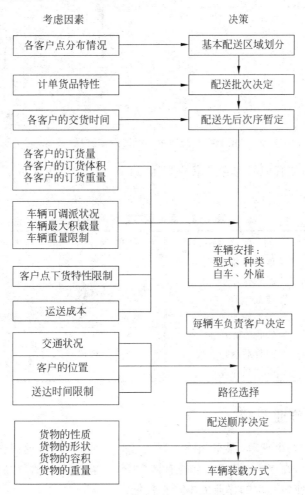

图 10-6　配送计划的决策过程

10.3 配送运作管理

10.3.1 配送管理内容

只有在了解了配送运作流程后,才能确定配送管理的内容。配送中心配送运作流程如图 10-7 所示。

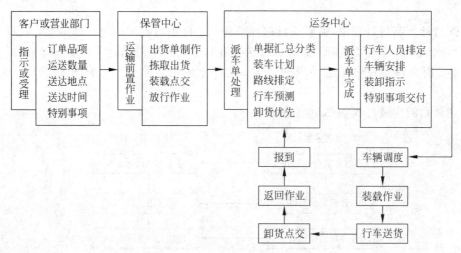

图 10-7 配送中心配送运作流程

配送中心配送运作管理的内容可以分为运行作业管理、行车人员管理和车辆养护管理三个部分,如表 10-2 所示。

表 10-2 配送运作管理内容

管 理 项 目	主 要 内 容	管 理 项 目	主 要 内 容
运行作业管理	理单作业 派车作业 装载作业 行驶作业 卸货签收作业 回程载货作业 返回后作业	行车人员管理	行车人员的选用 行车人员的培训 行车人员的管理与控制 车辆肇事及事故的处理
		车辆养护管理	车辆种类的选定 车辆保养与维修

10.3.2 运行作业管理

车辆运行作业主要由理单、派车、装载、行驶、卸货、回程载货、返回作业等项目构成,归纳各项目的管理重点,在于人、物、时、空的有效配合,让客户交运的货品准确、无误,在要求时间内准时送达,并使每一次的作业成本降至最低。

(1) 理单作业。理单作业是根据客户或营业所下订单的需求,进行整理、分类,作为派车依据。在现代化的配送中心,客户订单的需求都是通过 EDI 的方式来打印订(送)单的。配送中心信息部门可以根据配送规划,通过派车决策程序执行派车指令,打印派车单。

第 10 章　配送中心输配送管理　285

排单作业是根据派车单的内容,将订(送)货单挑出整理,连同派车单交给行车人员。使用人工派车的配送中心,其作业方式刚好与前述相反,先将订货单汇总整理,然后根据区域和客户需求条件,判断装载数量后,再完成派车单。

(2)派车作业。派车作业主要是选定合适的人员与车辆进行运配送工作。派车作业管理的重点是公平性问题,由于现代人的价值观的改变,对工作中所承受的分量会与同事比较,稍有不公平就会发生争执,因此需要靠制度给予公平的规范。调派人员可以每日或每周公布车辆行车状况表,除表明公平、公开的工作分派外,还有排行激励的作用。

(3)装载作业。每一次出车都能满载,是派车的指导原则,但实际上常因客户的时效要求,而无法等候其他订货单据打印完成一并出车。装载作业如何衡量,要根据公司的政策来做。在进行装载作业时,应注意下列事项。

① 装载空间的最大利用,可利用装载软件来辅助进行。

② 遵守"重物在下、轻物在上"的原则,后到的先装,先到的后装。

③ 货品按照包装上的指示堆码,不要倒置。

④ 核对送货单据,认真点货检查。

⑤ 严禁超载超重,厢式车不留空隙。

⑥ 尽可能利用标准容器装载上车,如托盘、笼车、塑料箱等。

⑦ 利用省力化设备进行装载。

(4)行驶作业。在途作业的车辆常会遇到许多意外情况,如道路堵塞、车辆抛锚、收货人不在、拒收等,当这些情况发生时,需要行车人员进行有效处理,因此行驶作业的重点就是训练行车人员提高应对这些情况的能力。另外,行车人员面对客户就是代表公司,他们在礼仪、介绍公司服务项目及随时反映客户需求方面有很大作用,因此经常性地对行车人员进行营销方面的训练也是必要的。对在途车辆的掌握控制,可以通过无线通话系统,了解其所在位置、送货状况,并下达回程载货指令。同时,运用行车报表,要求驾驶仔细填写,也可以作为行车成本控制及行车人员考核的依据。

(5)卸货签收作业。卸货作业是指在到达目的地后,正确无误地将货品送交客户。卸货作业应遵守下列原则。

① 向收货人提交送货单,并询问放置地点。

② 车辆停靠指定位置。

③ 核对送货单,并卸下所订货品,小心轻放。

④ 要求客户查收,并在签单上完成签章。

⑤ 车上所余货品应重新整理捆绑。

⑥ 上车后随即整理好签单,妥善装订。签收是配送中心营运效果的直接凭证,不管是APP 签收还是纸质签收,都是最终对配送中心服务的终极考核点。在单据交接时主要关注以下三个方面。

a. 货物数量的确认:这是最基本的确认,首先要确认车上装了多少件货、装了什么货。

b. 货物外包装物的确认:检查外包装是否污染、是否有破损。

c. 单据数量的确认:这些单据中有的是线路驾驶员自己要确认的,有的是需要与店铺做好签字交接的凭证。

(6)回程载货作业。需要回程载货的,如果是出车前就已经接受指令,行车人员应了解货量的多少，以方便配送途中载货；如果是运输途中接受了指令，应详细记录地点、电话、接洽人员姓名、货品数量等，必要时还应制作承运单据，以方便收款。

（7）返回后作业。车辆返回，如果有退货、拒收货、回程载货等情况发生，应立即点交相关人员。客户签收单据需要再次核对清楚，整理妥当，如有收款，就需连同行车报表缴回业务管理部门，完成这些手续后，行车人员在休息室待命。

10.3.3　行车人员管理

行车人员可以分为驾驶员和随车送货员（一般称为装卸工）。由于行车人员是影响车辆运行品质的关键因素，而且行车在外常常面临许多环境变化情况，担负着运送商品的安全，所以对行车人员的管理，有别于对配送中心内部人员的管理。

（1）行车人员的选用。在要求人性化管理的今天，对驾驶员和送货员应该有符合其作业内涵的称谓，如称驾驶员为理货员、运输工程师、配送服务员等；称送货员为理货员、服务助理等，这些称谓的选定，可视公司的业务状况及个人的表现来赋予，以提升他们的专业形象，并与物流配送作业的内涵相吻合。

在选用驾驶员时，必须具有相应机动车驾驶执照，最好具有高中以上学历，人品端正，反应灵敏。负责运送的驾驶员因为有时要承担长途驾驶的任务，因此体格健壮、体力充沛也是选用时的必要条件。目前驾驶员的流动性较高，给管理带来很多不便，因此做好驾驶员的管理也不容易。

表10-3所示为传统货运驾驶员与物流服务驾驶员的工作内容比较，可以发现，从事物流服务的驾驶员的工作内容有了很大的变化，更需要管理人员的细致管理。

表10-3　传统货运驾驶员与物流服务驾驶员的工作内容比较

驾驶员类型	传统货运驾驶员	物流服务驾驶员
工作项目	驾驶车辆、送货搬运、熟悉路线、简易保养、客户服务	服务客户、操作车辆、装卸技巧、创造价值、细心搬运、掌握路况、机械常识、专业知识、遵守法规、社会公益、应变能力、市场开发、公司形象

在选任随车送货员时，因为他们是辅助驾驶员工作的，是驾驶员的助手，所以要注意两者的配合。随车人员应选用高中程度以上学历、体格健壮的人员，并鼓励其考取机动车驾驶执照，作为储备驾驶员之用。

（2）行车人员的培训。人员选聘好后，应根据各岗位人员要求进行系统培训，以提升行车人员专业素质和服务水平。

（3）行车人员的管理与控制。车辆行驶在外，可以通过车辆通信系统来有效掌控，这种现代科技的应用，消除了车辆运行管理的盲点。然而，针对行车人员的家庭生活也要多关心，适当做家访、对行车任务的考核与对客户服务品质的调查等，都可以把意外事故的发生率降到最低。在实务经验上，对行车人员的有效激励比管理控制更重要，这些都可以通过目标导向的薪资制度、工作绩效竞赛制度、内部创业机会的提供、第二职能的训练等措施来进行。

（4）车辆肇事及事故的处理。车辆运行在外，稍有疏忽就容易发生车祸、货品遗失或损坏等事故，这些都会对企业造成重大损失，因此应事先制定相关的处理办法，以避免发生此类事故时造成纠纷。

10.3.4　车辆养护管理

车辆、人、场站三者是输配送活动中最主要的构成要素,因此车辆维持良好的使用状态,对整个工作的顺利进行起着决定性的作用。配送中心可以将运输配送工作委托货运公司处理,以省去车辆养护等种种麻烦,但这样做会存在受制于人、缺少主动性的缺点。

(1) 车辆种类的选定。货车车辆种类繁多,要根据用途及所载的货物种类来进行选择。一般常见的分类有:根据载重进行分类的,如小货车 3.5t 以下,大货车 3.5t 以上;根据车厢的形式进行分类的,如集装箱车和厢式车;根据燃油进行分类的,如汽油车、柴油车等。从消费物流的角度来看,由于其载运的货品大多是生活用品,所以在选用车辆时,可根据距离和运送货品的多少来进行选择。

由于市区内车辆多,同时为维护道路的使用寿命,因此对进入市区的车辆都有载重的限制,市区内配送一般以小货车为主。

(2) 车辆保养与维修。为确保车辆的性能稳定,在车辆行驶一定里程后,定期更换机油、检查底盘、润滑传动构件等工作是非常重要的。为减少车辆的损坏,确保维修品质,可以根据下列方式进行处理。

① 教育行车人员根据操作手册驾驶车辆。

② 要求行驶人员做好行车前、行车中、行车后的检查。

③ 制定车辆保养维修办法。

④ 选择合适的修理厂,零件损坏后应更换正规厂家的产品。

⑤ 车辆达到一定数量时,可以建立维修厂。

⑥ 车辆行驶在外就代表公司,出车前应做好清洁工作,以维护公司形象。

⑦ 主管人员应随时抽查车辆,提醒行车人员根据公司的规定维修车辆。

10.3.5　配送车辆绩效改善

良好的配送系统营运管理,除做好行车人员的培训、选择合适的车辆、落实车辆养护及有效掌握控制车辆的运行外,减少派车前置作业的混乱,制定行车作业规范,减少可能出现的不利因素,都是非常重要的。一些常见的影响配送车辆运行绩效的因素如下。

(1) 客户方面。主要包括:订单来源不统一;订单不能一次通报;订单内商品缺货;指定时间送达;临时取消订单;临时要求插单等。

(2) 作业方面。配送时间带的限制;商品种类不一;箱型卡车内部隔间;配送家数;不能一车装载订货,进行订单分割;道路的限制(如时段);配送顺序要求;车辆间的转运;拒收与回收;收货人不在;行车人员协助促销;行车人员中途交接;车辆故障;道路阻塞。

经过长期准确的绩效评估,可以发现某一配送车辆或某一配送部门工作是否有偏差,并提出改善的对策,这样才能在运营过程中有效地管理控制行车成本,如某配送中心经过长期对车辆周转率与装载率进行跟踪分析,发现这两项指标有明显下降的情况,如表 10-4 所示,经过研究,提出对策,提高行车效率,减少行车成本。

表 10-4　运行中出现的问题及对策

问　题	对　策	相关作业
车辆周转率下降，成本提高	• 延长车辆运转时间 • 减少待单待货次数 • 重新合理规划线路 • 检查货车配置的数量	• 利用日夜派班、假日加班 • 与客户协调订单流程 • 缩短装载作业时间 • 适时掌握路况变化 • 闲置车辆的处理
• 车辆装载效率低 • 没有回程货物，不符合效益原则	• 力求满载出车 • 开发回程货源	• 订单应有效收集处理 • 合理改善装载技巧 • 引进合适的新客户 • 制订行车激励措施 • 重新检查车厢设计

10.4　外包时的输配送管理

不论企业是否拥有车队，大多数企业都有运输管理部门，负责本公司内部、外部的运输事务。因为运输部门管理绩效对公司的物流成本影响很大，甚至超过 50%，现代运输部门所肩负的责任远远超过传统运输部门的内容。尤其是当企业将输配送外包，利用第三方运输服务商提供服务时，运输部门担负的责任更大，运输部分的主要任务就是选择合适的运输公司、与运输公司就运输费率进行谈判、运出货物后对货物进行跟踪、当发生问题时向运输服务商进行索赔等。下面就输配送外包时输配送管理的具体内容进行描述。

10.4.1　评估运输商

运输部门的重要任务之一就是收集有关运输商的信息，并以此为基础选择合适的运输商，以改善运输服务或获得更低的运输费。所收集的信息中不仅包括对目前的运输商的绩效评估，也包括对运输供需发展趋势的判断。例如，运输经理在一定时间内对本公司运输所需的汽车、铁路车的数目进行跟踪，对在未来的一两年内这些运输设备的需求情况进行预测，然后了解整个运输市场的供需情况及发展趋势，这样运输经理就能通过对供需的了解，在谈判中掌握主动权。此外，对运输商提供服务的变化也要清楚。目前，越来越多的运输服务供应商，不仅提供运输服务，还提供仓储、特殊包装和加标签等辅助服务。

在以前运输市场没有开放时，大多数运输企业都是国有企业，运价由政府制定，没有多少就运价讨价还价的余地，而且提供运输服务的企业总数目也不多，提供的服务项目也很有限，所以购买运输服务反而是一件容易的事。

改革开放以来，对运输商的评估越来越复杂，也越来越重要。因为运输商越来越多，必须进行比较后才能识别合适的运输商。图 10-8 就是评估运输商的过程。

1. 确定标准

要有效地完成权衡利弊的分析，就必须确立标准，即确定什么因素与决策有关。确定标准应以收货人为准。这些标准包括运输成本、运输时间、可靠性、能力、直达性及安全性等。

虽然运输成本是明显要考虑的一个因素，但要注意运输成本与物流总成本之间的关系。

图 10-8　评估运输商的过程

在确定运输成本时,要以系统化的观点从总成本的角度来考虑。这是因为物流各要素之间存在"效益背反"现象。例如,当运费很低时,可能与之相对应的是很慢的运输速度,连锁公司不得不增加库存,以保证不缺货,有可能最终会使整个物流成本增加,所以运费率并不是唯一的成本构成,整个物流系统的成本还必须考虑设备条件、索赔责任以及其他诸如装载情况之类的相关活动。

由于运输时间的长短直接影响存货水平,所以它也是对承运人进行评估的一条重要标准。一般来说,能够提供更快速服务的运输公司或运输方式可以把费率定得更高些,因为它能够快速地递送货物。此外,对运输时间还应考虑因整合或办理结关手续而产生的延误。

可靠性是与运输时间比较接近的一个标准,它是指运输公司一贯地履行递送服务的能力。可以想象,不管供应商的装运有多快,如果承运人提供的递送服务不稳定,就会发生存货问题。同样地,如果承运人没有按要求履行其服务义务的话,如递送延迟,就有可能丧失销售机会。一般来讲,在连续的递送服务之间,较小的装运量会产生更多服务上的变化,造成递送时间不一致。整车装运在可靠性方面表现较好,可以按照公布的时间表定期地满足服务需求,而零担托运或包裹托运却有可能破坏这种效率。由此可见,在现实中,有些运输商会优越于其他运输商,而对运输商评估的任务就是要确定其中哪一家运输商提供的服务是最稳定的。可靠性评估通常是以货物交付的完成情况为基础的。例如,完成一票订货且装运交付给收货人,则仓库就会记录下抵达的时间和日期,并传输到采购中心。于是,发货日期和抵达日期连同预期完成的报表一起,都会保留在计算机里。定期地对实际完成情况与预期完成计划之间的变化进行计算和更新,并在规定的时间内,将每一个承运人的绩效记录提交给采购部和运输管理部进行检查。这种连贯性的报告为对运输商的评估提供了有价值的数据。但要求是持续地收集这种信息,否则难以对运输商的绩效做出具体的评估。

运输能力包括运输和服务这两个方面的能力。运输能力是指提供适当的专门化车辆的能力,用于温度控制、散装产品及侧面卸货的车辆等;服务能力是指利用 EDI 编制时间表和开发票、在线装运跟踪以及储存和整合的能力。

由于有些运输方式(如铁路、航空等)不能直接把货物运至最终目的地,所以要利用直达性这个标准来衡量运输商提供多式运输服务的能力。尤其是当商品来往于机场、铁路端点站、港口时,运输商的直达性就显得尤为重要。目前随着多式联运的发展,实际的可达性越来越不成为一个问题,但在作业活动中,究竟是通过由一个运输供应商提供一票"直达运输"协议还是与多个不同运输方式的运输商签订一系列"联合运输"协议来实现运输的可达性,变得越来越重要,因为这涉及减少洽谈多种运输费率,无须准备多种运输单证等情况。

安全运输能力是指运输商是否具有防止装载货物发生灭失、损坏或遭到偷窃的能力,与此有关的一条标准是在发生货物灭失时,运输商有无能力迅速地理赔,因此,对安全运输能力的评估要包括预防能力和理赔能力两个方面。

2. 给每个标准分配权重

从连锁公司的角度,应对每一个评估标准的相对重要性进行评定,并分配一个相应的权数。例如,非常重要的评估标准应评为"6",而不太重要的评估标准则评为"4",如表 10-5 所示。

表 10-5　评估运输商的标准及权重

标　　准	重　要　性	标　　准	重　要　性
运输成本	6	运输的能力	3
运输时间	5	运输的直达性	2
运输的可靠性	4	运输的安全性	1

需要注意的是,对权重的分配,与公司的偏好、运输的具体商品的特性有关。例如,有的公司认为成本最重要,而另外一些公司认为安全性最重要等。这些权重对最后的选择有着重要影响。

3. 拟订方案

这一步要求运输部门经理列出有可能的运输商(注意,无须评价,仅列出即可)。

4. 分析方案

通过对每一种标准进行衡量,对各个运输商的绩效进行评分,如表 10-6 所示。

表 10-6　按照标准对运输商评分

运输商	标　　准					
	成本	时间	可靠性	能力	直达性	安全性
运输商 1	1	2	2	3	1	1
运输商 2	1	3	3	3	2	2
运输商 3	3	1	2	2	2	3
运输商 4	2	1	2	1	3	2

这里选用对运输商评定的分制范围从 3 分(绩效好)到 1 分(绩效差),也可以选择其他的分制(如 5 分、10 分等)对运输商绩效进行评定,将表 10-6 中的数据与表 10-5 中相应的标准权重相乘,即可求出最后的总分,例如运输商 1 的得分是 36 分。

5. 选择方案

使用上述方法所得到的最佳运输商,应该是总分最高的运输商。对可供选择的运输商进行等级比较,有助于分配货载和建立联盟。

在当前的物流环境中,由于运输商所能提供的服务和能力在不断地增长,因此,对运输商的选择和评估变得越来越困难。虽然在以前评估时可以把注意力集中在成本和服务上,但在当前的环境下,还必须考虑许多额外的因素。此外,在对联运方案进行评估时,也可以采取类似的评估方法。

最后还应包括实施方案和评估运输商决策的效果两个步骤。实施方案就是与所选择的一个或几个运输服务商进行谈判,最后确定所需的运输商。在与运输商合作一个周期后,需要对运输商的绩效进行评价,检查是否达到了预期效果。如果出现问题,就要重新开始整个决策过程。

10.4.2　费率谈判

对任何既定的托运货物来说,运输部门有责任在符合服务要求的前提下获得尽可能低的费率。运输部门要设法收集铁路、航空、汽车、包裹邮寄、国内速递、货运代理人等各种运输方式所流行的运输价格,这些都是参考的对象。

运输洽谈往往都以流行的费率为基本起点,而有效谈判的关键,是双方寻求达成"双赢"协议,即运输商与连锁公司都是合同的"赢家",以此来分享增加运量的收益。然而,正如前面所提到的那样,对运输作业来说有可能是最低的成本,并不一定是物流作业的最低成本。运输部门必须在寻求符合服务标准的前提下获得尽可能低的费率。例如,一笔业务要求在 3 天时间内递送到目的地,于是,运输部门选择的运输方式将尽可能以最低的成本来满足这一标准。

10.4.3　跟踪和处理

运输部门还有其他两个重要的责任是跟踪和处理。跟踪是对货物损失或延迟递送进行检查的程序。对分布广阔的运输网络来说,在装运合同的履行过程中发生延误或递送错误等是经常发生的事。因此,大多数运输商都有跟踪部门,提供计算机服务来协助处于运输过程中的装运作业。这种跟踪行动必须由连锁公司的运输部门来启动,而且一旦启动,运输商就有责任提供所需要的信息。例如,大众物流公司利用卫星定位系统就能提供这种跟踪服务。

现在,通过使用条形码、在线货运信息系统和卫星通信等信息技术可以大幅方便运输部门的跟踪和处理活动。条形码提供快速和无差错的信息传输,有助于在中途站点用卡车进行装运;在线货运信息系统可以使连锁公司直接连通运输商的计算机,以确定货物运输的情况。此外,卫星跟踪系统使运输商有能力监督全国范围内的车辆运输,识别潜在问题,与客户共同决定可接受的解决方案。

10.4.4　索赔管理

当运输服务没有满足事先所确定的标准时,连锁公司可以提出退回原物的请求权。这项重要的工作也是由运输部门来负责的。为成功地索赔,必须核查运输单据。这是因为运输费率很复杂,它的误差概率高于其他大多数采购活动中所发生的误差。根据运费清单,审核有两种类型:一种是在支付运费清单之前,用于确定收费是否恰当的事前审核;另一种是在支付运费清单之后,用于确定收费是否恰当的事后审核。审核工作既可以利用外部的专业化的审计公司来进行,也可以由本公司内部人员来进行。如果是外部审计的话,专业化运费审计公司会雇用专家来担任审计工作,这种审计一般要比使用内部人员进行审计更有效,因为内部人员不一定具备与专家相同的水平。外部审计的费用通常是按照多收运费而得到抵偿的收入百分比来计付的。但这种方法有可能会造成泄密现象,因为在运费清单上记载着有价值的营销和客户方面的信息,所以雇用的运费审计公司必须有职业道德,否则公司的活动就有可能受到不利的影响。在现实中,通常需要根据运费清单的价值,结合使用内部审计和外部审计。由此看来,对可能具有较大补偿额的运费清单,通常采取的是内部审计。

运输管理部门除了上述的管理内容,还负责制订设备计划。因为运输作业上出现的严重瓶颈状况,就有可能起因于没有注意到的运输商的设备的使用状况。有可能在需要时,设备正在服务或闲置。因此,编制适当的时间表需要仔细地制订装载计划、设备使用计划及驾驶员工作时间表等。此外,还必须计划、协调和监督设备必要的维修和保养。

在大多数物流系统中,运输是最高的单一成本领域。物流系统对有效的运输能力有很强的依赖性,因此,运输部门必须在整个物流系统的计划制订中发挥积极的作用。如计划在规定的活动经费预算内提供所需要的运输服务。此外,运输部门还有责任去寻找可供选择的方法,以便充分利用运输服务来降低整个物流系统的总成本。例如,某种产品在包装方面略作改变,就有可能降低该产品的运费分类等级。虽然该商品的包装成本也许会因此而增加,但由于它能够大大降低运输成本,从而可以抵消所增加的包装费用。

10.5 配送方案优化

10.5.1 配送方案优化问题

配送方案优化问题也属于车辆调度问题,一般研究的是在配送中心及用户位置均已知、资源及运输能力充分、各用户需求量已知的前提下,如何合理、高效、低成本地解决分配与运送的问题,也就是说如何将货物从配送中心按照一定的要求发送到若干个用户点。

配送方案应该包括三个决策环节。

(1) 配送路线优化:将哪些用户分配到一条回路上,即将哪些用户的货物安排在同一辆车上。

(2) 巡回路径优化:每条配送路线上用户的接收顺序。

(3) 配送路线的排序:根据现有车辆资源,如何将各配送路线进行排序,确定配送时间表。

配送方案的最优解实际上是一个效率最高的运输方案,它应明确地规定应派出的车辆型号、车辆数、每辆车的具体行车路线和配送时间表。实施这一配送方案,既可以满足用户的需求,又可以使总的运输行程最短。

10.5.2 配送路线优化

配送路线优化问题的一般性定义是把一系列的装货点和(或)卸货点,有机地组织起来,形成一系列行车线路,使配送车辆能够高效、节能且有序地通过这些点。当然,这种组织方式是应该在满足一定的约束条件(例如,用户对货物的需求量、一次性发货量、订单交货时间、单个车场的车辆容量限制、路程约束、时间限制等)后,最终达到缩短里程、减少费用、缩短运输时间、使用车辆数尽量少等优化目标。

用于解决配送路线优化问题的算法分为精确算法和启发式算法两大类,精确算法一般用于解决小规模的配送问题,应用最为广泛的算法是启发式算法。启发式算法并不追求问题的最优解,而是强调问题解的满意性。所以,启发式算法对大规模的配送路线优化问题能在较短的时间内获得较满意的次优解,并且这些算法的通用性也很强。常见的启发式算法有节约法、扫描法、聚类排序法、遗传算法、禁忌搜索算法、模拟退火法等。

这里介绍最常用的配送计划优化方法——节约法。

1. 问题描述

在配送问题中,物流网点向多个用户送货,各用户的需求量为 $b_j (j=1,2,\cdots,n)$。假定以汽车作为发送工具,每台汽车的载质量为 Q,如果用户所需配送量超过一台车的载质量,需要多台车完成配送任务,配送计划就需要决策采用几部车,每部车负责哪些客户,这就是典型的配送车辆调度问题。

设物流网点 B_0 向用户 $B_j(j=1,2,\cdots,n)$ 送货,各用户需求量为 b_j;网点与用户间的最短距离为 C_{0j},用户之间的距离为 $C_{ij}(i=1,2,\cdots,n;j=1,2,\cdots,n)$,发送车按其载质量的大小不同有 p 种,载质量为 $Q_k(k=1,2,\cdots,p)$ 的发送车有 X_k 台,且 $Q_{k-1}<Q_k$。

假定:

$$\sum_{j=1}^{n}b_j \gg Q_p \quad b_j < Q_1 \qquad j=1,2,\cdots,n \qquad\qquad (10\text{-}1)$$

也就是说,所有用户的需求总量远大于任一种汽车的装载量,但每个用户的需求量则小于载质量最小的汽车的装载量。如果某些用户的需求大于一台汽车的载质量,可先安排一台或几台汽车满载给这些用户直接往返送货,对剩下不够一车的部分再纳入节约法进行处理。这样处理后,式(10-1)的条件总是成立的。

下面我们介绍解决这类配送问题的一种方法——节约法。节约法是由克拉克(Clarke)和怀特(Wright)于 1964 年提出来的,它是一种启发式方法。

2. 节约法的基本原理

如图 10-9 所示,由物流网点 B_0 向两个用户 B_1、B_2 送货,B_0 至各用户的最短运输距离分别为 C_{01} 和 C_{02};用户需求量各为 b_1、b_2;两用户之间的最短运输距离为 C_{12}。当用两台汽车分别对两个用户各自往返送货时,运输总距离为 $C_1=2(C_{01}+C_{02})$。

如果改用一台车巡回送货(假定汽车能够负荷 b_1、b_2 时),则总的运输距离为

$$C_2=C_{01}+C_{02}+C_{12}$$

后一种方案比前一种方案可节约的运输里程为

$$\Delta C_{12}=C_{01}+C_{02}-C_{12} \qquad (10\text{-}2)$$

式(10-2)称为节约量公式。ΔC_{12} 为 B_1 和 B_2 之间的节约量。显然,将节约量大的两个用户连接起来采用巡回方式送货,则可获得较大的节约量。如果在 B_0 的供货范围内还存在

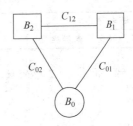

图 10-9 节约法的基本原理

着第三,第四,……,第 n 个用户,在汽车负荷允许的条件下,可将它们与已在巡回路线中的用户按节约量的大小(先大后小)依次连接入巡回路线,直到汽车满载时为止。余下的用户另外派车,用同样的办法寻求巡回路线。通常情况下,可供派出的车的数量和车的种类是有限制的,当然总运输能力是能满足要求的。

3. 求解步骤

节约法的求解步骤如下。

首先假定载质量最小的汽车台数是无限多的,即 $X_l=\infty$。对每一用户各派一台车往返送货,得到一个初始可行方案。显然这一配送方案的运输效率是很低的,而且 $X_l=\infty$ 的假设实际也是不存在的。

然后,按节约法原理对方案进行修正。修正时。以节约量的大小为顺序,从大到小依次

将某些用户连接到巡回路线中,并考虑汽车载质量和各种车辆台数的约束。反复进行这样的修正,直到再没有可连接的用户时为止。

整个计算过程可在节约量表上进行,下面举例说明。

【例 10-1】 由网点 B_0 向 12 个用户 $B_j(j=1,2,\cdots,12)$ 送货,各点之间的运输里程和各用户的需求量 b_j 如表 10-7 所示,可供调度的车辆数目及其载重量如表 10-8 所示。

表 10-7　各用户的需求量和各点之间的运输里程

单位:km

$b_j(t)$	B_0	B_1	B_2	B_3	B_4	B_5	B_6	B_7	B_8	B_9	B_{10}	B_{11}	B_{12}
1.2	9	B_1											
1.7	14	5	B_2										
1.5	21	12	7	B_3									
1.4	23	22	17	10	B_4								
1.7	22	21	16	21	19	B_5							
1.4	25	24	23	30	28	9	B_6						
1.2	32	31	26	27	25	10	7	B_7					
1.9	36	35	30	37	35	16	11	10	B_8				
1.8	38	37	36	43	41	22	13	16	6	B_9			
1.6	42	41	36	31	29	20	17	10	6	12	B_{10}		
1.7	50	49	44	37	31	28	25	18	14	12	8	B_{11}	
1.1	52	51	46	39	29	30	27	20	16	20	10	10	B_{12}

表 10-8　可供调度的车辆数目及其载重量

配送车种类	4t	5t	6t
可供调度的车辆数目	∞	3	4

解:由表 10-7 中的数据,按节约量式(10-2)可求得相应的节约量表(表 10-9)。

表 10-9　节约量表

单位:km

$b_j(t)$	B_0	B_1	B_2	B_3	B_4	B_5	B_6	B_7	B_8	B_9	B_{10}	B_{11}	B_{12}
1.2		B_1											
1.7		18	B_2										
1.5		18	28	B_3									
1.4		10	20	34	B_4								
1.7		10	20	22	26	B_5							
1.4		10	16	16	20	38	B_6						
1.2		10	20	26	30	44	50	B_7					
1.9		10	20	20	24	42	50	58	B_8				
1.8		10	16	16	20	38	50	54	68	B_9			
1.6		10	20	32	36	44	50	64	72	68	B_{10}		
1.7		10	20	34	42	44	50	64	72	76	84	B_{11}	
1.1		10	20	34	46	44	50	64	72	20	84	92	B_{12}

设 $t_{ij}(i=1,2,\cdots,12;j=1,2,\cdots,12)$ 表示 i、j 两点是否连在一起的决策变量,并对其取值作如下定义:

$t_{ij}=1$,表示 i、j 点连接,即在同一巡回路线中。

$t_{ij}=0$,表示 i、j 点不连接,即不在同一巡回路线中。

$t_{ij}=2$,表示 j 用户只与 B_0 网点连接,由一台车往返送货。根据以上定义,应有以下等式成立。

$$\sum_{i=0}^{j-1} t_{ij} + \sum_{i=j+1}^{n} t_{ij} = 2 \quad j=1,2,\cdots,n \tag{10-3}$$

(1) 求初始解。

每个用户各派一台车往返送货,得初始方案如表 10-10 所示。表中 B_0 列的数字为 t_{ij} 的取值。此方案的总行程为 728km。

按表 10-10 的初始方案,所需车台数如表 10-11 所示。

表 10-10 初始方案

单位:km

$b_j(t)$	B_0											
1.2	2)	B_1										
1.7	2)	18	B_2									
1.5	2)	18	28	B_3								
1.4	2)	10	20	34	B_4							
1.7	2)	10	20	22	26	B_5						
1.4	2)	10	16	16	20	38	B_6					
1.2	2)	10	20	26	30	44	50	B_7				
1.9	2)	10	20	20	24	42	50	58	B_8			
1.8	2)	10	16	16	20	38	50	54	68	B_9		
1.6	2)	10	20	32	36	44	50	64	72	68	B_{10}	
1.7	2)	10	20	34	42	44	50	64	72	76	84	B_{11}
1.1	2)	10	20	34	46	44	50	64	72	70	84	92	B_{12}

表 10-11 初始方案所需车辆

配送车种类	4t	5t	6t
可供调度台数	∞	3	4
已派出车辆台数	12	0	0

(2) 按下述条件在初始方案表中寻找具有最大节约量的用户 i、j。

① t_{0i}、$t_{0j}>0,i\neq j$。

② B_i、B_j 尚未连接在一条巡回路线上。

③ 考虑车辆台数和载质量的约束。

如果最大节约量有两个或两个以上相同时,可随机取一个。按此条件,在初始方案表 10-10 中寻得具有最大节约量的一对用户为 $i=11$,$j=12$,其节约量为 92km。

(3) 按 t_{ij} 的定义和表 10-10 修正 t_{ij} 的值。

连接 B_{11} 与 B_{12},即令 $t_{11,12}=1$,由式(10-3)得 $t_{011}=1$,$t_{012}=1$。

其他不变。

(4) 按以下原则修正 b_i、b_j。

① t_{0i} 或 t_{0j} 等于 0 时,令 b_i 或 b_j 等于 0。

② t_{0i} 或 t_{0j} 等于 1 时,求 b_i 或 b_j 所在巡回路线中所有用户需求量之和,以此代替原 b_i 或 b_j。由此修正得

$$b_{11}=b_{12}=1.1+1.7=2.8(t)$$

于是得改进方案(表 10-12 和表 10-13)。

改进后的方案比原方案少一台发送车,总发送距离减少 92km。

表 10-12　第一次迭代方案

单位：km

$b_j(t)$	B_0												
1.2	2)	B_1											
1.7	2)	18	B_2										
1.5	2)	18	28	B_3									
1.4	2)	10	20	34	B_4								
1.7	2)	10	20	22	26	B_5							
1.4	2)	10	16	16	20	38	B_6						
1.2	2)	10	26	26	30	44	50	B_7					
1.9	2)	10	20	20	24	42	50	58	B_8				
1.8	2)	10	16	16	20	38	50	54	68	B_9			
1.6	2)	10	20	32	36	44	50	64	72	68	B_{10}		
2.8	1)	10	20	34	42	44	50	64	72	76	84	B_{11}	
2.8	1)	10	20	34	46	44	50	64	72	70	84	1)92	B_{12}

表 10-13　第一次迭代方案所需车辆

配送车种类	4t	5t	6t
可供调度台数	∞	3	4
已派出车辆台数	11	0	0

反复执行(2)至(4),直到没有可连接的用户为止,得到最佳配送方案(表 10-14 和表 10-15)。

表 10-14　最佳配送方案

単位：km

$b_j(t)$	B_0	B_1	B_2	B_3	B_4	B_5	B_6	B_7	B_8	B_9	B_{10}	B_{11}	B_{12}
5.8	1)	B_1											
—		1)	B_2										
—			1)	B_3									
5.8	1)			1)	B_4								
1.7	2)					B_5							
5.1	1)						B_6						
5.6	1)							B_7					
—							1)		B_8				
5.1	1)								1)	B_9			
5.6	1)										B_{10}		
—								1)				B_{11}	
—											1)	1)	B_{12}

表 10-15　一次迭代方案所需车辆

配送车种类	4t	5t	6t
可供调度台数	∞	3	4
已派出车辆台数	1	0	3

最优配送方案有 4 条配送路线，它们是：

- $B_0—B_1—B_2—B_3—B_4—B_0$，行程 54km，用 6t 车发送，载重 5.8t；
- $B_0—B_5—B_0$，行程 44km，用 4t 车发送，载重 1.7t；
- $B_0—B_6—B_8—B_9—B_0$，行程 80km，用 6t 车发送，载重 5.1t。
- $B_0—B_7—B_{11}—B_{12}—B_{10}—B_0$，行程 112km，用 6t 车发送，载重 5.6t。

该方案用 4 台车发送，总行程 290km。

10.5.3　巡回路径优化

巡回路径优化问题属于起讫点重合的路径问题，一般称为"流动推销员"问题。目标是找出途经点的顺序，使其满足必须经过所有点且总出行时间或总距离最短的要求。人们已提出不少方法来解决这类问题。如果某个问题中包含很多个点，要找到最优路径是不切实际的，因为许多现实问题的规模太大，即使用最快的计算机进行计算，求最优解的时间也非常长。感知式和启发式求解方法是求解这类问题的好办法。

1. 各点空间相连

实际生活中，可以利用人类的模式认知能力很好地解决"流动推销员"问题。我们知道，合理的经停路线中各条线路之间是不交叉的，并且只要有可能，路径就会呈凸形或水滴状。

图 10-10 举例说明了合理和不合理的路线设计。根据这两条原则,分析员可以很快画出路线规划图,而计算机可能要花许多个小时才能得出。

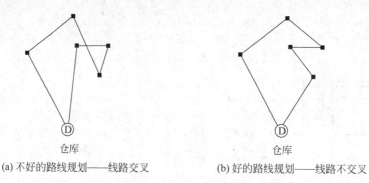

(a) 不好的路线规划——线路交叉　　　(b) 好的路线规划——线路不交叉

图 10-10　合理路线和不合理路线对比

另外,也可以使用计算机模型来寻找送货途中经停的顺序。如果各停车点之间的空间关系并不代表实际的运行时间或距离,那么利用计算机模型方法比采用感知法好。当途中有关卡、单行线或交通拥堵时,尤其如此。但是,尽可能明确各点的地理位置(如使用坐标点)能够减少需要采集的数据量,从而简化问题。然而,一个简单的问题可能就需要上千个距离或时间的数据。计算机的任务就是估计这些距离或时间。目前已开发出的计算机程序可以迅速解决空间位置描述的问题,并得到接近于最优解的结果。

2. 空间上不相连的点的问题

如果无论是将行程中的各经停点绘制在地图上还是确定其坐标位置,都难以确立各点之间的空间关系,或如果各点之间的空间关系由于前面所提到的实际原因而被扭曲,就应该具体说明每对点之间的确切距离或时间,这时感知法基本上不适用。

例如,图 10-11 是一个以某仓库为基地,包括 4 个经停站点的小型配送问题。要得到点与点之间的运行时间,首先要选择最合适的路径,然后除以运行速度就可以算出走行该距离所需的时间,假定每对站点之间往返双向的运行时间是一样的,即该问题是对称性的。

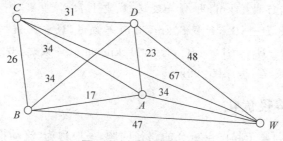

图 10-11　小型配送问题

利用 MATLAB 中的流动推销员模型可以得到整个行程经过站点的顺序 $W \to D \to C \to B \to A \to W$,全程的总运行时间是 156min。

10.5.4　运输路线排序

在利用上述方法得到配送路线和巡回路径后,假设对每条线路都只分派一部车,如果路线较短,那么在剩余的时间里这部车的利用率就很低。但在实际操作中,就可以分派同一部车完成一条路线后再开始第二条路线。因此,将所有运输路线首尾相连按顺序排列,使车辆的空闲时间最短,就可以决定所需车辆数。假设某行车路线问题,卡车的载质量都相同,路线时刻表如表 10-16 所示。

表 10-16 线路时刻表

路 线	发车时间	返回时间	备 注
1	8:00a. m.	10:25a. m.	
2	9:30a. m.	11:45a. m.	
3	2:00p. m.	4:53p. m.	
4	11:31a. m.	3:21p. m.	
5	8:12a. m.	9:52a. m.	
6	3:03p. m.	5:13p. m.	
7	12:40p. m.	2:22p. m.	
8	1:33p. m.	4:43p. m.	
9	8:00a. m.	10:34a. m.	
10	10:56a. m.	2:25p. m.	

将这些路线在一天内按时间进行排序,就可以使车辆的空闲时间最短,据此制订的计划如图 10-12 所示。按照该种方式对行车路线进行排序就能够尽量减少服务所有线路所需的车辆数。

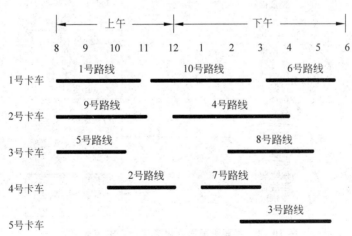

图 10-12 行车路线排序

10.6 输配送成本分析

10.6.1 影响输配送作业成本的因素

输配送作业管理的困难在于其可变因素太多,因素与因素之间往往又相互影响,常常出现以下几种情况。

（1）从接受订货至出货非常费时。

（2）配送计划难以确定。

（3）配送路径的选择不顺利。

（4）配送效率低。

（5）无法按时配送交货。

（6）配送业务的评价标准不明确。

（7）驾驶员的工作时间不均，产生抱怨。

（8）货品输配送过程的损坏与丢失。

因而，有效管理输配送非常重要，一旦未能妥善管理，除以上状况可能发生外，最直接的影响必会反映在输配送的费用上。

一般而言，物流费包括包装费、搬运费、输配送费、保管费及其他，其中输配送费比例最高（占 35%～60%）。因而如果能降低输配送费，对配送中心的收益应有极大贡献。进一步划分输配送费用，可归纳出：人事费、奖金福利、车检费、保险费、事故费、车辆税费、燃料费、修理费、轮胎费、折旧费及过路费等费用。这些花费的多少根据输配送的频率、时间、道路状况、客户点的远近及车辆的损耗状况来决定。图 10-13 即为主要输配送费用项目及影响因素的关系。因而要控制输配送费用，就要从图中影响因素着手管理，不仅要对输配送人员的工作时间、作业情况做管理，对车辆的利用，如装载率、空车率等的掌握，也要特别注意。

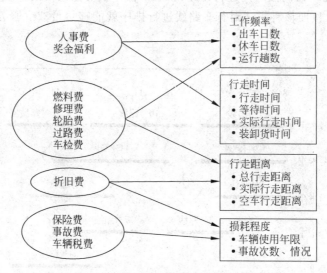

图 10-13　主要输配送费用项目及影响因素关系

10.6.2　输配送成本分类

输配送成本为物流成本中重要的项目，以配送中心而言，输配送成本包含自用车成本及使用营业货车的成本。对物流业者来说，因为需要申领运输执照，具有货运业者身份所有车辆都是营业货车，所以输配送成本包括自有车辆成本和租用同业车辆的费用。

按照会计记账习惯，通常将自有车辆的成本称为"行车成本"，租用外车的成本称为"运费支出"。租用外车的运费，可以根据公告的费率标准，参考市场行情及货量状况与货运公司商订。

下面就自有车辆的运行成本进行说明。

行车成本由人工成本、设备成本、运转成本、维持成本、其他费用五项组成,如表 10-17 所示。

表 10-17　行车成本的分类

成本项目	包 括 内 容
人工成本	驾驶员和随车员的工资、劳保费、医保费、养老金、奖金等。奖金是指年中、年终奖金,根据公司预算基准逐月提列
设备成本	车辆折旧、随车设备折旧,分年按月提列
运转成本	柴油费或汽油费、润滑油费、轮胎费、通行停车费等,这些费用通常与行驶里程有关
维持成本	保险费、燃料费、牌照税、监理费、修理费、零件费等。如果企业有车辆维修厂,修理工的工资等也要列入其中
其他费用	手推车、帆布、押板、绳索等购置费用,以及办公用具、通信费、赔偿费、福利金等

基于管理上的需要,在编制车辆营运管理表时,行车成本直接分成固定成本与变动成本。固定成本就是在车辆不使用时也需要支付的费用,如包括固定工资(通常称为底薪和津贴)、劳保、医保、退休金、奖金、设备成本和维持成本中的燃料费、牌照税、车辆保险费、监理费。变动成本就是车辆行驶时发生的费用,包括变动的薪金(如里程奖金、车次奖金、加班费等)、运转成本、修理费、零件费、其他费用等。

10.6.3　行车成本计算

行车成本是指运用自有车辆完成运输配送任务所发生的成本。行车成本与驾驶何种车辆、行驶多少里程、配备几位行车人员等有很大关系。下面以 3.75t 营业小货车为例,计算行车成本。

首先计算该车辆的月行驶成本(表 10-18)。由表 10-18 可知,该车总运行成本为 77 584 元/月,其中固定成本为 36 322 元/月,可变成本为 41 262 元/月。

表 10-18　物流车辆月行驶成本的计算

项　　　目		计 算 说 明	金额/元	
			固定	变动
人工成本	工资	理货员×1 底薪及津贴 15 000 行车奖金　里程奖金　目标达成 22 500	15 000	22 500
	劳保费	最高投保工资 36 300 15 000×0.065×0.7　21 300×0.065×0.7	683	969
	医保费	15 000×0.042 5×0.6　22 500×0.042 5×0.6	383	574
	退休金	依税法规定提 2%～15%,以提 8% 为例 15 000×0.08　22 500×0.08	1 200	1 800
	奖金	按全薪提 2.5 个月　37 500×2.5÷12	7 813	
设备成本	车辆折旧	450 000÷(4+1)÷12	7 500	
	设备折旧	(升降门 28 000+输送机 60 000)÷5÷12	1 467	
运转成本	油料	以每升行驶 7.5km,每月行驶 5 000km 计算 11.33×5 000÷7.5		7 553
	润滑油费	每公里:0.12×5 000		600

续表

项　目		计　算　说　明	金额/元	
			固定	变动
运转成本	轮胎费	$200 \times 4 \div 6\,000 \times 5\,000$		733
	通行停车费	假设每日往返收费站一次：$40 \times 2 \times 25$ 天		2 000
维修成本	保险费	强制险：$5\,680 \div 12 = 473$	1 226	
		加人身保险：$9\,033 \div 12 = 753$		
	燃料费	$1\,890 \times 4$ 季 $\div 12$	630	
	牌照费	$2\,250 \times 2$ 期 $\div 12$	375	
	监理费	车检、牌照：$550 \div 12$	46	
	修理费	0.24 元/km$\times 5\,000$		1 200
	零件费	0.36 元/km$\times 5\,000$		1 800
	其他费用	在预算基础上提列，或可按月实际发生金额计算		1 533
小　计			36 322	41 262
总　计			77 584	

其次计算其单位行车成本，假设条件如下。

车辆：3.75t 物流专用小货车。

行车人员：驾驶员 1 人。

行驶里程：5 000km/月（实车里程 3 375km/月，空车里程 1 625km/月）。

工作天数：25 天/月。

行车次数：55 车次/月。

载运体积：13 475m³/月。

通过表 10-19 的计算可得到该车的单位行车成本。

表 10-19　单位行车成本的计算

项　目	分　类	计　算
每日平均行驶里程		$5\,000 \div 25 = 200$（km/天）
每日平均行驶车次		$55 \div 25 = 2.2$（车次/天）
每公里行车成本	固定成本	$36\,322 \div 5\,000 = 7.26$（元/km）
	变动成本	$41\,262 \div 5\,000 = 8.25$（元/km）
	总成本	$77\,584 \div 5\,000 = 15.51$（元/km）
每车次行车成本	固定成本	$36\,322 \div 55 = 660$（元/车次）
	变动成本	$41\,262 \div 55 = 750$（元/车次）
	总成本	$77\,584 \div 55 = 1\,410.62$（元/车次）
每立方米行车成本	固定成本	$36\,322 \div 13\,475 = 2.7$（元/m³）
	变动成本	$41\,262 \div 13\,475 = 3.06$（元/m³）
	总成本	$77\,584 \div 13\,475 = 5.76$（元/m³）

　　上述的行车成本没有加入行政管理费用的分摊，由于行政管理费用如何分摊到行车成本上，每个企业都有不同的做法，常造成车辆考评上的争议，所以在对行车人员考核时，实务上不计入管理费用。对物流业者而言，为制定运费收入的标准，必须把管理费用摊入行车成本项目下。

例如,假设某配送中心的配送部门有 12 辆小货车,行车总成本为 912 600 元,总里程数为 61 354 元。以行车总成本和总里程数作为分摊的标准,行车总成本和总里程数的权重分别为 0.6 和 0.4,则该车辆分摊的行政管理费用计算如下。

$$配送部门的行政管理费用 \times \frac{该车的行车成本}{\sum 各车的行车成本} \times 0.6 + \frac{该车里程数}{\sum 各车里程数} \times 0.4$$

$$= 63\,600 \times [(77\,584 \div 912\,600) \times 0.6 + (5\,000 \div 61\,354) \times 0.4] = 5\,317(元)$$

即该车辆应分担的管理费用为 5 317 元。

10.7　案例分析:沃尔玛配送中心运输管理

快速响应的运输系统是沃尔玛重要的物流基础之一。沃尔玛拥有超过 3 500 辆卡车为配送中心提供运输服务。专有的车队保证沃尔玛在 2 天内就完成从配送中心到门店的配送任务,并使门店的补货次数提升到 2 次/周。此外,沃尔玛通常只雇用那些有驾驶经验的驾驶员,他们的驾驶里程都超过 30 万英里(约 48km),并且没有发生任何交通事故。

通常,沃尔玛的卡车驾驶员将满载货物的拖车从配送中心开到相应的门店。从某种意义上讲,这些门店就是配送中心的客户。每天,驾驶员都要向运输协调人员汇报他们的服务时间。然后,协调人员再根据可用的驾驶时间和配送任务所需要的预估时间安排出车批次。协调人员会在驾驶员到达配送中心或从门店返回配送中心的途中通知驾驶员所负责的批次。通常,驾驶员期望将满载货物的卡车开到门店后,便开空车返回配送中心。然而实际上,驾驶员必须带着满载货物的拖车在门店的卸货码头等待,直到卸货时间安排妥当才能卸货,无论他什么时候到达都是如此。驾驶员在第二天下午或傍晚的时候完成拖车交付,拖车在晚上每隔两个小时进行一次卸货。例如,门店有 3 辆拖车等待卸货,如果第 1 辆安排在凌晨 12 点进行,第 2 辆就是凌晨 2 点,第 3 辆则在凌晨 4 点。

驾驶员必须负责拖车的安全,直到门店的作业人员接管为止。沃尔玛针对驾驶员有非常严格的守夜制度。使用《私营车队驾驶员手册》来记录驾驶员的具体活动和行踪。这本手册是驾驶员的操作指引,包含的内容有与门店人员完成安全交接的条件和要求、沃尔玛的财产安全以及驾驶员必须遵守的工作准则(如违背就被解雇)等。

为使配送流程更有效率,沃尔玛实施"接驳式转运"物流策略。在这种物流体系中,针对成品采取直接分拣作业——直接在供应商那里进行分拣,并将分拣好的货品直接送至客户手中。这种运作体系缩短了成品的搬运和仓储时间,实质上是削弱了配送中心和门店的角色。

在接驳式转运作业中,来自门店的发货请求将被转换成采购订单。这些采购订单随后被传递给制造商,并由制造商根据自己的产能来决定是否能在特定时间内完成产品供应任务。如果制造商能在特定时间内提供所需的产品,就可以将这些产品直接送往指定的集合区域。随后,负责包装工作的作业人员根据各门店的订单进行装箱打包,最后将这些货物直接送往相应的客户。

为使接驳式转运带来最大收益,沃尔玛必须对管理监控方法做出根本性的调整。以前,销售规划、定价和促销都是高度集中的决策过程,然而,接驳式转运改变了这种决策方式。物流体系的重点由"供应链"向"需求链"转换。这也意味着原来那种由零售商"推动"的物流系统将被一种由客户需求"拉动"的物流系统所取代。这种方法将为门店、配送中心和供应商提供更频繁的、非正式的协调机会,集中监控的程度也得到削弱。

本 章 小 结

输配送是配送中心的重要环节,由工厂将货物送至配送中心的过程是输送;而由配送中心将货品送到客户手中的活动是配送。输配送服务要点包括时效性、可靠性、沟通性、便利性和经济性五个方面。输配送作业合理化的目标就是实现距离、时间和成本的最小化。

配送作业计划是按日期排定用户所需商品的种类、规格、数量、送达时间、送达地点、送货车辆和人员等的安排规划。配送计划一般包括配送主计划、日配送计划和特殊配送计划。输配送决策应包括配送区域划分、车辆安排、每辆车所负责客户、配送路径选择、配送顺序决定和车辆装载方式等。

车辆营运管理包括人员管理、车辆养护管理和车辆运行作业管理等;外包时输配送管理的内容包括评估运输商、费率谈判、跟踪和处理、索赔管理等。

配送方案优化属于车辆调度问题,一般包括配送路线优化、巡回路径优化和配送路线的排序三个方面。

输配送成本是配送中心的主要成本,输配送成本包含自用车成本及使用营业货车的成本,其合理分类和计算是输配送管理的重要方面。

复 习 题

1. 简述运输与配送的区别与联系。
2. 输配送系统的构成是什么?
3. 输配送作业合理化的途径有哪些?
4. 什么是配送计划?配送计划应包括哪些内容。
5. 配送计划需要决策的问题有哪些?主要影响因素有哪些?
6. 配送运作管理的内容包括哪几个方面?
7. 运行作业包括哪些作业环节?
8. 外包时输配送管理工作主要包括哪些?
9. 配送方案优化主要包括哪几类问题?说明其决策问题和优化方法。
10. 影响输配送作业成本的因素有哪些?

第 11 章

配送中心信息系统

随着计算机技术的发展,管理信息系统正在飞速发展。所谓管理信息系统,是由几台计算机构成的能进行信息的搜集、传送、储存、加工、维护和使用的系统。管理信息系统能实测企业的各种运行情况,利用过去的数据预测未来,从企业全局出发辅助企业进行决策,利用信息控制企业的行为,帮助企业实现其规划目标。

物流管理信息系统是计算机管理信息系统在物流领域的应用。配送中心信息系统是物流管理信息系统的一种特例。从广义上来说,配送中心信息系统是包括配送中心业务过程的各个领域和环节的信息系统,这些环节是指订单处理、入出库作业运输、仓储作业、拣选作业、输配送作业等。因此,也可以说配送中心信息系统是一个由计算机网络、应用软件及其他高科技的物流设备将供应链上下游连接起来的纵横交错的立体的动态互动的系统。

一个典型的配送中心对客户企业主要有两个方面作用:一是通过配送中心可以及时了解产品市场销售信息和产品的销售渠道,帮助企业开拓市场和搜集信息;二是及时掌握商品的库存流通情况,进而达到企业产销平衡。这两个作用实际上就是通过信息的传递与交换发生的,因此,信息系统在配送中心的作用显而易见,具体体现在以下几个方面。

(1) 信息系统是配送中心的神经中枢,如果没有先进的信息系统来支持,配送中心的功能就不能体现。配送中心作为面向社会服务,为企业提供功能健全的物流服务,需要面对众多的企业和零售商甚至是客户,如此庞杂的服务,只有在一个完善的信息系统基础上才可能实现。

(2) 合理的信息系统可有效节约企业的营运成本,通过规模化的、少品种、业务统一管理节约企业的物流运作成本。生产企业通过配送中心的信息系统能够及时了解产品销售情况、及时调整生产,并可以完成企业的一系列的活动,如报关、订单处理、库存管理、采购管理、制订需求计划、销售预测等。

(3) 建立信息系统可大幅拓展配送中心的服务功能。一个完善的信息系统能够使企业把物流过程与内部管理系统有机地结合起来,如物流过程与 ERP 软件结合,可以使企业管理更加有效。

11.1 配送中心信息系统需求分析

配送中心信息系统网络、功能结构与其在供应链上的地位、经营模式、上下游客户的需求、服务项目与业务流程、设施与设备配备、部门设置与人员、内部操作流程与操作规范密切相关。配送中心信息系统与各种自动化设备和自动化技术密切相关。自动化立体仓库、自动分拣设备以及条码、智能卡等自动识别和存储技术的应用,为配送中心的信息系统起到了促进和推动作用。图 11-1 所示为配送中心信息系统功能需求模型。

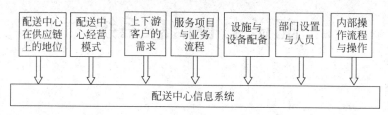

图 11-1　配送中心信息系统功能需求模型

11.1.1　配送中心在供应链上的地位

在整个社会物流活动中,供应链上不同的环节、不同企业部门所面对的物流的功能不尽相同,配送中心的业务因而存在相当大的差异,将影响信息系统的功能设置。配送中心在供应链上的地位如图 11-2 所示。

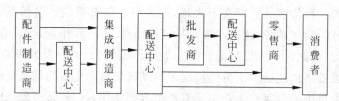

图 11-2　配送中心在供应链上的地位

配送中心在供应链上的地位包括它所处的位置及它与上下游客户之间的关系。对配送中心的位置而言,主要是相对于制造商,是处于制造商的上游还是下游,上游主要为制造商提供采购供应物流服务,配送中心信息系统主要是根据生产节拍,实现 JIT 配送服务。如果配送中心处于制造商的下游,也就是处于商品流通环节,则配送中心的主要功能是服务于分销过程。此时,配送中心也可能处于批发商的下游。在流通阶段,配送中心信息系统强调的是根据市场需求如何组织货源、降低库存、降低物流成本、实现快速反应。

1. 面向制造企业零配件采购供应的配送中心信息系统

集成制造企业位于供应链的起点或中间节点,其物流管理是为顺利进行生产而对原材料、货品、日常耗用品等的采购时间、路线、存储等进行计划、管理、控制。随着管理理念的更新,这一阶段的物流逐渐向生产过程进行延伸,开始包括物资在生产过程中对包装、搬运、存储等进行设计、计划、管理的企业内部物流。

图 11-3 反映了汽车制造厂零配件配送中心信息系统配送作业运作模式。配送中心信息系统接收主机厂的短期生产计划及突发的电子看板,实现 JIT 配送作业管理。同时,根据 JIT 思想,配送中心是在为零配件供应商提供服务,因此,配送中心的直接客户是零配件供应商。配送中心信息系统根据配送中心库存大小及补货提前期,向供应商发出补货通知,供应商根据补货通知,组织货源并送货到配送中心,具体运作模式如图 11-4 所示。

2. 面向制造企业产成品分销的配送中心信息系统

制造企业根据市场需求组织生产。生产出来的产品进入配送中心,配送中心信息系统

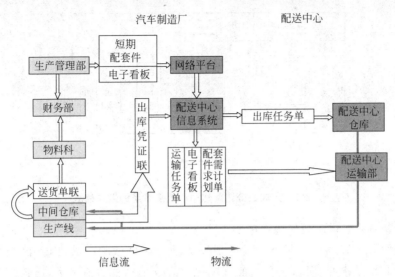

图 11-3　汽车制造厂零配件配送中心信息系统配送作业运作模式

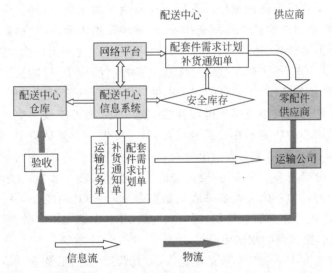

图 11-4　汽车制造厂零配件配送中心信息系统补货作业运作模式

接收各个分销商的订单,将商品分拨到各地去。当前电子商务盛行,利用互联网进行 B2B 或 B2C 的网站大量涌现,一些制造商也纷纷建立自己的网站进行销售,直接面对客户,根据客户的订单进行采购和销售,这样减少了库存,也减少了中间流通费用。图 11-5 反映了产成品分销配送中心信息系统的运作模式。

11.1.2　配送中心经营模式

配送中心在供应链上的地位决定了它既属于上游商品的制造商或供应商,又属于下游商品的批发商、销售商,还属于第三方专业物流服务商,配送中心的经营者到底是谁,也严重影响着配送中心信息系统的功能与结构。

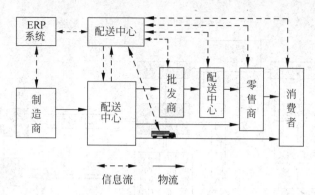

图 11-5　产成品分销配送中心信息系统的运作模式

1. 属于制造商或供应商的配送中心

属于制造商或供应商的配送中心,一般仅管理企业自己的产品,因此该类型的配送中心,多为专业化配送中心,而不是全功能型配送中心。在更多的情况下,这种配送中心可能扮演着制造厂或供货厂商的中央仓库的角色,主要控制存货的数量、调节产销货品的流通速度,提供存货功能,工作内容则偏重于库存的管理及货品的进出、装卸。也可能成为制造厂的分拨中心,主要完成包括储存与输配送作业,而不涉及销售业务,这种配送中心除上述库存管理、进出货、货品装卸外,还承担着指挥调动车队将货品送至批发商、零售商或消费者手中的工作,而对货品的来源、去处及数量等无法发挥控制的作用,只能按照制造厂或供货厂商所提供的商品、数量来运作,主要目的在于提供存货、输配送管理的功能及各项报表,而无控制权。若配送中心规模较小或属于区域性的配送中心,则可能成为中央仓储或储运中心的集散中心。集散中心的功能不在货品的储存,而是提供一个货品集中、分类、配发的中间点,通常是由制造厂商以大型卡车大批出货到某一区域转运中心,再由转运中心将货品分类装置于小型卡车上分送至客户手中,主要的功能及作业内容在于集货、理货、拣货及配送。

属于制造商的配送中心信息系统一般只是整个企业 ERP 系统企业资源计划的一个子系统,强调配送中心内部作业管理控制,同时向上级 ERP 系统提供实时物流信息。

2. 属于批发商、销售商的配送中心

以批发商或经销商为基础所形成的配送中心,其营运的范围、作业内容及其在业务过程中所扮演的角色,最为错综复杂,也较难以清楚地界定。批发商或经销商主要的功能在于代替制造商寻求销售渠道及对象,此外还承担为零售商寻求货源并进行采购及议价的功能。

这类配送中心的信息系统一般与企业的采购销售 ERP 系统密切相关,往往是 ERP 系统的一个模块。一般具有采购进货、储存保管、分拣配货、装车配送、编制报表等功能。

规模大小、供货来源、销售对象、产品种类、服务区域大小等因素,也会影响信息系统的构成。涉及进出口业务的,信息系统应该提供国际运输、报关的管理功能。同时对商品品类、供应商、客户应该进行全面的管理。市场预测有时也是配送中心信息系统的一种功能。

对鲜果、水产品等快速流转品,要具备特殊、专门性知识或设备,同时具备流通加工分类包装的技术,如冷冻食品的前处理、冷冻保存温度控制等,作业的流程较为复杂,同时配送时不仅要将正确的货品确实送达客户手中,更要注意配送途中温度、湿度的控制,因此,配送途中的监控系统及信息传输也是配送中心信息系统的一个重要课题。

3. 属于第三方专业物流服务商的配送中心

第三方物流服务商经营的配送中心的特点是服务于多个货主企业。严格意义上的第三方物流是整个供应链的组织者，通过第三方物流企业的物流管理信息系统将供应链上的各个节点（如制造商、零售商）及相应的交通运输工具（承运人）链接起来。

属于第三方专业物流服务商的配送中心，为给客户提供一体化的物流服务，其信息系统更加强调与整个供应链上所有客户 ERP 系统的对接，强调与海关、金融、保险等机构信息系统的对接。图 11-6 所示为这种信息系统的总体结构，这个系统包括业务管理系统（订单处理系统、物流可视化系统）、作业管理系统（仓库管理系统、输配送管理系统）、业务支持与辅助决策系统（客户关系管理系统、内部事务管理系统、成本与财务及绩效评价分析系统）。

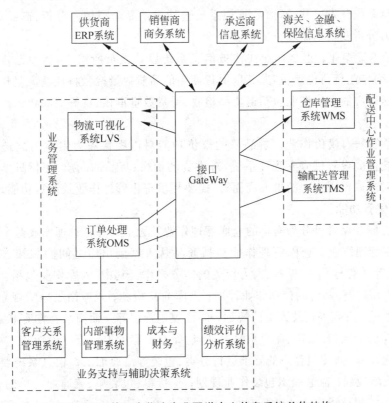

图 11-6　第三方物流企业配送中心信息系统总体结构

11.1.3　配送中心服务功能

配送中心服务行业的定位、服务客户的多少、服务区域的大小、服务商品种类如何，将影响配送中心应该向社会提供的服务功能与服务项目，进一步影响信息系统的规划设计。

配送中心因其在供应链上所扮演的角色不同、地位不同，因而具有不同的功能。基本上可将配送中心的功能概括为商品买卖、仓储保管、输配送、流通加工、信息提供等功能，下面来探讨配送中心各项功能对信息系统结构的影响。

1. 商品买卖功能

使商品在市场上流通，到达消费者手中，是商品流通的最终目的。在这个过程中，配送中心的作业将分为四个方面。

（1）订单的处理作业。买卖交易的达成必须经由接收订单到商品出货，交至客户手中结束，而订单处理作业包含客户发出订单；客户信用度确认；商品库存数量及配送资源确认；订单资料的建档及维护；订单数量统计与配送计划制订；商品需求数据统计，确定库存水平，采购计划制订；打印出货单据、发票；建立应收账款档案；货款单据制作；结账。上述所有作业均需要在信息系统的支持下进行。信息系统接收订单的方式一般有利用计算机网络通过 EDI 传输订单资料，以及经由 FAX 传来的订单资料的人工录入两种方式。

（2）市场开发、规划、管理作业。在实际销售买卖商品的作业之外，如何推销商品，让消费者了解各项商品特色，并且由消费者处取得消费者需求内容，正是实际促成交易达成的原因。而市场的推广开拓需要考虑销售预测、现有销售资料分析、商品管理、客户管理等的作业内容或信息系统开发。其中，商品管理系统包括畅销品与滞销品分析、商品周转率分析、商品获利能力分析及市场需求分析等。

（3）商品退货作业。退货作业往往被信息系统设计人员所遗忘，然而退货作业内容本身较为复杂，而作业负荷也繁重，尤其以退货商品的品质数量检验将耗费大量作业时间及人力。一般配送中心的退货作业包括退货品检收、退货数量审核、良好商品再入库与不良品报废等环节。

（4）商品的采购议价作业。货品采购议价功能对以零售商为主体的配送中心特别重要。信息系统需要设置供应商管理系统，对供货的价格、货品的品质、交货日期的状况加以管理控制。对采取寄售模式的批发商而言，需要提供寄售管理作业及调货功能。

2．仓储保管功能

配送中心储存保管可分为有形的仓库管理作业及无形的库存管理作业两个方面。

（1）仓库管理作业。仓库管理作业包括商品从入库到出库之间的装卸、搬运、流通加工、区域规划等一切与商品、设备、人力相关的实务操作。其中，入库作业包括：预定入库的资料登录；入库厂商、站台的使用作业计划；入库商品检验；入库商品理货规划；入库商品资料录入；搬运；搬运工具及人员的规划；储位规划管理等。而商品在储存状态中，其作业内容则包括储位的调整、搬运、库存数量的清点、库存内容的追踪查寻等功能。接受订单后，货品就要拣选出库，并按照客户的要求进行分类、包装等流通加工。信息系统要提供的内容包括：拣货策略规划；流通加工包装作业规划；拣货单、包装单、流通加工单的打印；拣货、包装及流通加工的补货作业计划及规划；补货任务单打印；拣货单、包装单、流通加工单据资料录入；出货单据打印；配货区配货作业等。

当配送中心采用自动化仓库和自动化分拣设备时，信息系统与自动化系统之间必须通过计算机网络实现无缝对接。

在出货作业过程中，信息系统必须提供搬运工具、包装容器、人力资源全面的管理功能。

（2）库存管理作业。库存数量的多少反映了配送中心资金积压的状况，直接影响配送中心的经营效益。信息系统要提供产品的分类、经济采购批量及订购时点的确定、库存盘点作业、商品的周转率分析与储位的使用率分析、仓储的管理成本分析等功能。

3．输配送功能

在货品拣取包装处理好之后，货品将由配送车辆送达客户手中。货品配送作业包括派车计划及线路优化、装车作业计划等。其中，派车计划包括该批次出货商品所需配送车辆的种类及数量；配送线路优化有人工选用配送线路、信息系统线路优化等方式；根据线路决定配送装车顺序；利用 GIS/GPS 技术进行车辆配送状况跟踪等。

4．流通加工功能

配送中心的流通加工作业包括分类、称重、大包装拆箱改小包装、产品组合包装、贴商标、贴标签等。信息系统应为流通加工提供工具、设备、人力资源计划，组合商品选配、包装容器选用、包装工艺规划设计等子系统。

5．信息提供功能

配送中心除具有买卖、配送、流通加工、储存保管等功能外，更能为配送中心本身及外面的组织提供各式各样的信息资料，以供配送中心营运管理策略的制定、商品路线开发、商品销售推广策略制定的参考。对配送中心本身，信息系统还可提供绩效评价管理、营运规划、配送资源计划三种信息。下面以绩效评价管理为例进行介绍。

绩效评价管理系统包括商品销售绩效管理、事务作业处理绩效管理、仓库保管效率管理、配送效率管理、设施设备器具管理模块等。

商品销售绩效管理模块包括商品毛利分析、货品周转率、周转时间分析、商品销售总数统计、各种商品所占营运比率、各种商品总销售利润分布比率、退货订单统计、退货率分析、退货商品与退货原因分析。

事务作业处理绩效管理包括业务人员业绩统计(销售业绩、退货情况、呆账、货款回收)、订单处理人员业绩分析(失误率、日订单处理量)、出货人员业绩分析(失误率、日订单处理量)、业务费用成本分析(客户联络费、计算机网络租用费)等。

仓库保管效率管理包括保管容积效率(保管容积/仓库总容积)分析、通路、货物处理容积比率(通路＋货物处理容积/仓库总容积)分析、每人月的容积处理比率(月出、入容积/货物处理人员数)分析、保管效率(库存金额/仓库面积)分析、库存回转率(出货金额/平均库存金额)分析、库存月份差比率(高峰月份月底库存/谷底月份月底库存)分析、仓库利用率(自有、寄售、租借别仓库使用面积/总仓库面积)分析、单位出入库的装卸费(装卸费/总出入库货品数量)分析、入库人员生产力评估(出货金额/投入人员×日数)、仓库使用容积高低峰比率分析、缺货率(接单缺货数/出货率)分析。

配送效率管理包括单位时间配送量分析、空车率(空车行走距离/配送里程)分析、输送率(装载重量×行走距离/该车可载重量×行走距离)分析、装载率(装载重量/可载重量)分析、配送次数管理(总配送店数/配送次数)分析。

设施设备器具管理包括站台使用率(进货车次装卸货停留总时间/站台数×工作天数×每日工作时数)分析、站台高峰率(高峰车数/站台数)分析、搬运设备使用率(总搬运设备使用时间/该月总工作时间)分析、流通加工废品率分析、流通加工成本分析、包装容器使用率分析、包装容器损坏率分析、设备器具损坏率分析(设备器具损坏维修时间/总可使用时间)。

对多仓配送中心来说，信息提供功能包括产品线的规划分析、多仓存货的调货计划、人力资源的规划配置、设备器具需求分析及配送作业的运作规划等功能。

11.1.4　配送中心设施、设备配备

随着现代物流技术的发展，配送中心物流系统发生了翻天覆地的变化，大量现代化控制

技术的使用、自动化物流设备的使用使物流作业方式、方法、流程完全不同于以前。物流信息采集技术的使用产生了信息导引技术与物流信息定位技术、物流作业质量不再依赖人工操作,完全由信息系统来引导作业人员操作,大幅提高了系统效率与作业的准确性。

自动化物流设备包括 AS/RS 系统、自动分拣系统等。信息导引技术包括电子标签技术、RF 系统等。物流信息定位技术包括激光测距技术、地理信息系统(GIS)/全球定位系统(GPS)技术等。上述技术与信息系统的结合导致了配送中心的现代化。

11.1.5　配送中心信息系统模块构成

配送中心信息系统模块构成一般由两种方式确定:一是按配送中心部门结构来确定;二是按作业环节、内容、信息流程来确定。

(1) 根据配送中心的组织结构及各部门的职责内容划分系统模块。系统模块的划分依据配送中心部门设置来确定,根据配送中心的水平组织结构划分信息系统模块,并根据部门的职能确定系统模块的功能与流程,如图 11-7 所示。

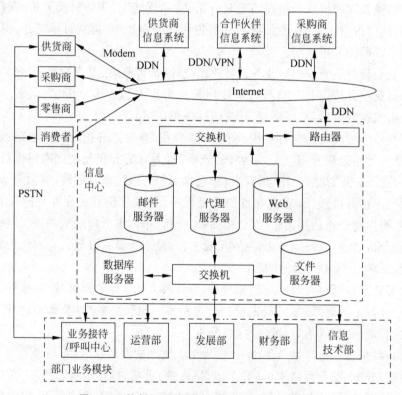

图 11-7　按部门职能划分配送中心信息系统模块

(2) 根据配送中心的作业环节、内容、信息流程划分系统模块。配送中心必须建立一套完整的标准业务流程,并以此为依据,对所有业务进行计划、执行和控制,形成封闭式的系统回路,从而依据配送中心业务流程划分信息系统模块。

11.2　配送中心信息系统基本功能和功能框架

11.2.1　信息系统基本功能

尽管现代配送中心日趋向多样化和全面化发展,但构成其核心竞争能力或有助于其获取竞争优势的还是其核心业务,如汇集客户的订货信息、从供应商处采购货物、组织货物的入库、配货、分拣、储存、出库、配送等。

信息系统的基本功能主要包括订货管理、入库管理、配货管理、在库管理、出库管理和配送管理等信息处理和作业指示功能。

1. 订货管理

订货管理主要包含客户订单接收与处理、客户订货确认两个功能模块部分。

客户订单接收与处理:配送中心应要求客户逐步采取网上订货和进行在线实时信息传递,这样配送中心不仅可以有效克服以前通过电话、传真等订货方式所造成的订货成本较高的弊端,而且还可以使客户的订单信息自动转入配送中心的信息系统,从而减少员工订单输入的工作量并防止订单输入错误的发生。

在设计客户订单接收与处理功能模块时,配送中心要把握好两点:一是要让接收订货的信息尽可能充分全面,应当包含客户名称、客户代码、客户资信等级、订货时间、订货商品名称、数量、客户期望的到货时间、地点、商品属性、包装形态等信息。二是要坚持 20/80 原则,即确保对重要客户进行特殊化服务,如优先配送、提供增值服务等。

客户订货确认:对重要客户的确认可通过对客户资信等级进行检查和分析客户的历史记录得出。

配送中心可通过采用 GPS、GIS 等信息监控技术,更好地掌握客户订货商品的物流运动状态,尽量使客户的订货商品在入库时就处于随时待发的准备状态。

2. 入库管理

入库管理的主要功能一般包括接收货物入库、货物储存计划及储存确认、数据库系统的数据更新、入库确认、生成相应的财务数据信息等。在这一环节,更多的属于业务操作工作。配送中心应通过采用条码技术、RF 技术、智能卡等提高员工入库操作的准确度和工作效率。在入库货物的货位选择方面,还应当考虑货物出库和保管的效率和便利性。

3. 配货管理

配货作业是配送中心在员工对客户订单的相关信息(如商品名称、数量、到货时间等)进行与配货有关的处理时做出相关的作业指示。例如,每一个货位上设置一个配货提示器,在提示器亮灯并显示数量下,员工进行商品寻找作业,这样可提高配货的效率并减少差错。

根据订单和拣取商品的对应关系及操作流程,可将配货作业分为摘取式配货和播种式配货。摘取式配货一般用于配送对象多但商品货位固定的情形。这种作业方式具有作业方法单纯、订单处理前置时间短、作业人员责任明确等优点,但其突出缺点是作业人员的工作量较大。在配送中心大多采用自动化分拣系统的情形下,配货方式也逐渐由摘取式改为播种式,从而大大减轻了配货工作量,缩短了配货时间,压缩了配货费用和成本。

4. 在库管理

在库管理的核心工作在于确定货物的保管位置、数量和入库日期,使在库数据与实际货物保持一致。从不同货物接收订货处理到做出货物出库指示,应保证货物快进快出和先进先出。主要功能包括以下三点。

(1) 接收货物:该环节主要确认客户的订货是否到货或入库。系统管理人员可首先对当天未到订货清单或当天计划到货的订货清单进行详细审核,然后将订货清单打印并交给验货人员进行核对。验货人员可采用手持条码输入终端进行验货确认。

(2) 入库保管:对货物的入库保管作业来说,信息系统的应用,不仅在于提高作业效率和精度,而且在于最大限度地利用有限的商品储存空间,尽量避免缺货或货物出库后货位空闲所造成的巨大损失和资源浪费。例如库存管理系统可随时对货物的保管存放货位进行恰当安排,库存操作人员只要按照系统所指示的位置进行商品存放即可。操作人员可从存取货物较方便的近距离货位开始存放,因而存货效率较高。

(3) 货物盘点:货物盘点是指作业人员对在库货物实数与信息系统的在库数据进行核实并做相应更正。货物盘点工作主要是为了防止由于作业人员在出库操作时出现差错及货物损坏等原因,而造成实际在库货物数据与信息系统数据不吻合。

5. 出库管理

货物出库管理包含出库计划、出库指示和未能出库等内容。其中,出库计划包括出库日的指示、每个客户的订货数据汇总、分批发货和完成发货等内容;出库指示包括出库部门输出各种出库用的票据;未能出库是掌握出库的实态,对预定出库但还未出库情况的管理。

6. 配送管理

配送管理既是最后一个主要环节,也是全部配送工作中的核心业务。要想合理、经济地进行货物配送,必须尽可能地实现"六个最",即最少环节、最短距离、最低费用、最高效率、最大效益和最佳服务。配送管理中的配送路线选择和配送车辆安排都要紧紧围绕上述目标来展开工作。配送管理的主要功能有以下两点。

(1) 配送路线选择:配送中心应在利用计算机系统进行货物配送路线的大量模拟基础上,选择适宜的配送路线。配送路线的选择要避免迂回运输、相向运输、空车往返等不经济的现象。

(2) 配送车辆安排:可利用一些车辆配送安排的软件模型作为决策的参考依据。要立足于对车辆实行单车经济核算,提高配送车辆的装载使用效率。

11.2.2　信息系统功能框架

配送中心的信息系统是经营 ERP 系统是一个重要的执行系统,要求与 ERP 系统无缝对接。某配送中心信息系统功能框架如图 11-8 所示。配送中心内部配备了 AS/RS 系统、Picking to Light 系统、RF 系统。为满足订单处理业务需要,WMS 系统由订单处理系统、库存查询与报表系统、作业系统、决策支持系统及接口系统组成。

配送中心信息系统的功能模块如表 11-1 所示。

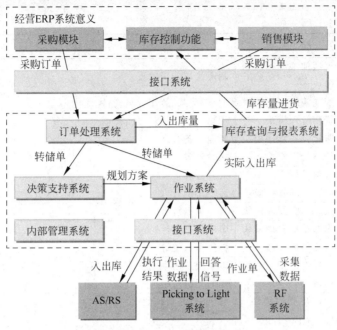

图 11-8　某配送中心信息系统功能框架

表 11-1　信息系统功能模块

子系统	模 块	功 能	备 注
订单处理系统	接货入库	接收经营 ERP 系统的采购订单,生成入库计划	
	出库发货	接收经营 ERP 系统的销售订单,发货出库	
	退货处理	协助经营 ERP 系统,实现无障碍退货	
库存查询与报表系统	库存查询系统	向经营 ERP 系统相关子模块提供库存查询功能,包括储位查询、库存货品项查询、订单查询等	
	报表打印模块	按货物品项、储位、订单序号、日期等各种方式打印报表	
作业系统	接货模块	交验送货单据,查验入库计划	
	入库模块	理货、分类、码盘、入库等环节信息采集,控制完成各个储存区域的入库操作	
	补货模块	根据补货策略,自动补货	
	分拣模块	根据拣选策略,控制拣选作业	
	流通加工模块	根据流通加工流程,配置零部件品项、数量	
	打包、集货模块	装箱单打印、出库清单打印	
	出货模块	根据销售订单,控制出库	
	装车模块	根据配送路线,控制装车顺序	
	配送模块	按照配送顺序打印配送清单	
	盘点模块	生成盘点清单、盘盈/盘亏处理、盘点报表输出	
	X-Docking 模块	处理直接分拨作业	
决策支持系统	入库计划模块	根据经营 ERP 采购计划,生成入库计划	
	码盘策略规划模块	根据货物形态,规划货物码盘方案	
	储位规划模块	根据货物周转速度,动态分配储位	
	补货策略规划模块	根据分拣区货物储量及货物周转速度,制定补货策略	

续表

子系统	模 块	功 能	备 注
决策支持系统	流通加工流程规划模块	制定流通加工流程	
	配送策略规划模块	配车、配载、装车、配送路线优化	
内部管理系统	货物管理模块	货物数据、形态记录、查询	
	搬运设备管理模块	搬运设备管理	
	托盘管理模块	托盘管理	
	人员管理模块	人员管理	
	运输车辆管理模块	运输车辆管理	
	入库单据管理模块	入库单据统计、查询	
	出库单据管理模块	出库单据统计、查询	
	退货单据管理	退货单据统计、查询	
接口系统	经营 ERP 接口模块	本系统采用中间件构成接口系统,实现与经营 ERP 系统的无缝对接	
	AS/RS 接口模块	与 AS/RS 系统的接口	
	Picking to Light 接口模块	与 Picking to Light 系统的接口	
	RF 接口模块	与 RF 系统的接口	

11.2.3 计算机网络结构

配送中心计算机网络结构与其功能、服务客户、内部区域设置、设备系统类型、部门组织结构、操作流程等因素密切相关,图 11-9 所示为一个具有上位 ERP 系统的 IT 产品分销企业的网络系统结构。

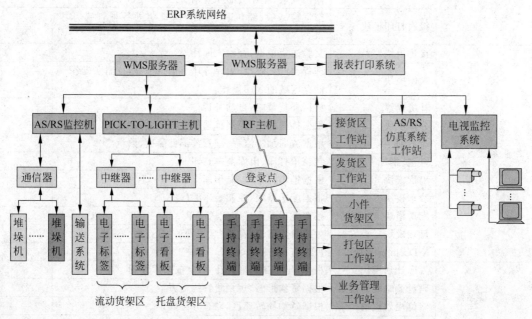

图 11-9 配送中心计算机网络结构

配送信息系统硬件包括数据库服务器、Web 服务器、网线、交换机、客户端工作站、集线器、路由器、Modem、扫描仪等设备。

11.3　配送中心订单管理系统

11.3.1　订单管理系统概述

订单管理系统(OMS)可接收客户订单信息,以及仓储管理系统发来的库存信息,然后按客户和紧要程度给订单归类,对不同仓储地点的库存进行配置,并确定交付日期。

订单管理系统是物流管理系统的一部分,通过对客户下达的订单进行管理及跟踪,动态掌握订单的进展和完成情况,提升物流过程中的作业效率,从而节省运作时间和作业成本,提高物流企业的市场竞争力。

1. 订单处理开启物流作业

在配送中心每天的营运活动里,订单处理是所有工作的开端。也就是说由客户端接收订货资料,将其处理、输出以便开始拣货、理货、分类、配送等系列的物流作业,即订单处理开启物流作业。订单处理的作业流程如图 11-10 所示。

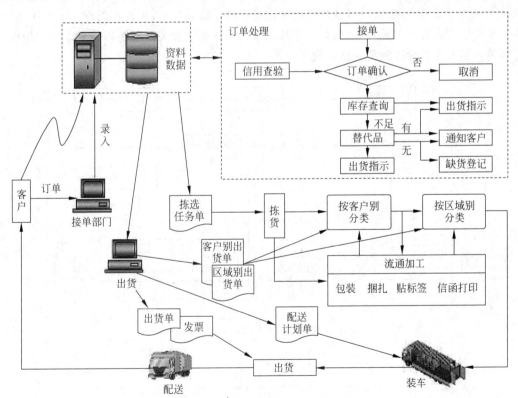

图 11-10　从接单到出货的作业流程

由图 11-10 可见,配送中心的物流作业可分为进货物流及出货物流,接受客户订单后,经过订单处理,开始拣货、理货、分类、装车、出货等出货物流作业。而配送中心为继续营运、满足客户商品需求,须补充商品库存,所以需向供货商采购,因此有进货、检验、入库、储存保管等进货物流作业,配送中心每天的物流作业可以说是直接或间接由订单处理作业开启。

订单处理开启一连串的物流作业,因此其处理的正确性、效率性,直接影响到后续的作业绩效。错误的订单处理,引起错误的拣货、配送作业以及事后的退货、补送作业,这些商品往返的处理成本,是配送中心不能接受的。订单处理的效率提升是一切作业效率提升的前提。因此如何有效、正确的接单、输入订货资料以及如何将少量多样多频度的订货所产生的大量、繁杂订货资料做最有效的分类、汇总,以便后续的作业能有效、正确地进行,是订单处理的重要课题。

2. 订单处理开启信息流

订单处理不仅能开启配送中心的物流作业,而且也开启了整个信息流作业。在配送中心信息系统架构中(图 11-11),订单一方面经订单处理系统处理后产生出货指示资料,转入派车管理系统进行配送路径安排及车辆指派(若拣货方式采取按配送路径拣选,则拣货单的资料可依据派车管理系统产生的配送路径制作),同时每日的派车资料又可作为运费管理及车辆/行车管理系统的资料来源。另一方面出货指示资料也进入出货管理系统进行出货资料的实际修正(拣货后)及出车时出货资料的确认,当配送回库后出货资料经回库处理系统确认实际送货资料后,即可进入客户应收账款系统进行账款结算,由此可见许多子系统的资料来源及报表皆源于订单资料,因此订单处理系统的作业绩效关系着整体信息系统的绩效,连带的影响着作业处理的正确性及效率。

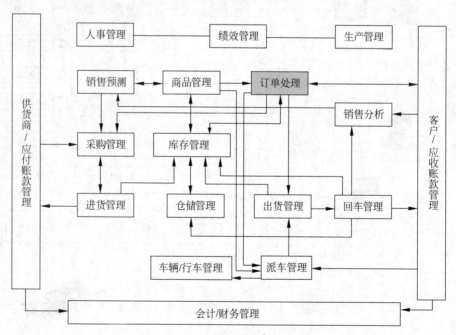

图 11-11　配送中心信息系统架构

订单处理为配送中心物流及信息流的开端,其处理结果如何影响后续作业以及其处理过程中如何考虑、支持相关操作系统,若在订单处理系统设计时能将这些因素加以考虑,则系统将更有弹性。

3. 订单处理作业程序

配送中心的订单处理就是处理零售店的订货作业,故其作业流程起始于接单,经由接单所取得的订货信息,经过处理和输出,开启配送中心出货物流活动。订单处理作业程序如图 11-12 所示,其中接单、订单资料处理、订单状况管理为订单处理的三个基本流程。

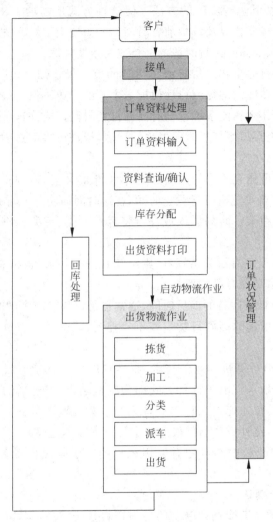

图 11-12 订单处理作业程序

订单管理系统的主要功能是通过统一订单提供用户整合的一站式供应链服务,订单管理及订单跟踪管理能够使用户的物流服务得到全程的满足。订单管理系统是物流管理链条中的不可或缺的部分,通过对订单的管理和分配,使仓储管理和运输管理有机的结合,稳定有效地实现物流管理中各个环节充分发挥作用,使仓储、运输、订单成为一个有机整体,满足物流系统信息化的需求。

11.3.2 订单处理流程

订单数据处理包括订单资料输入、订单资料审核及确认、库存分配和订单数据处理输出四个步骤。

1. 订单资料输入

得到客户订货资料后,需将此资料输入系统。订货资料输入分为人工输入和联机输入两种方法。

(1) 人工输入。长久以来,利用人员将业务员携回的订单、客户电话、传真、邮寄等订货资料输入计算机,为多数企业所使用的方法。但这种方式所需的人工成本及其效率、正确性,随着订单的多量化、多元化以及订货前置时间的缩短使人工输入方式受到挑战。因此如何将订货作业平准化,减少高峰订货时段的拥挤成为重要问题。

配送中心的出货资料通常在出货日或出货日的前一天才知道,且其出货量常因日期而变化。这种不确定且变动性大的物流特性使配送中心的作业不像一般制造业那样易于日程化、平准化,这也就是为什么物流系统常会有高峰订货时段。或许这种多变的订货特性是物流系统本身的特性,但观察高峰订货时段发生的原因,或许可将配送中心这种高峰的订货量加以平准化。

配送中心特性不同可能有不同的高峰订货时间,但整体而言可归纳出几个因素。

① 截止订货时间:若设定有订货截止时间,在这时间的前一小时通常会出现大量订单,为避免这种巨额的订单在某一时刻涌入或许可将客户分类,每类客户均设定其订货截止时间,以分散高峰订货量。

② 账款结算日:若设定有账款结算日,则结算日的后一天,也常有大量订单出现,可设定多种结算日期,以分散高峰时段的拥挤。

③ 节日或假日:节日或假日的前后时间,通常也是订货量较多的时段,但是这种因季节性或因消费者需求形态引起的高峰订货量较不易控制,只能通过人员调度或系统功能加强来加以适应。

(2) 联机输入。结合计算机与通信技术,将客户的电子订货资料由电信网络直接转入计算机系统省去人员的输入。电子订货方式即为联机输入,若传送的资料格式不是双方约定的标准,仍需经过转文件才能进入订单处理系统。联机输入可分为供需双方计算机直接联机的拨接式传输方式,这种方式仍需彼此约定订货资料传送时间,若是通过增值网络中心的 E-mail 传输功能,则配送中心可随时取用客户的电子邮件订货资料,提高接单时间的弹性。

2. 订单资料审核及确认

订单资料输入前,须仔细检查订单上的各项资料是否完备、符合要求,若有疑问需立即与客户联络,确认清楚后再输入。对经由电子订货所接收的订货资料也须加以审核确认。订货资料的审核确认可分为输入检查及交易条件确认两部分。

(1) 输入检查。订货数据项的基本检查。即检查品名、数量、送货日期等是否有遗漏、笔误或不符公司要求等。若采用电子订货方式接单,须对接收到的订货资料,加以检查确认,若通过 VAN 中心进行电子订货处理,可委托其进行一些基本的客户下单资料检查,对错误的下单资料,传回给客户修改再重新传送。

(2) 交易条件确认。

① 客户信用状况确认。检查客户的应收账款是否已超过其信用额度。

② 订单形态确认。对客户的订单或订单上的订货品项资料,应确认其交易类型(例如一般订单、现销式订单、间接交易订单等),以便进行不同的处理,即系统须针对不同形态的

订单提供不同的处理功能,如提供不同的输入画面或不同的检核、查询功能、不同的储存档案等。

③ 库存确认。输入商品代号名称时,系统应检查此商品是否缺货,若缺货则系统应可提供替代商品资料或是此缺货商品的已采购未入库资料,便于接单人员与客户协调是否改订替代品或是允许延后出货等权宜办法,以提高人员的接单率及接单处理效率。

④ 销售配额确认。对设有销售配额限制的商品,输入订购数量时,系统应检查其是否超额订购,以维护其他客户权益。

⑤ 价格确认。不同的客户(大盘、中盘、零售)、不同的订购量,可能有不同的售价,输入价格时系统应加以检核。若输入的价格不符(输入错误或因业务员降价强接单等),系统应加以锁定,以便主管审核。

⑥ 加工包装确认。客户对订购的商品,是否有特殊的包装、分装或贴标等要求,或是有关赠品的包装等资料皆需详加确认记录。

经由审核确认后的订单资料,才是公司允诺出货的订单资料,往后的订单处理应以此资料为依据。

3. 库存分配

配送中心的资源,不管是人、商品、设备等是有限的,在面对多变、不定的客户需求时,要能做到面面俱到,达到百分之百的服务水准,不是一件容易的事,因此如何将有限的资源做最有效益的分配常是各企业所追求的目标,这反映到订单处理上便是如何将现有的库存做最好的分配。

订单资料输入系统确认无误后,最主要的处理作业就是如何将大量的订货资料,做最有效的汇总分类和分配,以便后续的物流作业能有效地进行。

(1)库存分配模式。存货的分配模式可分为单一订单分配及批次分配。

① 单一订单分配:这种情形多为线上实时分配,亦即在输入订单资料时,就将存货分配给该订单。

② 批次分配:累积汇总数笔的已输入订单资料后,再一次分配库存。配送中心因订单数量多、客户类型等级多,且多采用一天固定配送次数,因此通常采用批次分配,以确保库存能做最佳的分配。

采用批次分配时,需注意订单的分批原则,即批次的划分方法。随着作业的不同,各配送中心的分批原则也可能不同,总的来说有下面几种方法。

① 按接单时序划分。将整个接单时段划分成几个区段,若一天有多个配送梯次,可配合配送梯次,将订单按接单先后分为几批处理。

② 按配送区域/路径。将同一配送区域/路径的订单汇总一起处理。

③ 按流通加工需求划分。将需加工处理或需相同流通加工处理的订单汇总一起处理。

(2)参与分配订单范围。订单若按正常步骤进行、什么时候出什么货皆有一定程序,但真实系统常会有异动发生,导致一些订单无法按正常时序进行,因此在分配当次的订单时,对这些因故未出货的异动订单也应考虑其是否参与分配。参与分配的订单范围如下。

① 解除锁定订单。在订单资料输入审核及确认处理作业里,因不符条件被锁定的资料,后经审核通过,解除锁定的订单资料是否参与当次库存分配。

② 前次已分配未出货订单。对已经参与库存分配,因故未出货者,是否重新参与库存

分配。

③ 缺货补送订单。对客户前张订单上的缺货品项,此次是否已有库存,这些缺货资料是否参与分配,以便补送出货。

④ 延迟交货订单。因缺货而顺延的订单,此次是否已有库存,是否参与分配,以补出货。

⑤ 远期订单。对一些还未到交货期限的订单,系统应能自动追踪其交货日期,以便在交货日到时自动将其纳入参与分配范围,使其如期交货。

(3) 多仓、多储位或多批号的库存分配选择。若商品存放地点有多个仓库、多个储位或有多个批号时,则库存分配时应考虑如何选择适当的出货仓库、出货批号、出货储位,以便达到适时(选择离客户最近的仓库出货)、适品(由批号或储位的选择,做到先进先出)的配送。

(4) 分配顺序。选定参与分配的订单后,若这些订单的某商品总出货量大于可分配库存量,如何分配这有限的库存? 一般按以下顺序进行分配。

① 具特殊优先权者。对一些例外的订单,如上述的缺货补送订单、延迟交货订单或远期订单,这些在前次即应允诺交货的订单,或客户提前预约的订单应有优先取得存货的权利。因此当存货已补充或交货期限到时,应确定这些订单有优先分配权。

② 按客户等级。

③ 按交易量/交易金额。

④ 按客户信用状况。

(5) 分配后异动处理。库存分配后,有时会有缺货情况发生,对这些有缺货的订单应妥善处理。常用的处理方法如下。

① 延迟交货(顺延)。客户若不允许缺货配送,但同意将整张订单延后配送,则需将这些顺延的订单记录成文件。

② 补送。客户若允许缺货配送,且同意缺货的商品等待有货时予以补送或纳入下一次订单予以补送,则需将这些缺货品项资料记录成文件。

③ 转至下一次订单。客户若不允许缺货配送,但同意将整张订单延后合并到下一次的订单,这些订单资料也须记录成文件。

缺货订单的处理方法有许多种,但主要须跟客户取得协调或交易时即与客户约定好。将这些异动处理纳入系统,以减少客户的二次损失。

4. 订单数据处理输出

订单资料经由上述的处理后,即可开始打印一些出货单据,以开展后续的物流作业。订单处理的输出包括拣货单、送货单、缺货资料等。

(1) 拣货单(出库单)。拣货单据的产生,在于提供商品出库指示资料,作为拣货的依据。拣货资料的形式需配合配送中心的拣货策略及拣货作业方式来加以设计,以提供详细且有效率的拣货信息,便于拣货的进行。

拣货单的打印应考虑商品储位,依据储位前后相关顺序打印,以减少人员重复往返取货,同时拣货数量、单位也需详细标识。随着拣货、储存设备的自动化,传统的拣货单据形式已不符合需求,利用计算机、通信等方式处理显示拣货资料的方式已取代部分传统的拣货单,如利用计算机辅助拣货的拣货货架、拣货台车及自动存取的 AS/RS。采用这些自动化设备进行拣货作业,需注意拣货资料的格式与设备显示器的配合以及系统与设备间的资料传送及回馈处理。

（2）送货单。货品交货配送时，通常需附上送货单据给客户清点签收。因为送货单主要是给客户签收、确认出货资料，所以其正确性及明确性很重要。要确保送货单上的资料与实际送货资料相符，除出货前的清点外，出货单据的打印时间及修改也需注意。单据打印时间：最能保证送货单上的资料与实际出货资料一样的方法是在出车前，一般最好在复核完毕后再打印出货单。送货单上的资料除基本的出货信息外，对一些订单异动情形（如缺货品项或缺货数量等）也须打印注明。

（3）缺货资料。库存分配后，对缺货的商品或缺货的订单资料，系统应提供查询或报表打印功能，以便人员处理。

① 库存缺货商品。提供依商品别或供货商别查询的缺货商品资料，以提醒采购人员紧急采购。

② 缺货订单。提供依客户别或业务员别查询的缺货订单资料，以便人员处理。

11.3.3　订单状况管理

订单经由接单作业进入配送中心，经过输入、审核确认，库存分配等处理，最后产生出货指示资料，开始拣货、出货配送最后经由客户签收、付款结案等一系列循环作业，整个订单资料的处理在系统里才算结束。订单资料在这个循环里的每个节点的处理是否按正常程序进行，以及前后节点间的接替是否确实无误，这些都是系统应该保证的。因此，对实际作业上无可避免地订单异动情况，系统应可加以适应、修正，以维持系统的正确性，避免因异动造成损失。因此订单资料经由销货分配产生出货指示资料，并不代表订单处理作业已结束。订单是否如期出货？是否如数出货？是否已收款？是否发生异动？发生异动后如何处理？这些订单交期管理是提升客户服务水准及掌握运营状况的重要因素。

1. 订单进度追踪

要掌握订单进行状况，需先了解订单从进入系统到结束离开系统（或与系统无直接关系），这中间订单状态如何转换（图 11-13），以便掌握其状态。

（1）订单状态。订单进入配送中心后，其状态随着作业流程的进行，相对地更动。一般可分为下面几种状态。

① 已输入及已确认订单。订单上的订货资料皆输入完毕而且所有的确认条件皆已审核处理完善，则此订货资料即为公司所允诺答应客户的出货资料，包括商品项目、数量、单价、交易配送条件等，公司须以此资料为出货依据，并尽可能依条件完成出货。

② 已分配订单。经过输入确认的订单资料，即可进行库存的分配，以确认订单是否能如数出货，以及发生缺货如何处理。经过库存分配的已输入及已确认订单，即转为已分配订单。

③ 已拣货订单。经由库存分配，产生出货指示资料，即可进行实际的物流拣货作业，而已打印拣货单进行检货作业的已分配订单资料，即转为已拣货订单。

④ 已出货资料。已拣货订单，经过分类、装车、出货，即转为已出货订单。

⑤ 已收款订单。已出货订单，经由客户确认签收后，即为实际出货资料，此资料为应收账款依据。依据此资料，制作取款发票向客户取款。取得账款的出货订单，即转为已收款订单。

⑥ 已结案订单。已收款订单经由内部确认结案后,即转为已结案订单。已结案订单为一历史交易资料,在系统里可用于运营管理分析,但已不牵涉到任何事务性交易处理,因此可视需求在系统里保留某部分资料,其余的可存至磁盘、磁带备用,以免占据硬盘空间。

上述几种订单状态为配送中心一般订单的基本处理状态,配送中心可针对本身作业特性、作业需求加以延伸补充。

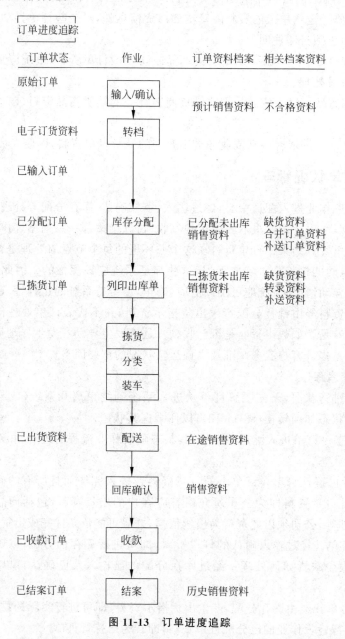

图 11-13　订单进度追踪

订单进行状态转换后,系统档案如何设计以便追踪记录,以及状态转换之间订单若有异动发生则异动情形如何处理,均需记录成文件。

要掌握订单状态,可针对每种状态设计相对的档案,但较有效率的做法是在订单数据文件(预计销售资料文件)中增设一个状态记录字段,每当订单改变状态时,同步更改状态区位的状态记录。

（2）订单的相关档案可分为如下几类。

① 预计销售资料及不合格资料。客户的原始订单资料或电子订货接收的电子订货资料进入订单处理系统经过确认审核后，合格的订单资料记录为预计销售资料文件；而不合格的订单资料记录为不合格资料文件。

② 已分配未出库销售资料及缺货资料、转录资料、补送资料。预计销售资料经过库存分配后，转为已分配未出库销售资料。而分配后缺货的商品资料记录为缺货资料文件；缺货的订单若要合并到下一张订单则记录为合并订单文件，若有库存时予以补送则记录为补送订单文件。

③ 已拣货未出库销售资料。已分配未出库销售资料经过打印拣货单后转为已拣货未出库销售资料，同样的，拣货后若发现缺货，则缺货的商品资料记录为缺货资料文件；缺货的订单若要合并到下一张订单则记录为合并订单文件，若有库存时予以补送则记录为补送订单文件。

④ 在途销售资料。已拣货未出库资料，出货配送后即转为在途销售资料。

⑤ 销售资料。在途销售资料，经过回库确认修改后即转为销售资料，此为实际的销售资料，为应收账款系统的清款资料来源。

⑥ 历史销售资料。销售资料，经过结案后即为历史销售资料。

2. 订单异动处理

掌握订单的状态变化及详细记录各阶段档案资料后，对订单的异动处理则能更顺手，只要了解此订单异动时所处的状态，再针对其对应的档案加以修正处理即可。下面列举几种订单异动情形进行讨论。

（1）客户取消订单。客户取消订单，常造成许多损失，因此在商流处理上需与客户就此问题加以协议。但就订单系统内部来看，如何处理此笔取消交易的订单？此订单目前进行到哪个作业状态？在系统哪个档案里？只要能回答这些问题，相信就不难处理，由此可看出掌握订单状态的重要性。

若此订单处于已分配未出库状态，则应从已分配未出库销售资料里找出此笔订单，将其删除，并恢复相关品项的库存资料（可分配量/已分配量）；若此订单处于已拣货状态，则应从已拣货未出库销售资料里找出此笔订单，将其删除，并恢复相关品项的库存资料（可分配量/已分配量），且将已拣取的商品回库上架。

（2）客户增订。客户在出货前，若临时打电话来增订某商品项目，则是否答应？是否来得及答应？若答应则如何将此增订项目加入原订单？

先查询客户的订单目前状态，看其是否未出货？是否来得及再去拣货？若接受其增订，则应追加此笔增订资料。若客户订单处于已分配状态，则应修改已分配未出库销售资料文件里的这笔订单资料，且更改商品库存档案资料（可分配量/已分配量）。

（3）拣货时发生缺货。拣货时发现仓库缺货，则应从已拣货未出库销售资料里找出此笔缺货订单资料，加以修改。若此时出货单据已打印，须重新打印。

（4）配送前发生缺货。配送前装车清点发生缺货，则应从已拣货未出库销售资料里找出此笔缺货订单资料，加以修改。若此时出货单据已打印，须重新打印。

（5）送货时客户拒收/短缺。配送人员送货时，若客户对送货品项、数目有异议予以拒收,或是发生少送或多送等情况,则回库时应从在途销售资料里找出此客户的订单资料加以修改,以反映实际出货资料。

11.4　仓储管理系统

11.4.1　仓储管理系统概念

仓储管理系统(warehouse management system,WMS)。通过 WMS 系统可以将入库、出库、调拨、盘点、批次管理、库存预警等仓库内的作业流程进行全方位的管理。应用 WMS 系统进行仓库管理可以有效控制库内的作业流程,对成本进行全面的掌控。同时 WMS 系统还可以同企业的其他管理系统进行对接,为企业管理提供相应的便利。

仓储管理系统是通过入库业务、出库业务、仓库调拨、库存调拨和虚仓管理等功能,综合批次管理、货品对应、库存盘点、质检管理、虚仓管理和即时库存管理等功能综合运用的管理系统,有效控制并跟踪仓库业务的物流和成本管理全过程,实现完善的企业仓储信息管理。该系统可以独立执行库存操作,也可以与其他系统的单据和凭证等结合使用,可提供更为完整全面的企业业务流程和财务管理信息。

WMS 系统不同于进销存软件。进销存软件简单来说能够实现的是库内作业结果的记录,例如经手人、商品出入库时间。WMS 系统除进销存的记录功能外,最大的作用在于作业过程的规范和指导作用。对库内的每一步操作流程都有着准确的记录和反馈,对仓库内作业的效率提升、降低库内成本有着非常重要的作用,如快速寻找相应货物,先进先出等库内作业的实现。

现代的仓库管理某种程度上在整个供应链当中已经呈现了核心的地位,库存不在被仅认为是生产和销售的参考,而是整体供应链的平衡机制。为客户和企业本身处理好库存管理的唯一方式就是进行信息的及时交流与共享,增强信息的可靠性、实时性。国内很多企业已经认识到了仓库管理的重要战略意义,正在逐步由传统的仓库管理模式向信息化管理模式转型。

WMS 系统的导入对企业有着重要的作用及意义。

(1) 对库内库位的精确把控,对库存进行全面监控,实现库内空间的充分利用及库存的合理控制。

(2) 数据及时传递,实现透明化、精细化的过程管理。

(3) 集合条码技术,完成信息化的全面应用,将库位、货物、生产批号数据化,实现对商品或生产过程的可追溯性。

(4) 实现公司管理模式的转变,从传统的仓库管理模式进化为信息化管理模式。通过 WMS 系统管理仓库,将提升供应链响应速度,加速资金周转,增强企业的整体竞争能力。

11.4.2　仓储管理系统流程

仓储管理系统的功能主要取决于配送中心功能定位、系统配置方案和作业流程。图 11-14 所示为一个配送中心的仓储作业流程。

仓储管理系统的主要作业模块包括仓储指令、进仓计划、收货作业、上架作业、移仓、变

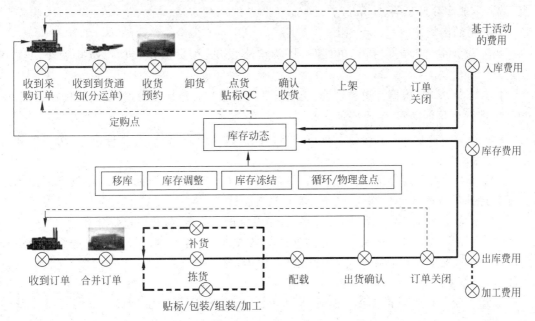

图 11-14　配送中心的仓储作业流程

更操作、库内加工、盘点操作、出仓计划、拣货作业、出仓作业等。它们分属于入库、拣货、出库和在库管理三个环节。

1. 入库处理

入库处理环节的主要功能包括以下几个方面。

(1) 接收指令，安排计划。接收指令，安排计划即通过进仓指令接收客户订单。接收方式一般包括网上下单、电话传真、手工录入、数据接口（如 SAP 系统）等。通过指令校核订单的准确性。然后安排进仓任务，生成预进仓信息。

(2) 车辆到货。可与配送系统的作业交互，如车辆到达、卸车、车辆离开管理，也可简单录入送货车辆情况。

(3) 收货确认。通过条码扫描清点货物。应用条形码可提高收货速度，降低差错率。条形码可设置在不同的包装层次上，收货员只需通过对标签的扫描即可完成货物的清点。RFID（射频识别）的应用可简化扫描操作，更快速地进行验收清点。货物查验，生成货损损失报告。录入系统到货情况，生成到货状况表，保存验收图样，可发布在网上供客户确认。

(4) 质检。质检包括收货前质检或收货后质检两种质检流程。如果是收货前质检，只能质检后才能进行收货作业；如果是收货后质检，只有质检完成后才能进行上架作业。可以自动打印质检单，完成工作的交接。随时查询质检的动态，质检的结果可以通过 WMS 界面或 RF 录入系统。

(5) 越库/传输。根据订单需要进行直驳，不做后续入库处理。

(6) 存储策略与上架策略。设定储存和上架策略，储存策略参见 7.3.2 小节，上架策略参见 7.5.1 小节。决定存储策略的因素包括储位的长、宽、高，储位所处位置，储位的属性，商品体积和商品重量，商品类别及当前存储状况等。

(7) 上架与储存。利用 RF 设备发送操作指令、库位调整、条码扫描、上架、进仓实际信息反馈、生成库存信息等。

2. 拣货、出货作业

出库作业主要功能包括订单处理、拣货策略设定、拣货操作、包装处理、装车出库等功能。

(1) 订单处理：根据订单类别、配送路线等对订单进行波次划分、按拣货区进行分割，按相似度进行合并等操作，生成拣货任务。

(2) 拣货策略设定：支持按单拣货、并行拣货、接力式在线拣选、预拣选、二次播种和二次摘果等模式。

(3) 拣货操作：选择拣货逻辑，进行资源调度和任务分配；条码扫描，拣货下架。拣选过程支持拣货单拣选、RF拣选、电子标签拣选等模式。

(4) 包装处理：货品分类、包装选择，打印发货单和面单、包装信息管理等。

(5) 装车出库：可与配送系统的作业交互，车辆到达、货物装车、车辆离开管理或简单录入送货车辆情况；实际出仓记录，自动扣减在库库存等。

3. 在库管理

在库管理模块主要包含盘点作业、补货作业、移库作业、流通加工等。

盘点作业模块的主要功能包括盘点方法选择、生成盘点计划、盘点过程支持、盘点结果分析、盘后库存调整等功能。

移库作业的主要目的：①优化储位。根据商品的周转率，进行 ABC 分析，对商品进行储位的移动，以优化库存结构。②提高仓储效率。为提高库内仓储效率，对不满一个托盘的商品进行拼盘作业，以提高储位的仓储效率。

移库的作业流程：①打印移库单。信息系统对库内数据进行分析后，打印出移库单，交给移库作业人员。②移库作业。移库作业人员凭移库作业单进行移库作业，并对完成的移库作业进行确认。③储位调整。信息系统对确认过的移库作业进行储位信息的更新，完成移库作业。

补货操作是将货品从存储区移动到拣货区，当存储区与拣货区分离设置时，需定时从存储区向拣货区补货以满足拣货需要。补货模块功能包括补货模式选择、拣货位库存设定。一般支持定时补货和订单驱动补货两类补货模式：定时补货是物流中心的常规补货模式；订单驱动补货是紧急情况下根据订单需求触发补货任务。拣货位设定最低库存、最高库存、最小补货单位。当拣货位库存低于最低库存时生成补货任务。补货任务可以通过RF直接获取、打印补货标签或打印补货清单方式获取。

流通加工模块的主要功能包括预装配、变更操作、改包装、零配件组装及其他增值服务。

11.4.3　仓储管理系统功能框架

仓储管理系统是企业物流系统的一个子系统，其上与企业 ERP 系统对接，接收 ERP 的指令，反馈仓库库存和出入库作业信息；其下与物流控制系统（WCS）对接，将仓储作业指令传给 WCS，WCS 组织自动化作业并将执行情况实时反馈给 WMS，同时 WMS 还需要与供应商管理、客户管理系统、承运人管理系统对接，共同完成配送中心的物流系统运作管理。仓储管理系统的总体构架如图 11-15 所示。

WMS 仓储管理系统包括以下主要功能模块。

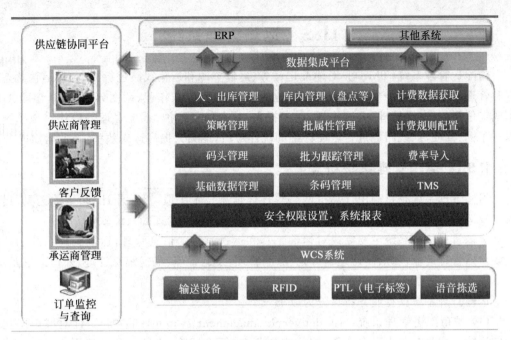

图 11-15　仓储管理系统的总体构架

（1）系统接口。可以与 ERP 系统、SAP 系统、TMS 系统、OMS 系统、MES 系统等无缝集成，打破信息孤岛，让数据实时、准确和同步。

（2）入库管理。入库管理主要包括入库通知、入库申请、入库审核、货品验收、入库上架。支持采购入库、生产入库、调拨入库、其他入库等入库方式。

（3）库内管理。库内管理包括货品存储、库存调拨、货品盘点、编码转换、库存冻结/解冻、库位调整、库存预警、效期预警、补货管理、查询管理等。

（4）出库管理。出库管理包括出库通知、拣货、复核、打包装箱、出库申请、出库审核、装车发货。支持订单出库、调拨出库、委外出库、其他出库等出库方式。

（5）基础资料。基础资料包括供应商管理、仓库管理、库位管理、员工管理、商品档案、批次管理等。

（6）策略规划。策略规划包括上架规则、质检规则、库存周转规则、补货规则、波次规则、拣货规则、先进先出规则等。

（7）系统设置。系统设置包括多仓库设置、用户角色、操作权限、数据权限、数据备份恢复。

（8）报表管理。报表管理包括入库、出库、盘点、调拨、绩效、库存等报表管理，支持自定义打印，为管理层提供一个有力的管理工具。

（9）RF 作业。RF 的操作界面清晰、简洁，可直观展现关键的业务信息。支持收货、上架、拣货装箱、发货、补货、盘点、调拨、质检、查询等作业环节。

随着物流管理技术和信息技术的发展，WMS 仓储管理系统的功能模块将会越来越完善，通过模块化配置来满足各类用户的不同需求，助力用户实现更加标准、更加科学、更加高效的管理方式。

11.5　运输管理系统

输配送管理系统(TMS)是对输配送任务、运输资源和运输线路进行规划、对运输状态跟踪和管理的系统。输配送管理系统主要包括订单管理、配载作业、调度分配、行车管理、GPS车辆定位系统、车辆管理、人员管理、数据报表、基本信息维护、系统管理等模块。该系统可以对车辆、驾驶员、线路等进行全面详细的统计考核,能大大提高运作效率,降低运输成本。

11.5.1　运输管理系统概念

运输管理系统是指利用计算机网络等现代信息技术手段,对运输计划、运输工具、运送人员及运输过程进行跟踪、调度、指挥等管理作业进行有效管理的系统软件。

运输管理信息系统主要完成对运输工具和运送过程的信息管理,运输管理系统的功能主要包括管理运输任务、制订运输计划、派车管理、发运管理、车辆跟踪管理、外包运输跟踪、回单确认及结算等。

运输管理系统根据业务特点分为以下三类。

(1) 城市配送管理系统(city delivery management system,CDMS)。针对城市配送企业的运输方式具有单点上多点下、路线规划复杂、短途运输、业务量和订单固定、KPI考核、途中监控难度大、费率复杂、与仓库进行衔接等特点,一般城市配送管理系统会提供路线规划、模板订单、计划订单、外部承运商管理、KPI考核、GPS&GIS智能分析、循环途中下货管理、回单管理、计费引擎等功能。另外还有收入和支出管理功能,可以按计费规则生成相应的收入和支出金额,支持自动生成账单等功能。

(2) 整车运输管理系统(TL transportation management system,TL-TMS)。它是指从事公路运输服务的整车运输企业量身定制的信息管理系统。一般具有运输计划、路线优化、调度拆单、车辆指派策略、装货确认、途中跟踪、KPI考核、安全车管等处理功能,有的还可实现业务与财务一体化,公司管理层提供直观、及时、准确的人、车、货、财等决策分析数据,快速反应企业的经营情况,为分公司网点的设置利润情况提供决策依据。

(3) 集装箱运输管理系统(container transportation management system,CTMS)。它是指公路集装箱运输服务的运输企业信息管理系统。针对集装箱业务方式提供了集装箱管理、拖车管理、调度指派、路线优化、安全车管等处理功能。业务与财务一体化,具有车辆管理、财务结算能力,并为公司管理层提供直观、及时、准确的人、车、货、财务等决策分析数据。

11.5.2　运输管理系统功能

运输管理系统的主要功能包括订单管理、车辆管理、调度管理、跟踪执行、计费管理、统计分析等,如图11-16所示。

(1) 订单管理:用于客户订单管理。目的是将客户订单与运输信息绑定。其功能包括订单建立、订单审核、订单查询与订单拆分等。

(2) 车辆管理:根据客户订单需求,发布寻车信息,通过平台找到最合适的运输车辆,降低企业运输成本。对内部车辆的企业,可直接自动派单,分配车辆。

(3) 调度管理:主要包括提货调度、干线调度、市内调度和波次匹配等功能。

(4) 跟踪执行:主要包括装车指导、发运确认,在途跟踪与到达签收、卸货入库、回单管

理及异常管理等功能。用于车辆输配送过程的实时跟踪
定位查询,实现行驶轨迹回放,并可查询车辆在途关键节
点信息。

(5)计费管理:订单完成运输可以对收入和支出进行
核算并统计出利润;收入通过体积、重量进行核算,最终
产生收入报表;支出费用主要包括运费、装卸费、其他费
等,根据驾驶员和中转公司的不同,可进行月结、次结等;
通过费用结算功能查询出客户结算费用,进行打款;核销
人员进行核销,核算人员进行核算,统计出利润,最后上报
财务。

(6)统计分析:主要用于统计输配送过程的绩效指
标,包括送货及时率、签收完好率、人员作业效率、运输工
具负荷、运输费用指标、客户满意度及承运商 KPI 指
标等。

**图 11-16　TMS 运输管理系统主要
功能模块**

当然,不同企业根据业务需求,其运输管理系统的功能会有所差异。表 11-2 所示为某
企业 TMS 系统的功能模块与主要功能。

表 11-2　某企业 TMS 系统的功能模块与主要功能

模　　块	主　要　功　能
基础设置	客户档案/产品档案 承运商档案/行政区域/提送货地址 路线管理/车辆管理/车型管理 业务规则 系统配置/列表配置 调度规则/跟踪规则/消息推送 公告栏管理/定时器
订单管理	订单建立/订单审核 订单查询/订单拆分
调度管理	提货调度/干线调度 市内调度/波次匹配
统计分析	送货及时率/签收完好率/人员作业指标 运输工具负荷/运输费用指标 客户满意度/承运商考核 自定义查询/自定义报表
跟踪执行	装车/发运确认/在途跟踪 到达签收/卸货入库/回单管理 异常管理/影像保存
计费管理	费率设置/费用账单/账单发票 账单核销/费用审核 应收账单/应付账单
App	提货/卸货/装车 签收/运单查询/图片上传 接口管理/预警

11.5.3 运输管理系统框架

运输管理信息系统是对运输信息进行计划、组织、指导、协调和控制的系统软件或平台。运输管理信息内容涉及运输工具、运送人员、货物以及运输过程、各业务环节的信息管理。

先进的输配送管理系统一般会整合运输管理(TMS)、地理信息系统(GIS)全球卫星定位(GPS)三大系统,实行动态线路配送模式,具有高效整合区域优化、线路优化、车辆管理、车辆跟踪、绩效管理等一系列功能,大幅提高配送效率,降低配送成本,实现全方位物流配送信息的互联互通,信息共享。运输管理信息系统还可以连接智能手机、GPS车载设备、油箱传感器等智能化设备,动态获取车辆定位信息、运输轨迹信息、行驶里程、油耗信息等数据,帮助运输企业做到精确、高效的管理,为客户提供真实、实时的信息。并利用上下游协同数据,完成上下游企业间或企业与个人间的应收费用结算、应付费用结算。

图11-17所示为某物流企业运输管理系统(TMS)业务框架。运输管理系统包括个人计算机(PC)端和移动端,主要功能主要包括客户下单、运力配载、车辆跟踪、市内配送、电子签收、回单管理、结算管理等核心功能模块。另外可与其他外部系统、硬件进行集成。

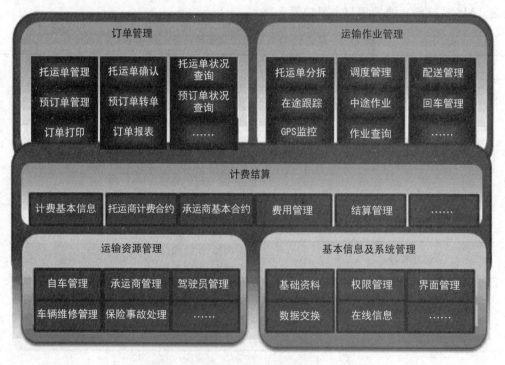

图11-17 某物流企业运输管理系统业务框架

物流配送管理系统可以为企业提供配送区域划分决策的数据支持,优化每日配送线路,实时监控物流车辆状态的途径,定期将系统所收集的每日物流信息进行统计计算,科学有效准确地反映企业物流运行状况,更好地提高物流配送的效率。

11.5.4 车辆调度系统功能

一般配送中心从接受订单至出货所花费的时间相当长,配送路径的决定不明确,致使效率低,许多状况无法满足客户需求。为解决这类问题,配送车辆调度系统的应用显得越来越重要。车辆调度系统的主要功能在于提高管理水准与作业效率,车辆调度系统主要的输入与输出如表 11-3 所示。

表 11-3　车辆调度系统主要的输入与输出

项　目	输　入		输　出
道路网分析	区域范围分割资料	仓库位置、仓库管辖范围、客户位置、仓库所属客户	最短路径:时间上的最短途径、距离上的最短途径、最短途径的路径、区域范围分割记录
	道路网资料	十字路、道路分析、行车距离、单向行驶信号	
配送计划	车辆资料	车种、能力、台数	配送时间表:哪辆车、何时、至何地、携带什么、配送状况、其他
	订购资料	客户编码、希望配送时间、商品、数量、其他	区域范围分割结果:哪个仓库配送哪些客户
	在库资料	仓库别、商品别在库量,其他	利用率:车辆利用状况

11.6　案例分析:嘉伦药业物流管理系统简介

11.6.1　企业背景

嘉伦药业集团是一家在医药研究、生产、流通领域拥有雄厚实力的大型集团企业,总部位于广东省珠海市,是国家批准跨区连锁药品经营的首批 50 家企业之一。

嘉伦药业集团的主要发展方向是:借国家大力推动药品跨区连锁经营的机遇,将市场先入的优势和自身的实力相结合,引入先进物流管理模式和信息系统,大力发展跨区药业连锁;依托全国药业连锁的物流管理,建立第三方物流服务体系,为本企业和客户企业提供完善的物流服务。

11.6.2　需求分析

嘉伦药业亟待解决的问题有以下几个方面。

(1) 主动决策。企业各级决策者能够实时掌握当前经营状况和经营数据,随时依据经营信息调整经营策略,快速应对市场和竞争形势变化,使决策者始终掌握着市场的主动权,立于竞争中的有利地位。

(2) 与供货商建立紧密合作关系。与更多的供货商建立紧密的合作关系,降低采购风险和采购成本,分散销售风险。

(3) 连锁经营管理可控。连锁企业具有地域分散的特点,连锁总部的负责人需要有能力、有手段掌握并监督本企业各项业务的开展现状和业务过程,并使企业全部运作过程具有责任可追溯性,为经营管理提供有效依据。

(4) 提高效率,降低成本。提高企业各部门业务的运作效率,降低运作成本,加速资金周转,提高运作的科学性和可预测性。

(5) 计划与应变。市场经济条件下经营环境瞬息万变,企业需要具有对经营计划快速有效的实施能力、对突发意外情况的紧急计划变更和再计划能力,以应对不断变化的市场和经营环境,不致陷于被动。

(6) 支持 GSP。GSP(good supply practice)是《药品经营质量管理规范》的缩写。药业连锁企业经营管理必须通过 GSP 认证,符合 GSP 的相关规范要求,支持药业连锁企业物流管理的软件系统也必须符合 GSP 规范。

11.6.3 解决方案

嘉伦药业连锁物流管理系统依据嘉伦药业集团支持自身药业连锁物流管理和为客户提供第三方物流服务的需求,设计为既能满足全国药业连锁企业对物流管理方面的工具要求,支持药品储运销过程的 GSP 规范,支持连锁集团内部的采购、质检、库存、请退药、配送、统计查询、决策支持等业务要求,同时对嘉伦药业集团的第三方物流服务业务提供功能支持,如收货管理、订单管理、流通加工、账单管理、门禁管理等。

系统设计划分为 11 个子系统(可配置),每个子系统下有若干功能模块(可配置),整个系统结构如下。

(1) 总部业务子系统。总部业务子系统包括需求分析、采购计划制订、药品采购、新开仓库一次性采购、药品配送、审核(采购审核、请药审核、退药审核)、新药强制配送、总部仓库管理、退药管理、分部管理、药品定价、查询统计等总部业务模块。

(2) 订单管理子系统。管理所有与订单有关的信息及资料的处理。包括接单处理、周期管理报表、订单周期报表、订单数据处理、退货数据处理、销售分析等功能模块。

(3) 分部业务子系统。分部业务子系统包括门店管理、新开门店一次性配送、请药、配送管理、退药管理、定价管理、首次品种配送、新药品建议、查询统计等总部业务模块。

(4) 收货管理子系统。管理所有与收货有关的信息、作业及资料的处理。包括汇入收货通知、收货清单、收货资料维护、收货作业、直接收货作业、进仓单与收货回条管理等功能模块。

(5) 仓库管理子系统。仓库管理子系统包括入库(入库验收、入库作业规划、入库数据处理、入库资料维护、货位分配、入库单生成打印、退货处理、越仓作业处理)、出库[汇入出货通知、出货资料维护、拣货作业规划、直接出货、出货结算、出货(仓)放行条、提货单管理、配送计划、派车计划、容积管理、配送出库、退货出库、调拨出库、退药出库、损耗出库]、仓储管理(库存高低限、近效期查询和提示、样品检验、库存检验、存货控制、商品 ABC 分析、盘点、货位管理、停售管理、查询统计)等仓库业务模块。

(6) 药业连锁门店管理子系统。药业连锁门店管理子系统包括请药管理、进药管理、价格管理、残损处理、库存管理、盘点管理、经营分析等门店管理业务模块。

(7) 药业连锁门店收银子系统。药业连锁门店收银子系统包括收银员及交接班管理,药品销售管理,优惠、折扣管理,多种形式付款、退药、销售报表等门店收银业务模块。

(8) 药业连锁决策分析子系统。药业连锁决策分析子系统包括药品进药统计与分析,药品配送统计与分析,药品销售统计与分析,药品库存统计与分析,滞、畅销药品统计与分析,药品利润率统计与分析,综合统计等决策分析业务模块。

(9) 系统管理子系统。系统管理子系统包括用户组管理、用户管理规则管理(药业连锁集团下属部门付款规则及欠款管理、供货商付款规则及欠款管理)等系统管理模块。

（10）账务管理子系统。管理第三方物流企业的计价方式,如仓租、流通加工费用及杂项费用;账单的开立、修正及打印;应收、应付账款的管理。其包括仓租计费管理、杂项及固定费用计费管理、开立发票、应收账款管理、应付账款管理等功能模块。

（11）资源维护子系统。管理系统内所用到的所有资源信息。其包括仓储信息(仓库维护、仓区维护、储区维护、储位维护)、度量单位、包装、保管代码、客户关系人属性、会计科目、产品类型、产品类别、产品群、危险品类别、流通加工、材料清单、原因代码、角色、人员、订单性质、装载容器、车辆形态、车辆用途、封条使用类型等资源管理模块。

系统以现代药业连锁经营为理念,采用互联网应用模式,及时、准确、可靠地将配送中心和各药业连锁门店的业务经营现状、请求等相关数据进行传送、加工和处理,为药业连锁公司的药业连锁经营以及各级业务部门科学、高效地协同运转提供了强有力的管理手段;为企业管理者提供实时、准确的经营数据分析和决策支持;提高企业的现代化管理水平和反应速度,提高商业企业整体竞争力。

11.6.4　效益评估

嘉伦药业物流管理系统的使用给嘉伦药业集团带来了如下明显变化。

（1）变分散控制为集中控制。企业在完全可控的状态下运转,改变了大企业分散业务的控制难题,有利于企业进一步快速发展。

（2）经营状态信息和市场反馈信息及时准确。原来嘉伦药业通过行政手段搜集经营信息,不能保证准确性、及时性。这给企业进一步扩张发展带来巨大困难。通过本系统的实施,各种信息实时地反映在系统中,以供企业各级人员决策参考,并成为自动业务开展的依据。

（3）集团日常库存量大幅降低。由于系统的库存优化、自动补货和告警系统功能,使库存能够在确保不断货的情况下始终保持最低库存指标,使同样的资金量所能支持的仓库数量增加了近一倍,提高了资金利用率,也扩大了嘉伦药业的市场扩展能力。

（4）库存资金周转速度大大加快。从以前全年嘉伦药业库存资金周转两次变为如今两个月就周转一次,提高了资金使用效率。

（5）企业运行的自动化、科学化程度提高。试运行的 3 个月里,全员工作效率提高了30%,而因工作失误所造成的损失同比下降了 50%,减少损失数万元。随着员工熟练程度的提高和系统的进一步改进,效益会不断提高,而嘉伦药业也会随之拥有越来越高的市场竞争力。

本　章　小　结

配送中心信息系统包括配送中心业务过程的各个领域和环节的信息系统,包括订单处理、入出库作业运输、仓储作业、拣选作业、输配送作业等,是一个由计算机网络、应用软件及其他高科技的物流设备将供应链上下游连接起来的纵横交错的立体的动态互动的系统。

配送中心信息系统网络、功能结构与其在供应链上地位、经营模式、上下游客户的需求、服务项目与业务流程、设施与设备配备、部门设置与人员、内部操作流程与操作规范密切相关。

配送中心信息系统一般包括业务主系统和业务支持系统两部分。业务主系统是信息系统的核心部分,主要具有订货管理、入库管理、配货管理、在库管理、出库管理和配送管理等信息处理和作业指示功能。配送中心的业务支持系统由配送中心的自动技术系统、互联网络系统和数据库系统三部分组成。

订单处理是配送中心所有工作的开端,订单处理作业启动了相关的物流作业及信息系统,是配送中心的中枢神经。订单管理系统是物流管理系统的一部分,通过对客户下达的订单进行管理及跟踪,动态掌握订单的进展和完成情况。订单处理过程包括订单资料输入、订单资料审核及确认、库存分配和订单数据处理。订单状况管理是对订单全过程的跟踪和管理,在跟踪管理过程中,要随时关注订单的异动,并根据异动情况及时做出修正和调整。

仓储管理系统可以将入库、出库、调拨、盘点、批次管理、库存预警等仓库内的作业流程进行全方位的管理,其主要功能模块包括仓储指令、进仓计划、收货作业、上架作业、移仓、变更操作、库内加工、盘点操作、出仓计划、拣货作业、出仓作业等。

运输管理信息系统主要完成对运输工具和运送过程的信息管理,运输管理系统主要包括订单管理、配载作业、调度分配、行车管理、GPS 车辆定位系统、车辆管理、人员管理、数据报表、基本信息维护、系统管理等模块。

复 习 题

1. 什么是配送中心信息系统?它与物流信息系统有什么关系?

2. 影响配送中心信息系统需求的要素有哪些?

3. 配送中心信息系统的业务系统主要功能有哪些?

4. 分析订单处理在配送中心内的重要作用。

5. 订单处理的基本步骤是什么?

6. 订单处理的输出包括哪些内容?

7. 什么是订单异动?举例说明订单异动情形和处理方法。

8. 什么叫仓储管理系统?与进销存软件有什么区别。

9. 仓储管理系统的入库处理环节主要包括哪些功能?

10. 仓储管理系统的在库管理包括哪些功能?

11. 什么叫运输管理系统?根据业务特点可以分为哪几类?

12. 运输管理系统的主要功能包括哪些?

第 12 章

配送中心系统评价

12.1　配送中心系统评价概述

12.1.1　生产率评价意义与目的

1. 生产率的含义

生产率一般指单位设备(如一台机床或一条自动生产线)在单位时间(如一小时、一昼夜)内出产的合格产品的数量。如果指每个工人在单位时间内生产的合格产品数量,则称为劳动生产率,它是衡量生产技术的先进性、生产组织的合理性和工人劳动的积极性的指标之一。企业想要提高效益,就要由提升生产率做起。

目前我国企业与欧、美、日等国家和地区的企业的生产率仍有一段差距,落后原因很多,例如作业效率低、产品收益力(附加价值率)低导致经营效率不佳,直接或间接人员比率有问题、薪资体系未尽合理、员工缺乏成本意识、生产管理方法不善、销售方式不当,都是可能导致企业生产率不佳的因素。如何解决目前的问题,最好方式就是对生产率的内涵深入研究,以便能适时切入关键点予以解决。

2. 评价的意义

所谓评价就是以科学的方法,对一件事物或整个组织,按照事前设定的基准,评价其可行性或绩效,进而列举其优劣并提出改善建议。因此,在进行企业整体评价时,应以企业所期望的目标作为判断或评价的根据,一旦企业发生问题,评价即要预测每一个问题对公司未来运营的影响程度以及可能影响的时机。而经评价后,即可拟定问题的优先顺序,在时机和资源的配合下来解决问题。

一般来说,对评价结果的要求不外乎希望达到“可靠性”与“有效性”两个目标。影响评价可靠性的因素包括评价的时机和“优”“劣”的定义。因此要掌握适当的评价时机及明确评价结果,其评价才算具有可靠性;而评价有效性即指评价方法设计甚佳,足以切实反映所要衡量事物的状况。有效的评价方法必须准确地反映工作性质及员工行为属性,因而对例行、重复及简单的工作,比较容易描述与衡量,但当专业性很强时,评价的有效性将较难实现。不论如何,评价本身并非目的,必须进一步根据评价结果采取行动才能确实发挥评价的效用。

3. 生产率评价的目的

医生诊察病患时,首先必须使用听诊器检查身体,有必要时再做进一步的详细检查,如有病痛,则进行治疗或手术。而生产率评价利用指标公式计算出比率或金额,借以判断企业的经营状态,和医师使用听诊器诊察病人的情况同等重要。因此,生产率评价的主要目的就是要确定生产系统目前的生产率趋势,找出病因或突显出企业较弱环节,以便进一步达到经营合理化的目标。

目前在配送中心的运作中,计算机的应用已广泛普及,且高科技的自动化技术不断地发展,但是若无正确有效的系统规划配合,则不管多先进的设备也无法发挥最大功效,这也是经营合理化的重点。企业必要通过削减固定费用、提高附加价值或提升作业效率的办法来降低损益平衡点,才能在市场上占领先机。所以,对配送中心生产率的掌握和评价是不可忽视的问题,也是企业迈向经营合理化目标的前导工作。

生产率评价的目的及作用包括以下几点。

(1) 以各部门或各作业员为单位来评价营运作业的实绩,促进其责任意识及目标达成意识,以利于提高公司整体的业绩。

(2) 由于实施生产率评价,而得以衡量各部门员工的贡献程度,并设法提高成本及利益意识,以便达到精兵主义的目的。

(3) 通过公正的评价方式,整合公司目标与员工个人的目标,以便提高员工的干劲。

此外,为寻求提升生产率有效的运营作业方式,并积极着手改善,在进行生产率评价时,需注意下列几个重点原则。

(1) 引进生产率评价制度时,首先须明确经营方针及计划目标,以便由公司的发展方向来判断生产率的好坏。

(2) 要建立完善的评价制度,应确立公司内每一部门的评价体系,也就是要设定各部门生产率评价所考虑的评价项目或基准值,同时,应让员工了解对实绩资料以及评价结果的看法及分析方式。

(3) 在实施生产率评价制度前,需向有关人员说明评价制度的内容及目的,咨询他们的意见,以建立上下层之间的信赖关系。若未能建立信赖关系,生产率评价的制度将难以发挥成效。

(4) 为能不断提升生产率,应确实以评价值来检核实绩,并迅速采取对策。

12.1.2　生产率评价运用原理

1. 生产率评价的基本原理

生产率的基本原理,简单地说,就是投入与产出的比。这个定义可适用于各种企业、工业或任何经济行为。投入部分即各项资源,产出部分则包括产品、半成品及各种服务行为,图 12-1 所示为产出量与投入量构成生产率的关系。

单独考察某一种生产要素,用其投入量作为生产率公式的分母,所得到的生产率称为该要素生产率。举例如下。

(1) 劳动生产率。用劳动消耗量作为总投入计算的生产率,如多少元/(人/年),多少台/(人/年)。

(2) 资本生产率。用折旧费或固定资产面值作为总投入计算的生产率。

(3) 原材料生产率。以投入原材料量作为总投入计算的生产率,如多少元/t(钢材)。

(4) 能源生产率。以投入能源量作为总投入计算的生产率,如多少元/度(电)。

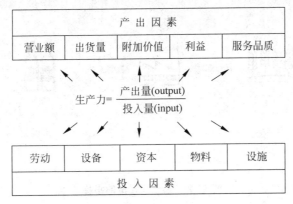

图 12-1　产出量与投入量构成生产率的关系

　　由于配送中心的流通速度极快,因此应掌握能快速反映情况的量化指标。本节所讲的生产率评价就是将配送中心各项作业的运行现状予以量化,再进一步加以分析审核。虽然企业的实际状况无法完全量化表示,例如货品的成长力、研究开发力、员工的意欲、劳资关系等。但如能掌握可计数的具体资料,经详细的分析推敲,将使评价结果客观、正确,对增进企业的经营能力是一项很大的帮助。

　　2. 生产率评价指标类型

　　如前所述,生产率的基本原理就是产出量/投入量,即衡量每投入单位资源能获得多少产出成果。然而,有时用"每单位产出,需投入多少资源"比"每投入单元资源能得到多少产出"更让人印象深刻,也更能反映现况,因而投入量/产出量也是一项主要的评估指标考虑形式。

　　此外,配送中心中,有些作业属于过程作业,只是观察产出、投入的比并不足以反映全貌,必须进一步找出投入/投入,即两两投入量之间的比率,以确定投入与投入之间的关系是否合理。例如,存货管理费率＝存货管理费用/存货数量,即是观察每单位投入的存货数量需花费(投入)多少管理费用,而这比率的成本耗费是否让管理者觉得可接受。另外,也有些作业要评估其绩效,需掌握产出/产出,即两两产出量之间的比率,以衡量产出与产出之间的相关程度是否令人满意。例如,客单价＝销货收入/订单数量,即是观察在目前销售情况下,获得(产出)每张订单能够赚得(产出)多少收益。

　　综上所述,在进行配送中心生产率评价时,所考虑的指标形式包括产出/投入、投入/产出、投入/投入、产出/产出四项,如图 12-2 所示。

12.1.3　选择生产率指标原则

　　由前述产出/投入、投入/产出、投入/投入、产出/产出的考虑形式必能推导出不少生产率指标,然而一旦推导出的指标不能反映企业情况,对公司运营的改善没有帮助的话,则这个指标即无存在的必要。因此,对生产率指标的选择应满足以下原则。

　　(1) 选出的指标能反映组织整体或某个作业单位的生产率。

　　(2) 选出的指标能确实反映负责人或经理人的努力程度,对不能控制的因素,也应能适当显示。

　　(3) 选出的指标要有助于问题的分析,才能协助企业找到改善的方向。

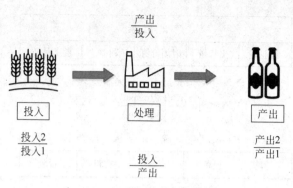

图 12-2　生产率评价的指标

因此,本节推导的指标将包含配送中心整体及各个作业部分,若只追求作业的细节,可能会忽略个别作业绩效高但整体利益反而差的情况;同样的,若只集中于整体企业的探讨,则可能无法找出个别作业的潜在问题,而使企业业绩逐渐下滑。另外,对人员努力程度的掌握,将由各个作业切入,来观察各部门作业人员的生产率。

12.2　配送中心生产率指标确定

在配送中心的运作中,几乎每一作业有其不同的人力与设备,且每一作业的重点考虑均不相同,有些作业集中在劳力的付出,有些作业取决于管理决策,而有些作业则与设备的多少、设施的大小有密切关联。因此,我们先针对配送中心各项作业的内容,推导出详尽的具体指标,才能借助这些指标分析出问题的症结,决定由哪一作业哪一要素着手改善,最能有效快速地提升公司生产率,而后再配合管理人员来一起观察公司整体的绩效。配送中心生产率指标的推导步骤如图 12-3 所示,根据这个程序来推导配送中心各作业的量化指标。

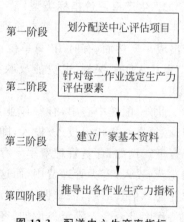

图 12-3　配送中心生产率指标的推导步骤

12.2.1　划分评价作业项目

虽然特性或规模不同的配送中心,其作业管理方式不完全相同,但大致可归纳为如图 12-4 所示的基本作业流程,因此将配送中心的评估作业项目分为进出货、储存、盘点、订单处理、拣货、配送及采购作业七个项目,另外,还有配送中心整体评估。通过这些评估项目才能真正掌握企业的生产率以及发掘问题所在。

12.2.2　针对每一作业选定生产率评价要素

将配送中心划分成上述八部分后,接下来就要选定各作业要评价的生产率要素,也就是确定每一作业的评估重点。针对每一项作业,究竟应集中掌握哪些资源耗费?哪些资源才是此项作业的评价重点?对大多数配送中心的运营作业而言,生产率评价要素一般包括以下几个方面。

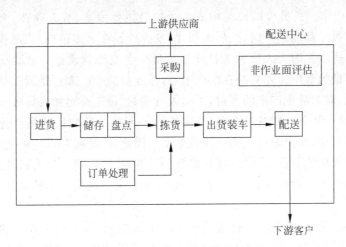

图 12-4　配送中心基本作业流程

- 设施空间生产率：衡量整个厂房空间设施是否已充分利用。
- 人员生产率：衡量每个人员有无尽到自己最大能力。
- 设备生产率：衡量资产设备有无发挥最大产能。
- 货品、订单效益：衡量货品销售贡献是否达到预定目标。
- 作业规划管理力：衡量目前管理阶层所做的决策规划是否适合。
- 时间生产率：衡量每一作业有无掌握最佳时间。
- 成本力：衡量某项作业的成本费用情况。
- 品质力：衡量产品及服务品质有无达到客户满意的水准。

　　这些生产率评价要素之间的关联如图 12-5 所示，一个配送中心必须先要有设施空间、人员、设备、货品才能开始运作，然后管理者对这些资源做规划管理，经运营管理，才产出时间、成本、品质三个评价要素。

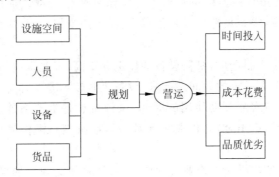

图 12-5　配送中心 8 个生产率评价要素的关联关系

1. 生产率评价要素特性分析

　　(1) 设施空间生产率。以配送中心而言，设施指除人员、设备外的一切硬件，包括办公室、休息室、储区、拣货区、出货区等区域空间的安排及一些消防设施等周边硬件。因此，所谓设施空间生产率，即空间利用率或有效率。提高单位土地面积的使用效率变得刻不容缓，而对货架、作业区的保管量、保管种类、保管面积与容积等的掌握，也变成配送中心设施配置的重要课题。

（2）人员生产率。人员可以说是构成企业的最主要因素，有人存在，企业才能运营，同时也要公司每位员工都能固守岗位、尽忠职守，发挥所长将全部精神、力量投入工作，方能维持企业的成长与进步。因而人员的考核评估是每个企业经营评价的重要项目，在衡量各种企业的生产率时最为常用。尤其是在配送中心，作业员的生产率更是营运优劣的关键，不容忽视。一般来说，对人员生产率的评价，可由人员编制、员工待遇和人员效率三个要素着手。

① 人员编制。评价人员编制情况，最主要的是人员的分配达到最合理化的程度，避免劳逸不均的情形发生，而影响员工的情绪及效率。因此，应随时对设定的人员编制与实际状况加以深入了解和比较分析，及时发现异常并加以改善，以达到人员合理化的目的。而评价人员编制则主要从工作重要性、工作劳逸合理性（工作量）、人员流动性和加班合理性四方面来诊断。

② 员工待遇。员工待遇是企业给予员工的工作报酬，除给员工报酬感外，也能带给员工激励感，使每位员工都能以最佳的心力投入本身工作，促使公司快速地成长进步，以获取更多利润。一般所谓的待遇是指薪资与奖金，都务必做到公平合理，避免员工有不平或抱怨的心态，从而影响员工的士气或降低对客户的服务品质。

③ 人员效率。人员效率管理的目的，就是提高人员的工作效率，使作业人员在单位时间内能发挥最大的生产率。尤其是人属感性动物，容易随情绪高低变化而影响工作效率，因而人员效率远比机器设备难以控制，人员效率的管理也就显得更加重要。

一般工作常以工时来评价人员效率，如何减少工作时间但并不损及作业效率，应是每个企业努力的目标。而在配送中心中，由于工时不似生产那样容易掌握，因此除工时外，还可使用销货收入、出货量、作业单元数（托盘、箱）等来衡量人员的工作效率。

然而，要提高人员效率，不应只从员工方面加以改善，对产品加工工时的缩减、作业方式工时的缩减也是直接影响效率的重点，一旦产品的加工程序或作业方式更为简化或标准化，人员工作的速度也必然加快，而使企业获利。

（3）设备生产率。虽然机器设备不似人员情绪那般令人难以捉摸，但其在作业中可能发生的故障、不顺、闲置，很容易造成交货延迟、货品品质受损、工作中断等重大损失，因此也不能忽视。

配送中心不同于生产制造厂，机器设备的比例并不高，多是保管、搬运、存取、装卸、配送等设备。由于各项作业有一定的时间性要求，设备工时较不容易计算，因此除以机器利用时间（利用时间为机器设备实际开动使用的时间）来评价设备生产率外，还应着重掌握单位时间内机器设备的产出量、产出金额、作业单元数（托盘、纸箱）、操作频率与故障率等，以提升设备生产率。

需要注意的是，在使用机械的作业过程中，增加生产量必须增加设备利用时间或是增大每单位操作时间内的生产量。前者是增加作业量最直接的做法，而后者则是由改良机器性能或改善设备操作方式来达成增加生产量的目的。除此之外，人员与设备是否能密切配合也是关键，设备生产率与人员生产率是两个相辅相成的因素。

（4）货品、订单效益。配送中心在设立之前，首先要决定流通何种货品，因此货品可以说是配送中心的果实，什么样的果实最能引起客户的注意，吸引客户前来订购，得到多少订单，这些订单又能为公司带来多少效益，这些都应是管理者非常关心的问题。

此外，管理者必须在仓库中留有存货以减少缺货的机会。但这些存货又不能过多以免造成公司资金积压的损失,在这两者间做到什么程度也是一个评价重点。所以,对货品、订单效益的评估,主要在于探讨订单货品给公司带来的收益及目前对存货的控制绩效。

(5) 作业规划管理力。规划是一种方法,即根据决策目标明确所要采取的行动,因此规划管理的目的在于为整个活动过程选择正确行动的方向。在良好的管理下,一旦规划出最合适的作业方式,将能使整个生产率和效率大幅提升;反之,若规划的作业方式不当,则经营后必会突显出弊端,得不到预期的成效。

因此,要达到最佳的产出效果,规划管理人员必须先决定作业过程中最有效的资源组合,才能配合操作环境,设计出最好的作业方式,来执行运营过程中每一环节的工作。而这些规划出的行动在执行后,若评价的结果无法接受,则必须修正目前所采用的规划方式。所以,对作业规划管理的评价,主要在于掌握公司的投资状况及规划效果。

(6) 时间生产率。缩短作业时间,一方面可使工作效率提高,另一方面可使交货期提前,因此,缩短作业时间多为配送中心所重视。此外,时间算是衡量效率最直接的因素,最容易看出整体作业能力是否降低。但单凭时间并无法探讨问题的原因,仍必须结合人员或设备等方面去分析。例如,某段时间生产了多少? 平均一小时处理了多少? 平均一天中赚了多少等? 很容易让人了解公司整体经营的优劣,促使管理人员找到问题的症结所在。总之,评价时间效益,就是掌握单位时间内收入、产出量、作业单元数及各作业时间比率等情况。

(7) 成本力。配送中心的成本,是指直接或间接消费于保管及销售等相关活动的经济价值。将财物或劳动力的消费用货币表示,一般称为“费用”或“成本”。

当计算配送中心成本时,通常将直接或间接的物流活动所消费的经济价值,按照物流领域、支付形态和物流功能等进行计算。按物流领域分类,可分为资材物流费、公司内物流费、销售物流费、退货物流费及废弃物流费等,如图 12-6 所示。而按支付形态分类则是以财务会计上有关的费用为基础进行的分类,包括材料费、人力资源费、水电费、维修费、进出仓费、业务手续费等委托物流费(表 12-1)。按物流功能分类,可分为本公司支付的物流费、信息流通费及物流管理费三种(表 12-2)。

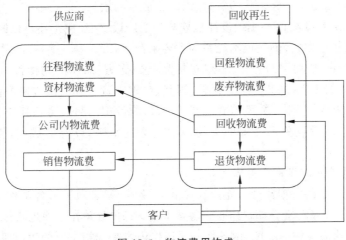

图 12-6　物流费用构成

表 12-1　按支付形态分类的物流费用

总物流费	本公司支付的物流费	公司物流费	材料费	包装材料费、燃料费、消耗工具、器具、备品费
			人力资源费	工资、薪金、津贴、奖金、社保、福利金、其他
			水电费	电费、天然气费、水费
			维修费	修缮费、消耗材料费、交纳税款、租金、保险费、其他
			特别经费	折旧费、公司利息
		支付物流费		包装费、捆包费、支付运费、事务手续费、保管费、入出库费、其他
	向其他公司支付的物流费			购买时向其他公司支付的物流费
				销售时向其他公司支付的物流费

表 12-2　按物流功能分类的物流费用

总物流费	本公司支付的物流费	包装费	销售包装费、输送包装费
		输送费	营业输送费、公司本身输送费
		保管费	营业保管费、公司本身保管费
		搬运费	包装搬运费、输送搬运费、保管搬运费
		流通加工费	物流加工费
	信息流通费		物流信息流通费
	物流管理费		现场物流管理费、总公司的物流管理费

不论采用哪种分类方法,成本因素对企业整体经营的影响都很大,如何谋求成本的降低是公司营运的重要目标。一般降低成本的方法可由设计规划阶段、采购阶段、作业阶段三个阶段来入手。

① 设计规划阶段:设计规划可以说是企业经营的第一阶段,因此,若能在此阶段就有全面的考虑且掌握标准化的观念,则对降低成本有很大帮助。这个阶段主要包括厂房设施、机器设备、作业方法的设计规划。

② 采购阶段:采购价格对成本的影响巨大,因此如何采购及采用何种采购策略都应慎重考虑。货品存货管理对公司资金周转影响很大,不良的资金积压将增加不必要的利息负担,所以在采购阶段便应掌握采购的数量,以防止成本的增加。

③ 作业阶段:作业阶段虽不像设计规划与采购阶段,一经决定还可以改变,但若不能掌握经济且高效的作业方式,仍是成本耗费的主要来源。

(8) 品质力。品质两字的意义,不仅包括品质的优劣、品质的均衡性,还包括各项作业过程的"特性",诸如损耗、缺货、呆料、维修、退货、延迟交货、事故、误差率等状况。

对品质的效率管理,除一方面建立起合理的品质标准外,另一方面还应重视存货管理及作业过程的监督,尽量避免不必要的损耗、缺货、不良率等,以降低成本,提高客户的服务品质。

2. 选定各作业生产率评价要素

要针对配送中心的各项作业选定生产率评价要素,就必须了解各项作业的涵盖范围及重点。下面就按进出货作业→储存作业→盘点作业→订单处理作业→拣货作业→配送作业→采购作业→非作业面评估的顺序,由各作业的运作内容来选择主要的生产率评价要素。

(1) 进出货作业。进货作业包括把货品做实体上的签收,从货车上将货物卸下,并核对该货品的数量及状态,然后将必要信息给予书面化等;出货作业是将拣取分类完成的货品做好出货检查后,根据各个车辆或配送路径将货品运至出货准备区,而后装车准备配送。

进出货作业最主要的动作在于将进货品由进货卡车卸至站台后检查入库,以及将客户订购品点数后由站台装上配送车。因此对进出货,管理者主要想知道进出货人员的负担是否合理、进出货装卸设备的利用率如何。由于配送中心通常都是进出货共用站台,停车空间有限,因而对站台空间利用程度,以及供应商进货时间及客户要求交货时间也应特别掌握;所以本节以设施空间、人员、设备、时间作为进出货作业主要的评价要素,进而得到进出货的生产率指标。

进出货作业生产率评价要素包括空间利用(设施空间生产率)、人员负担(人员生产率)、设备利用(设备生产率)和时间耗费(时间生产率)四个方面,如图 12-7 所示。

图 12-7　进出货作业生产率评价要素

(2) 储存作业。储存作业主要责任在于把将来要使用或要出货的产品做妥善保存,不仅要善用空间,也要注意存量的控制。由于国内目前土地成本很高,因此对储存作业的要求主要在于厂房的每寸空间都应有效的利用,存货在库量也要合理控制,以符合投资效益,不至造成资金积压为宜。另外,对库内存货的管理,是否可以用最低的成本获得最妥善的保存,且不会导致过多的呆废料产出,都是管理者关心的重点。因而,对储存作业,我们将集中在设施空间、存货、成本及品质等要素的评价方面加以考虑。

储存作业生产率评价要素包括设施空间利用度(设施空间生产率)、存货效益(货品、订单效益)、存货管理成本(成本力)、呆废料情况(品质力)四个方面,如图 12-8 所示。

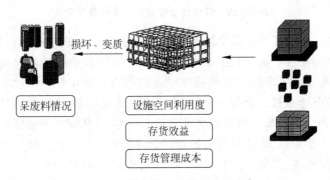

图 12-8　储存作业生产率评价要素

(3) 盘点作业。对配送中心内的存货,要定期或不定期地做检查,及早发现问题,以免日后出现更大的损失,这就是进行盘点的目的。因此,在盘点作业上,我们要以盘点过程中所发现存货数量不符(在计算机记录中有库存,但仓库中却无现品,或在计算机记录中无库存,但仓库中却有现品)的情况作为主要评价方向。

盘点作业生产率评价要素为盘点品质(品质力),如图 12-9 所示。

图 12-9　盘点作业生产率评价要素

（4）订单处理作业。从接到客户订货至着手拣货之间的作业称为订单处理，包括接单、客户的资料确认、存货查询、单据处理等。订单处理可以说是与客户接触最频繁的工作，管理者可由订单处理得知客户订货情形及客户对交货品质、服务品质的看法。因此，我们将以订单、品质两要素来衡量公司对客户订单负责的程度。

订单处理作业生产率评价要素包括订单效益（货品、订单效益）和客户服务品质（品质力），如图 12-10 所示。

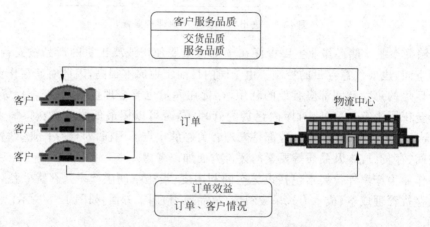

图 12-10　订单处理作业生产率评价要素

（5）拣货作业。每张订单都至少包含一项以上的商品，而将这些不同种类、数量的商品由配送中心中取出集中在一起，就是拣货作业。由于拣货作业除少数自动化设备逐渐被开发应用外，多数还是靠人工配合简单机械化设备的劳力密集作业。因此管理者对拣货人员负担及效率的评价甚为重视。此外，拣货时间及拣货策略往往是影响拣货作业效率的主要因素，而拣货的精确度是影响拣货品质的重要环节。另外，拣货作业也是配送中心最复杂的作业，其耗费成本比例最高，因而拣货成本也是管理者关心的重点。所以对拣货作业的评价内容就包含对人员、设备、规划、时间、成本、品质等要素的探讨。

拣货作业生产率评价要素包括人员效率（人员生产率）、设备利用（设备生产率）、拣货策略（作业规划管理力）、时间效率（时间生产率）、成本耗费（成本力）和拣货品质（品质力），如图 12-11 所示。

（6）配送作业。配送是从配送中心将货品送达客户的活动。如何达到配送的高效率，需要配送人员、配送车辆及每趟车最佳运行路径的合理规划才能实现。因此，人员、车辆及配送时间、规划方式都是管理者在配送方面考虑的重点。此外，因配送造成的成本费用支出及因配送路途耽搁引起的交货延迟，也是必须注重的因素。因此，人员、设备（车辆）、决策规

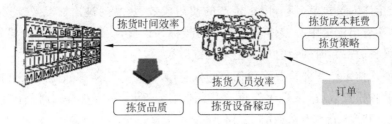

图 12-11　拣货作业生产率评价要素

划、时间、成本、品质都是我们在配送作业中要讨论的方面。

　　配送作业生产率评价要素包括人员负担（人员生产率）、车辆负荷（设备生产率）、配送规划（作业规划管理力）、时间效益（时间生产率）、配送成本（成本力）和配送品质（品质力），如图 12-12 所示。

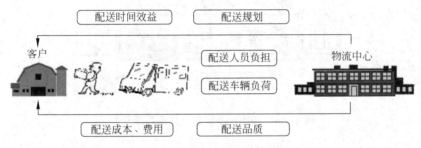

图 12-12　配送作业生产率评价要素

　　（7）采购作业。由于出货使在库量逐次减少，当在库量达到一定点时，就需要马上采购补充货品。然而，应采用何种订购方式，是少量多次采购以减少资金积压较好呢？还是多量少次采购以降低货品购入成本及作业费用较好？则要做最合理的选择。此外，在采购时还应考虑供应商的信用及货品品质，以防止进货发生延迟、短缺，造成整个后续作业的困难。因而在采购作业方面，我们主要观察其成本、费用、供应商品质的状况。

　　采购作业生产率评价要素包括采购成本（成本力）、采购进货品质（品质力），如图 12-13 所示。

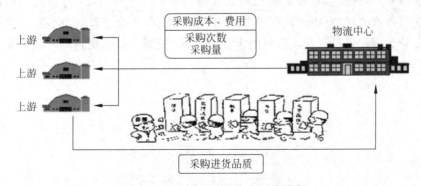

图 12-13　采购作业生产率评价要素

　　（8）非作业面评估。虽然对配送中心作业的探讨能掌握配送中心内部的各个细节，但有时只衡量单个作业，会忽略某些整体性的信息，无法反映整体的效益。例如整个厂区空间的投入效用、全体人员贡献、所有固定资产的使用成效、货品的进出情况及配送中心总运营支出等,都是能看出配送中心整体营运好坏的指标。因此,我们在整体评估部分,将由设施空间、人员、设备、货品、时间及总成本上来观察效果。

非作业面评估生产率评价要素包括空间效益(设施空间生产率)、全体人员情况(人员生产率)、资产装备投资效益(设备生产率)、货品收益(订单、货品效益)、时间收益(时间生产率)和营业收支状况(成本力),如图 12-14 所示。

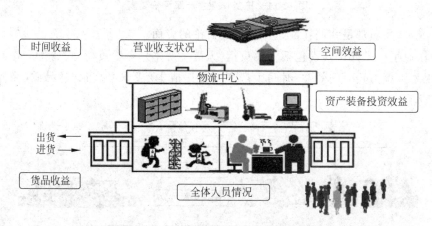

图 12-14　非作业面评估生产率评价要素

12.2.3　建立厂商基本资料

厂商基本资料是指企业在某一时期间内营运的成果数据及各项资源的运用情况。因为不论建立何种评价模式或是选择哪些评价指标,皆需有公司的一些基本资料来配合,例如出货量、销售金额、成本、收益、薪资奖金、员工投入量等;公司能搜集的资料越多,对企业的诊断就越详尽。

然而,配送中心的管理部门很多,每个部门都有各自专司的作业及管理资料,因此,为方便起见,将基本资料分为仓管资料、运输资料、会计财务资料、订货验收资料、人事资料五个部分来分别搜集,希望能以最短时间搜集到完整的资料。此外,由于有些资料会随着时间(每月、季、年)而改变,但有些资料在短期间内(两三年)并不会变动,因此,将厂商所填写的基本资料划分为固定资料与变动资料两大类,以减少短期内基本资料填写的数量。厂商基本资料划分方式如图 12-15 所示。

图 12-15　厂商基本资料划分方式

12.2.4　推导出各作业生产率量化指标

划分了配送中心作业,也选定了生产率评价要素,按照所搜集的厂家营运基本资料,接下来便是由四种生产率评价的指标运算方式——产出/投入、投入/产出、投入/投入、产出/产出,来推导出各作业各生产率要素的各项量化指标。经过详细分析了解配送中心的作业与问题点后,确定配送中心的基本评价指标。

图 12-16 所示为配送中心生产率评估指标推导步骤。

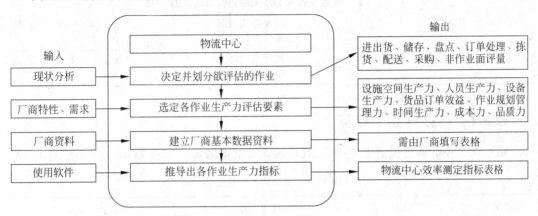

图 12-16　配送中心生产率评估指标推导步骤

12.3　配送中心评估指标体系

下面根据进出货作业、储存作业、盘点作业、订单处理作业、拣货作业、配送作业、采购作业及非作业面评估的顺序,提出其生产率指标、计算方法和用途。

12.3.1　进出货作业八指标

进货是货品进入配送中心的第一阶段,而出货则是货品准备移出配送中心的最后阶段作业。进出货作业评估指标如表 12-3 所示。

表 12-3　进出货作业评估指标

评价要素	指　标	计　算　说　明	指标用途
空间利用	站台使用率	站台使用率 $=\dfrac{\text{进出货车次装卸停留总时间}}{\text{站台数}\times\text{工作天数}\times\text{每日工作时数}}$	观察站台的使用情况,是否因数量不足或规划不佳而造成拥塞无效率的问题
	站台高峰率	站台高峰率 $=\dfrac{\text{高峰车数}}{\text{站台数}}$	
人员负担	每人时处理进货量	每人时处理进货量 $=\dfrac{\text{进货量}+\text{出货量}}{\text{进出货人员数}\times\text{每日进出货时间}\times\text{工作天数}}$	评价进出货人员的工作分摊及作业速率,以及目前的进出货时间是否合理
	每人时处理出货量	每人时处理出货量 $=\dfrac{\text{出货量}}{\text{出货人员数}\times\text{每日出货时间}\times\text{工作天数}}$	

续表

评价要素	指　　标	计　算　说　明	指标用途
设备稼动	每台进出货设备每天的装卸货量	每台进出货设备每天的装卸货量 $=\dfrac{出货量＋进货量}{装卸设备×工作天数}$	评价每台进出货设备的工作分摊
	每台进出货设备每小时的装卸货量	每台进出货设备每小时的装卸货量 $=\dfrac{出货量＋进货量}{装卸设备×工作天数×每日进出货时数}$	每台进出货设备每小时的装卸货量
时间耗费	进货时间率	进货时间率 $=\dfrac{每日进货时间}{每日工作时数}$	分析进货工作量的大小
	出货时间率	出货时间率 $=\dfrac{每日出货时间}{每日工作时数}$	分析出货工作量的大小

12.3.2　储存作业十指标

储存作业评估体系包括十个指标,其指标含义及用途如表 12-4 所示。

表 12-4　储存作业评估指标

评价要素	指　　标	计　算　说　明	指标用途
设施空间利用度	储区面积率	储区面积率 $=\dfrac{储区面积}{配送中心建筑物面积}$	衡量厂房空间的利用率是否恰当
	可供保管面积率	可供保管面积率 $=\dfrac{可供保管面积}{储区面积}$	判断储区内通道规划是否合理
	储位容积使用率	储位容积使用率 $=\dfrac{存货总体积}{储位总容积}$	判断储位规划及使用的货架是否适当
	单位面积保管量	单位面积保管量 $=\dfrac{平均库存量}{可供保管面积}$	
	平均每品项所占储位数	平均每品项所占储位数 $=\dfrac{货架储位数}{总品项数}$	判断储位管理策略是否应用得当
存货效益	库存周转率	库存周转率 $=\dfrac{出货量}{平均库存量}$ 或库存周转率 $=\dfrac{营业额}{平均库存金额}$	评价运营绩效、衡量货品存量是否适当
	库存掌握程度	库存掌握程度 $=\dfrac{实际库存量}{标准库存量}$	设定产品标准库存的根据,可供存货控制参考
	季节品比率	季节品比率 $=\dfrac{本月季节品存量}{平均库存量}$	分析货品的季节性特征
成本花费	库存管理费率	库存管理费率 $=\dfrac{库存管理费用}{平均库存量}$	衡量公司每单位存货的库存管理费
呆废料情况	呆废料率	呆废料率 $=\dfrac{呆废料件数}{平均库存量}$ 或呆废料率 $=\dfrac{呆废料金额}{平均库存金额}$	测定货品耗损影响资金积压状况

12.3.3　盘点作业三指标

盘点作业评估体系包括三个指标,其含义及用途如表 12-5 所示。

表 12-5　盘点作业评估指标

评价要素	指　标	计 算 说 明	指 标 用 途
盘点品质	盘点数量误差率	盘点数量误差率 = $\dfrac{盘点误差量}{盘点总量}$	分析盘点误差的发生原因
	盘点品项误差率	盘点品项误差率 = $\dfrac{盘点误差品项数}{盘点实施品项数}$	
	平均每件盘差品金额	平均每件盘差品金额 = $\dfrac{盘点误差金额}{盘点误差量}$	判断是否采用 ABC 分类和分类的效果

12.3.4　订单处理作业十三指标

订单处理作业评估体系包括十三个指标,其含义及用途如表 12-6 所示。

表 12-6　订单处理作业评估指标

评价要素	指　标	计 算 说 明	指 标 用 途
订单效益	平均每日来单数	平均每日来单数 = $\dfrac{订单数量}{工作天数}$	研究拟定客户管理策略及业务发展状况
	平均客单数	平均客单数 = $\dfrac{订单数量}{下游客户数}$	
	平均每订单包含货品个数	平均每订单包含货品个数 = $\dfrac{出货量}{订货数量}$	
	平均客单价	平均客单价 = $\dfrac{营业额}{订单数量}$	
客户服务品质	订单延迟率	订单延迟率 = $\dfrac{延迟交货订单数}{订单数量}$	反映交货的延迟状况
	订单货件延迟率	订单货件延迟率 = $\dfrac{延迟交货量}{出货量}$	评估是否应实施客户重点管理
	立即缴交率	立即缴交率 = $\dfrac{未超过 12 小时出货订单}{订单数量}$	分析接单至交货的处理时间及紧急插单的需求情况
	顾客退货率	顾客退货率 = $\dfrac{顾客退货数}{出货量}$ 或顾客退货率 = $\dfrac{客户退货金额}{营业额}$	检测公司货品销货退货情况,以便尽早谋求改善
	顾客折让率	顾客折让率 = $\dfrac{销货折让数}{出货量}$ 或顾客折让率 = $\dfrac{销货折让金额}{营业额}$	
	客户取消订单率	客户取消订单率 = $\dfrac{客户取消订单数}{订单数量}$	检测客户满意度

续表

评价要素	指　　标	计算说明	指标用途
客户服务品质	客户抱怨率	$客户抱怨率=\dfrac{客户抱怨次数}{订单数量}$	检测客户满意度
	缺货率	$缺货率=\dfrac{接单缺货数}{出货量}$	分析存货控制决策是否合适
	短缺率	$短缺率=\dfrac{出货品短缺数}{出货量}$	反映出货作业的精确度

12.3.5　拣货作业二十一指标

拣货作业评估体系包括二十一个指标,其含义及用途如表 12-7 所示。

表 12-7　拣货作业评估指标

评价要素	指　　标	计算说明	指标用途
人员效率	每人时平均拣取能力	每人时拣取品项数$=\dfrac{订单总笔数}{拣取人员数×每日拣货时数×工作天数}$ 每人时拣取次数$=\dfrac{拣货单位累计总件数}{拣取人员数×每日拣货时数×工作天数}$ 每人时拣取体积数$=\dfrac{出货品体积数}{拣取人员数×每日拣货时数×工作天数}$	衡量拣货的拣取效率,来找出隐藏在作业方法与管理方式中的问题所在
	拣取能力使用率	拣取能力使用率$=\dfrac{订单数量}{一天目标拣取订单数×工作天数}$	判断业绩是否与投入资源相匹配
	每位拣货员负责品项数	每位拣货员负责品项数$=\dfrac{总品项数}{分区拣取区域数}$	衡量拣货员的工作负荷与效率是否得当
	拣取品项移动距离	拣取品项移动距离$=\dfrac{拣货行走移动距离}{订单总笔数}$	检查拣货的行走规划是否高效以及储区的布置是否得当
设备利用	拣货人员装备率	$拣货人员装备率=\dfrac{拣货设备成本}{拣货人员数}$	观察公司对拣货作业的投资程度,以及检查现在有无相对贡献的产出
	拣货设备成本产出	$拣货设备成本产出=\dfrac{出货品体积数}{拣货设备成本}$	

续表

评价要素	指　标	计算说明	指标用途
拣货策略	批量拣货时间	批量拣货时间 $=\dfrac{\text{每日拣货时数}\times\text{工作天数}}{\text{拣货分批次数}}$	衡量每批次平均拣取时间,可作为现在分批策略是否适用的判断指标
	每批量包含订单数	每批量包含订单数 $=\dfrac{\text{订单数量}}{\text{拣货分批次数}}$	
	每批量包含品项数	每批量包含品项数 $=\dfrac{\text{各批次订单总品项数之和}}{\text{拣货分批次数}}$	
	每批量拣取次数	每批量拣取次数 $=\dfrac{\text{订单总出货次数}}{\text{拣货分批次数}}$	
	每批量拣取体积数	每批量拣取体积数 $=\dfrac{\text{出货品体积数}}{\text{拣货分批次数}}$	
时间效率	拣货时间率	拣货时间率 $=\dfrac{\text{每日拣货时数}}{\text{每日工作时数}}$	衡量拣货耗费时间是否合理
	单位时间处理订单数	单位时间处理订单数 $=\dfrac{\text{订单数量}}{\text{每日拣货时数}\times\text{工作天数}}$	观察拣货系统单位时间处理订单的能力
	单位时间拣取品项数	单位时间拣取品项数 $=\dfrac{\text{订单数量}\times\text{每张订单平均品项数}}{\text{每日拣货时数}\times\text{工作天数}}$	观察拣货系统单位时间处理的品项数
	单位时间拣取次数	单位时间拣取次数 $=\dfrac{\text{拣货单位累计总件数}}{\text{每日拣货时数}\times\text{工作天数}}$	观察拣货所付出劳力多少的程度
	单位时间拣取体积数	单位时间拣取体积数 $=\dfrac{\text{出货品体积数}}{\text{每日拣货时数}\times\text{工作天数}}$	观察单位时间公司的物流体积拣取量
成本耗费	每订单投入拣货成本	每订单投入拣货成本 $=\dfrac{\text{拣货投入成本}}{\text{订单数量}}$	将拣货成本与产出的拣货效益做比较,借以控制拣货成本,提升拣取的效益
	每订单笔数投入拣货成本	每订单笔数投入拣货成本 $=\dfrac{\text{拣货投入成本}}{\text{订单总笔数}}$	
	每拣取次数投入拣货成本	每拣取次数投入拣货成本 $=\dfrac{\text{拣货投入成本}}{\text{拣货单位累计总件数}}$	
	单位体积投入拣货成本	单位体积投入拣货成本 $=\dfrac{\text{拣货投入成本}}{\text{出货品体积数}}$	
拣货品质	拣误率	拣误率 $=\dfrac{\text{拣取错误笔数}}{\text{订单总笔数}}$	衡量拣货作业的品质,以评价拣货员的细心程度,或是自动化设备的正确性功能

12.3.6 配送作业二十五指标

配送作业评估体系包括二十五个指标,其含义及用途如表 12-8 所示。

表 12-8 配送作业评估指标

评价要素	指 标	计 算 说 明	指 标 用 途
人员负担	平均每人的配送量	平均每人的配送量 = $\dfrac{出货量}{配送人员数}$	评价配送人员的工作分摊(距离、重量、车次)及作业贡献度(配送量),以衡量配送人员的能力负荷与作业绩效
	平均每人的配送距离	平均每人的配送距离 = $\dfrac{配送总距离}{配送人员数}$	
	平均每人的配送重量	平均每人的配送重量(吨) $= \dfrac{配送总重量}{配送人员数}$	
	平均每人的配送车次	平均每人的配送车次 = $\dfrac{配送总车次}{配送人员数}$	
车辆负荷	平均每台车的配送距离	平均每台车的配送距离 $= \dfrac{配送总距离}{自车数量 + 外车数量}$	评价配送车辆的产能负荷,以判断是否应增减配送车数量
	平均每台车的配送重量	平均每台车的配送重量 $= \dfrac{配送总重量}{自车数量 + 外车数量}$	
	平均每台车配送的吨·公里数	平均每台车配送的吨·公里数 $= \dfrac{配送总距离 \times 配送总重量}{自车数量 + 外车数量}$	
	空车率	空车率 = $\dfrac{空车行走距离}{配送总距离}$	衡量车辆的空间利用率
配送规划	配送车稼动率	配送车稼动率 $= \dfrac{配送总车次}{(自车数量 + 外车数量) \times 工作天数}$	衡量配送车辆的产能负荷,以判断配送车数是否合适
	容积利用率	容积利用率 $= \dfrac{出货品体积数}{车辆总体积数 \times 配送车利用率 \times 工作天数}$	分析发货车在容积和重量上规划的合理性
	平均每车次的配送重量	平均每车次的配送重量 = $\dfrac{配送总重量}{配送总车次}$	
	平均每车次的配送距离	平均每车次的配送距离 = $\dfrac{配送总距离}{配送总车次}$	分析每次发车的距离规划是否符合经济效率
	平均每车次的配送量	平均每车次的配送量 = $\dfrac{配送总数量}{配送总车次}$	
	平均每车次配送的吨·公里数	平均每车次配送的吨·公里数 $= \dfrac{配送总距离 \times 配送总重量}{配送总车次}$	分析车辆利用情况
	外车比率	外车比率 = $\dfrac{外车数量}{自车数量 + 外车数量}$	评价外车数量是否合理
	配送平均速度	配送平均速度 = $\dfrac{配送总距离}{配送总时间}$	作为配送路径选择及配车驾驶员管理的依据

续表

评价要素	指　　标	计　算　说　明	指标用途
时间效益	配送时间比率	配送时间比率 $=\dfrac{配送总时间}{配送人员数\times工作天数\times正常班工作时数}$	观察配送时间的贡献度
	单位时间配送量	单位时间配送量 $=\dfrac{出货量}{配送总时间}$	
	单位时间配送收入	单位时间配送收入 $=\dfrac{营业额}{配送总时间}$	
配送成本	配送成本比率	配送成本比率 $=\dfrac{自车配送成本+外车配送成本}{物流总费用}$	衡量配送成本花费
	每吨重配送成本	每吨重配送成本 $=\dfrac{自车配送成本+外车配送成本}{配送总重量}$	
	每体积配送成本	每体积配送成本 $=\dfrac{自车配送成本+外车配送成本}{出货品体积数}$	
	每车次配送成本	每车次配送成本 $=\dfrac{自车配送成本+外车配送成本}{配送总车次}$	
	每公里配送成本	每公里配送成本 $=\dfrac{自车配送成本+外车配送成本}{配送总距离}$	
配送品质	配送延迟率	配送延迟率 $=\dfrac{配送延迟车次}{配送总车次}$	掌握交货时间

12.3.7　采购作业五指标

采购作业评估体系包括五个指标,如表 12-9 所示。

表 12-9　采购作业评估指标

评价要素	指　　标	计　算　说　明	指标用途
采购成本	出货品成本占营业额比率	出货品成本占营业额比率 $=\dfrac{出货品采购成本}{营业额}$	衡量采购成本的合理性
	货品采购及管理总费用	货品采购及管理总费用 $=$采购作业费用+库存管理费用(库存管理费用包括仓库租金、管理费、保险费、损耗费、资金费用等)	衡量采购与库存政策的合理性
采购进货品项	进货数量误差率	进货数量误差率 $=\dfrac{进货误差量}{进货量}$	掌握进货准确度及有效度,以配合调整安全库存
	进货不良品率	进货不良品率 $=\dfrac{进货不合格差量}{进货量}$	

续表

评价要素	指　　标	计 算 说 明	指标用途
采购进货品项	进货延迟率	$进货延迟率=\dfrac{延迟进货数量}{进货量}$	掌握进货准确度及有效度,以配合调整安全库存

12.3.8　非作业面十三指标

非作业面评估体系包括十三个指标,如表 12-10 所示。

表 12-10　非作业面评估指标

评价要素	指　　标	计 算 说 明	指标用途
空间效益	配送中心面积收益	$配送中心面积收益=\dfrac{营业额}{建筑物总建筑面积}$	衡量配送中心每单位面积的营业收入
全体人员情况	人员生产量	$人员生产量=\dfrac{出货量}{公司总人数}$	人员对公司的营运贡献是否合理及观察公司商品价格的趋势情况
	人员生产率	$人员生产率=\dfrac{营业额}{公司总人数}$	
	直间工比率	$直间工比率=\dfrac{作业人员数}{公司总人数-作业人员数}$	了解作业人员及管理人员的比率是否合理
	加班时数比率	$加班时数比率=\dfrac{本月加班总时数}{每天工作时数\times 工作天数\times 公司总人数}$	了解加班是否合理
	新进人员比率	$新进人员比率=\dfrac{新进人员数目}{公司总人数}$	测定离职率、新进员工与临时工比率过高是否是影响工作效率的主因,借以评断其合理性
	临时工比率	$临时工比率=\dfrac{临时人员数目}{公司总人数}$	
	离职率	$离职率=\dfrac{离职人员数目}{公司总人数}$	
资产装备投资效益	固定资产周转率	$固定资产周转率=\dfrac{营业额}{固定资产总数}$	衡量固定资产的运作绩效
	劳动装备率	$劳动装备率=\dfrac{固定资产总额}{公司总人数}$	衡量公司积极投资程度
货品收益	产出与投入平衡	$产出与投入平衡=\dfrac{出货量}{进货量}$	判断是否维持低库存量
时间收益	每天营运金额	$每天营运金额=\dfrac{营业额}{工作天数}$	衡量公司营运作业的稳定性
营业收支状况	营业支出占营业额比率	$营业支出占营业额比率=\dfrac{营业支出}{营业额}$	衡量营业支出占营业额比率是否过高,测定营业成本费用负担对该期损益的影响程度

如前所述,配送中心主要包括进出货、储存、盘点、订单处理、拣货、配送、采购 7 项作业,而各作业又关系着人员、设备、设施空间、货品订单、决策规划、时间、成本、品质等多个要素,各要素的好坏又受到许多具体情况的影响。由此关联性可建立配送中心作业面生产率评价层次构架(图 12-17),并以其为基准来推导配送中心作业面的整体性代表指标。

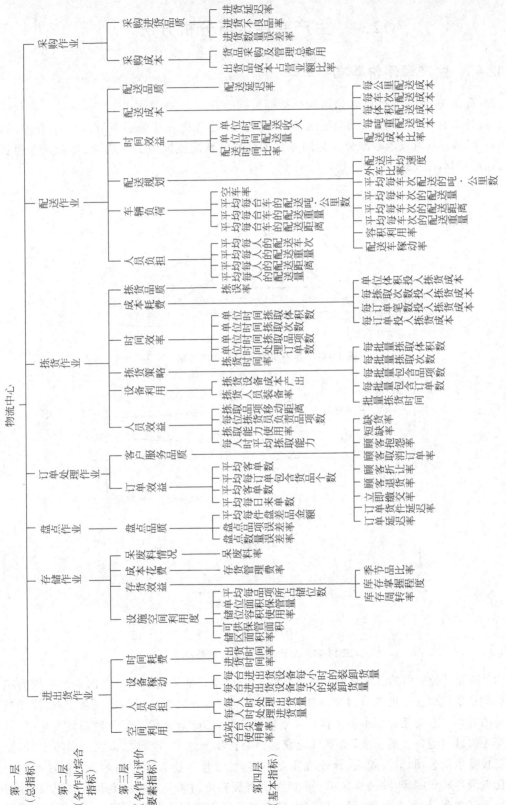

图 12-17　配送中心作业面生产率评价层次构架

12.4　生产率评定与分析方法

12.4.1　生产率评价基准

　　针对配送中心的评价指标,如何判断指标数据的好坏,要不要从事改善,就必须有判断基准。好坏来自比较,而比较方法包括竞争比较法、趋势比较法和目标比较三个方面,如图 12-18 所示。其对应的基准分别为同业其他公司的状况或同业的平均值、企业过去的状况、目标或预算(图 12-19)。

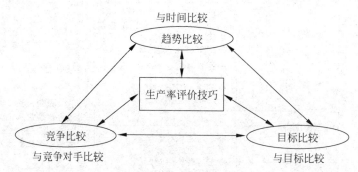

图 12-18　生产率指标判断比较方法

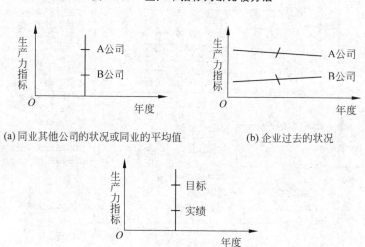

(a)同业其他公司的状况或同业的平均值　　　(b)企业过去的状况

(c)目标或预算

图 12-19　生产率评价和比较基准

　　(1)同业其他公司的状况或同业的平均值。与同业其他公司的状况或同业的平均值相比较就是竞争比较。一般竞争对象清楚的企业,如能和同业其他公司的状况做比较,就能判断本身的好坏。企业经营原本就是谋求企业间的竞争,因此是否优于竞争对象极为重要,各方面都无法胜过竞争者的企业,就不可能获利。而在物流业中,性质相仿的公司不少,即使不是直接竞争的公司,只要规模、作业性质差不多,也可作为比较学习的对象。但这种竞争性的比较资料收集困难,除一些属于一般性的财务资料可由相关刊物中获得外,较详细的资料则要通过参观、沟通来取得,但是以国内目前各公司资料不全与极端保密的情形看,要做到这点并不容易。

（2）企业过去的状况。与企业过去的状况相比较就是趋势的比较。除与同业其他公司比较了解别人怎么做、做得如何外，将企业本身前后期的运营作业情况做比较可以清楚地知道企业现在是处于成长期还是衰退期。例如，本期计算出人员生产率为 100 000，但 100 000 的数据究竟较过去变好或变坏，就必须经比较才能下结论，成长的 100 000 与衰退的 100 000 代表的意义将完全不同。而且，即使与 A 公司比较，此 100 000 的数据稍差，但若 A 公司运营正逐渐恶化，而本公司人员生产率有逐渐提升的趋势，这也是一项不错的信息。所以，进行企业本身若干期资料的比较，注意其倾向趋势是绝对必要且有效的。

（3）目标或预算。与目标或预算的比较即目标的比较。自我公司的分析，除注意趋势的变化外，若公司已有针对营运状况设定好的目标或预算值，则应进一步与目标或预算值比较，以了解公司运作水准是否达到预期的程度，是已过还是仍不及，其结果可作为管理者今后计划的方向或重新设定新目标值的参考。

12.4.2　生产率分析审核

在得到营运作业所需的各项生产率评估指标，也经由比较基准判断指标数据的好坏后，接下来就是按照指标反映的状况进行分析审核。

所谓生产率的分析审核，是指基于指标的实际数值加以分析、发掘问题点，把每一生产要素所需采取的行动整理出来，以决定改善对策。其分析审核步骤如图 12-20 所示。

对问题点的发掘，应认真确认，找出真正的问题点，对拟改善的问题点，从其运营作业的机能以及各种角度上检查其发生原因，进而找出解决方案予以改善。

然而，有时问题点并非由单一指标即可明显看出，必须配合两三个不同项目指标才能找出真正问题，因而对指标数据的分析，应从两个方向来进行。

（1）单一指标分析法。对单一生产率指标过高或过低的结果来分析可能原因。即以单一指标来评价运营生产率。采用这种分析法时，值得注意的是，有些指标在单独使用时，往往会忽略另外一些重要的层面。

图 12-20　生产率分析
审核步骤

（2）多元指标分析法。找出互有关系的指标，由多个相关性指标分析公司现况及可能原因，即同时以多个指标来评价生产率。采用这种分析方法时，一要注意各种指标的合理比重；二要注意指标的完善性。

12.4.3　改善步骤及要点

所谓改善，就是要打破现状，将事情做得更好，因此，一旦找出问题并分析之后，必定会产生改善构想，改善原则是以科学（客观）的观点配合企业所追求的目标，选取最佳的方式。现况改善是一种实务工作，可参考以往的或别人所采用的方法进行或按改善构想要点作为改善基准。不论是采用何种改善方式，都应按以下基本的改善步骤来进行现况改善。

（1）由问题点决定亟待解决的问题。首先要进行问题的评价，也就是预测每个问题对公司未来运营绩效的影响程度,按程度的不同安排先后解决的时机。问题经评价后,其重要性通常可区分为下列四级。

①错误的警示。对公司影响程度很小的问题,应予以摒弃。

②非紧急性。对将来可能会有影响,但是仍无须即刻考虑的问题,可先延后至将来再解决。

③比较紧急。比较紧急是指必须在下一规划的周期前解决的问题,要改善的计划及日期应在这个阶段中订出。

④紧急的问题。紧急的问题是指必须立即处理的问题。

(2)搜集有关事实,决定改善目标。要搜集事实,调查比较各个事实间的相互关系,确定改善目标。

(3)分析事实,检查改善方法。希望以轻松(疲劳的减轻、熟练的移转)、良好(品质的维持、提升)、迅速(作业时间的缩短)、低廉(成本的抑减)、安全(灾害事故的防止)为改善目标来寻求改善方案。

(4)拟订改善计划。将构想出的改善方案提报检核,并做好实施的准备计划。

(5)试行改善。试行改善即先试行改善,且详细追踪记录实施结果。

(6)检查试行实施结果,并使之标准化。检查改善效果,是否确实较改善前的情况进步,若是则考虑将改善后的方式标准化,以作为往后实施的根据。

(7)设定管制标准,厉行管理。要针对新的作业方式拟定日后管理制度以便追踪衡量,以确定长期的改善效果。

12.5　配送中心综合评价方法

上节所阐述的各个基本指标,主要用于反映配送中心各个环节的作业情况,且让每位员工了解本身工作状况对公司造成的贡献及影响。然而,若公司高层主管想要知道究竟配送中心在作业面整体的运营水准如何? 是否达到预期标准? 或是否落后其他公司? 便要提供具体的整合数据以供其参考和判断,来决定公司未来整体的运营策略,这就是在本章中推导配送中心作业面综合性评估指标的目的。综合评估指标包括各作业要素指标、各作业指标及配送中心总指标。

12.5.1　综合评价方法

从图 12-20 的构架中,第四层具体指标的计算方式已说明,整个配送中心的生产率就建立在这些具体指标的相互配合上,因此要推导第三层以上的综合性指标,则要由第四层开始,一层一层地向上推导,先由第四层的基本指标推导出第三层各作业评价要素指标,再由第三层的各作业评价要素指标来推导第二层的各作业综合指标,最后,再由第二层的各作业综合指标来推出配送中心作业面总指标。如此不仅可求得衡量配送中心作业的总指标,还可以各项作业的综合指标来观察各作业的运作绩效。若某作业绩效不佳,想更进一步知道问题关键可能出在哪一作业要素(如人员、设备等)上,则可观察第三层所推导出的各作业评价要素指标。所以这种评价技术不但能让公司得知各阶段的评价结果,且能掌握问题状况,作为公司各阶层人员自我评价、改进的一套方法。

综合性指标推导程序：配送中心综合性指标推导程序如图 12-21 所示，使用这种自下而上的层次分析方式，便可推得各层的代表性指标。

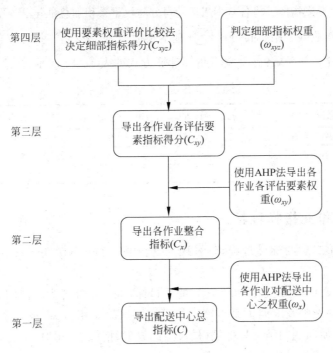

图 12-21　配送中心综合指标推导程序

12.5.2　各作业要素指标分析

由第四层至第三层的推导采用要素权重评价法。这种方法的优点在于其具有系统化的评价程序、数值化的表达方式及其考虑要素含盖层面较广。

各作业要素指标的分析过程分为三个步骤。

(1) 给定各个基本指标得分。由各基本指标(第四层)所反映的数值对公司好坏的影响程度予以评分。而评分方式应先预设公司各项指标的标准值，根据目标达成度来给分数。而标准值的确定需由管理人员按过去历史资料做统计来讨论决定，且随时修正调整，才能做出最合理的评价。其评分表如表 12-11 所示。

表 12-11　基本指标评分方式

指 标 项 目	评 分 标 准	得　　分
库存周转率	目标达成度 150% 以上	150
	目标达成度 100%～150%	125
	标准值	100
	目标达成度 50%～100%	75
	目标达成度 50% 以下	50

（2）确定各个具体指标间的权重。按各具体指标对其作业的重要程度,设定各指标权重。这种权重的赋予需要公司管理者按照公司的特性、状况来完成。当然,若管理者觉得各作业的具体指标对每一作业都同等重要,自然可赋予同等的权重。

（3）计算作业要素指标。将各基本指标的得分与权重乘积加总推导出各作业要素指标得分。

$$各作业要素指标得分 = \sum (基本指标得分) \times (基本指标权重)$$

以货品效益评估为例,各作业要素指标计算方式如表 12-12 所示。

表 12-12　各作业要素指标计算方式

评　价	基本指标	权重ω_{xyz}	得分C_{xyz}	乘积$\omega_{xyz}C_{xyz}$	要素指标得分C_{xy}
货品效益	库存周转率	0.65	50	32.5	$60.5C_{xy} = \sum \omega_{xyz}C_{xyz}$
	库存掌握程度	0.35	80	28	
	季节品比率	0	0	0	

12.5.3　各作业指标推导

在第三层至第二层的推导过程,将采用层次分析法(analytic hierarchy process,AHP)来推导出权重。

层次分析法根据问题的性质和要达到的总目标,将问题分解为不同的组成因素,并按照因素间的相互关联影响及隶属关系将因素按不同层次聚集组合,形成一个多层次的分析结构模型,从而最终使问题归结为最低层(供决策的方案、措施等)相对于最高层(总目标)的相对重要权值的确定或相对优劣次序的排定。

层次分析法主要应用在不确定情况下及具有多个评估要素的决策问题上,其目的即是将复杂的问题系统化,通过逐层量化分析后再加以综合评估。一般分为问卷调查、权重计算和指标计算三个步骤。

1. 问卷设计调查

依各评估要素对其作业的重要程度,进行要素间成对比较,因此,需设计问卷由内部主管组成的小组来填写,以决定各要素的相对重要性。这种成对比较 AHP 采用比率尺度的方式,将评估尺度基本分为五项并分别赋予衡量值,有关各尺度所代表的含义如表 12-13 所示。其相对不重要性即以倒数表示,如 A 较 B 重要,评估尺度为 3,则 B 较 A 不重要,评估尺度为 1/3。

表 12-13　评估尺度

评估尺度	定　义	说　明
1	同等重要	两评估准则的贡献度等强
3	稍重要	经验与判断稍倾向重视某评估准则
5	颇重要	经验与判断强烈倾向重视某评估准则
7	极重要	实际显示非常强烈倾向重视某评估准则
9	绝对重要	有足够证据肯定绝对重视某评估准则
2、4、6、8	相邻尺度之中间值	需要折中时

管理者可按这种评估尺度填写评估各作业的要素成对比较表(表 12-14～表 12-19)。

表 12-14　进出货作业评估要素成对比较

评估要素	空间利用	人员负担	设备稼动	时间耗费
空间利用	1			
人员负担		1		
设备稼动			1	
时间耗费				1

表 12-15　储存作业评估要素成对比较

评估要素	设施空间利用度	存货效益	成本花费	呆废料情况
设施空间利用度	1			
存货效益		1		
成本花费			1	
呆废料情况				1

表 12-16　订单处理作业评估要素成对比较

评 估 要 素	订 单 效 益	客户服务品质
订单效益	1	
客户服务品质		1

表 12-17　拣货作业评估要素成对比较

评估要素	人员效率	设备稼动	拣货策略	时间效率	成本耗费	拣货品质
人员效率	1					
设备稼动		1				
拣货策略			1			
时间效率				1		
成本耗费					1	
拣货品质						1

表 12-18　配送作业评估要素成对比较

评估要素	人员负担	车辆负荷	配送规则	时间效益	配送成本	配送品质
人员负担	1					
车辆负荷		1				
配送规则			1			
时间效益				1		
配送成本					1	
配送品质						1

表 12-19　采购作业评估要素成对比较

评 估 要 素	采 购 成 本	采购进货品质
采购成本	1	
采购进货品质		1

2. 计算各评估要素权重

依照问卷结果,计算各评估要素权重。计算方法分为四步。

(1) 建立成对比较矩阵。假设被评估的系统有 N 个评估要素,则需要进行 $N(N-1)/2$ 次的成对比较。其问卷调查结果便是以 $1/9,1/8,\cdots,1/2,1,2,\cdots,8,9$ 等数值,置于成对比较矩阵 A 的上三角部分,而下三角部分的数值为上三角相对位置数值的倒数,主对角线为要素自身的比较,故均为 1。成对比较的表达方式为

$$A = \begin{bmatrix} 1 & a_{12} & a_{13} & a_{14} & \cdots & a_{1n} \\ 1/a_{12} & 1 & a_{23} & a_{24} & \cdots & a_{2n} \\ 1/a_{13} & 1/a_{23} & 1 & a_{34} & \cdots & a_{3n} \\ \vdots & \vdots & \vdots & \vdots & & \vdots \\ 1/a_{1n} & 1/a_{2n} & 1/a_{3n} & \cdots & \cdots & 1 \end{bmatrix}$$

(2) 计算特征值与特征向量。成对矩阵得到后,即可求各要素的权重。使用数值分析中常用的特征值解法,找出特征向量。若矩阵 A 为一致性矩阵时,特征向量可按下式求取:

$$AW = \lambda_{\max} W$$

式中,$\lambda_{\max}$ 为矩阵 A 的最大特征值;W 为特征向量。

此外,另举出四种近似法也可用来求取特征向量。

① 行向量平均值的标准化。

$$W_i = \frac{1}{n} \sum_{j=1}^{n} \frac{a_{ij}}{\sum_{j=1}^{n} a_{ij}} \quad i, j = 1, 2, \cdots, n$$

② 列向量平均值的标准化。

$$W_i = \frac{\sum_{j=1}^{n} a_{ij}}{\sum_{i=1}^{n} \sum_{j=1}^{n} a_{ij}} \quad i, j = 1, 2, \cdots, n$$

③ 行向量和倒数的标准化。

$$W_i = \frac{\dfrac{1}{\sum_{j=1}^{n} a_{ij}}}{\sum_{j=1}^{n} \left(\dfrac{1}{\sum_{j=1}^{n} a_{ij}} \right)} \quad i, j = 1, 2, \cdots, n$$

④ 列向量几何平均值标准化。

$$W_i = \frac{\left(\prod_{j=1}^{n} a_{ij} \right)^{1/n}}{\sum_{j=1}^{n} \left(\prod_{j=1}^{n} a_{ij} \right)^{1/n}} \quad i, j = 1, 2, \cdots, n$$

（3）进行一致性检验，若未通过，则需重填问卷。若成对比较矩阵 **A** 为正倒值矩阵，要求在成对比较时能达到前后一贯性并不简单，因此需进行一致性检定，由一致性指标（consistency index，C. I.）检查问卷填写结果所构成的成对比较矩阵是否满足一致性。一致性指标的提出，主要为反映管理者在评估过程中所做的判断是否合理和是否有矛盾，以便及时修正，以免做出不正确的评估。

检验方式如下。

假设 $\lambda_{\max}$ 为矩阵 **A** 的最大特征值，n 为矩阵的阶数，且仅当 $\lambda_{\max} = n$，则正倒值成对比较矩阵 **A** 具一致性。因此，当一致性指标：

$$\text{C. I.} = \frac{\lambda_{\max} - n}{n - 1} = 0 \qquad \text{表示前后判断具完全一致性；}$$

$$\text{C. I.} = \frac{\lambda_{\max} - n}{n - 1} > 0.1 \qquad \text{表示前后判断有偏差不连贯；}$$

$$\text{C. I.} = \frac{\lambda_{\max} - n}{n - 1} \leqslant 0.1 \qquad \text{表示前后虽不完全一致，但为可接受的偏差。}$$

另外，评估尺度 1～9 所产生的正倒值矩阵，在不同的阶数下会产生不同的 C. I. 值，称为随机指标（random index，R. I.）。表 12-20 为矩阵阶数 1～15 时的 R. I. 值（阶数 1～11 是以 500 个样本所求得的平均值；阶数 12～15 是以 100 个样本所求得的平均值）。而在相同阶数的矩阵下，C. I. 值与 R. I. 值的比率称为一致性比率（consistency ratio，C. R.）

当 C. R. ≤ 0.1 时，则矩阵的一致性程度才算是令人满意的。

表 12-20 矩阵阶数 1～15 时的 R. I. 值

阶数	1	2	3	4	5	6	7	8
R. I.	0	0	0.58	0.90	1.12	1.24	1.32	1.41
阶数	9	10	11	12	13	14	15	
R. I.	1.45	1.49	1.51	1.48	1.56	1.57	1.58	

（4）导出权重。将（2）所求出且通过（3）检验的特征向量予以标准化，即为各要素的重要性权重。各评估要素权重计算方法如图 12-22 所示。

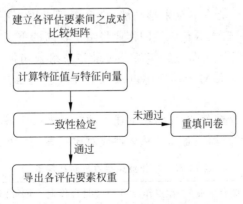

图 12-22 各评估要素权重计算方法

3. 作业指标计算

将各作业要素指标得分，乘以步骤 2 权重计算推导出的各要素占各作业权重，而后将这些乘积加总,即得各作业指标。

各作业整合指标 = $\sum$ (各作业各评估要素指标得分) × (各评估要素占各作业权重)

以储存作业为例,其作业指标评估过程如表 12-21 所示。

表 12-21　作业指标评估过程

作　　业	评估要素	权重 ω_{xy}	得分 C_{xy}	乘积 $\omega_{xy}C_{xy}$	作业指标得分 C_x
储存作业	设施空间利用度	0.249 5	80	19.96	72 $C_x = \sum \omega_{xy}C_{xy}$
	存货效益	0.559 5	67.5	37.76	
	成本花费	0.095 5	60	5.73	
	呆废料情况	0.095 5	90	8.59	

储存作业指标为 72 分。

12.5.4　配送中心作业面总指标推导

在第二层至第一层的最终推导过程中,也可使用层次分析法来推导出各作业对配送中心的权重。推导步骤与 12.5.3 小节相同,只是评估内容有差异。作业指标的评估是各评估要素对各作业的重要性比较,而配送中心总指标的评估则是各作业对整个配送中心的重要性比较。

1. 问卷设计调查

公司的管理者应按照公司的性质和营运情况,对每项作业的重要性进行成对比较,以找出各作业对于公司整体的贡献度。在做这项比对时,管理者应有一定的判断基准,譬如对人力资源较为重视的,就可能赋予拣货作业较大的权重;对作业量较为重视的,可能就会赋予进出货作业较高的权重。而一般配送中心的衡量基准不外乎以下五项。

(1) 作业量。在配送中心中儿乎只要营运都需进行的作业,即属于作业量较多的作业。

(2) 时间。由于配送中心具有流程性且重视时效,耗费时间较长的作业常常左右着配送中心的整体效率,因而需考虑各作业时间面的影响。

(3) 资源。对人力、设备等资源需求较大的作业,是配送中心大部分营运成本的来源,也是配送中心中公司需做最大投资的部分。

(4) 空间运用。目前土地成本越来越高涨,许多管理者因而不得不重视整个厂区空间的使用率,因而对空间需求较大或较灵活的作业将给予较高的重视。

(5) 贡献度。我们通常认为那些运作良好时最容易给公司带来效益,但若忽视它也最容易导致公司损失的作业就是对公司贡献度最大的作业。这也是最能为公司创造利润的作业。

管理者在推导各作业权重前,需先考虑上述五项标准来决定各作业对公司的重要程度,同时采用 1～9 的比率尺度来填写各作业重要性成对比较表(表 12-22)。

表 12-22　各作业重要性成对比较表

评估作业	进出货作业	储存作业	盘点作业	订单处理作业	拣货作业	配送作业	采购作业
进出货作业	1						
储存作业		1					
盘点作业			1				

续表

评估作业	进出货作业	储存作业	盘点作业	订单处理作业	拣货作业	配送作业	采购作业
订单处理作业				1			
拣货作业					1		
配送作业						1	
采购作业							1

2. 各作业间权重计算

各作业间权重的计算过程如图 12-23 所示。

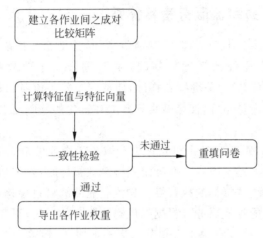

图 12-23　各作业权重计算过程

3. 配送中心总指标计算

将上节推导出的各作业评估指标,乘以步骤 2 所推导出的各作业对配送中心的权重,再将这些乘积加总,即得到配送中心的总指标。

$$配送中心总指标 = \sum (各作业整合指标) \times (各作业对配送中心权重)$$

配送中心总指标估算实例如表 12-23 所示。

表 12-23　配送中心总指标估算实例

作　　业	权重 ω_x	得分 C_x	乘积 $\omega_x C_x$	作业面总指标 C
进出货作业	ω_1	C_1	$\omega_1 C_1$	
储存作业	ω_2	C_2	$\omega_2 C_2$	
盘点作业	ω_3	C_3	$\omega_3 C_3$	
订单处理作业	ω_4	C_4	$\omega_4 C_4$	$C = \sum \omega_x C_x \omega_x$
拣货作业	ω_5	C_5	$\omega_5 C_5$	
配送作业	ω_6	C_6	$\omega_6 C_6$	
采购作业	ω_7	C_7	$\omega_7 C_7$	

12.6　案例分析：某企业基于 KPI 的物流服务评价方法

某企业作为一家主要经营国际、国内业务的快递企业,为广大客户提供快速、准确、安全、经济、优质的专业快递服务。在设有快运服务机构的城市,该企业能够提供"门到门"的服务,客户足不出户就可以得到运输咨询、上门取货、包装仓储、货物承运及到达送货全过程服务,并且在快运办理城市的城区范围内,全部免费提供送货上门的服务。该企业的组织结构主要包括运输部、仓储部、信息部、客服中心、计划工作部及市场营销部。企业的发展目标是成为一家以网络化、信息化、国际化、专业化和集约化为主要特征的资源型物流服务企业。为实现由传统运输企业向现代物流服务集成供应商的转型,在充分分析市场需求的基础上,该企业提出了大客户战略,即为大客户量身定制物流解决方案,满足客户个性化物流需求,战略的实施不仅能够提高企业物流服务质量,而且能够帮助客户有效降低物流成本。

12.6.1　基于 KPI 的物流服务指标体系

KPI(key performance indicator)即关键绩效指标,是把企业的战略目标分解为可操作的工作目标的工具,是企业绩效管理的基础。KPI 通过将企业战略目标分解为企业级(A_1)、部门级(A_2)、岗位级(A_3)关键绩效指标,使部门主管了解各自的主要责任,以此为基础,明确部门人员的绩效衡量指标,使绩效考核建立在量化的基础之上。

1. 企业级 KPI

构建 KPI 指标体系时所选择的关键指标主要取决于企业的战略目标,核心是确定关键成功要素,即战略目标的关键支撑点。在确定关键绩效指标时,首先应确保其与组织目标的一致性,其次应保证关键绩效指标的执行性。物流企业的战略目标是提高物流服务水平,为顾客提供一体化、全程化的物流服务。根据提供物流服务的过程,可以把有助于物流企业战略目标实现的物流服务的关键成功要素划分为运输前服务、运输中服务、运输后服务 3 组。首先是了解客户的运输需求和期望、进行运输前的物流服务设计;其次是满足和超越客户需求、提供个性化的运输服务;最后是确认客户对这次运输是否满意和弥补不足。

(1) 运输前服务(B_1)。运输前服务是一种积极的、超前的物流服务活动,它为物流服务的顺利开展提供有力的支持。运输前服务可分解的关键绩效指标包括客户需求调查的充分性(B_{11})、服务的可理解性(B_{12})、服务的移情性(B_{13})。其中,服务的可理解性是指对物流服务流程具有提纲挈领的指导作用的政策、文件等,可以使客户对所获服务的期望保持相对稳定。服务的可理解性反映顾客需要、明确服务标准和员工的责任义务等内容。服务的移情性是指物流企业将顾客作为个体对待,移情性是企业给予顾客的关心和个性化服务。产品的开发与设计是保证产品质量的重要手段,物流服务也是如此。服务过程的设计是物流服务质量的核心,主要描述物流企业是否出于对客户的考虑,采用创新的方式或方法有效降低物流成本,提高物流服务质量,满足顾客的个性化需求,主要以物流服务的特色设计程度来衡量。

(2) 运输中服务(B_2)。物流企业在获得顾客订单后,物流服务进入满足和超越顾客需求的阶段,开始重点考虑运输中的服务。运输中的物流服务主要是指直接发生在运输过程中的物流服务,可分解的关键绩效指标包括服务的可得性(B_{21})、服务的可靠性(B_{22})、服务的响应性(B_{23})。其中,服务的响应性是指根据顾客要求有快捷的响应能力,即在处理顾客要求、询问、投诉问题时的快速响应能力,主要以顾客获得帮助、询问答案及企业对问题处理前的等待时间来衡量。

(3) 运输后服务(B_3)。物流企业在将货物按时送达后,物流服务并没有完结,而是进入确认顾客是否满意并改进服务的阶段。运输后的服务可分解的关键绩效指标包括发票的准确性(B_{31})、顾客满意度(B_{32})。

2. 部门级 KPI

在确定了物流企业服务的企业级 KPI 之后,为更有效地将企业战略目标向各部门和员工推行,需要将企业级 KPI 进一步明确化,分解落实到各个部门。企业级 KPI 评价指标的分解如表 12-24 所示。

表 12-24　企业级 KPI 评价指标的分解

企业级 KPI	分解到部门
客户需求的了解程度	市场营销部
服务的可理解性	计划工作部
服务的移情性	市场营销部
服务的可得性	运输部、信息部
服务的可靠性	运输部、仓储部、信息部
服务的响应性	客服中心
发票的准确性	计划工作部
客户满意度	所有部门

由此分解出物流企业的关键部门为运输部、仓储部、信息部、客服中心、计划工作部、市场营销部。

(1) 运输部(C_1)可分解的关键绩效指标包括派车及时率(C_{11})、及时送达率(C_{12})、货物完好率(C_{13})。

(2) 仓储部(C_2)可分解的关键绩效指标包括入库准确率(C_{21})、出库准确率(C_{22})、仓储完好率(C_{23})。

(3) 信息部(C_3)可分解的关键绩效指标包括信息跟踪准确率(C_{31})、信息跟踪及时率(C_{32})。

(4) 客服中心(C_4)可分解的关键绩效指标包括电话接听及时性(C_{41})、投诉问题记录准确性(C_{42})、投诉处理反馈及时性(C_{43})。

(5) 计划工作部(C_5)可分解的关键绩效指标包括订单准确率(C_{51})、紧急订单响应率(C_{52})。

(6) 市场营销部(C_6)可分解的关键绩效指标包括市场拓展性(C_{61})、危机处理能力(C_{62})。

3. 岗位级 KPI

企业的战略需要通过绩效指标的制定过程层层分解和传递,企业中的每个职位都应被赋予战略责任。员工作为 KPI 分解的最后一个环节,也是企业战略目标的实际执行者,个人指标的设置是否与企业目标相统一、是否真实可评价,是 KPI 绩效考核成功与否的关键所在。物流企业员工按岗位可分为服务岗位员工、管理岗位员工和经营岗位员工。

(1) 服务岗位员工(D_1)。服务岗位员工(D_1)是指在一线岗位具体从事以服务为主的员工,如最基层的快递员、客户服务人员等。以快递员为例,可分解的关键绩效指标包括通知及时率(D_{11})、送货准时率(D_{12})、送货准确率(D_{13})、服务态度(D_{14})。

(2) 管理岗位员工(D_2)。管理岗位员工(D_2)是指运输部、信息部、计划工作部等以从事管理工作为主的岗位上的员工,以及在经营、服务部门从事以管理工作为主的管理岗位上的员工。以客户经理为例,可分解的关键绩效指标包括突发问题处理能力(D_{21})、投诉处理及时性(D_{22})、顾客满意度(D_{23})。

(3) 经营岗位员工(D_3)。经营岗位员工(D_3)是指在经营部门的以从事企业物流、仓储业务为主的岗位上的员工,例如营销人员、仓储部的业务员等。以市场营销部的营销人员为例,可分解的关键绩效指标包括响应及时性(D_{31})、服务方案的符合度(D_{32})、方案实施的成功率(D_{33})。

12.6.2　基于层次分析法的指标权重确定

指标权重表示的是某一指标在所有指标中的相对重要程度。目前企业中比较常见的设定权重的方法有很多,如主观经验法、等级序列法、对偶加权法、倍数加权法、权值因子判断表法、熵值法、层次分析法。由于层次分析法将定量与定性分析相结合,精度高,能更为准确地确定评价要素的权重,使要素之间的相对重要性得到合理体现,因而选择层次分析法确定指标权重。层次分析法评判量化等级如表 12-25 所示。

表 12-25　层次分析法评判量化等级

比 较 情 况	比 较 结 果	量　化
两个指标同等重要	同等重要	1
据经验一个指标比另一个指标重要	略为重要	3
据经验一个指标比另一个指标更为重要	确实重要	5
事实证明一个指标比另一个指标更为重要	确实重要	7
理论经验与事实均表明其中一个指标比一个指标重要	绝对重要	9
两个指标比较的情况介于上述相邻情况之间	取中间值并需要折中	2,4,6,8

运用层次分析法确定各个关键要素,以及各个评价因素的权重计算过程如下。

(1) 构造判断矩阵,计算权重。设总目标层为 S,因素集 $V = (V_1, V_2, \cdots, V_n)$ 中各因素相对于总的评价目标,两两重要性比较的判断矩阵如下。

$$S = \begin{bmatrix} 1 & V_{12} & \cdots & V_{1n} \\ V_{21} & 1 & \cdots & V_{2n} \\ \vdots & \vdots & & \vdots \\ V_{n1} & V_{n2} & \cdots & 1 \end{bmatrix} \qquad (12\text{-}1)$$

式中,V_{ij} 为元素 V_j 对 V_i 相对 S 总评价目标重要性的判断值,$V_{ij} = 1/V_{ji}$。判断矩阵构造出来以后,判断矩阵的最大特征值和特征向量采用方根法。

$$AW = \lambda_{\max} W \qquad (12\text{-}2)$$

式中,A 为判断矩阵;$\lambda_{\max}$ 为矩阵 A 的最大特征值;W 为判断矩阵 A 的最大特征值的特征向量,其中 $W = (W_1, W_2, \cdots, W_n)^T$,对 W 进行归一化处理即得权重向量。

根据该企业的实际情况,基于上述物流服务绩效考核指标体系,确定各层次权重。

设总目标层 $S = (A_1, A_2, A_3)$,S 层—A 层的判断矩阵如下。

$$S = \begin{bmatrix} 1 & 2 & 2 \\ 1/2 & 1 & 1 \\ 1/2 & 1 & 1 \end{bmatrix}$$

根据式(12-2)判断矩阵 S 求解结果如下。

最大特征根：$\lambda_{\max}=3$。

权重向量：$\boldsymbol{W}=(A_1,A_2,A_3)^{\mathrm{T}}=(0.50,0.250,0.250)$。

根据式(12-3)、式(12-4)进行一致性检验：$\mathrm{C.I.}=0,\mathrm{C.R.}=0<0.1$。

其他各层求解过程同上，均通过一致性检验，整理各层次权重，计算各级指标得到权重结果如表 12-26 所示。

表 12-26　KPI 指标、权重

指　标	权　重	指　标	权　重	最终权重	指　标	权　重	最终权重
					B_{11}	0.20	0.020 0
		B_1	0.20	0.100	B_{12}	0.12	0.012 0
					B_{13}	0.68	0.068 0
					B_{21}	0.25	0.075 0
A_1	0.5	B_2	0.60	0.300	B_{22}	0.42	0.126 0
					B_{23}	0.33	0.099 0
		B_3	0.20	0.100	B_{31}	0.50	0.050 0
					B_{32}	0.50	0.050 0
					C_{11}	0.16	0.012 4
		C_1	0.31	0.078	C_{12}	0.30	0.023 3
					C_{13}	0.54	0.041 8
					C_{21}	0.25	0.008 7
		C_2	0.14	0.035	C_{22}	0.25	0.008 8
					C_{23}	0.50	0.017 5
		C_3	0.14	0.035	C_{31}	0.50	0.017 5
					C_{32}	0.50	0.017 5
A_2	0.25				C_{41}	0.16	0.005 2
		C_4	0.13	0.032	C_{42}	0.54	0.017 5
					C_{43}	0.30	0.009 8
		C_5	0.14	0.035	C_{51}	0.67	0.023 5
					C_{52}	0.33	0.011 5
		C_6	0.14	0.035	C_{61}	0.67	0.023 4
					C_{62}	0.33	0.011 6
					D_{11}	0.11	0.009 1
		D_1	0.33	0.082	D_{12}	0.18	0.014 8
					D_{13}	0.54	0.044 6
					D_{14}	0.17	0.014 0
					D_{21}	0.50	0.041 3
A_3	0.25	D_2	0.33	0.083	D_{22}	0.25	0.020 6
					D_{23}	0.25	0.020 6
					D_{31}	0.16	0.013 6
		D_3	0.34	0.085	D_{32}	0.30	0.025 5
					D_{33}	0.54	0.045 9

（2）判断矩阵一致性检验。由判断矩阵 A 推导出权重向量时，要求矩阵 A 具有一致性或偏离一致性的程度不能太大，否则推导出的权重并不能反映各元素之间相对重要程度。因此，在求权重之前，必须对判断矩阵 A 进行一致性检验。

通常通过一致性比率 C. R. 来检验判断矩阵的一致性，其公式为

$$\text{C. R.} = \frac{\text{C. I.}}{\text{R. I.}} \tag{12-3}$$

$$\text{C. I.} = \frac{\lambda_{\max} - n}{n - 1} \tag{12-4}$$

式中，C. I. 为判断矩阵经过矩阵运算得到的一致性检验；R. I. 为平均随机一致性检验，其值是经验数据，随着判断矩阵的阶数不同而变化，R. I. 取值如表 12-27 所示。当 C. R. <0.1 时，认为矩阵符合满意的一致性标准，否则，需要修改矩阵，直到检验通过。

表 12-27　R. I. 取值

阶数	1	2	3	4	5	6
R. I.	0	0	0.58	0.90	1.12	1.24

12.6.3　基于模糊综合评价的物流服务评价

对企业进行绩效考核评价时通常采用专家打分法。每一位专家对各关键绩效指标的理解有所不同，因而会带来同一个指标打分结果上的不同。经由模糊数学将打分上的差异转换为模糊集，并做出评价，从而将评价的主观性降到最低。

评价方法如下。

（1）确定模糊对象评价集。建立评价集 $U = \{u_1, u_2, \cdots, u_n\}$，其中 $u_m (m = 1, 2, \cdots, n)$ 是评价等级的标准，规定了评判结果所能选择的范围。根据易判别原则，物流服务评判集 $U = \{优秀, 良好, 一般, 差, 很差\}$

（2）确定模糊综合评价矩阵。采用 1～5 打分法获得定性指标评语集，其中 1 代表很差，2 代表差，3 代表一般，4 代表良好，5 代表优秀。得到指标模糊评价矩阵为

$$\boldsymbol{R} = \begin{bmatrix} r_{11} & \cdots & r_{1n} \\ \vdots & & \vdots \\ r_{n1} & \cdots & r_{nn} \end{bmatrix}$$

式中，r_{ij} 为该评级等级人数/总人数。

（3）综合评价。

$$\boldsymbol{B} = \boldsymbol{W}^{\mathrm{T}} \times \boldsymbol{R} \tag{12-5}$$

式中，B_i 为 B 层第 i 个指标所包含的下级因素对其综合模糊运算结果；W_i 为 B 层第 i 个指标下级因素相对其权重值；R_i 为模糊评价矩阵 B 层第 i 指标下级各因素相对于评语集的关系；运算符×为合成算子，此处取普通矩阵运算。

矩阵运算结果分别与评价集 U 中元素一一对应。

（4）反模糊化处理。对评价矩阵进行反模化处理：

$$S_{ji} \frac{\sum\limits_{m=1}^{5} S_{im} V_m}{\sum\limits_{m=1}^{5} S_{im}} \tag{12-6}$$

式中，S_{ji} 为第 j 级第 i 个指标得分；$V_m = m(m=1,2,3,4,5)$。

$$F_j = S_{ji} \times W_i \tag{12-7}$$

式中，F_j 为第 j 级指标得分（$j=1,2,3$，分别代表企业级、部门级、岗位级）。

KPI 指标得分等级如表 12-28 所示。

表 12-28 KPI 指标得分等级

得分	5	4(含)~5 分	3(含)~4 分	2(含)~3 分	2 分以下
等级	A(很好)	B(好)	C(一般)	D(差)	E(很差)
企业	物流服务水平出色，顾客非常满意	物流服务水平比较好，顾客满意	物流服务水平一般，有待提高	物流服务水平差，顾客不满意，亟须改善	物流服务水平很差，再不改善企业将被淘汰
员工	表现出色，不负众望	满意，可以塑造	称职，令人放心	有问题，需要注意	危险，不努力将被淘汰

评价实现：

由 5 位专家评委的打分得到企业级指标评价矩阵如下。

$$\boldsymbol{R} = \begin{bmatrix} 0 & 1 & 3 & 1 & 0 \\ 0 & 0 & 2 & 3 & 0 \\ 0 & 1 & 4 & 0 & 0 \\ 0 & 0 & 0 & 4 & 1 \\ 0 & 0 & 2 & 3 & 0 \\ 0 & 2 & 3 & 0 & 0 \\ 0 & 0 & 0 & 1 & 4 \\ 0 & 0 & 3 & 2 & 0 \end{bmatrix}$$

经整理得到单因素运输前服务 $\boldsymbol{B}_1$ 的评价矩阵 $\boldsymbol{R}_1$ 为

$$\boldsymbol{R}_1 = \begin{bmatrix} 0 & 0.2 & 0.6 & 0.2 & 0 \\ 0 & 0.0 & 0.4 & 0.6 & 0 \\ 0 & 0.2 & 0.8 & 0.0 & 0 \end{bmatrix}$$

由层次分析法得到的权重，由式（12-5）得

$$\boldsymbol{B}_1 = \begin{bmatrix} 0.20 & 0.12 & 0.68 \end{bmatrix} \begin{bmatrix} 0 & 0.2 & 0.6 & 0.2 & 0 \\ 0 & 0.0 & 0.4 & 0.6 & 0 \\ 0 & 0.2 & 0.8 & 0.0 & 0 \end{bmatrix}$$

$$= \begin{bmatrix} 0 & 0.176 & 0.712 & 0.112 & 0 \end{bmatrix}$$

同理可得

$$\boldsymbol{B}_2 = \begin{bmatrix} 0 & 0.132 & 0.366 & 0.452 & 0.050 \end{bmatrix}$$

$$B_3 = \begin{bmatrix} 0 & 0 & 0.300 & 0.300 & 0.400 \end{bmatrix}$$

B_1、B_2、B_3 矩阵即为运输前、运输中、运输后物流服务的综合评价矩阵,对评价矩阵进行反模糊化处理,即为运输前、运输中、运输后服务得分。由式(12-6)计算得到企业级指标得分:运输前服务为2.936,运输中服务为3.420,运输后服务为4.100。

由式(12-7)计算得企业级总得分为

$$F_1 = \sum_{i=1}^{3} S_{1i} \times W_i = 3.459$$

同理可得部门级指标得分:运输部为4.132,仓储部为4.600,信息部为3.300,客服中心为3.500,计划工作部为4.068,市场营销部为3.066。岗位级指标得分:服务岗位为4.092,管理岗位为2.950,经营岗位为2.924。

部门级总得分为

$$F_2 = \sum_{i=1}^{6} S_{2i} \times W_i = 3.841$$

岗位级总得分为

$$F_3 = \sum_{i=1}^{3} S_{3i} \times W_i = 3.318$$

某物流企业物流服务总得分为

$$F = \sum_{i=1}^{3} F_i \times W_i = 3.519$$

根据得分对照表12-27分析该企业物流服务水平如下。

(1)该企业物流服务水平一般偏上,能够满足顾客基本需求,顾客大体满意,但是还可以继续提高服务水平。

(2)企业级关键绩效指标得分和物流服务水平总得分基本持平,主要是运输前服务水平偏低,说明该企业在顾客需求的调查预测、方案设计等方面还存在欠缺。运输前服务是运输的开始阶段,直接影响顾客对整体服务的直观感受。

(3)部门级关键绩效指标得分良好,但是市场营销部和信息部得分偏低,说明该企业在营销和信息服务水平上应该加强,市场营销部应多注重营销策略、市场应变能力,信息部应加强信息跟踪的准确性、传达的及时性。

(4)岗位级得分偏低,服务水平一般,其中服务类岗位得分良好,主要是管理类岗位和经营类岗位得分偏低,因此可以通过岗位培训、人员调整等手段改善现状。

(5)由企业整体评价可以看出,市场营销部和营销人员得分普遍偏低。因此,企业应通过对营销人员进行培训、引进高素质人才等措施,提高市场营销部的服务水平。

本 章 小 结

配送中心系统评价是保证配送中心高效运营的基础。配送中心生产率指标形式包括产出/投入、投入/产出、投入/投入、产出/产出四种形式。

配送中心生产率指标的推导包括划分配送中心评价作业项目、针对每一作业选定生产率评价要素、建立厂商基本资料和推导出各作业生产率量化指标四个步骤。

生产率的评价基准为同业其他公司的状况或同业的平均值、企业过去的状况、目标或预算。

　　配送中心的评估指标根据配送中心的活动划分设定,分为进出货、储存、盘点、订单处理、拣货、配送、采购作业及整体评估八个方面的评价指标。

　　配送中心的评估指标体系由基本指标、要素指标、作业指标和总指标四层组成。采用加权因素法和层次分析法逐层进行综合指标的计算。由第四层的具体指标可推导出第三层各作业评价要素指标,由第三层的各作业各评价要素指标来推导第二层的各作业综合指标,由第二层的各作业指标来推导出配送中心作业面总指标。

复 习 题

　　1. 简述生产率评价的目的及意义。

　　2. 简述生产率评价的基本原理。生产率评价指标有哪几种类型?

　　3. 简述配送中心生产率指标的推导步骤。

　　4. 配送中心生产率评价要素包括哪些? 并说明配送中心各作业如何选择评价要素?

　　5. 生产率的评价基准包括哪几个? 分别说明其使用场合。

　　6. 简述配送中心生产率评价体系的层次结构。并说明哪些是基础指标,哪些属于综合指标?

　　7. 什么是层次分析法? 说明其如何应用在配送中心综合指标评价中。

参 考 文 献

[1] 陈荣秋,马士华.生产运作管理[M].5 版.北京:机械工业出版社,2017.

[2] 刘昌祺,王倪明,张俊霖.物流配送中心设计及其应用[M].北京:机械工业出版社,2013.

[3] 程国全,王转,张向良,等.物流系统规划概论[M].北京:清华大学出版社,2018.

[4] 李瑞雪,大矢昌浩.日本企业物流中心案例精选——DC/TC 的规划、建设、运营与改善[M].北京:中国
财富出版社,2015.

[5] 王转.配送中心规划与设计[M].北京:高等教育出版社,2018.

[6] 王转.配送中心运营与管理[M].北京:中国电力出版社,2009.

[7] 王转.配送与配送中心[M].北京:电子工业出版社,2015.

[8] 《物流技术与应用》编辑部.中外物流运作案例集[M].北京:中国物资出版社,2009.

[9] 戴恩勇,江泽智,阳晓湖.物流战略与规划[M].北京:清华大学出版社,2014.

[10] 《物流技术与应用》编辑部.中外物流运作案例集 1[M].北京:中国物资出版社,2005.

[11] 《物流技术与应用》编辑部.中外物流运作案例集 2[M].北京:中国物资出版社,2009.

[12] 金跃跃,刘昌祺,杨玮.物流仓储配送系统设计技巧 450 问[M].北京:化学工业出版社,2015.

[13] 保罗·麦尔森.精益供应链与物流管理[M].梁峥,郑诚俭,郭颖妍,等译.北京:人民邮电出版
社,2014.

[14] 房殿军.仓储物流技术发展趋势分析[J].物流技术与应用,2020(6):90-95.

[15] 尹军琪.中国仓储物流自动化技术发展路径与未来趋势[J].物流技术与应用,2020,25(6):96-99.

[16] 张瑜,陈华艳.生鲜食品物流配送模式的问题及优化研究——以上海联华超市股份有限公司为例[J].
中国商论,2015(11):81-84.

[17] 吴耀华,刘鹏.蜂巢系统在电商行业订单履约中心的应用[J].物流技术与应用,2017(1):110-113.

[18] 金贤勇.电商行业订单拣选解决方案的发展与变革[J].物流技术与应用,2016(12):148-151.

[19] 王天文.大数据技术在京东仓储中的应用与实践——"大数据与智慧物流"连载之五[J].物流技术与
应用,2017(5):148-149.